한국의 흙이 된 일본인

한국의 흙이 된 일본인 인간의 가치를 실현한 아사카와 다쿠미를 기리며

편저자 | 백조종, 정종배

발행일 | 2024년 7월 13일
발행처 | 만물상자_북키앙_부코
ISBN | 978-89-90509-58-1 03990

출판 등록번호 | 제22-2190호
출판 등록일자 | 2002.08.07

홈페이지 | www.booko.kr
트위터 | @www_booko_kr

전화 | 010-5575-0308
팩스 | 0504-392-5810

주소 | 서울 서대문구 북아현동 3-68 부코빌딩 501호
메일 | bxp@daum.net

저희 출판사는 여러분의 소중한 원고를 기다리고 있습니다. 메일로 투고해주십시오.

한국의 흙이 된 일본인

인간의 가치를 실현한 아사카와 다쿠미를 기리며

www.booko.kr

목 차

제1장 ································· 27

아사카와 다쿠미 80주기 추모집『한국을 사랑한 일본인』 ······· 28

제2장 ······ 99

발간사

인간의 가치를 실현한 아사카와 다쿠미

윤천욱
(중랑문화원장)

안녕하십니까? 중랑문화원장 윤천욱입니다. 중랑문화원이 2023년 '중랑인문학글 쓰기반'을 운영하였습니다. <망우역사문화공원> 150여 분의 인물 열전과 중랑구에 거주했던 주요 작가 10여 분을 탐구하고 답사를 바탕으로 자기의 삶을 이야기하고 글을 쓰는 뜻깊은 강좌입니다.

그 가운데 한국을 사랑한 일본인 아사카와 다쿠미의 90주기를 맞이하여 그의 삶을 조명하는 책 『한국의 흙이 된 일본인』을 발간합니다. 한국을 사랑하고 한국의 문화발전에 공헌한 아사카와 다쿠미를 기리는 일에 중랑문화원이 함께 하여 더욱 의미 있는 일이라고 믿습니다.

아사카와 다쿠미는 한일관계 막힌 길을 뚫고 오갈 수 있는 다리 역할의 인물이라 생각합니다. 일제 식민지 시대 말단 관료였지만 한국인을 이해하고 한글을 사용하고 한복을 입고 온돌방에서 한국인보다 더 한국적인 삶과 생활로 일관하였습니다. 일경에 찍혀 어려움을 당하지 않을까? 주변 사람들이 걱정할 정도로 조선인을 위하여 말과 행동을 하였다.

1931년 40살에 식목일 준비로 과로하여 폐렴으로 죽은 뒤 장례식 끝난 뒤 상여를 서로 메겠다고 하였다. 조를 나눠 이문동 사람에 의해 <이문동공동묘지>에 묻혔다 1942년 지금의 <망우역사문화공원>으로 이장하였다. 추모하는 글이 신문에 연재될 정도였다. 그 가운데 '인간의 가치'를 실현한 사람이라는 글이 일본 중학교 교과서에 15년 동안 수록될 정도였다.

식목 관련 일을 맡아 지금의 국립산림과학원인 옛 홍릉수목원과 국립수목원인 광릉수목원 등 한국의 삼림산업에 기틀을 다졌습니다. 또한, 1914년부터 1931년 17년 동안 한국에 거주하며 당시 문화예술인을 비롯하여 유명인사와 교류하였습니다. 특히 《폐허》 동인인 오상순, 염상섭, 황석우, 변영로, 남궁벽 등과 어울렸습니다.

현 국립중앙박물관과 국립민속박물관의 전신인 <조선민족미술관>을 야나기 무네요시 등과 경복궁 집경당에 건립하였다.

지금은 희귀 고서인 『조선의 소반』·『조선도자명고』 등의 저서를 남겼습니다. 『조선의 소반』에서 조선인이 밥상을 이삿짐 맨 위에 매달고 고국을 떠나는 모습을 보고서 밥상에 대해 글을 쓰고 수집하고 사진을 찍어 책을 냈습니다. 조선의 밥상은 생산자가 아니라 쓰는 사람에 의해 조형미 실용성 예술성이 완성되는 동양 3국의 최고의 민예품이라 평가하였습니다. 책 내용 중 조선의 독립에 대한 희망을 암시하는 글도 남겼습니다.

『조선도자명고』에서는 도자기 명칭 그리고 만드는 공정 및 각종 기기의 이름을 낱낱이 기록하였다. 현재의 대한민국 최고의 도자기인 달항아리에 대해 백자대호라 하여 형님 노리타카와 형님의 친구인 야나기 무네요시와 함께 그 가치를 정리하였습니다.

야나기 무네요시는 한국의 미를 '한의 미'라 말하였다. 아사카와 다쿠미 형제는 전국 도요지 700여 곳을 답사 정리하면서 본 전통 연희 굿 풍물 등을 통해 분석하여 한국인은 '멋'과 '가락' 흥취의 나날이라 말했다. 도자기 업계에서는 두 형제를 중시조로 여길 정도이다.

아사카와 다쿠미는 올해 관동대지진 조선인 대학살 제노사이드 100년이다. 아사카와 다쿠미는 1923년 9월 10·11일 이틀에 걸쳐 일기에 식민지 말단 관료의 입장이지만 조선인을 옹호하는 내용이 담겨 있다.

아사카와 다쿠미 선생에 대한 마니아들이 점점 나이가 들어 이제는 젊은 층에서 선생의 삶과 철학을 알고 배워 인간의 가치를 실현하는 인물로 거듭나길 빌어본다.

'중랑인문학 글쓰기반' 강사와 반원들에게 다시 한번 진심으로 감사드린다.

중랑문화원은 <망우역사문화공원> 인물들과 중랑구 거주 작가들을 재조명함으로써 중랑구의 정체성을 되찾고 잊혀가는 역사와 문화를 보존하여 전승하는 계기를 마련하고자 합니다. 앞으로도 중랑문화원은 다양한 사업을 통해 중랑구의 역사문화가 후대에 잘 전승되기를 바랍니다.

2023. 9.

한국의 흙이 된 일본인 아사카와 다쿠미

류경기
(중랑구청장)

<망우역사문화공원>은 우리 중랑구민이 자랑스러워하는 대한민국의 보물입니다. 역사적인 의미가 뛰어날 뿐 아니라 공원으로서도 무척 훌륭한 공간입니다. 저는 외부에서 손님이 방문하면 꼭 이곳을 안내합니다. 방문객들은 입구의 <중랑망우공간>부터 눈 앞에 펼쳐지는 빼어난 전경과 울창한 숲에 감동합니다. 뒤이어 '사색의 길'을 따라 걸으며 공원 곳곳 묘소의 주인공에 대해 안내해드리면 감탄하곤 합니다. <망우역사문화공원>에는 이름만 대면 알만한 독립운동가, 애국지사, 정치인, 문학, 과학, 음악, 영화, 체육 등 대한민국 근현대사의 백과사전이나 다름없는 각계의 선구자들이 잠들어 계시기 때문입니다.

'아사카와 다쿠미'의 묘소는 공원 왼편으로 올라가면 만날 수 있습니다. 쉽게 눈에 띄는 자리에 있다 보니, 여러분들이 '어째서 애국지사가 많은 이곳에 하필 우리 땅을 지배한 일본인이 잠들어 있는가?' 하고 물어보십니다. 저 또한, 비슷한 궁금증을 가졌습니다. 그러다 다쿠미에 대해 자세히 설명을 듣고 다쿠미를 추모하기 위하여 일본에서 찾아오는 분들의 열정을 보면서 조금씩 그분이 '한국의 흙이 된' 의미를 알게 되었습니다.

아사카와 다쿠미는 공예와 임업 연구자로서 중요한 업적을 남겼습니다. 또한 소설과 노래와 영화로 만들어질 정도로 인간적인 면에서도 많은 감동을 주는 인물입니다. 저는 다음과 같은 문장을 읽고 다쿠미의 생각과 실천이 더욱 궁금해졌습니다.

"조선이여, 다른 사람을 따라 흉내를 내기보다 갖고 있는 중요한 것을 잃지 않는다면 머지않아 자신으로 찬 날이 올 것이다. 이는 공예로만 국한한 것이 아니다."

저 또한 중랑구민들에게 중랑구가 가진 아름다운 자연환경과 따뜻한 인정, 유구한 역사에 자부심을 갖는 것이 행복의 첫 출발이라고 자주 말씀드리기 때문입니다.

다쿠미는 이방인이었기에 조선을 객관적으로 바라볼 수 있었습니다. 그러나 그는 이방인으로 머물지 않았습니다. 그는 조선을 사랑하는 마음으로 민예품을 수집하고 <조선민족미술관>을 세워 보존하려 했습니다. 조선의 아름다움에 대한 글을 써서 널리 알리려 했습니다. 정복자의 심정이 아니라 소중한 것을 지키려는 마음이었습니다. 그랬기에 조선의 옷을 입고, 조선말을 배우고, 조선인 친구들과 가까이 지내며 이웃이 될 수 있었겠습니다.

그가 성실한 공무원으로서 이 땅을 푸르게 가꾸기 위하여 애썼다는 점도 저에게는 친근하게 다가옵니다. 식목일 행사 준비로 과로하지 않았더라면 40세라는 젊은 나이에 운명하지 않았을 텐데 하는 안타까움이 있습니다.

그의 삶에서 우리는 일제강점기 역사를 좀 더 입체적으로 바라볼 수 있게 되었습니다. 저는 과거 일본 제국주의 야망과 그로 인해 전쟁과 수탈의 역사는 비판적으로 탐구하되, 그 시절 살았던 사람에 대해서는 좀 더 구체적으로 바라보고 인간적으로 해석해야 한다고 생각합니다. 다쿠미와 같은 인간의 가치를 실현한 일본인의 모습을 알게 된다면 한국과 일본이 서로 이웃이 되어 상생의 길을 찾고 함께 하리라 생각합니다.

저와 마찬가지로 많은 분이 <망우역사문화공원>을 찾아와 우리의 근현대사를 보다 구체적으로 이해하고 배우기를 바랍니다. 중랑구민들과 함께 <망우역사문화공원>을 누구나 편안하게 찾아와 사색하고 배우는 공간으로 만들어가고 있으니 자주 방문해주시기 바랍니다.

아사카와 다쿠미 선생에 대한 추모의 마음을 모아 2011년 『한국을 사랑한 일본인』(부코)을 발행하고, 개정증보판 발행에 애써주신 백조종 부회장님과 정종배 시인님께 깊이 감사드린다. 다쿠미 90주기를 맞아 더 큰 정성과 자료를 모아 내용을 보완하게 되어 더욱 뜻깊고 앞으로 다쿠미의 고귀한 삶을 널리 알리는데 이 책이 큰 힘이 되리라 기대합니다. 아울러 다가오는 100주기 추모식에는 한국과 일본에서 더욱 많은 분들이 함께 손잡고 다쿠미 선생의 묘소 앞에서 만날 수 있기를 소망합니다.

다쿠미 선생에 대한 추모와 '인간의 가치'를 실현한 디아스포라 삶의 계승에 애쓰시는 한국과 일본의 모든 분에게 감사 드립니다.

2023. 7.

축사

이해와 감사, 친선을 위한 아름다운 기록

김애경
(서울동부교육지원청 교육장)

『한국을 사랑한 일본인』(부코, 2011) 개정판 출간을 진심으로 반기며 축하드립니다. 그 어느 때보다 지구촌 나라들이 화합과 친선으로 평화와 번영을 향해 나아가야 할 시점에 가슴이 따뜻해지는 의미 있는 원고를 집필해 주신 백조종·정종배 선생님께 감사와 존경의 인사를 전합니다.

일제강점기라는 어두운 역사적 시기에 우리나라의 자연과 문화를 사랑하고 동화되어 한국의 산과 나무를 가꾸며 한국인의 마음속에 살다가 죽어서도 <망우역사문화공원>에 묻혀 한국의 흙이 되어 잠들어 있는 일본인 아사카와 다쿠미 선생의 행적은 우리에게 큰 감동을 주고도 남음이 있습니다. 또한 한 사람의 의미 있는 삶의 흔적 못지않은 아름다움은 그 고마움을 잊지 않고 기리는 마음이라고 생각합니다.

공동 집필자인 정종배 선생님께서는 중견 시인으로 활동하시며 중등학교 국어 교사로서 평생을 서울교육 발전을 위해 헌신해 오셨습니다. 그리고 오랜 세월 <망우역사문화공원>에 잠들어 있는 역사적인 인물들에 대해 열정을 가지고 탐색해 오신 분입니다. 수시로 박인환, 이중섭, 방정환 등 문화인들의 묘소를 참배하는가 하면 아무도 돌보지 않는 최서해 소설가의 묘지기를 자청해 자비를 들여 떼를 입히고 정비하는 일이 세간에 알려져 주요 언론에 미담 기사가 실리기도 하였습니다.

그 후 시인이며 인문학자의 안목으로 탐구의 폭을 넓혀 '고마운 일본인' 다쿠미 선생의 일대기를 담은 『한국을 사랑한 일본인』을 편집하였고, 나아가 <망우역사문화공원>에 잠든 근현대사 인물들의 행적을 담은 역사적 기록물 『망우리공원 인물열전』(지노, 2021)을 펴냈습니다. 이런 노력의 결과 이제 중랑구와 구리시에 걸쳐 자리하고 있는 <망우역사문화공원> 묘지가 세계문화유산 등재를 위해 한 걸음 더 나아가고 있는 줄 압니다.

특히 올해는 아사카와 다쿠미 선생 92주기와 그의 일기 속에 기록된 관동대지진 조선인 대학살 100년이 되는 해여서 『한국을 사랑한 일본인』 개정증보판 출간의 의미가 더 크다고 봅니다. 일제강점기라는 아픈 역사 속에 전해오는 가슴 따뜻한 이야기와 관동대지진 조선인 대학살의 객관적 기록은 또 하나의 빛나는 결실입니다. 문학적 감성으로 펴낸 이번 저술이 감동과 함께 지난날의 상처를 극복하고 이웃 나라가 친선과 평화로 미래를 향해 나아가는 디딤돌이 되기를 기대합니다.

거듭 『한국을 사랑한 일본인』 개정증보판 『한국의 흙이 된 일본인』 출간을 축하드립니다.

2023. 7.

축사

망우역사문화공원에 영면한 두 식물학자

서효원
(국립식량과학원장)

『한국을 사랑한 일본인』(부코, 2011)의 개정증보판인 『한국의 흙이 된 일본인』이 발간을 축하합니다.

먼저 제가 원장으로 일하는 국립식량과학원을 소개합니다. 본원은 식량작물, 사료작물, 풋거름작물, 바이오 에너지작물 등의 품종개량, 재배법 개선, 생산환경 및 품질 보전에 관한 시험·연구와 기술지원에 관한 사무를 관장하고 있습니다.

일제강점기 1933년에 조성하여 근래까지 서울시 시설관리공단에서 운영·관리한 망우리 공동묘지에는 한용운, 방정환, 유관순, 오세창, 문일평 등 독립유공자들과 오긍선, 지석영, 김규진, 김말봉, 김상용, 최학송, 조봉암, 이중섭, 권진규, 박인환 등 다양한 분야에서 우리나라 근현대사에 큰 발자취를 남긴 150여 분의 유명인들이 잠들어 있다. 2021년 서울시에서 조례만 빼고 모든 업무를 중랑구청에서 위탁을 받아 망우리공원묘지를 망우역사문화공원으로 이름을 바꾸었다. 전국 지자체에서 처음으로 묘지를 전담하는 망우리공원과를 개설하였다. 망우역사문화공원이 새롭게 세계적인 명소로 거듭나고 있다. 2013년 서울미래유산으로 지정한 곳이다.

내가 이곳 망우역사문화공원에 관심을 갖게 된 계기는 식물학자 장형두 선생(1906 ~ 1949)의 묘가 있기 때문이었다. 그는 일제강점기 나카이 타케노신[中井猛之進]이 주도했던 식물연구와는 다른 접근방법을 통해 우리나라 식물의 분포 특성을 연구했던 당시 조선의 유일한 식물학자였다. 아쉽게도 해방 이후 이념 갈등이 심한 시기에 억울한 죽임으로 생을 마감한 탓에 학계로부터 큰 관심을 받지 못했었지만, 최근 그의 행적과 활동이 재조명되고 있다. 식물연구를 통해 일제에 저항했을 것이라는 판단은 부조리에 가깝다. 그러나 장형두 선생은 당시 그보다 앞서 나카이 타케노신이 진행한 조선의 식물조사와 연구 결과를 인용하지 않고 독자적인 조선의 향토식물 연구 분야 개척을 시도하였다. 비록 의도하지 않았을지라도 그의 학문적 저항은 큰 울림으로 전해지고 있다.

망우역사문화공원에는 그 당시 우리나라 식물을 조사하고 연구했던 또 한 사람이 잠들어 있다. 아사카와 다쿠미[淺川巧](1891 ~ 1931)는 연구 성과가 아닌 조선의 자연과 문화에 대한 애정과 진정성 있는 활동으로 일본인으로는 매우 드물게 우리나라 사람들의 칭송을 받는 인물이다. 그는 한창나이 24살 때인 1914년 5월에 조선에 입국해 임업시험장에서 산림녹화에 필요한 묘목 관련 업무를 담당했다. 당시 조선의 산에 심을 묘목용 종자수집을 위해 전국을 다니면서 동목(洞木, 마을에서 보호하는 오래된 나무) 3,170그루를 조사하여 '조선거수노수명목지(朝鮮巨樹老樹名木誌, 1919)'를 공동 저술하였다. 이 책은 이후 우리나라 천연기념물 지정이나 지역별 법정보호수 관리의 기초를 제공한 매우 중요하고 의미 있는 자료로 지금도 인용하고 있다. 혹자는 이 책에 흉고직경(사람가슴 높이인 지상 1.5m에서 잰 나무 지름) 순으로 정리한 나무목록에서 일부 신목(神木)이 다른 나무보다 뒤에 있다는 이유로 조선의 민간신앙 전통을 말살하려는 의도가 있다고 비판하기도 한다. 그러나 책 어디에서도 그런 의도를 증명할 만한 내용은 없다. 흉고직경은 지금도 산림분야에서 쓰는 주요 조사기준이고, 나무에 얽힌 전설 등을 세심하게 채록해서 정리한 것은 신목의 지위와 전혀 무관한 내용이기 때문이다. 나무가 클수록 더 신성하다는 논리도 맞지 않는다. 조선의 산에서 잘 자라는 잣나무를 많이 심게 된 것이나 우리나라 주요 산림자원을 보존하고 있는 국립산림과학원인 홍릉수목원과 국립수목원인 광릉수목원 구석구석 아사카와 다쿠미의 손길이 닿은 애정 어린 업적이다.

그는 조선의 산과 민예와 조선인을 사랑한 디아스포라의 삶을 살다 조선 땅에 묻히고 싶다는 유언을 남기고 40의 젊은 나이에 요절했다. 그를 장사 지내던 날 억수같이 비가 내렸지만, 상여를 메겠다며 운구를 자처한 조선인들이 조를 나눴을 만큼 많았다고 한다.

그분들을 만날 수는 없지만, 봄꽃이 피는 때가 되면 조선의 흙이 되어 잠들어 있는 아사카와 다쿠미 선생의 묘역과 조선의 유일무이 천재 식물분류학자로 알려진 장형두 선생의 유택을 찾아뵈어야겠다. 40대 초반의 소천이 아쉽지만, 그곳에 가면 두 분이 품었던 꿈과 한이 떠오를 것 같기 때문이다. 망우역사문화공원 초입에 잠들어 있는 제 모교인 건국대학 축산대학 설립을 주도한 콩박사 김호직 박사(1905 ~1959)의 유택도 참배하겠습니다.

제가 맡은 기관의 홈페이지에 올린 저의 인사말을 통해 저의 다짐을 밝힙니다.

국립식량과학원은 1970년 통일벼 개발로 쌀 자급자족에 기여했으며 맞춤형 우량 품종과 생산성 향상 재배 기술 개발, 식량작물의 부가가치 창출 등 수많은 성과를 이뤄냈습니다.

이제 지속 가능한 식량작물 산업 발전을 위해 다음 네 가지 중점 추진 방향을 설정하고 적극 추진하겠습니다.

첫째, 융복합된 디지털 농업기술 적용 및 현장실증으로 디지털 농업을 한층 앞당기겠습니다.

둘째, 수요자 맞춤형 품종 개발, 외래 품종 대체 등으로 식량자급률 향상에 주력하겠습니다.

셋째, 탄소 제로, 그린 뉴딜에 부합하는 품종 육성, 간척지 활용, 식량작물의 부가가치 향상과 식·의학·산업소재 개발 등 첨단 융복합 기술 개발에도 투자를 확대하겠습니다.

넷째, 대한민국 농업 발전을 위한 국민의 목소리가 현장과 농정에 반영되도록 항상 귀를 열어두고 대내외 협력과 지원도 적극 실천하겠습니다.

앞으로도 농업·농촌을 보전하고 국제 경쟁력을 갖춘 농산업이 되도록 노력하는 국립식량과학원이 되겠습니다.

감사합니다.

2023. 12.

문화예술인 아사카와 다쿠미

표재순
(중랑문화재단 이사장)

한국을 위해 진력하다 짧은 생을 마감한 아사카와 다쿠미 선생의 80주기를 맞이하여 2011년 발간한 『한국을 사랑한 일본인』(부코, 2011)을 90주기 맞아 재출간하는 경사를 진심으로 축하합니다. 아사카와 다쿠미 선생의 100주기를 준비하는 개정증보판이라 더욱 의미가 크다고 봅니다. 우리 민족은 5천 년 유구한 역사 속에서 어떠한 어려움도 굴하지 않고 자랑스런 문화유산을 지키며 우리 전통문화를 이어왔습니다.

중랑구는 '서울에서 가장 예쁜 축제'라는 슬로건으로 40만 구민이 만들고 200만 국민이 즐긴 '서울장미축제'를 비롯해 '용마폭포문화예술축제', '금요문화공감', '함께해요 문화나눔' 등 지역 곳곳에 다채로운 문화 활동이 펼쳐지는 아름다운 고장입니다.

우리 지역에는 또 하나의 큰 자산인 <망우역사문화공원>이 있습니다. 이곳에는 일제강점기, 한국전쟁 등 근대의 격동기를 지나 현대에 이르기까지 한국의 역사를 몸소 체험한 위인 150여 명이 잠들어 있어 대한민국의 발자취를 집대성해 놓은 한 권의 역사서와도 같다고 할 수 있습니다.

아사카와 다쿠미 선생은 일제강점기 조선총독부 임업시험소(장) 고원(기수)이었습니다. 서대문구 북아현동 추계예술대학 자리가 우리나라 최초 수목원인 조선총독부 임업시험소에서 1914년부터 근무하였습니다. 그는 1922년 청량리 산림과학원인 옛 홍릉수목원을 기획하고 이전한 임업 전문가였습니다. 그 과학원 뒤뜰에 130여 년의 반송 한 그루가 넉넉한 품위를 자랑하고 서 있습니다. 아사카와 다쿠미 선생이 홍릉수목원 건립 기념으로 주변 홍파초등학교에서 옮겨온 소나무입니다. 대한민국 숲 관련 일을 하는 사람들은 이곳에 와 마음을 다지는 성지라고 하여도 과언이 아닐 정도로 아사카와 다쿠미 선생의 정신이 깃든 솔 향기가 짙습니다.

아사카와 다쿠미 선생은 칸트가 말한 '인간의 가치'를 실현한 인물로 인정받고 있습니다. 식민지 관료였지만 인간의 가치를 들어 올린 삶을 살다간 분으로 널리 알려 기릴 수 있기를 바랍니다. 특히 '조선의 소반'에 대한 아사카와 다쿠미 선생의 혜안은 놀랍습니다. 동양 3국에서 생산자의 손이 아닌 사용자에 의해 쓰면 쓸수록 조형미 실용성 예술성이 빛나는 공예품이라 상찬하며 1929

년 『조선의 선(소반)』을 출간하였다. 지금은 명저로 고서점에서도 구하기 어렵다고 합니다. 또한, '조선 도자기의 신'이라 일컫는 형님 '노리타카'와 대한민국 도요지 700여 곳을 답사하고 정리하여 도자기업계에서는 다쿠미 형제를 중시조로 여길 정도로 공헌을 하였습니다. 무엇보다도 한국인을 사랑하여 비가 억수로 내리는 장례식 때 이문동 사람들이 상여를 서로 메겠다고 하여 조를 나눌 정도였습니다.

다쿠미 선생의 1922년에서 1923년 일기를 보면 한여름 천렵하며 중랑천에서 물고기를 잡은 이야기가 나옵니다. 당시 고기가 많아 금방 그릇에 가득 찬 이야기가 흥미진진 실려 있습니다. 다쿠미 선생은 글을 잘 쓴 분으로 40년 짧은 생을 살아 아쉬운 점이 많다고 지인들이 안타까워 추모의 글이 이어졌습니다. 그래서 일본 중학교 교과서에 '인간의 가치'라는 제목으로 15년 동안 실렸습니다.

<광주시립·영암군립미술관> 동강 하정웅 명예관장은 아사카와 다쿠미 선생의 정신을 이어받아 2006년부터 다쿠미 선생의 고향에서 '청리은하숙'을 개최하였습니다. 2박 3일 일정으로 코로라 사태에도 20여 회를 열어서 한일 민간 교류에 이바지하였습니다. 중랑문화원에서 아사카와 다쿠미 선생이 디아스포라 삶에 대한 교육을 통해 청소년들이 마음껏 자신의 재능을 펼치는 계기를 마련하고 싶습니다.

중랑문화재단은 이와 같은 지역의 문화자원을 바탕으로 '대한민국' 나아가 세계가 주목하는 다양한 프로그램을 준비하겠습니다.

새로운 미래를 향해 중랑문화재단이 함께 꿈꾸고 함께 이루어 나가겠습니다.

2023. 9.

「아사카와학」에서 배우는 행복

하정웅
(청리은하학원장)

본서는 아사카와 다쿠미(1891 ~ 1931년)의 사람됨의 당당한 힘으로부터 행복을 희구하는 「아사카와학」을 배우게 되는 애정이 담겨진 책이다. 아사카와 다쿠미를 그리워하면서 1984년 <망우리 공동묘지>에 세운 '한국의 산과 민예를 사랑하고 한국인의 마음속에 살다 간 일본인 여기 한국의 흙이 되다'라고 새겨진 표지비가 세워졌다.

1997년 11월 27일 서울에서 열린 사후 64주년을 기념하는 한일합동 첫 추모제가 열렸다. 세상의 평가에서 초연하고 있던 아사카와 다쿠미에게 찬란한 빛이 비추어지는 행사였다.

2016년 전후 70년을 기념해 '조선일보'와 대한민국 국립역사박물관이 선정한 '한국을 빛낸 세계의 70명'에 한반도 녹화와 백자의 가치를 새롭게 들추어내려고 노력한 아사카와 다쿠미를 선정했다.

한국인 가운데 아사카와 다쿠미 선생만큼 사랑받고 있는 일본인은 없다. 한국인이 감사하고 사랑하고 신뢰하며 존경받는 빛이었다.

"일제강점기 시대에 일본의 조선 지배의 공범자라는 책임에서 벗어날 수 있는 일본인은 단 한 명도 존재하지 않았다고 한다면 정체를 파악하는 것이 중요하다." 고후시의 비중 씨의 논평이다.

또 '흙에 몸을 붙이고 어두운 밤에도 몸에서 빛을 발해 주위를 밝게 하는 사람'이라고 와다 하루키 씨는 저서에서 밝히고 있다.

야나기 무네요시는 "조선인은 일본인을 미워해도 아사카와 타쿠미를 사랑했다"는 글을 저술하고, 만년에는 불교에서 말하는 '묘호인'(妙好人: 이승에서 영달을 무시하고 신조에 사는 사람)의 언행으로 남아있다.

「아사카와 다쿠미 씨를 그리워한다」의 글로 '아사카와가 죽었다. 되돌릴 수 없는 손실입니다. 그렇게 조선의 일상을 속속들이 알고 있던 사람을 나는 그 밖에 모른다. 정말 조선을 사랑하고 조선인을 사랑했다. 그렇게 정말 조선인으로부터도 사랑받은 것이다. 죽음이 전해졌을 때 조선인이 헌신적인 열정은 타의 추종을 불허한 것이었다. 관을 다투어 메겠다고 모여든 사람들에 의해 운구되어 조선의 공동묘지에 매장되었다. 저와는 오랫동안 교우입니다. 그가 없었다면 조선에 대한 나의 일은 절반을 이룰 수 없었을 것이다. <조선민족미술

관>은 그의 노력에 빚을 지는 것이 대단히 크다. 거기에 수장된 많은 유물은 그의 수집으로 이루어졌다. 좀 더 살아주었다면 훌륭한 일이 많이 이루어졌을 것이다. 그만큼 조선의 공예 전반에 걸쳐 실로 그만큼 조선의 공예 전반에 걸쳐 실용적인 지식을 가지고 있는 사람은 없다. 우리가 계획한 일도 많기 때문이다. (생략) 그와 죽음으로 헤어진 것은 유감의 글 한이다. 그가 없는 조선은 갈 곳이 없는 조선처럼 느낀다.'라고 아쉬워하였다.

또 '일본인의 조선관 형성에 큰 영향을 미친 사상가 중 한 명이 후쿠자와 유기치가 있다. 그의 탈아입유럽론 사슬의 고리를 이룬 조선론은 구미적 근대화가 늦은 조선을 멸시하고 처분해야 한다는 것이었다. 이 후쿠자와의 조선론은 형태를 바꾸어 지금도 여전히 많은 일본인을 붙들어 매고 있다. 아사카와 다쿠미의 중요한 사상은 그가 구미와 조선을 비교하여 구미가 진행되고 있는 조선이 늦어지는 문제를 들어내지 않은 방법을 택하지 않았던 사람이기 때문이다. 아사카와 다쿠미처럼 조선을 그대로 두고, 또 사랑한 사람은 그렇게 많지 않다.'라고 다카사키 소지 씨는 『아사카와 다쿠미 평전』에서 저술하고 있다.

올해 2023년에는 관동대지진 100주년을 기념한 수많은 행사가 한·일 양국에서 열렸다.

정보나 언론이 통제되고 있는 시대에도 불구하고 아사카와 다쿠미는 '조선인의 방화 등을 자신은 믿지 않는다. 도대체 일본인은 조선인에 대한 이해가 부족하다. 그렇게 조선인이 나쁜 사람이라고 생각한 일본인도 상당히 근성이 좋지 않다. 어쩔 수 없이 저주받아야 할 인간들이다. 그들 앞에 자신은 조선인의 변호를 하기 위해 가고 싶은 생각이 든다'고 관헌을 두려워하지 않는 보기 드문 의인이었다.

일본인의 대부분이 조선인을 멸시하는 풍조가 강했던 시대에, 아사카와 다쿠미는 그것과는 무관하게 조선의 민족과 문화를 이해하려고 했다. 한일관계가 삐걱거리는 것을 반복하고 있는 지금이야말로 다쿠미의 삶을 배우는 의미가 있다고 생각한다. 아사카와 다쿠미는 거시적으로 인간(조선인)을 바라본 사람이다.

「아사카와학」에서 배우는 행복이란 무엇인가. "앎의 궁극은 참을 보는 것이다. 심성의 표현은 아름다워야 한다. 의지의 이상은 선한 것."이라는 이토 히데오 씨의 말에서 배우고 싶다.

이 책은 몇 년 전부터 기획되어 관심을 가지고 지켜보고 있었지만, 이번에 발간되게 된 것을 기뻐한다. 아사카와 다쿠미로부터 뜨거운 심정을 배우려고 하는 진실이 저술되고 있다. 아름다움의 표현이 아름다운 말로 표현되는 아사카와 다쿠미의 마음과 정을 읽고 싶다.

과거는 이렇게 살았다, 앞으로는 어떻게 살아야 할까. 한일의 우호친선을 어떻게 영원해야 하는가. 그 의지가 선의 심정으로 저술되고 이상이 제의되고 있다. 「아사카와학」에서 배우는 자양은 풍부하고 풍부하다.

중랑구청 류경기 구청장님과 망우리공원과장님을 비롯하여 관계자분들의 노력으로 <망우역사문화공원>이 세계적인 명소로 거듭나고 있다는 소식에 고마움을 전합니다. 구청에서 '영원한 기억 봉사단'을 운영하여 묘지관리를 하고 있는 중에서도 아사카와 다쿠미의 묘지관리에 특별한 관심을 배려하고 있다는 데에 깊이 감사드립니다.

그리고 중랑문화원 이름으로 책을 발간하여 흐뭇합니다. 중랑문화원 관장님을 비롯하여 관계하신 분들께 감사의 말을 전합니다. 특히 정종배 선생이 '중랑인문학 글쓰기반'을 운영하며 더욱더 <망우역사문화공원>의 인물들이 드러날 수 있으리라 믿습니다. 백조종 선생과 더불어 80주기에 이어 이번 아사카와 다쿠미 90주기를 맞이한 책을 발간하게 되어 두 분의 노고에도 감사합니다.

2023. 11.

축사

인간의 가치를 실현한 아사카와 다쿠미 선생

김종규
(문화유산국민신탁 이사장)

일제강점기 일본인들은 한몫을 잡으려고 식민지 조선에 들어왔습니다. 아사카와 다쿠미 형제는 달랐습니다. 그래서 한일 양국에서 각각 형제 이름의 추모회가 결성되어 기리고 있습니다. 특히 일본 다쿠미 선생의 고향인 청리에서 2006년부터 올해까지 청리은하숙 프로그램을 20회 운영한 재일한국인 2세 동강 하정웅 선생과는 동갑으로 각별하게 지내고 있습니다.

아사카와 다쿠미 선생의 90주기를 맞이하여 2011년에 발간한 『한국을 사랑한 일본인』(부코, 2011)을 재출간하여 다쿠미 선생의 100주기 때를 준비하여 더욱 의미가 깊다고 생각합니다. 다쿠미 형제는 소학교 교사와 <임업시험소> 말단 관료인 고원으로 조선에서 일을 시작하였습니다. 두 형제가 문화예술에 대한 감각을 타고나, 그 재능을 드러낸 곳이 지금도 한일 양국의 애증이 반복되는 조선입니다. 100여 년 이전 척박한 식민지에서 디아스포라의 삶을 살았습니다.

<망우역사문화공원>이 거듭나길 바라며, 매년 4월 2일 다쿠미 선생의 기일 전후 유택에서 추모제가 뜻깊게 이어지리라 믿습니다.

올해 인촌상 수상자로 선정되어 그 신문 기사를 소개하면 다음과 같습니다.

재단법인 인촌기념회와 동아일보사는 18일 인촌상 수상자를 발표했다. 37회를 맞은 올해 인촌상은 교육, 언론·문화, 과학·기술 등 3개 부문에서 뛰어난 업적을 이룬 인물을 수상자로 선정했다. 심사는 부문별로 권위 있는 외부 전문가가 4명씩 참여해 6~8월 3개월간 진행했다. 수상자들의 소감과 공적을 소개한다.

재단법인 인촌기념회와 동아일보사는 2023년 제37회 인촌상 수상자를 다음과 같이 선정했습니다.

▽교육=이대봉 서울예술학원 이사장·참빛그룹 회장
▽언론·문화=김종규 문화유산국민신탁 이사장
▽과학·기술=최순원 미국 MIT 물리학과 교수

인촌상 운영위원회(위원장 김도연)는 올해 교육, 언론·문화, 인문·사회, 과학·기술 등 4개 부문에 대해 5월 1일부터 후보자를 접수해 8월 말까지 권위 있는 외부 전문가들의 엄격한 심사를 거쳐 3개 부문 수상자를 선정했습니다. 인문·사회 부문은 수상자를 내지 못했습니다. 인촌기념회와 동아일보사는 일제강점기 암울한 시대에 동아일보와 경성방직을 설립하고 중앙학교와 보성전문학교(현 고려대)를 통해 인재를 양성한 인촌 김성수 선생의 유지를 기리기 위해 1987년부터 인촌상을 제정해 시상하고 있습니다.

언론·문화 김종규 이사장의 소감과 공적을 소개하면 다음과 같다.

주미대한제국공사관 매입 등 앞장… "문화 지키는 작은 씨앗 뿌릴 것"
언론·문화 김종규 이사장

망우역사문화공원 아사카와 다쿠미 유택

"인촌 선생은 일제강점기 언론·교육·출판을 비롯해 우리의 문화를 지켜낸 수호자입니다. 선생의 뜻을 잇는 상을 여든이 넘은 제게 주신 까닭은 여생 동안 문화유산을 지키는 일에 더욱 매진하라는 '주마가편(走馬加鞭)'의 의미겠지요."

인촌상 언론·문화 부문 수상자로 선정된 김종규 문화유산국민신탁 이사장(84)이 말했다. 김 이사장은 "인촌 선생이 뿌린 문화의 씨앗이 지금까지 이어져 숲을 이뤘듯 나 역시 문화를 지키는 작은 씨앗들을 뿌릴 것"이라고 했다.

문화유산국민신탁은 십시일반 후원금을 보탠 회원들의 기금으로 문화유산을 지키는 특수법인이다. 김 이사장은 2007년 문화유산국민신탁 설립 당시 설립위원회 위원장을 맡았고, 2009년부터 이사장으로 일하고 있다. "문화유산을 지키는 일을 돈 받고 할 수는 없다"며 무보수로 일한다.

문화유산국민신탁은 2012년 미국 워싱턴에 있는 주미대한제국공사관 건물을 매입하는 등 우리 문화유산을 지키는 첨병 역할을 해 왔다. 김 이사장은 "국가 예산으로 모든 문화유산을 지킬 수는 없는 것이 현실"이라며 "국민들이 보탠 돈이 우리 문화를 지켜 국격(國格)을 높이는 힘이 될 것"이라고 말했다.

'문화계의 마당발'로 통하는 그는 박물관·출판·미술계를 넘나드는 폭넓은 인맥을 활용해 발로 뛰며 문화유산국민신탁 회원을 늘려 왔다. 2009년 취임 당시 약 300명이었던 회원 수는 현재 1만 6,000여 명에 이른다. 김 이사장은 "내가 바꾼 것은 단 하나, 월 1만 원 넘는 돈은 후원하지 못하도록 한 것뿐"이라며 "국민 한 사람 한 사람이 모두 문화유산을 지키는 수호자라는 인식을 심는 것이 돈보다 더 중요한 목표"라고 강조했다. 월 최고 후원금 액수를 1만 원으로 낮추자 회원 가입을 주저했던 이들이 선뜻 가입하기 시작했다고 한다. 김 이사장은 고려 현종 때 판각한 '초조본대방광불화엄경 주본 권13'(국보)을 비롯해 10만 점이 넘는 고문헌 등 문화유산을 수집했으며, 1990년 국내 처음으로 출판·인쇄 박물관인 삼성출판박물관을 설립해 이를 지켜왔다. 삼성출판사에서 이사 및 회장(1964~2005년)으로 일하면서도 돈을 모으는 족족 거금을 들여 고문헌을 사들였다. 주변에선 "새 책을 팔아 왜 헌 책을 사느냐"며 만류했지만 그는 뜻을 꺾지 않았다.

"책을 팔아 돈을 벌었으니, 이를 사회에 환원하려면 역시 책과 문화로 해야겠지요. 임진왜란, 병자호란, 일제강점기…. 우리가 힘이 없을 때 지키지 못했던 문화유산을 지키는 일을 멈추지 않겠습니다."

공적 사라져 가는 우리 문화유산을 찾아서 지키고 가꾸며 미래 세대에게 물려주기 위해 헌신했다. "국력은 노력으로 가능하지만 국격(國格)은 문화유산이 말해 주는 것으로 하루아침엔 안 된다"는 진단을 바탕으로 문화유산 지킴이로 헌신해 왔다. 1990년 국내 최초 출판·인쇄 박물관인 삼성(三省)출판박물관 설립을 주도했다. 박물관은 초조대장경 등 국보를 비롯한 문화재 10만여 점을 수집해 보관하고 있다. 문화유산국민신탁은 2012년 미국 워싱턴에 있는 대한제국공사관 매입에 나서, 1910년 일제가 강제 매각한 지 102년 만에 고국 품으로 돌아오게 하는 데 결정적으로 기여했다.

다시 한번 아사카와 다쿠미 선생을 기리는 『한국을 사랑한 일본인』의 개정증보판 『한국의 흙이 된 일본인』 출간을 축하하며 아사카와 다쿠미 선생이 실현한 '인간의 가치'가 널리 퍼져 사람다운 사람이 살아가는 세상다운 세상이 되길 빕니다.　　고맙습니다

2023. 9.

제1장

아사카와 다쿠미 80주기 추모집
『한국을 사랑한 일본인』 (부코출판사, 2011)

발간사 : 조만제(전 한일협회 회장, 아사카와 다쿠미 현창회 대표)
머리말 : 이어령(전 문화부 장관, 중앙일보 고문)
축사(한국 측) : 이낙연(국회의원, 한일의원연맹 부회장·간사장)
축사(일본 측) : 누카가 후쿠시로[額賀福志郎](일본 중의원, 일한의원연맹 부회장·간사장) 2023년 현재 일본 중의원 의장
축사 포천시장 : 서장원
축사 호쿠토시 : 사라쿠라 마사시
한국을 사랑한 일본인 : 백조종
작은 거인 : 박경구
김성진 그로부터 : 사와야 시게코
자료관 건립 과정 : 히나타 요시히코
성지순례 : 사와야 시게코
인간의 가치 : 아베 요시히게
순결한 영혼 : 야나기 무네요시
교토의 귀무덤 및 망우리 다쿠미 묘 : 박미정
한일 공동 제작 및 흥행 : 오자와 류이치
사색의 길에 핀 성스러운 한 송이 꽃 : 정종배
영화 <백자의 사람> 포스터 : ㈜미로비전
맺은 말 : 최서면
편집 후기 : 백조종

발 간 사

조만제
(前한일협회 회장, 아사카와 다쿠미 현창회 대표)

저는, 지난 1965년 한일 두 나라의 국교가 정상화되자, 미력이나마 서로 간의 이해와 협력의 증진을 위해 1971년에 사단법인 한일협회(韓日協會)를 설립하여 오늘에 이르렀으며, 다카사키 소지[高崎宗司] 교수를 비롯한 몇몇 사람들의 저서, 논평, 이야기 등을 통하여 아사카와 노리타카 및 다쿠미[浅川伯教·巧] 형제, 그리고 야나기 무네요시[柳宗悦] 등 동시대 인사들의 참모습과 공로 등을 알게 되었습니다.

아사카와 노리타카는 고려청자(高麗青瓷), 이조백자(李朝白磁), 그리고 분청사기(粉青沙器)에 이르는 전국의 가마터(陶窯趾)를 조사하고, 그 파편 등을 수집한 자료로, 오늘의 도공들에게 그 옛날의 진실을 알리고 앞으로의 참고가 되도록 훌륭한 선물을 남겨 주었습니다.

또한 야나기 무네요시도 일본의 민예운동의 선구자로서 아사카와 형제와 같이 조선의 도자 문화를 진심으로 사랑하고, 조선의 도자기와 민예품 등을 사랑했습니다. 특히 일제(日帝)가 조선총독부건물을 경복궁 바로 앞에 지으려고 그 정문인 광화문(光化門)을 헐려 하자 야나기는 이를 강력히 반대하였으며, 산재해 있는 도자기와 민예품 등을 두 형제와 함께 수집하여 이를 보관하고 널리 알리는 조선민족미술관(朝鮮民族美術館)도 건립하였습니다.

특히 아사카와 다쿠미는 원래의 본업이 산에 나무를 심고 기르는 산림인(山林人)인데, 조선의 헐벗은 산을 누구보다도 안타깝게 여겨 사방식재(砂防植栽)에 열을 올리며, 산림녹화(山林綠化)에 전력을 다하였습니다. 특히 수묘양성지침(樹苗養成指針)이라 하여 나무의 묘목(苗木)을 자라나게 하는 눈, 즉 종자 발아(樹芽)법을 창안하여 양묘의 대량 생산에 성공하였습니다.

산림의 명인(名人)인 아사카와 다쿠미는 참다운 인간성과 또 다른 예술성을 지니고 있었습니다. 그러기에, 한국의 도자기와 목공예품(木工藝品)에 대하여 남다른 애정을 갖고 있었으며, 『조선의 다완(朝鮮の茶碗』 등의 명저를 남겼습니다.

그는 일제강점기 동안의 수많은 일본사람 중의 예외적으로 한국을 사랑하고 한국 사람으로부터 사랑을 받은 오직 단 한 사람의 일본인이었습니다.

이제 우리는 그가 한국의 흙이 된 지 80년이 되는 이 시점에서 다시 한번 그를 되새겨보는 것도 뜻있는 일이라 생각합니다.

조만제 - 서울대 수료, 동경대학(경제학과)졸업, 신한 학술연구회 창설 간사장, 삼균학회이사장, 前한일협회회장, 아사카와 다쿠미 현창회 대표, 일본정부로부터 『훈3등 서옥장(勳三等 瑞玉章)』 서훈(敍勳)

머 리 말

이어령
(前문화부장관, 중앙일보 고문)

대지진과 쓰나미 이후 원자력발전소 문제로 아수라장으로 변해버린 일본의 참상을 접하며 본서(本書)의 머리말 원고를 청탁받았습니다. 일제강점기 아픈 역사 속에서 아사카와 다쿠미는 인간의 가치를 드높인 큰 인물이기 때문에 저는 망설이지 않고 승낙하였습니다. 유복자로서 어린 시절 어렵게 지내면서도 꿈을 실현하려 노력하였고, 혹독한 식민정책으로 힘들어하는 피지배인의 아픔을 함께하려 최선을 다한 다쿠미의 한국사랑은, 자연의 힘 앞에 굴복할 수밖에 없는 인간의 한계를 뛰어넘어 영원히 이어지리라 봅니다.

우리나라 목공예와 도자기에서는 물론 실생활 하나하나에서도 조선인으로 살고, 조선 공예품의 우수성을 인정하고 발굴하여 알리려 생을 마감한 날까지 손을 놓지 않은 실천가로서, 식민지의 민둥산에 나무를 심고 숲을 가꾸는 일이 본업이었지만, 그의 조선에서의 생활과 활동을 깊이 들여다보면 국경을 뛰어넘은 글로벌한 사상가라는 점을 알 수 있습니다.

다쿠미는 한복을 즐겨 입었으며 조선의 물품을 조선사람보다 더 애용하였고 당시 조선에 있던 일본인들은 거의 조선말을 배우지 않았음에도 그는 우리말을 열심히 배웠습니다. 다쿠미의 집은 온돌방이었고 방안에는 조선 장롱을 두고 살았습니다. 야나기 선생의 아내 가네코가 “그분은 정말 조선사람이었어요.”라고 할 만큼 조선통이었습니다. 그래서 사람들은 그를 조선사람으로 오해할 정도였습니다. 그는 시내에 나갔다가 돌아오는 길에 과자 같은 것을 사 들고 와서는 근처에 사는 조선 아이들에게도 나눠 주곤 하였습니다. 조선의 걸인이나 영세 상인들에게도 늘 온정을 베풀었습니다.

1920년 야나기 선생이 ‘조선민족미술관’ 설립을 결심하게 만든 사람도 다쿠미였으며, 미술관 건립을 위하여 두 사람은 기금마련에 온 힘을 쏟았습니다. 다쿠미는 자신의 모든 월급과 결혼식 예복을 살 돈까지 여기에 기부하였습니다.

다쿠미의 유작인 『조선도자명고』에서는 기물의 종류에 따른 명칭, 도자기를 만드는 도구와 원료 그리고 가마터의 조사 등을 세밀하게 수록한 교과서 같은 책으로 매우 소중한 문헌이 되고 있습니다.

아사카와 다쿠미의 헌신적인 조선사랑은 한일 간 미래가 희망적이라는 믿음을 줍니다. 이러한 믿음이 우리 민족이 현재 시련을 겪고 있는 일본인들의 마음을 위로할 수 있는 바탕이라 믿습니다.

이 책이 한일 양국의 각계각층에서 널리 읽혀서, 아사카와 다쿠미의 선지자적 사상과 삶을 선양하여 양국간 아픈 역사의 상처를 치유하고 우의를 다지는 계기가 되었으면 합니다.

이어령 - 서울대 졸업, 문학박사, 제1대 문화부 장관, 이화여대석좌교수, 서울·한국·경향·중앙일보 논설위원, 새천년준비위원장, 사이언스 북스타트운동 공동대표, 앙코르 경주세계문화엑스포 한국측 조직위원, 서울디자인올림픽 2008 조직위원, Korea CEO Summit 명예이사장, 유네스코 세계문화예술교육대회 조직위원장, 중앙일보고문, 건국대학교 문화콘텐츠창조위원장, 경기창조학교교장, 저서[축소지향의 일본인], [장켐 문명론], [장군의 수염], [무익조], [암살자], [전쟁 데카메론], [환각의 다리] 등 다수

축 사 (한국측)

이낙연
(대한민국 국회의원, 한일 의원연맹 부회장·간사장)

부끄럽습니다만, 저는 이 책을 만나기 전까지 아사카와 다쿠미를 몰랐습니다. 이 책을 읽으며 저는 예전에 상상하지도 못했던 경이로운 세계를 경험했습니다. 경이입니다.

다쿠미는 겨우 40년을 살았습니다. 그렇게 짧은 삶이 이렇게 많은 글로 되살아났습니다. 그의 생애를 다루거나 그를 추모하는 글이 300편이나 나왔다고 합니다. 경이가 아닐 수 없습니다.

조선에서 일하다 조선을 사랑하고 조선의 흙이 된 일본인, 조선에 나무씨를 뿌려 민둥산을 푸르게 만든 사람, 조선의 민예를 발견하고 알린 사람…이런 단면들이 경이의 원천입니다. 그러나 이것만으로는 경이를 설명하기에 충분하지 않습니다.

오히려 인간 그 자체가 경이의 본질일 것입니다. 아베 요시시게 선생이 그것을 절묘하게 짚어 주셨습니다. 경이의 본질은 "사람을 무서워하지 않고 하느님만을 두려워한, 독립적이고 자유로운 사람…지위에도 학력에도 권세에도 부귀에도 의지하지 않고, 사람됨만으로 끝까지 당당하게 살았다."는 다쿠미의 인생, 바로 그것이라고 생각됩니다.

그러므로 이 책은 추모문집을 뛰어넘습니다. 오히려 인간의 삶은 무엇이며 무엇이어야 하는지를 강렬하게 시사하는 경이로운 인생 독본입니다. 자식에게도 꼭 권하고 싶은 소중한 책입니다. 이 책에 실린 글을 써주신 모든 분, 그 글을 골라 책으로 엮어 주신 백조종 선생께 각별한 감사를 드리지 않을 수 없습니다.

이낙연 - 서울대 법대 졸업, 동아일보 동경주재특파원/논설위원/국제부 부장, 국회 농림수산식품 위원장, <지역균형발전연구모임> 공동대표, 지역균형발전협의체 회장(국회측), 한일 의원연맹 부회장겸 · 간사장, <미래한국헌법연구회> 공동대표, 사단법인 해양환경국민운동연합 중앙회장, 국무총리
저서 [食전쟁 한국의 길], [어머니의 추억] 등 다수.

축 사 (일본측)

누카가 후쿠시로[額賀福志郎]
(일본 중의원, 일한의원연맹 부회장·간사장)

아사카와 형제의 높은 뜻에 감명

일제강점기에 일본과 조선의 관계가 악화되어 가는 것을 우려하여, 일본인과 조선인 사이에 가로막고 있었던 마음의 울타리를 허물기 위해 평생을 바쳐 일본과 조선의 가교역할을 한 「아사카와 형제의 이야기」가 한국에서 책으로 출간된다니 매우 기쁘게 생각합니다.

저는 몇 년 전에 아사카와 씨와 동향이며, 저와는 와세다대학 시절의 동급생이자 영화제작 위원회의 대표를 맡고 있는 나가사카 코지 씨에게서 아사카와 형제의 인생을 그린 일본소설 『백자의 사람』을 추천받아, 눈물을 흘리면서 정신없이 읽었던 기억을 아직도 잊지 않고 있습니다.

저는 국회의원이 되고 나서, 일한 양국의 우호 관계를 구축하는 것이 가장 중요한 아시아 정책 중의 하나라고 믿고, 일한의원연맹의 부회장, 간사장으로서 일해 왔던 만큼 한층 더 큰 감명을 받았습니다.

특히 동생 다쿠미는 조선을 알기 위해서는 조선어를 배워야만 한다고 생각하여, 생활과 일을 통해서 조선어를 익혔고, 일본인과 조선인을 차별하는 일도 없었으며 조선에 뼈를 묻을 각오로 생활을 했습니다. 저는 그의 아름다운 삶에 깊은 감동을 받았습니다.

또한 형 노리타카는 미술교사로서 조선으로 건너가 조선백자 속에 깃들어 있는 생활 속에 정착된 아름다움에 반해 갑니다. 다쿠미도 조선백자의 아름다움에 감동하여, 형과 함께 조선의 도자기가 지닌 아름다운 가치를 탐구하고 조선 도자기의 미학을 체계적으로 추구하였습니다.

오늘날 아사카와 형제가 조선 미술의 가치 발굴에 있어서 행한 역할은 이루 말할 수 없는 것이라고 모두가 입을 모아 높이 평가하고 있습니다.

한편 다쿠미는 일본 정부의 파견 기관인 조선총독부 안에서, 한반도의 민둥산 녹화를 위해 조선의 산과 들 곳곳을 돌아다니며, 마침내 자연 그대로의 상태에 있는 「흙의 힘」을 이용하는 <노천매장법>이라는 방식으로 조선오엽송의 종자를 발아하는 방법을, 임업계에서는 세계 최초로 성공시켰습니다. 이것을 통해 조선의 민둥산에 자연이 되살아나는 계기를 만든 공적은 지금도 많은 이들에게 회자되고 있습니다.

아사카와 형제와 같이 깊은 애정과 강한 신념을 바탕으로 사랑을 실천하였던 아름다운 모습은, 오늘날의 우리들에게 앞으로 무엇을 어떻게 해야 할 것인가? 라는 질문을 던져주고 있습니다. 이 책이 앞으로 한일 양국의 새로운 발전적 관계와 아시아의 평화에 공헌할 것을 기원하면서 펜을 놓습니다.

누카가 후쿠시로[額賀福志郎] - 와세다대학교 정치경제학과 졸업, 방위청 장관, 경제기획청 장관, 경제재정정책 담당 대신, 자민당 정조회장, 재무대신을 지냈으며, 현재 9선 의원으로 자민당 세제조사회(自民党税制調査会)부회장, 일한 의원연맹 부회장·간사장, 2023년 현재 일본 중의원 의장.

축 사 포천시

서장원
(포천시장)

포천시는 수도권 북동부의 중심도시로서 품격 높은 문화와 예술, 그리고 수려한 자연경관을 자랑하는 한국의 대표적인 관광 및 휴양도시입니다.

깨끗한 수질을 자랑하는 산정호수와 전국 5대 억새군락지로 손꼽히는 명성산을 배경으로 해마다 억새꽃축제를 개최하고 있으며, 겨울이면 청정한 백운계곡에서 펼쳐지는 동장군축제는 이미 수도권의 대표적인 겨울축제로 자리 잡았습니다. 또한, 전국 최초로 폐석장을 친환경문화예술 공간으로 조성한 포천 아트밸리는 산 정상의 호수와 기암절벽이 보는 이의 눈길을 사로잡으며, 생태계의 보고라고 할 수 있는 국립수목원의 울창한 수림과 맑은 공기는 가는 이의 발길을 붙잡습니다.

그뿐만 아니라 우리 포천시는 약효가 뛰어난 개성인삼의 명맥을 100여 년간 이어온 포천개성인삼의 산지이며, 물을 안고 있다는 포천(抱川)의 이름처럼 맑은 물로 빚어진 포천 막걸리는 국내뿐 아니라 최근 미국·일본 등 해외에서도 호평을 받고 있는, 우리 포천시를 상징하는 대표적인 브랜드가 되었습니다.

이러한 우리 포천시는 21세기 국제화 · 지방화 시대를 맞이하여 우리 지역 실정에 걸맞고 세계화 추세에도 부합하는 특색 있는 국제교류 발전모델을 수립하고자 국외 여러 도시와 활발한 교류 협력 사업을 추진하고 있습니다.

그중에서 국제 자매도시로서 행정 및 공무원 상호 파견 사업, 문화 예술교류, 청소년문화체험 등 다양한 분야에서 활발히 교류 사업을 추진하고 있는 도시가 바로 일본 야마나시현의 호쿠토[北杜]시입니다.

우리 시가 호쿠토시와 교류를 시작했던 계기가 되었던 것이 바로 우리 시에 소재한 현 중부임업시험장의 전신인 조선임업시험장에서 임업 기사로 근무했던 아사카와 다쿠미 선생으로 인해서였습니다.

아사카와 다쿠미 선생은 야마나시현 호쿠토시 다카네정 출신으로 식민시대 조선으로 건너와 산림청 임업 기사로 일하면서 전국 각지를 돌아다니며 조선의 백자와 민속공예, 도자기에 심취한 분으로 사라져가는 조선의 공예품을 보존하기 위해 경복궁 내에 현 국립민속박물관격인 '조선민족미술관'을 설립한 분으로 알고 있습니다.

그렇다 할지라도 일제강점기 식민 통치라는 뼈아픈 과거를 가진 우리 한국인이 조선독립을 위해 적극적으로 활동하지도 않았던 아사카와 다쿠미 선생을 이토록 추모하는 까닭은 무엇일까 하는 의문을 갖지 않을 수 없으며, 저는 그 해답을 망우공원에 안치된 그의 묘지 비문에서 찾아보고자 합니다.

"한국의 산과 민예를 사랑하고 한국인의 마음속에 살다간 일본인 여기 한국의 흙이 되다"라는 비문처럼 아사카와 다쿠미 선생은 마음으로 한국과 한국인을 사랑했으며, 우리 민족의 전통과 문화의 뿌리를 말살하려 한 일본의 식민지 지배정책에도 굴하지 않고 끝까지 아름다운 조선의 예술을 지켜나가고자 했던 조선의 예술인과 그 작품을 깊이 이해하고 지지했던 '일본인이기 전에 위대한 예술혼을 지닌 한 인간'이었기 때문일 것입니다.

이러한 국적을 초월한 문화의 상대성을 인정할 줄 아는 자세가 바로 올바른 세계화의 첫걸음이라고 생각합니다.

우리 포천시는 아사카와 다쿠미 선생의 이러한 정신을 이어 앞으로 행정 위주의 교류가 아닌 '민간인 중심의 교류 사업' 즉, 풀뿌리 교류를 지향하여 궁극적으로 일반 시민이 주가 되고, 일반시민에게 혜택이 돌아가는 실리적인 교

류 사업을 추진해 나가고자 합니다. 이는 바로 역사적 부침을 뒤로 한 채 더불어 살아가는 한일 양국의 이상적인 교류 방향이라고 생각합니다.

끝으로, 여러 어려움 속에서 아사카와 다쿠미 선생을 추모하는 도서의 출간에 힘쓰신 아사카와 다쿠미 현창회 백조종 부회장님의 노고에 깊은 경의를 표하며, 이 책의 발간을 계기로 아사카와 다쿠미 선생이 일반인에게 보다 널리 알려지고, 더 나아가 한일양국이 보다 긴밀한 우호 공조 체계를 유지할 수 있기를 진심으로 기원합니다.

서장원 - 대진대 대학원 법학석사, 농업경영인회 포천읍 지회장, 신단초 포천고등학교운영위원장, 포천군체육회 족구협회장, 자치분권경기연대 공동대표, 제2-3대 포천군 의회의원, 제3대 포천시장, 제4대 포천시장 취임

축 사 호쿠토[北杜]시

시라쿠라 마사시[白倉政司]
(호쿠토시장)

일본에서 태어나 자란 아사카와 다쿠미의 공적을 알리는 현창회가, 서울시 중구의 명동에서 발족되었다고 소식을 들어, 지금 재차 기쁨을 느끼고 있습니다. 80년 전에 조선반도에서 죽어서 지금은 서울시 청량리 땅의 흙이 되어 있습니다만, 120년 전에 저희 마을 야마나시현 호쿠토시에서 태어난 아사카와 다쿠미입니다.

아사카와 다쿠미 현창회 설립 취지문에는, 「한국을 사랑하고 한국의 사람들로부터도 사랑받고 있는 아사카와 다쿠미」·「산림녹화를 위해서 크게 공헌」·「한국의 도자기와 목공예품을 높게 평가」하고 있어, 다쿠미의 인간성과 심미안을 크게 칭찬해주셨습니다. 매우 기쁘게 생각합니다.

그가 한국의 땅에서 산 것은 불과 42년의 인생에서의 18년간입니다. 불행한 양국관계의 시대였습니다. 이번 현창회 발족이라고 하는 형태로 현재의 한국분들의 마음을 알게 되면서, 다쿠미의 삶의 방식은, 「오히려 다쿠미가, 한국사람들의 인간성과 역사·문화·풍토에 접하면서 인간으로서 한국에서 성장한 것이 아닌가?」, 「일본에서 배운 것 이상을, 한국을 알아가면서 배운 것은 아닌가?」라고 느꼈고, 그가 살아온 길을 더 널리 전달하지 않으면 안 된다고 생각했습니다.

아사카와 다쿠미의 고향 호쿠토시는 일본에서도 압도적으로 일조시간이 길고, 햇빛이 풍부한 지역입니다. 게다가 시의 주위는, 야츠카타케, 남알프스, 가야가타케라고 산들에 둘러싸여 초록의 나무들과 맑고 깨끗하고 풍부한 물의 혜택을 타고난 지역입니다. 빛과 초록과 물의 은혜는 현재에도 호쿠토시에 태양광발전 판넬 등의 발전 연구시설의 유치라든가, 일본 미네랄워터 전체 생산량의 1/4 이상을 차지하는 등의 형태로 시의 산업에 공헌하고 있습니다. 또 아름다운 자연환경은 내외로부터 많은 예술가들을 모아 시내에는 현재 크고 작은 미술관·박물관을 다 합쳐 80개 정도가 있습니다.(2010년 현재)

이 은혜는 아사카와 다쿠미가 생활하고 있던 100년 전과 아마 변함없는 것이겠지요. 이 자연의 아름다움은 100년 전, 다쿠미의 심미안을 기른 자연과 같은 것이겠지요. 조선왕조의 미술품이나 일상의 공예품의 아름다움에 매료되는 다쿠미의 안목을 기른 것은, 이 호쿠토시의 자연의 아름다움이었다고 생각할 수 있습니다.

고후를 지나 호쿠토시 지역에 들어가면, 한국에서 오신 분들은 이구동성으로 한국의 경관과 닮아있다고 하십니다. 자연의 아름다움이 비슷하다고 말씀하십니다. 다쿠미가 한반도에 건너간 1914년, 역시 똑같이 느꼈을 것을 상상합니다. 비슷하다. 비슷하기 때문에 다른 부분이 감지될 수 있는 것이 한일의 관계인지도 모릅니다.

아시는 바와 같이 호쿠토시는 한국임업연구원 분들과의 친교, 고 조재명 선생님의 유덕, 조만제 선생님을 시작으로 하는 많은 한국분들과의 관계 속에서 포천시와 우호관계를 깊게 해 작년부터는 시민의 교류만이 아니고 시청직원의 교류도 시작되었습니다. 이것은 저의 전임 정장 시대로부터 시작된 일한 우호의 교류를 근원으로 하고 있습니다. 저도 몇 번인가 포천시를 방문했습니다. 포천시에는 다쿠미의 시대에 임업시험장 광릉출장소가 있었던 장소라고 합니다. 지금은 광대한 광릉수목원입니다.

청량리도 방문했습니다. 100년 정도 전, 다쿠미도 함께 심었다고 하는 국립산림과학원의 안뜰에 있는 소나무를 보았습니다. 크게 우거진 그 소나무는, 실로 감명 깊은 것이었습니다. 나무들이 성장하는 것처럼 우리의 우호도 성장할 것을 바라마지않습니다.

아사카와 다쿠미 현창회가 발족한 2010년은, 기이하게도 한국 강제 합병 100년째에 해당하는 해였습니다. 이 역사의 고비에 있어 아사카와 다쿠미의 존재에 눈을 돌리는 것으로, 한국의 사람들과 우리 일본인과의 새로운 시대가 다시 시작되는 것 같았습니다.

다쿠미의 형 노리타카는 조선인상 <나막신의 사람>이 제국 미술 전람회에 입선했을 때, 신문의 인터뷰에 응했습니다. 「조선인과 일본인과의 친선은, 정치가 아니고, 예술에 의해서 도모하지 않으면 안 된다」. 이것은 정치에 대한 불신의 시대의 말입니다.　　그러나 지금은 정치도 움직일 수 있는 힘이 있을 것을 바라며, 아사카와 다쿠미 현창회와 향후의 우리 활동에 좋은 일만 있기를 바라며, 현창회의 발족과 현창회 백조종 부회장님의 아사카와 다쿠미 관련 저서 출간에 축하 인사 드립니다.

시라쿠라 마사시[白倉政司] - 일본대학 경제학부 졸업, 대의사 비서, 야마나시현의원, 다카네정장, 호쿠토시 시장
번역: 신승미 - 포천시청 근무

한국을 사랑한 일본인

백조종
(서울국제친선협회 부회장, 아사카와 다쿠미 현창회 부회장)

지금의 젊은 세대들은 일제강점기에 대해 자세히 알지 못한다. 또한, 다쿠미에 대해서도 알지 못한다. 다쿠미가 일제시대에 우리나라로 건너와 많은 일을 하다 이 땅에 묻혀 있다는 사실은 그와 특별한 인연이 있는 사람을 제외하고는 더더욱 알려지지 않고 있다.

서울과 도쿄가 자매도시이다 보니 필자가 서울시국제교류원으로 도쿄도청에 국제교류원으로 파견근무를 한 적이 있었는데, 그때 다쿠미와의 인연이 시작되어 강산이 두어 번 바뀌는 세월이 지나갔다.

다쿠미에 대해 조금씩 앎이 늘어가면서 훌륭한 그의 인품에 깊이 감동했고, 점점 주위의 사람들에게 다쿠미에 관한 이야기를 두서없이 늘어놓게 되었고, 다쿠미를 널리 알리는 일이면 주저하지 않고 실행했으며, 이제는 책까지 출간하게 되었다. 이 모두가 내겐 다쿠미로 인해 비롯된 일들이었다.

애석하게도 나의 다쿠미 예찬, 다쿠미 현창과는 무관하게 지금 이 땅에 살고 있는 대다수의 한국인들은 다쿠미에 대해서 모른다. 그간 내가 다쿠미에 대해 가졌던 무한한 존경과 흠모의 자연스러운 발로(發露)로, 나에겐 내 주위 사람들뿐 아니라, 한일 양국의 미래와 세계의 평화를 짊어질 한국과 일본의 젊은 세대에게 다쿠미에 대해 알려야 할 의무와 책임이 있다는 사명감이 충만하게 되었다. 한국을 위해, 한국인들을 위해 헌신하다가 짧은 생을 마감한 다쿠미를 위해서 내가 할 수 있는 일이라곤 고작 이것뿐이라는 자괴감 때문이기도 하다.

다쿠미는 지금으로부터 거의 백 년 전, 우리가 한창 일제의 지배로 고통받아 신음하던 1914년에 23세의 나이로 이 땅에 건너왔다. 다쿠미는 조선총독부 농상공부 산림과 임업시험소의 고원으로서 조선에서 자라는 나무와 수입된 나무종의 묘목을 기르는 일을 하며 주로 임업 관련 시험 조사에 종사하였다.

“조선에 가면 조선어를 알아야 하고, 조선인들과 사귀어야 한다.”고 생각했던 다쿠미는 가장 먼저 조선어부터 배웠다. 당시 조선에 거주했던 대부분의 일본인이 자기들끼리 마을을 형성하여 조선인을 배척하고, 한국어를 배우려고 하지 않던 것과는 너무나 대조적이다. 다쿠미는 조선에 건너온 여느 일본인과는 다르게 조선의 의식주를 그대로 받아들여 한복을 입고 조선식의 집에서 살며 조선사람처럼 살았다.

다쿠미는 식물의 종자를 채집하기 위해 전국 각지를 돌아다녔는데 이 과정에서 조선인의 생활을 낱낱이 접하게 되었다. 이로써 다쿠미는 조선사람들의 삶 한가운데로 파고들어 조선을 생생하고 현실적으로 인식하게 되었다. 이는 다쿠미가 본래의 타고난 천성이 사람을 좋아하는 탓도 있지만, 일본인으로서의 우월적인 지배 의식을 내던져버리고 조선 사람과 조선을 아무런 편견 없이 끌어안는 결정적인 요인으로 작용을 하였다.

다쿠미를 이야기하면서 형 노리타카에 대한 언급을 하지 않을 수 없다. 일찍이 아버지를 여읜 다쿠미에게 노리타카는 아버지를 대신하는 존재로 절대적인 영향력을 발휘했다. 다쿠미가 기독교 신앙을 갖고 조선에 건너가 조선의 공예품을 수집· 연구하게 된 것도 바로 형 노리타카의 영향이었다. 사범학교를 졸업한 노리타카가 조선으로 건너간 것은 조선의 공예품에 대한 커다란 관심 때문이었다. 당시 대다수의 일본인들이 식민의 연장선상에서 새로운 사업을 시작해 보려고 탐욕스럽게 조선 땅을 밟았던 것과는 달리 노리타카는 오직 조선 미술공예에 이끌려 조선을 찾았다.

다쿠미가 형을 따라 조선에 온 이후 정확히 언제 어떤 계기로 해서 조선 민예에 눈을 떴는지는 명확히 알 수 없지만 아마도 형 노리타카를 따라 전국의 골동품상을 전전하며 수집하고 조사하는 작업에 같이 참여하면서 자연스레 조선 민예품에 매혹되어 빠져들지 않았나 추측한다.

어린 시절부터 양묘(養苗·어린나무를 기르는 일)를 좋아했던 다쿠미는 임업시험 조사 방면의 많은 업적을 남겼다. 다쿠미는 한국 잎갈나무와 잣나무의 양묘에 성공했을 뿐 아니라 실제로 직접 조사· 수집한 재료 5천3백여 점에서 발췌하여 조선의 크고 오래된 나무의 명칭을 일일이 기록하였는데 특히나 모든 나무의 명칭을 한글로 붙인 점이 눈길을 끈다. 다쿠미는 평소에 갈고 닦았던 조선어로 조선 사람과 소통했을 뿐 아니라 사람이 아닌 나무나 그릇까지도 본딧말인 조선어로 불렀다.

예나 지금이나 한 나라의 언어를 배우는 일은 대단한 인내를 필요로 한다. 언어 습득 이전에 그 언어를 사용하는 이들의 사상과 문화 현상 전반에 대한 이해가 선행되어야 가능한 일이다. 하찮은 일에조차 자신을 내세우려는 일반적인 사람들과 달리 다쿠미는 철저히 자신을 버리고 오직 조선사람의 눈으로 스스로 조선사람이 되어 조선을 바라보았다.

그런 다쿠미였기에 조선총독부나 일본인을 원망하는 쓴소리를 외면하지 않고 조선총독부의 삼림수탈정책을 비판하는 글을 남겼던 것은 지극히 당연한 일이다. 조선총독부가 대대로 지역주민이 공동으로 사용하던 땅까지 빼앗는 통에 가난한 사람들은 땔감을 훔쳐 도망칠 수밖에 없다며 산을 푸르게 하기 위해서는 우선 그 고장 사람들을 이해하는 마음이 필요하다고 주장하였다.

하지만, 글을 남기는 것에 만족하지 않고 당시 조선사람들에게 절체절명의 과제였던 조선의 독립을 어떤 방법으로든지 적극 도왔더라면 하는 아쉬움이 든다. 이는 다쿠미의 조선에 대한 깊은 사랑과 활약상을 고려해볼 때 가능한 일로 그가 결심만 했더라면 얼마든지 다양한 방법을 모색할 수 있었을 것이다. 그는 누구보다도 조선사람들이 얼마나 모진 핍박과 고통을 감내하고 있는지 잘 알았고 조선사람들의 뜻을 모아 독립의 길로 이끄는 다리 역할을 충분히 해낼 수 있었을 것이다. 다쿠미가 한민족에 대한 "친숙한 이해"를 도모한 것에 그치지 않고, 조선민족문화를 말살하고 일본인에 동화시키려 했던 일본의 조선 지배 정책에 적극적으로 항거하고 정면으로 대항했더라면 하는 주문은 너무 이기적인 애국심에 기인하는 것일까?

다쿠미는 임업 분야에서 뛰어난 공적을 남겼을 뿐 아니라 조선 민예를 위해서도 눈부신 업적을 달성하였다. 훗날 야나기 무네요시와의 인연으로 조선민족미술관을 설립· 운영하는 데 다쿠미는 결정적인 역할을 하였다.

그런 다쿠미였지만 정작 자신은 늘 "조선에 산다는 것이 마음에 걸리고 조선인에게 미안한" 마음이 들어 "언젠가는 조선을 위해 무엇인가에 도움이 될 수 있도록 해달라"는 기도를 하며 그때가 오기만을 기다리고 있었다. 조선총독부가 우리 고유의 민족문화를 말살하고 황민화(皇民化)를 촉진하기 위해 창씨개명을 강요하며 동화정책을 꾀했던 것과는 대비를 이룬다.

조선총독부는 우리 민족을 분노·고통을 드러내지 않고 비굴하게 참는 민족성이 배양되어 있다고 폄하하며 열등한 민족으로 멸시하기도 하였다. 미술관 건물을 제공한 조선총독부는 '조선민족미술관'이라는 미술관 명칭에 강한 반감을 표시했고, '민족'이라는 글자를 뺄 것을 주장해왔다. 하지만, 다쿠미와 야나기는 이를 완강히 거절했고 고집스러우리만치 유독 '민족'이라는 글자에 집착했었다. 이는 아마도 우리 민족에 대한 깊은 이해와 애정을 갖고 있었기에 가능한 일이었을 게다. 조선총독부의 요구에 순순히 응했더라면 훨씬 더 유리한 조건에서 수월하게 미술관을 설립할 수 있었지만, 끝까지 이를 뿌리쳤고 결국 '조선민족미술관'이란 이름으로 설립되었다.

1924년 조선민족미술관이 개관했고 다쿠미는 그리 넉넉하지 못한 살림에도 사재를 털어 물심양면으로 미술관을 지원했다. 결혼할 때 양복을 해 입으라고 어머니께서 주신 돈마저도 민예품을 사는데 쏟아붓고 평상복을 입은 채 식사를 하는 것이 결혼식의 전부였을 정도로 자신을 챙기는 일엔 무심했었다.

다쿠미의 개인사는 안타깝게도 평탄해 보이진 않는다. 첫 아내 미쓰에가 서른의 나이에 병으로 세상을 뜨자 딸 소노에는 외삼촌에게 맡겨졌다. 나중에 사키와 재혼을 하긴 했지만 사키와의 사이에서 태어난 아기는 태어나자마자 죽는 슬픔이 뒤따랐다. 끝내 다쿠미의 혈육이라곤 무남독녀인 소노에 한 명뿐이어서 다쿠미가 죽고 나서 그가 일궈낸 것들을 빠짐없이 이어서 보존할 수 있는 가능성이 협소해진 것은 크나큰 아쉬움과 손실로 여겨진다. 낯선 이국땅에서 가족을 잃는 슬픔은, 아무리 자신이 좋아하는 일로 바삐 지낸다고 할지라도 순간순간 밀려오는 상실감을 떨쳐내기엔 부족함이 있었을 것이다. 어쩌면 아이러니하게도 이같이 다쿠미의 순탄치 못한 개인사는 다쿠미가 더욱 조선 민예와 임업 연구에 박차를 가하고 전념하게 하는 동인이 되었을지도 모른다.

1922년, 다쿠미는 홍릉임업시험장 고원에서 기수로 승진을 하였지만, 그 이후 더 이상의 승진은 하지 못했다. 자신이 좋아하는 일을 할 수 있다는 사실 자체에 만족했던 다쿠미는 처음부터 출세를 바라지 않았다. 하급직이라서 월급이 적으니 직업을 바꾸는 게 어떻겠냐는 누나 사카에의 권유에도 다쿠미는 "내 취미는 어린나무를 기르는 것"이라며 고개를 저었다고 한다.

다쿠미는 생전에 『조선의 소반』을 냈고, 사망 직후에 『조선도자명고』가 출간되었다. 여기에 1978년 에비나 노리가 <아사카와 다쿠미 저작집>을 편집해 논문 등을 모은 <소품집>이 정리되어 나오면서 총 세 권의 책이 출판되었다.

다쿠미는 서문에서 『조선의 소반』이 할아버지의 자애로운 사랑과 조선인 벗들과의 교류 속에서 만들어지고, 그들에게 바쳐진 것임을 밝혀 놓았다. 또한, 이 책을 통해 할아버지에 대한 다쿠미의 특별한 사랑을 읽을 수 있다.

할아버지 덴에몬은 아버지가 세상을 떠난 이듬해에 태어난 다쿠미를 불쌍히 여겨 무척 귀여워했는데 다쿠미는 할아버지에게서 많은 영향을 받았다. 할아버지는 핑계를 대거나 불평하지 않고 항상 즐겁게 일하셨고 도자기 굽는 일을 하신 적이 있었다. 세속에 얽매이지 않는 할아버지의 자유로운 삶의 태도는 다쿠미에게 그대로 이어져 다쿠미의 심성을 형성하는데 자양분이 되었다.

또 한 분, 외할아버지였던 치노 마미치도 다쿠미에게 지대한 영향을 미쳤다. 다쿠미의 외할아버지는 학문에 힘쓰고 지역주민을 위해 의술을 펼치는 한편, 하이쿠를 좋아하며 종교적인 사람이었다. 다쿠미가 임업에 관심을 갖게 된 것은 자주 야산을 산책하시고, 버섯 따기를 좋아하셨으며 식물에 관심이 깊었던 치노 마미치의 영향이었는지도 모른다. 또한, 마미치 할아버지는 마을에 양잠이나 잉어 양식 등을 도입했는데, 지역에 알맞은 산업을 일으키는 일의 의의를 다쿠미는 외할아버지를 통해 어릴 때부터 자연스레 터득하였을 것이다. 친할아버지 덴에몬이나 외할아버지 치노 마미치 모두가 다쿠미에게 절대적인 영향력을 미친 인생의 스승이셨다.

『조선의 소반』에는 다쿠미의 특출한 공예관이 잘 드러나 있는데 다쿠미는 올바른 공예품의 완성자는 사용자임을 명시해 놓았다. 공예품은 실용적인 물품에 장식적인 가치를 부가한 것이다. 실용성과 미학적인 가치를 두루 모두 지녔기에 일상에서 널리 쓰이는 물건이면서 동시에 조형예술 작품이기도 하다. 아무리 잘 만들어진 공예품이라 할지라도 그 공예품이 최종적으로 사용자에 의해 실생활에서 쓰여질 때에야 비로소 완성품으로써 지위를 획득할 수 있다는 것이다. 다쿠미는 도료를 칠하지 않은 반제품인 '백반'을 소개하면서 사용자를 참여시키기 위해 공정의 일부를 남겨두거나 선택의 여지를 많이 남겨두는 것이 재미있다며 형식이나 틀에 얽매이지 않는 자신만의 독특한 견해를 밝히고 있다.

이어서 '소반의 범위'와 '소반의 역사'를 기술하고 있는데 조선 고유의 민족성을 '사대주의'로 몰아 조선의 모든 것이 중국에서 비롯되었다며 우리 민족의 내재적 발전의 역사를 부정했던 일본인들과는 상반된 주장을 펼쳤다. 조선 사람은 실내에서 의자를 사용하지 않고 바닥에 앉아서 생활함으로 상(床)은 중국의 영향을 받지 않은 것 같다고 기술해 기존의 편견에서 벗어나 자신만의 독자적인 시각으로 조선의 공예품을 대하고 있음을 보여준다.

다쿠미가 세상을 떠난 지 5개월 뒤인 1931년 9월에 출판된 『조선도자명고』는 출간했을 때부터 명저로 평판이 자자했고, 중판까지 되었다. 이 책은 다쿠미가 10여 년 동안 관심을 기울여 조선 도자기의 이름을 조사· 연구한 결실이다.

다쿠미는 『조선도자명고』 머리말에서 태어날 때 붙여진 이름으로 그릇들을 부른다면 더욱 친근함을 느끼고 나아가서는 그 그릇들을 사용하던 조선 민족의 생활상이나 마음에 대해서도 저절로 알게 된다며 분명하게 자신이 『조선도자명고』를 쓴 목적을 밝히고 있다.

여기에는 다쿠미의 인생관과 그만의 철학이 녹아들어 있다. 다쿠미는 도자기의 성쇠가 결코 그 민족의 흥망성쇠와 무관하지 않음을 지적했다. 도자기가 훌륭하다는 점을 인정하면서도 '비참한 역사'의 연속이라며 '비애의 미'를 운운했던 야나기와는 상반되게 오히려 다쿠미는 전 세계에 독보적이라고 내세울 수 있는 훌륭한 도자기가 있었음을 인정하였다.

다쿠미는 민예운동을 골동품수집 같은 취미 차원이 아니라 '좋은 시대를 만드는 운동'이라 여겨 "민중이 각성하여 스스로 생각해내고 스스로 키워나가는" 전인적 운동으로 이끌어야 한다는 주장을 펼쳤다. 조선 국토에 산재해 있는 풍족한 원료로써 조선 민족이 처한 시대적 요구에 부응하여 이를 살려낼 수 있도록 하자며 우리 민족을 독려하고 도자기와 도공의 부흥을 주문하였다. 이는 조선 공예를 속속들이 이해하지 않고 이에 대한 애정이 뒷받침하지 않으면 헤아릴 수 없는 깊은 성찰의 결과이다.

다쿠미는 전국의 가마터를 조사하는 일도 게을리하지 않았다. 지금처럼 교통수단이 발달하지 않은 당시에 발품을 팔며 일일이 가마터를 찾아, 존재 여부를 확인하고 옛 가마터를 추정하여 유적분포도를 첨부하고 설명까지 곁들이는 엄청난 일을 해냈다. 더 놀라운 것은 여러 가마터를 순례하면서 도자기 파편을 모아 도자기의 시대를 추정, 구분하는 독창적인 방법을 고안한 것이다.

이 밖에도 다쿠미는 <조선의 선반과 장롱에 대해서>(1930년), <조선다완>(1931년)과 같은 조사 결과나 문헌을 직접 다루는 논문도 발표하였다.

다쿠미는 가만히 앉은 자리에서 스쳐 지나가는 말로 도자기의 부흥을 부르짖은 게 아니라 자신이 직접 쫓아다니며 눈으로 보고 손끝으로 하나하나 만져가며 검증과 고민의 결과로써 아주 구체적으로 요업의 진흥을 계획했다. "아름다운 것을 만들어내어 민중을 인도하는 목표를 항상 마음에 새기고, 좋은 의미에서 유행의 원천이 되어야 한다."는 이상은 다쿠미가 높은 수준의 예술관을 지녔을 뿐 아니라, 유행을 선도해서 이끌어가려는 대중성까지 염두에 둔 다쿠미만의 탁월한 식견이 녹아들어 있다. 다쿠미는 실제로 치밀하게 연차계획까지 세워 첫해의 예산안까지 제시하였다. 탁상공론에 그치지 않고 구체적이고 실용적인 추진력까지 겸비한 실무자로서의 다쿠미의 진면목이 잘 드러나는 부분이다.

다쿠미는 평범한 한 개인으로서도 참 매력적인 인물이었다. 일기에는 이런 다쿠미의 진솔하고도 따스한 품성이 잘 나타나 있다. 다쿠미의 따사로운 눈길은 조선의 풍물과 조선 민족문화에 국한된 것이 아니라 점쇠 일가와 윤모씨 같은 평범한 조선인에게도 마찬가지였다. 아내와 사별하고 다쿠미가 홀로 되었을 때 다쿠미를 위로해 주었던 것은 동료인 점쇠 일가였다. 일기에서 다쿠미는 점쇠의 어머니와 여동생이 등불 밑에서 조용히 바느질을 하는 모습이 마치 자신의 가족 같다고 토로하였다. 피지배인의 이름에서 풍겨지듯 점쇠라면 당시 분명 하층민 피지배인이었을 것이다.

다쿠미가 돋보이고 우리에게 감동을 주는 건 바로 이 때문이 아닌가 한다. 지위나 배움의 정도, 권력의 유무와 상관없이 지극히 평범하고 내세울 것 없는 조선인에게도 대하는 품이 한결같음은 어지간한 인격의 완성자가 아니고는 말처럼 쉬운 행동이 아니다.

일기에는 일제강점기에 이름을 남긴 유명인사도 여럿이 나온다. 시인 오상순, 변영로, 소설가 염상섭, 철학자 김만수 등 《폐허》 동인들의 이름은 일기에 여러 번 등장하고 조선의 정치와 예술에 관한 논문을 발표했던 남궁벽의 산소에 성묘했다는 대목도 있다. 하지만, 다쿠미에겐 점쇠 일가와 마찬가지로 모두가 똑같은 조선인에 불과했을 뿐이다.

다쿠미가 조선인과 어떻게 지냈는지는 다쿠미를 이해하는 데 매우 중요하다. 아베 요시시게는 수필, 「어느 날의 만찬」에서 다쿠미가 세상 물정이나 화류계 사정에 밝은 이른바 '멋쟁이'와는 거리가 멀지만, 세리(稅吏)나 창부(娼婦)와도 친구가 될 수 있는, 자유롭고 얽매이지 않아 기생 친구가 있어도 전혀 어색하지 않았다고 표현하고 있다.

조선말이 아주 능숙했던 다쿠미는 여자 걸인을 만나면 주머니에 있는 돈을 몽땅 주었고 남자 걸인을 만나면 반드시 일을 찾아주었다.

쥐꼬리만 한 자신의 월급은 빚이 지도록 골동품을 사들이는데 우선적으로 쓰였지만 박봉을 쪼개어 가난한 이들에게 나누어 주었다.

다쿠미가 조선인에게서 보통 이상의 신뢰를 받고 있었음은 조선인 최복현이 자기 아들의 이름을 지어줄 사람으로 다쿠미를 지목한 것만으로도 충분히 알 수 있다. 자식을 외국으로 유학 보낼 정도의 집안이면 다쿠미가 아니어도 얼마든지 이름을 지어줄 사람은 많았을 텐데 굳이 다쿠미에게 부탁을 했고 이에 다쿠미는 최씨 문중의 돌림자를 써서 그의 아들에게 이름을 지어 주었다. 별것도 아닌 이런 사소한 행동에서 다쿠미의 인간성과 조선을 대하는 태도는 오히려 더 극명하게 드러난다.

다쿠미는 전차 안에서 조선인으로 오해를 사 일본인에게서 자리를 비켜줄 것을 강요받기도 했었는데 자신이 일본인임을 밝히지 않고 말없이 일어나 자리를 비켜주었다. 같은 일본인 동료에게 "당신이 한국인이냐"며 구박을 받을 만큼 다쿠미는 조선사람을 진심으로 아끼고 사랑했었다.

이처럼 다쿠미의 가치는 무엇보다도 '인간의 가치'를 온몸으로 보여주었다는 점에 있다. 상대가 어떠한 사람이든 그저 같은 사람으로서 조선사람을 사랑했던 것이다.

1931년 연초부터 다쿠미는 조선 각지를 돌며 묘목 기르는 법을 보급했다. 평소 건강했던 다쿠미는 건강을 자신한 나머지, 긴 출장 동안 거듭 격무와 과로에 시달리면서도 강행군을 계속했고, 3월 15일 경성으로 돌아왔을 때는 독감에 걸리고 말았다. 그러면서도 계속 일을 멈추지 않았다.

3월 26일, 다쿠미는 임업시험장에서 각지의 산림을 찍은 활동사진(영화) 시사회를 열었다. 다음 날인 27일, 급기야 다쿠미는 급성폐렴으로 자리에 눕고 말았다. 그러나 40도가 가까이 되는 고열에도 야나기 무네요시가 부탁한 <조선다완>을 29일에 탈고했다.

그러다 그의 병세는 더욱 악화되어 4월 1일 오전 가족들은 친척과 친구들에게 전보를 쳤다. '병세가 위독하다.'는 전보를 받은 야나기 무네요시가 급히 조선으로 갔지만 2일 밤 그가 탄 경성행 기차가 대구를 지날 무렵, "다쿠미 2일 오후 여섯 시 사망"이라는 전보를 받았다.

다쿠미는 와병 중에도 "책임이 있다…"는 말을 되풀이했는데, 여러 함축적인 의미를 지니고 있는 그의 독백을 가지고 한마디로 단언키는 어려우나 식목일을 앞두고 기념행사를 준비 중이었던 다쿠미는 죽는 그 순간까지도 오로지 조선의 임업을 염려하고 있었던 게 분명하다.

그렇게 다쿠미는 4월 2일 오후 5시 37분 급성폐렴으로 세상을 떠났다. 다음날인 3일에는 많은 사람들이 그의 부음을 듣고 달려왔다. 그중에는 다쿠미가 자주 들르곤 했던 사찰인, 청량사의 여승도 있었는데 영전에 향을 피우며 소리 죽여 울음을 삼키고 있었다. 사키 여사가 나와 조문객들에게 인사를 하자 여승이 곡을 하며 우는 바람에 옆에서 보는 사람들도 덩달아 울고 말았다.

다쿠미의 장례식은 4월 4일 임업시험장 정문 앞 광장에서 치러졌다. 그날은 비가 내렸다. 장례식은 경성감리교회의 다나카 목사가 주재해 기독교식으로 행해졌다.

다쿠미의 죽음이 알려지자 많은 사람들이 무리 지어 이별을 고하러 몰려들었다. 조선인과 일본인의 반목이 심하던 당시 조선의 상황에서는 상상조차 할 수 없는 진풍경이 연출되었다.

그를 따르던 수많은 조선인들이 그의 시신을 보고 통곡하였고 앞다투어 서로 상여를 메겠다고 나섰다. 다쿠미는 자신이 사랑한 조선옷을 입고서 자신이 사랑했고 자신을 사랑해주었던 사람들의 상여소리를 뒤로 한 채 조선인 공동묘지에 묻혔다. 그렇게 그는 조선의 흙이 되어 자신이 사랑했던 조선의 자연으로 산화해 영영 조선사람의 품에 안기었다.

한국과 일본은 멀고도 가까운 나라이다. 과거 식민지배 하의 응어리는 독도문제나 역사교과서 문제 같은 민감한 사안에서뿐 아니라 두 나라 사이의 스포츠 경기에도 알게 모르게 작용해 한국인들은 일본에게 뒤지는 것을 무심하게 받아들이지 못한다. 미래에 한일 양국 간에 서로를 존중하고 새로운 유대를 만들어내기 위해서, 과거에 다쿠미 같은 인물이 존재했었다는 것은 그나마 다행한 일이다. 조선에서 산다는 것 자체가 조선인에게 미안해 몇 번이나 일본으로 돌아가려 했던 다쿠미는 조선의 흙으로 남아 생전의 기도처럼 죽어서도 한국을 위해 자신이 할 일을 훌륭히 해내고 있다.

작은 거인

박경구
(변호사)

필자가 에미야 다카유키[江宮隆之] 저 『백자의 사람(白磁の人)』을 읽은 것은 최근이다. 이 책을 읽기 전까지는 아사카와 다쿠미가 어떤 인물인지 이름도 들어보지를 못했다. 명색이 책권이나 읽고, 여행깨나 했다는 사람으로서 부끄럽기 짝이 없다.

일제시대 일본사람으로서, 헐벗고 굶주리는 조선사람들을 동정하여 때로는 문필로, 때로는 법정 변론으로 조선사람을 도우려다가 대세에 밀려 왕따가 된 사람들은 더러 알고 있다.

그러나 다쿠미처럼 스스로 조선사람이 되어 조선 사람과 애환을 같이 하다가 이 나라 흙이 된 사람은 몇이나 될까.

다쿠미가 3,000미터에 가까운 야쓰가다께 산록에 자리 잡은 야마나시현 카부또 마을에서 유복자로 태어난 것이 1891년, 산림기사가 되어 조선에 건너온 것은 한일합병 직후인 1914년, 나이 23살의 새파란 청년이었다.

당시 조선에서 산이라 하면 으레 녹색은 거의 볼 수가 없고, 돌무더기만 노출되어 있는 적갈색(다쿠미의 표현에 따르면 적다색赤茶色)의 민둥산이었던 모양이다. 그럴 수밖에 없었던 것이, 수백 년에 걸친 부패한 정치와 끊임없는 외침에다가, 당시까지만 해도 임야에 대한 지적공부도, 소유권도 확립되지 못해, 대부분의 산은 이른바 "무주공산(無主空山)"이었기 때문이다.

이 처참한 산 색깔에 마음이 아픈 그는 이 산들을 다시 녹색으로 바꾸는데 자신의 일 평생을 바치겠다고 다짐한다.

이렇게 해서 전국의 산들을 두루 돌아보고, 각 그 산들에 맞는 수종을 고르고, 그 잣나무 씨를 채집하여 노천발아에 성공함으로써(그 노천발아에 대한 그의 논문은 세계 임업잡지에 게재되어, 지금도 미국에서는 그 방식을 따르고 있다고 함) 그의 생전에 이 나라 산들은 어느 정도 녹색을 회복했던 것 같다.

이렇게 다쿠미는 이 나라 산천을 사랑하다 보니, 이 나라 전통문화에 대한 관심이 깊어지고, 그 문화유물인 도자기에 대한 관심이 깊어져, 당시까지만 해도 일본 귀족들의 수집 취미를 만족시키기 위한 청자는 알아도(당시까지 조선에는 도자기 수집 취미가 없었던 듯) 백자는 도자기 취급도 안 했던 시절에 백자의 그 담백하면서도 따뜻한 자태에 매료된다.

나는 이제까지 한국의 공예 내지 민예에 대한 최초의 체계적 연구를 했던 사람으로, 당시 세계적인 학자였던 야나기 무네요시[柳宗悅]만을 떠올려 왔다.

그러다가 다쿠미를 알고 나서, 실은 그전에 조선백자의 아름다움을 발견하고, 이를 수집하여 가져가서 무네요시에게 소개했던 선구자가 있었고, 그가 바로 아사카와 다쿠미라는 것을 알게 되었다.

이렇게 다쿠미는 조선 산천을 사랑하고, 그 문화를 아끼다 보니, 드디어는 그 문화의 주인공 조선사람들을 사랑하게 된다.

조선 옷을 입고, 조선말까지 배워 조선사람들과 많은 교유를 쌓아가면서, 야나기 무네요시[柳宗悅]와 더불어 그토록 갈망하던 조선민족미술관 설립에도 많은 기여를 한다.

그러나 안쓰럽게도 처와 사별하고 재혼을 했으나, 얼마 안 되어 그 자신도 급성폐렴으로 쓰러진다. 나이 겨우 40에….

수의도 그가 평소 좋아했던 조선옷으로 하고, 장례에는 온통 조선사람들이 조선식으로 문상을 하면서 통곡을 하고, 관도 조선식 관에 상여도 조선사람들이 메어서 당시 서울 근교 이문리(오늘의 이문동) 언덕 조선인 공동묘지에 묻혔다(지금은 망우리로 이장되어 있다).

온 세계가 국가라는 조직을 앞세우고, 민족이라는 혈연을 강조하던 제국주의 시절에도, 인간과 자연을 사랑하고, 그 문화를 아끼던 이국 출신 한 젊은이가 이 땅에 살다가 이 땅에 묻혀있다.

늦게나마 그의 이름 석 자와 행적을 알게 된 것을 못내 행운으로 생각한다.

박경구 - 서울대 법대 졸업, 부산지방법원 판사, 부산지방법원 밀양 지원장, 현재 변호사

김성진! 그로부터

사와야 시게코[澤谷滋子]
(아사카와 노리타카·다쿠미 형제자료관 학예원)

아사카와 노리타카·다쿠미 형제자료관이 건립된 것은 2001년(헤이세이 13년)이다. 장소는 아사카와 형제가 태어난 마을, 야마나시[山梨]현 호쿠토[北杜]시 다카네[高根]정, 설립 계기를 제공해준 분 이 서울시에 계셨던 대한민국 국회 전문위원(문화·예술담당) 김성진 씨이다.

다카네정은 김성진 씨로부터 아사카와 다쿠미의 일기 14편을 기증받았다.

기록된 지 80년이나 되었다는 것이 느껴지지 않을 정도로 소중하게 보관되어온 14편의 일기였다. '소중하게 해 준다면,,,'이라는 생각을 가지고, 『조선의 흙이 된 일본인』의 저자 다카사키 쇼지[高崎宗司] 씨에게 기증한 것이었다.

다카네정은 김씨의 성의에 보답하기 위하여, 즉시 자료관을 건립했다. 임업으로 생을 다한 다쿠미를 기념하여 건물에는 나무의 향이 감도는 카라마츠의 집성재가 사용되었다.

김성진씨가 다쿠미의 일기를 입수한 경위는 아래와 같다.

1945년 패전(광복절) 후였다. 김성진 씨는 어느 골동품점에서 다쿠미의 형 노리타카를 만났다. 노리타카는 도자기를 구하는 김씨의 부탁을 듣고 자택으로 초대한다. 그리고 거래상담(商談)이 이루어진 후, 노리타카는 천천히 부인의 방에서 다쿠미의 일기와 자신이 그린 데스마스크를 내놓았다. 그리고 그것을 김성진 씨에게 전해 주었다. 김씨는 다쿠미를 만난 적은 없으나 조선반도에서의 다쿠미 씨의 이름을 듣고 있었다. 뭔가의 인연을 느껴 넘겨받았다고 한다. 김씨는 "가재도구를 버리고 목숨을 구하기 위해 피난했던 한국전쟁 때에도 이 일기장을 짊어지고 피난했다"고 한다.

이렇게 소중히 간직해온 일기를 다카사키[高崎] 씨에게 건네준 것이다. 건네주게 된 계기는 다시 다른 글에서 전하려고 한다. 여기서 필자는 이 자료관이 아사카와 형제의 자료관이지만 김성진 씨의 인간성을 현창하는 자료관이기도 하다는 것을 기록하고 싶다. 김씨의 기증은 한국인 마음의 상징으로서 일본인에게 여러 가지를 묻고 가르쳐 주기 때문이다.

그런데 현재 자료관은 연간 2,000명 정도가 방문한다. 아사카와 다쿠미 관계 서적을 읽는 것을 통해 내방하는 분들이 태반이다. 문의는 물론 관심을 가져주는 분들은 홋카이도부터 가고시마까지 일본 전체 그리고 한국까지 미치고 있다. 특히 2010년은 한국 강제병합으로부터 100년이고, 이 시대를 살아온 형제의 생각하고 살아온 방식을 배우고 싶어 하는 분들이 많았다. 폐색(閉塞)감이 있는 현재를 살아가는 우리들은 그의 삶의 방식에 뭔가 해결의 실마리를 발견하고 싶어 하는 것일지도 모른다.

그럼 전시실을 안내해 보고자 한다.

180㎡의 작은 공간이지만 출입구를 들어서면 좌측에 큰 연표가 걸려 있다.

형제가 태어난 때인 1800년대 후반(메이지 시대)으로부터 형 노리타카가 사망한 1900년대 후반(쇼와 시대)까지의 시간 축이다. 형제의 활동· 일본· 조선반도의 움직임이 사진을 실어서 나타나고 있다.

연표로부터 옆으로 눈을 돌리면, 아사카와 다쿠미가 수록된 한국의 고교 역사교과서(2003년 간행), 역사부독본(2004년 간행) 등이 소개되어 있다. 그 뒤로 돌아보면 다쿠미가 개발한 묘목의 생육법 『노천매장법』을 디오라마로 설명. 여기에는 다쿠미도 관계하여 식림하였다고 하는 '조선낙엽송'이 한국임업과학원의 호의로 기증되어 방부 처리되어 우뚝 서 있다. 그 옆의 전시 케이스는 고향의 사촌 형제 등에게 보낸 다쿠미의 서간· 엽서, 저서 『조선의 소반』 등을 볼 수 있다. 그다음에 있는 것이 위에서 소개한 다쿠미의 일기 14편, 1922년 12개월분과 1923년 7월 · 9월의 2개월분이다. 원고지를 반으로 접어 지승(紙繩)로 철한 일기에는 푸른 잉크의 대범스러운 글씨가 쓰여 있다. 그의 숨결이 고스란히 느껴진다. 일기는 번각(翻刻)되어 『아사카와 다쿠미 일기와 서간』으로 출판되었다.

다쿠미에 영향을 준 친형 노리타카의 관한 일도 소개하지 않을 수 없다. 조선 古도자기의 역사를 방대한 혼돈으로부터 계통적으로 정리한 노리타카의 일의 가치는 실제로 수집한 도자기 조각의 전시에서 그 일단을 볼 수가 있다. 조선 '도자기의 신'이라 불리는 연유를 알 수 있는 전시이다.

서쪽에는 형 노리타카의 영향을 받은 한국의 인간문화재 지순탁과 유해강씨의 작품이 있다. 어느 인물은 아우 다쿠미를 『백자 같은 사람』이라고 형용했다. 지순탁의 백자 작품에 다가서서 『백자 같은 사람』이란 어떤 것인가? 잠시 걸음을 멈추고 느긋이 바라보고 싶다. 지순탁의 백자 작품은 다쿠미씨의 삶에 가슴 뭉클하게 되고, 사람들에게 다쿠미를 더 알렸으면 하는 하정웅씨의 의해 기증된 것이다. 최후의 코너에는 형 노리타카가 만든 회령요(会寧焼)나 곡성요(谷城焼) 등의 다완이나 자필의 지본묵화담채 여럿, 조선의 소반 등의 수집품 등이 나란히 있다.

이 고장의 초·중학교의 견학이나 본 학예원들이 학교 측의 요청을 받아서 하는 수업도 최근에는 많아졌다. 가까운 이지메(따돌림)의 문제와 결부시켜 학생들은 형제의 살아온 방법을 바라보는 것 같다. 최근 2~3년간은 한국의 대학생 등 젊은 세대의 기념관 방문도 자주 볼 수 있다.

메이지, 다이쇼, 쇼와 등 일본은 근대국가로서의 걸음을 진전해 왔다. 그 역사의 멸망, 모순을 포함한 정치· 문화의 날실에, 형제가 살아온 길을 씨실로써 천을 짜 넣어, 역사의 물결 속에 개인의 마땅한 모습이란 것을, 이 자료관은 묻고 있다. 이 자료관이 한일(韓日)간에, 서로 다른 문화끼리, 또는 자신 속에 있는 다른 어떤 것과 자기 자신이, 그렇게 이질적인 것들 사이에 좋은 관계가 맺어지기 위한 도움이 되는 장이 되길 기원한다.

사와야 시게코[澤谷滋子] - 1953년 이와테현 출생, 동경 여대 동양사 전공, 역사 · 과학 분야의 서적 편집자, 호쿠토시 교육위원회학술과 지도감, 아사카와 노리타카·다쿠미 형제 자료관 학예원(큐레이터)
전시기획 「전쟁의 기억」,「일본에서 첫 공해 재판」등
번역 : 유용식 - 일본 야마나시현에 파견 연수, 서울 중구청 토목과 근무

자료관 건립 과정

히나따 요시히코[奈田吉彦]
(야마나시현 호쿠토시 시민부장)

저는 1996년 11월 인사이동으로 당시 다카네정 기획재정과 기획담당 계장이 되었을 때, 일본이 조선반도를 병합했던 슬픈 격동의 시대에, 조선인의 입장에 서서 박애의 정신으로 인권옹호를 호소하며, 산야 녹화에 힘썼고, 조선의 전통공예 등의 문화보호에 노력하셨던 아사카와 노리타카·다쿠미 형제 일에 참여할 수 있었습니다.

저는 아사카와 형제의 순수한 인간관과 나라의 적이라는 말을 들으면서도 사재를 털어서까지 조선의 우수한 문화를 보존하고, 민둥산의 녹화에 심혈을 기울였던 눈물겹도록 헌신적인 모습을 알고, 충격과 감동에 전율했습니다.

또한, 한국전쟁이 발발했던 때 전화 속에서도 김성진 씨가 다쿠미의 『일기』를 "목숨 다음으로 소중한 것"이라고 하며 몸에 지니고 계속 지켜주셨던 일 등, 많은 에피소드를 알게 되어 나날이 아사카와 형제에게 뜨거운 그리움이 더해져 갔습니다.

당시 호쿠토시 다카네정에서는 아사카와 형제가 일본과 한국의 우호의 가교가 된 공적을 후세에 전하기 위하여 <아사카와 노리타카·다쿠미 형제를 그리워하는 모임>을 창설하였으며, 한국 홍림회 아사카와 다쿠미 선생 기념사업위원회와 연대해 (1) 추모제의 거행, (2) 자매도시 체결, (3) 기념비 건립의 3가지 사업을 중점적으로 추진하였습니다.

그런 일로 해서 몇 번이나 한국을 방문할 기회를 얻은 가운데, 많은 한국인 분들과 만날 수 있었습니다. 그 가운데에서도 처음부터 깊게 관여해주신, 제가 가장 존경하는 한국인(제 마음대로 저의 한국 아버지라고 사모하고 있습니다)은 정열과 추진력이 풍부한 홍림회 아사카와 다쿠미 기념사업회 회장(임업연구원 제10대 원장)이셨던 고故 조재명 회장님입니다.

조회장님은 아사카와 다쿠미를 경애한 한 사람으로 묘지준비사업과 일한 합동추모제의 실시, 더 나아가 아사카와 노리타카· 다쿠미 형제를 기리는 모임의 실현사업 모두에 적극적인 자세로, 성심성의껏 힘을 다해 주셨던 분입니다.

또 어려운 한일관계가 계속되었던 가운데 돌보는 이 없는 일본인의 묘지를 유지하는 것은 매우 어렵다고 생각됩니다만, 서울시로부터 다쿠미 공의 묘지를 임대할 때 관계를 "친척"이라고 기입해 주셨습니다.

아사카와 형제에 관한 모든 일이 조재명 회장님이 있어 주었기 때문에 현재가 있는 것은 틀림없다고 저는 확신하고 있습니다.

참으로 유감스럽게 2008년에 별세하셨습니다만, 조회장님의 건강을 걱정하면서도 수년간 만나 뵐 수 없었던 가운데, 부고를 듣고 나서 넘치는 눈물을 참는 것이 고작이었습니다. 장례식에 참가도 못하고, 지금까지 신세를 진 은혜를 갚음에 무엇 하나 할 수 없는 저 자신이 안타깝고 후회될 뿐입니다. 이번 한국에 갈 때는 반드시 조회장님의 묘소를 참배하고 싶습니다. 마음으로부터 명복을 기원합니다.

다음으로 저에게 인상 깊은 한국인은, 조재명 회장님을 보필하면서 제게 언제나 상냥하고 친절하게 대해주시고, 자택에 초대까지 해서 음식 대접을 해주셨던 한국산림문화공간협의회 부회장인 김병윤 님입니다. 김병윤 님은 겸손하시면서도 정확하게, 故오오시바 츠네오 前다카네정 정장과 저에게 여러 가지 적절한 조언을 해 주셨습니다.

제가 개인적으로 가족여행을 했던 때에도, 관광과 쇼핑 등을 할 때에도, 직접 안내해 주신 김병윤 님의 친절한 인품에 제 아내와 아이들도 감격했었습니다. 김 선생은 온화함이 내면화되어 있어서 언제나 다른 사람을 염려해 주시는 분으로서, 마음으로부터 신뢰할 수 있는 제가 아주 좋아하는 분입니다.

다음은 <아사카와 선생을 생각하는 모임> 주재자로, 언제나 친절하게 대해 주셨던 한국 전승고급도자기 <도유> 사장인 정호연 님입니다.

정호연 사장님은 아사카와 노리타카 선생이 조선도자기의 가마터 700개소 조사에 안내자로 동행했던 지순탁 선생(후에 대한민국 인간문화재가 된 도공)의 비서로 일했던 분으로, 아사카와 형제에 조예가 깊어 다쿠미 공의 기일에는 반드시 참배해 주십니다.

또 정호연 사장님은 아사카와 다쿠미 공이 집필한 『조선도자명고』 중에 기록되어 있는 도자기 121점을 충실하게 재현해 자료관에 기증해 주셨습니다. 조선의 역사를 안다는 것 외에 대단히 귀중한 자료가 되고 있습니다. 그런 아름답고 헌신적인 모습이 매우 인상적인 여성입니다.

그리고 마지막 한 사람은 아사카와 노리타카·다쿠미 형제 기념사업회 백조종 부회장님입니다. 저는 1998년 10월에 자치성(총무성)이 시행하는 지방공무원 한국파견연수에 참가해 서울시에 있는 KLAFIR(한국지방자치단체국제화재단)을 방문했습니다. 제가 서울에 체류하던 그 시기에 백조종님은 저와 반대로 일본

동경으로 파견되어서 반년간의 연수 기간 중이었기 때문에 서로 만나지는 못했습니다. 저는 항상 아사카와 형제의 일을 조금이라도 한국 사람들에게 알려 드리기 위하여, 관계 자료를 넣은 봉투를 늘 지참해서, 연수 방문지에는 반드시 직접 전달하고 있던 중이었습니다.

그 후 반년 정도가 지난 1999년 4월이 되어서 생각지도 않았던 전화를 받았습니다. 그 전화는 제가 두고 왔던 아사카와 형제의 자료를 보고, 크나큰 반가움에, 들뜬 어투로 이야기를 건네오는 백조종님의 전화였습니다. 신기한 만남이면서, 운명적인 만남을 느끼게 해준 한 사람이었습니다.

그 통화 이후에, 백조종 부회장님은 주도적으로 제가 맡고 있는 아사카와 형제 일을 도와주시고, 제가 여러 가지 일을 부탁했습니다만, 언제나 흔쾌히 떠맡아 주셨습니다.

이렇듯, 일본인인 우리들을 마음으로부터 맞아주셨던 많은 한국 분들에게 도움을 받아가면서, 저의 업무인 아사카와 형제의 일들을 하나하나 실현해 갔습니다.

그 가운데서도 기억에 남는 사업을 열거해보면, 먼저 첫 번째는 1997년 11월 27일에 염원이었던 "아사카와 다쿠미 공 한일 합동추모제"를 거행할 수 있었던 일입니다. 한국과 일본의 관습의 차이와 대면접촉 없이 전화로 진행하는 한계가 있다 보니 준비와 조정하는 일이 매우 불안한 상태였습니다. 그러나 마침내 한일 양국의 120명이나 되는 분이 참석해주셔서, 성황리에 개최할 수 있었습니다.

저는 일본인과 한국인이 만나 서로 협력해 하나의 거대한 행사를 실현할 수 있었던 것에 감동으로 전율했고, 이 자리에 저 자신이 참여하고 있다는 것이 대단한 영광이었으며 큰 행복이었습니다.

두 번째는 2001년 3월 31일에 『아사카와 다쿠미 선생 70주기 추모제』가 거행됐던 것입니다. 다쿠미 공의 묘소 앞에는 한일 양국 100명의 참배자가 헌화를 하고, 처음으로 포천군(포천시)에서도 대표자가 출석해주셔서, 가까운 장래에 자매도시결연의 실현을 예감하게 했습니다.

세 번째는 『아사카와 노리타카·다쿠미 형제자료관』 건립에 관한 것입니다. 아사카와 형제의 일에 힘쓰면서 5년째를 맞는 시기이기도 했고, 많은 분들과 알게 된 가운데 아사카와 형제의 위업을 이해하고 공유해 왔습니다. 때문에, 저는 "더욱더 많은 분들에게 아사카와 형제의 일을 알려줄 수 있는 자료관으로서 누가 보아도 절대로 부끄럽지 않게 만들자"라는 의욕으로 진지하게 자료관의 미래상을 키워나가는 일에 노력했습니다.

한국으로 가서 조재명 님과 김병윤 님으로부터 협력을 받고, 여러 군데에서 모은 자료의 수집과 조정을 계속했습니다. 또 아사카와 형제의 존재를 발굴해 세계 사람들에게 알려준 쓰다주크대학의 다카사키 소지 교수와, 아사카와를 그리워하는 모임의 사무국장으로서 헌신적으로 근무해주셨던 시미즈 치카미 씨 등, 3명과 협의와 구상을 잘 다듬어 완성을 위한 작업을 계속하였습니다.

자료관의 입구에는 한국의 전통적인 문 구조를 설치하려고 생각했지만, 800만 엔의 예산이 필요하게 되어 예산 초과로 단념하고 어쩔 수 없이 규모 축소를 하게 되었습니다.

또 다쿠미의 공적은 임업시험장에서 일하는 모습을 디오라마(diorama)로 표현하기로 하였습니다.

현재 포천시 광릉수목원(구 중부임업시험장)에는 다쿠미가 당시 육묘한 80년을 경과한 낙엽송이 조밀하게 자라고 있습니다. 그중에서 한 그루를 훈증해서 『아사카와 노리타카·다쿠미 형제자료관』에 사용하려고 생각했으나 허가를 받는 것이 어렵다는 것이었습니다. 그래서 포천군(포천시)에 있는 낙엽송을 사용하자고 했지만, 포천시는 한국동란 당시에 격전지였던 장소이며, 식생하고 있는 수목의 대부분에는 탄환이 들어있는 것이 많기 때문에 사용하는 것은 어렵다는 것이었습니다.

그런 이유로 조재명 님, 김병윤 님에게 더 부탁해서, 참고가 되는 한국의 기념관, 자료관, 박물관 등을 견학함과 동시에 『아사카와 노리타카·다쿠미 형제 자료관』에 전시할 수목의 선정과 공예품, 민족의상 등의 구입, 디오라마의 제작상황 확인 등을 위하여 각지를 정신없이 돌아다녔습니다.

자료관 건설 과정에서 또 하나 기억에 남는 추억은 기념비 제작에 관한 것입니다. 기념비는 평생학습센터 현관 정면에 위치할 것이기 때문에, 아사카와 형제에게 가장 잘 어울리게 표현하지 않으면 안 되었습니다. 그래서 다쿠미가 더없이 사랑했던 것이 백자 단지이고 다쿠미의 상징으로 묘소 앞에도 백자 단지를 본뜬 묘석이 있었기 때문에 기념비도 백자 모양으로 세우고 싶었던 것입니다.

성심성의껏 『아사카와 노리타카·다쿠미 형제 자료관』 건설에 노력했습니다. 아사카와 형제를 사랑하는 여러분의 마음에 보답할 수 있는 자료관이 되지 않고서는 안 된다는 것. 또 조예 깊은 지순탁 님이 제작한 청자와 백자를 기증해 주셨던 재일한국인인 하정웅 님. 반드시 아사카와 형제의 정보 발신 거점이 되어 달라는 하정웅님의 격려 말씀. 중압감 등등 많은 분들의 지지를 받으면서 나의 생각 전부를 쏟아서 완성하였다고 믿고 있습니다.

그리하여 2001년 7월 18일에 자료관이 개관되었습니다.

그 후 제가 2002년 4월 1일에 교호쿠지역 합병협의회로 이동하게 되어, 아사카와 형제의 일로부터 멀어지게 되었습니다만, 다음 해 2003년 3월 21일에는 『일본국 야마나시현 다카네정·대한민국 경기도 포천군 자매결연 조인식』이 거행되었고, 2004년 11월부터 호쿠토시로 통합·승격되어서도 중학생의 홈스테이와 산업연수, 이벤트교류, 직원교류사업 등이 활발하게 행해지고 있습니다.

세계가 혼란했던 격동의 시대에 슬픈 역사로 기록된 한일합병으로부터 100년이 경과했습니다. 또 2차 대전 후 60년, 한일국교정상화 40주년이 됨에 따라 아사카와와 다쿠미 공이 이룩한 박애의 정신을 소개하고, 한층 더 한일교류를 밀접하게 하기 위한 목적으로 현재 영화제작이 이루어지고 있습니다.

에미야 다카유키 씨가 쓴 『백자의 사람』을 영화화한다고 들었는데 다쿠미 씨를 매우 훌륭하게 묘사한 저서이며, 저도 감격했던 매우 좋아하는 작품이라서 이제나저제나 하고 영화의 완성을 학수고대하고 있습니다.

제가 아사카와 형제의 일에 몰두한 지 5년 5개월 동안, 아사카와 다쿠미 씨를 알고서 전국에서 모여온 일본인과 한국인 여러분을 만날 수 있었습니다. 그리고 아사카와 형제의 팬이 된 사람은 한결같이 친절함과 따뜻함과 정열이 넘치는 분들이며, 한 사람과의 만남이 점점 넓어져, 이것이 매우 뜻깊은 신기한 만남이 될 수 있었습니다.

이야기하고, 감동하고, 공감하고, 또 하나를 발견하고, 서로 이해할 수 있었던 사람과의 만남이 너무 기뻐서 저의 커다란 재산이 됐다고 여기고 있습니다. 이것도 아사카와 다쿠미의 유덕에 의해 이루어진 것이라고 깊게 믿고 있습니다.

제가 공무원 생활을 한 중에서 기억에 남는 인상적인 만족감을 얻었던 일이 몇 가지 있습니다만 그 가운데서도 아사카와 형제의 일에 관계되었던 것은 일생의 보물이라고 느끼고 있습니다.

저는 때때로 아사카와 다쿠미를 상기하면서 자신을 타이르기도 하고, 격려하기도 하면서 아주 조금이라도 다쿠미에게 가까이 가고 싶다고 생각할 때가 있습니다.

아사카와 다쿠미 공의 묘소 앞에 세워져 있던 기념비에는 『한국의 산과 민예를 사랑하고, 한국인의 마음속에 살았던 일본인, 여기 한국에 흙이 되다』라고 새겨져 있습니다. 이 얼마나 멋진 비문인가요.

나라와 민족과 종교에 고집하지 않고 아사카와 다쿠미가 실천했던 것을 한 사람이라도 많은 분들에게 알려 드리고, 평화로운 시대가 계속되기를 마음으로부터 기원하는 바입니다.

히나타 요시히코[比奈田吉彦] - 야마나시현 호쿠토시 시민부장, 다카네정 국체계, 5년 5개월에 걸쳐 아사카와 형제 사업에 관여함, 교호쿠[峡北] 지역합병협의회사무국, 호쿠토시상공과장, 회계관리자, 시민부장 역임
번역: 임수근 - 서울특별시 국제교류과 근무, 서울특별시 일본 동경도 주재관, 서울특별시 고건 시장 비서관, 서울특별시 강동구 성내2동장, 재무과장, 현재 서울특별시 강동구 주민생활지원국장

성지순례

사와야 시게코[澤谷滋子]
(아사카와 노리타카·다쿠미 형제 자료관 학예원)

야마나시현 호쿠토시에 아사카와 노리타카·다쿠미를 현창하는 자료관이 설립된 것은 2001년 지금부터 9년 전 일이다. 서울에 거주하시는 김성진 씨가 소장하고 있던 아사카와 다쿠미의 일기가 기증된 것이 계기가 되었다.

아사카와 형제와 같이 훌륭한 삶을 산 동향인이 있었다고 하는 것은 큰 놀라움으로 현지 사람들의 마음에 영향을 주었다. 게다가 형제의 존재 이상으로 영향을 주는 것이 하나 더 있었으니 1950년부터의 한국전쟁 중에도 가재도구는 버려두고 다쿠미의 일기 14권은 짊어지고 피난한 김성진 씨의 마음과 자세 때문에 감동한다. 김씨에게 존경과 감사와 함께 일본인에게는 없을지도 모르는 한국인의 마음을 느끼게 되었던 것이다.

나는 그 마음을 알기 위해서 2010년 여름 다쿠미의 모습과 당시의 일본의 모습을 알고 싶어 재차 서울을 방문했다. 이 지면을 빌려 다쿠미가 살았던 땅을 후세에 「안내문」으로 기록해 두려고 한다. (또한, 이 기록은 아사카와 다쿠미 현창회 관계로 애쓰시는 백조종 부회장님의 원조와 고려미술관의 전적인 협력이 있었기에 다시 한번 지면을 빌어 감사의 말씀을 드립니다)

2010년 여름 다쿠미가 살았던 서울의 땅을 방문했다. 약 100년 전 다쿠미와 그의 가족은 야마나시를 떠나 이 땅에 살기 시작했다. 여권 없이.

1. 추계예술대학 근처를 방문한다. 1913년(다이쇼 2년) 4월 조선총독부 임업시험소가 촉탁1명·고용원 2명으로 발족한 것은 이 근처이다. 당시의 지명으로 경기도 고양군 연희면 아현북리 의녕원(경의왕후의 능)이 있던 곳이다.

다쿠미는 시험소 설립의 다음 해 1914년(다이쇼 3년) 5월에 조선에 건너와 우선 경성부 독립문로 3-6의 주소에 주거지를 정했다. 아현북리 의녕원에서 근무하고 신혼 생활은 경성임업시험소 관사의 일본 가옥. 직장 동료 점쇠(点釗)의 집도 이 부근이다. 아내와 사별한 후의 다쿠미는 점쇠(点釗)네 집을 자주 방문하고 선물을 주고받아 가족처럼 가까이했다.

형 노리타카 가족은 당초 정동에 살고 있었지만 1925년(다이쇼 14년) 이후 미근동으로 이사를 갔다. 현재의 서대문 경찰서 뒤쪽의 철도건널목의 근처이고 류관순 기념관에 가깝다.

1919년(다이쇼 8년)의 3.1만세 독립운동의 발단이 된 파고다 공원은 당시의 다쿠미의 생활권으로부터 4km. 다쿠미가 크리스챤인 것과 아울러 생각하면 당시 도성 내의 3.1운동은 직접 목격해서 알고 있었다고 추측된다. 최근 필자는 경복궁의 북서쪽에 있는 조선총독부 관사(파고다 공원으로부터 대략 3km)에 살고 있던 분(부친이 임업시험장 근무)과 만났다. 그분이 살던 집에서는 도성 내에 거주하고 있었음에도 3.1운동을 전혀 눈치채지 못했다고 하는 이야기가 남아있다.

2. 광화문은 2006년부터 4년을 걸쳐 재건된 경복궁의 정문이다. 여름에 방문했을 때는 지붕의 기와를 올리고 있었다. 1922년(다이쇼 11년) 야나기 무네요시(종교철학자. 민예 운동 주도자)의 일문 「없어지려고 하는, 하나의 조선건축을 위해서」라는 글은 알고 계시는 바와 같이 일본에 의한 광화문의 철거를 재고하는 힘이 되었고, 다쿠미는 이 해에 「자신은 야나기 무네요시와 생각의 일치를 본다.」 그리고 「조선의 현 상황을 생각하고, 일본의 앞길을 생각하면 문득 눈물이 난다.」라고 적고 있다.

3. 경복궁 집경당은 1924년(다이쇼 13년) 야나기 무네요시와 형 노리타카와 함께 개관한 「조선민족미술관」이 있던 건물이다. 현재는 외관만 볼 수 있다. 조선 민족미술관은 조선의 사람들이 일상 사용하는 공예품이나 미술품에 가치를 둔 미술관이다. 아사카와 형제와 야나기의 심미안 아래에 야나기 아내의 독창회 이익 기부금 그리고 다쿠미의 시험장 고용원으로서의 급료를 투자해 사모을 수 있었던 3,000점에 이르는 자료는 현재 서울시 용산구의 국립 중앙박물관에 소장 되어 있다.

4. 국립산림과학연구원/홍릉수목원(서울 동대문구 청량리 2동)을 방문했다. 1922년(다이쇼 11년) 임업시험장은 직원 수를 늘려 북아현의 의녕원에서 청량리로 발전적 이전을 한다. 그것이 현재의 국립산림과학연구원이다. 연구원의 안뜰에는 근처의 초등학교로부터 이식한 소나무가 자라고 있다. 다쿠미도 관련된 이식으로 우람한 가지는 심었을 때로부터 90년의 세월을 나타낸다. 「반송」이라고 원내의 안내판에 기록되어 있다.

첫 아내와 사별한 후, 재혼하고 나서 6년간 거주한 관사는 연구원과 도로를 사이에 둔 맞은편에 몇 년 전까지 남아있었지만 유감스럽게도 해체되었다. 관사에 살기 전에 조선 가옥을 빌려 살고 있었는데 그 집에서는 명성황후의 능이 보였다. 밤에는 다쿠미는 일본인들에 의해 저질러진 명성황후 암살 사건을 생각하곤 했다고 한다. 또 영친왕과 이방자 여사의 황태자인 이진의 매장이 청량리에서 행해진 날 다쿠미는 그 불합리에 분개한다. 청량리의 집에는 많은 친구들이 찾아왔다. 북아현에 있었을 때 야나기 무네요시의 소개로 다쿠미의 집에 임시거처하고 있던 아카바네[赤羽王郎]도 그중 한 사람이다. 아카바네가 근무하고 있던 중앙고등보통학교는 계동에 있었으므로 그것이 배용준, 최지우 주연의 드라마 「겨울 연가」의 로케로 유명하게 된 중앙고등학교가 그 학교가 아닐까 생각했다. 창립은 확실히 통치의 시대이지만 확실히 같은 곳이라고는 못하겠다. 이 학교에 관해서 같이 걸으며 조사해 준 현창회의 백조종 부회장님께 다시 한번 감사드린다.

5. 청량사(동대문구 청량리 1동 61번지)는 다쿠미가 자주 식사 하러 가 비구니들과 담소한 여승방이다. 다쿠미가 당시 낸 헌금 등이 사찰 일지에 남아있지 않을까 안내해 주신 비구니에게 물었지만, 그런 기록까지 남아있지는 않았다.

6. 망우리공원 묘지(서울시 중랑구 망우산)는 많은 사람이 아는 아사카와 다쿠

미 묘소가 있는 곳. 현재 공원묘지로 개방되고 있다. 독립 열사가 잠든 묘지가 있기도 하다. 故조재명씨를 시작으로 하는 한국 여러분들의 성의에 의해서 다쿠미는 여기에 편안히 잠들어 있다. 사족이지만 덧붙이자면 당시의 일본인은 서울 근교에 다수 있던 화장터에서 뼈만 남겨 일본에 가지고 돌아가 매장하는 것이 일반적이었다.

7. 국립수목원/광릉수목원(포천시 소흘읍 직동리 수목원)은 조선왕조 시대부터 엄중하게 관리되어 온 숲으로 다쿠미의 시대에는 임업시험장 광릉출장소가 되어 있었다. 현재 이 수목원이 있는 포천시와 호쿠토시는 자매도시가 되어 있다.

8. 경기도자박물관(경기도 광주시 실촌읍 삼리)과 분원 백자 자료관은 500년에 걸쳐 왕실용 도자기를 생산해 온 관요(분원)의 마을에 자리 잡고 있다.

노리타카, 다쿠미와 그리고 야나기 등은 자주 분원 자취를 방문 조사를 거듭하고 있었다. 분원 백자 자료관은 오르기 힘든 비탈진 곳에 있다. 요적 발굴의 모습을 남긴 전시는 꼭 보아야 한다. 자료관 부근의 요적은 일본인 학교를 짓기 위해서 파괴되었다.

9. 지순탁 가마(이천시 신둔면 수광리) 1912년에 태어난 지순탁씨는 다쿠미의 형 노리타카의 근처에 살다 우연히 만나 시작된 노리타카의 요적조사를 함께 하다가, 1928년부터 고려청자 복원의 연구에 착수했다. 1988년 도예에 있어서 경기도의 인간문화재가 된다.

사와야 시게코[澤谷滋子] - 1953년 이와테현 출생, 동경 여대 동양사 전공, 역사 · 과학 분야의 서적 편집자, 호쿠토시 교육위원회학술과 지도감, 아사카와 노리타카·다쿠미 형제 자료관 학예원(큐레이터)
전시기획 「전쟁의 기억」,「일본에서 첫 공해 재판」등
번역: 김덕진 - 한국방송통신대학교 법학과 졸업, 포천시 화현면장, 포천동장, 현재 일본 야마나시현 호쿠토시 파견근무, 포천시청과장

인간의 가치

아베 요시시게[安倍能成]
(철학자, 일본 문부대신)

아사카와 다쿠미는 나의 조선 생활을 활기차고 기운 나게 하고 즐겁고 명랑하게 했던 내 귀중한 벗이다. 적어도 그런 벗이 되어 주는, 또 내게 그런 벗이 되어 주었으면 싶은 사람이었다. 그런 사람이 봄꽃이 피는 것도 기다리지 않고 가버렸다. 쓸쓸하다. 이 사람을 생각하면 거리를 걸으면서도 눈물이 난다. 나는 도쿄에서 다쿠미가 위독하다는 전보를 받았다. 그다음 날 밤에는 부고를 받았다. 인간의 삶과 죽음은 예측할 수 없다지만, 이것은 너무 심하다. 나는 조선으로 돌아가면서 힘이 쭉 빠지는 듯했다.

다쿠미처럼 올바르고 의무를 존중한 사람, 사람을 무서워하지 않고 하느님만을 두려워한, 독립적이고 자유로운 사람, 게다가 머리도 좋은데다 감상력까지 풍부한 이는 정말 고마운 사람이다. 그는 지위에도 학력에도 권세에도 부귀에도 의지하지 않고, 사람됨만으로 끝까지 당당하게 살았다. 이러한 사람은 좋은 사람일 뿐 아니라, 훌륭한 사람이기도 하다. 이런 사람은 인간의 생활을 믿음직스럽게 만든다. 이런 사람을 잃은 것은 조선의 큰 손실임은 말할 나위도 없지만, 더 나아가서 주저 없이 인류의 손실이라고 말하겠다. 인간의 길을 올바르고 용감하게 걸어가는 사람을 잃는 것만큼 인류에게 큰 손실은 없기 때문이다.

다쿠미는 분명 어떤 품격을 갖춘 사람이었다. 키도 크지 않고 풍채도 헌칠하지 않았으며, 불쑥 만날라치면 아무래도 무뚝뚝하고 상냥하지 못한 인상이었다. 그러나 친하게 지내면 지낼수록 그의 천진함을 알게 되고, 그 순진한 웃음과 꾸밈없는 유머는 애써 노력하지 않고도 좌중을 따뜻하게 하는 힘이 있었다.

다쿠미는 생전에 곧잘 "사람은 두렵지 않다"고 했다 한다. 인간을 두려워하지 않았던 그는 자유인이었다. 그리고 이 자유의 이면에는 보기 드문 성실성과 강한 책임감이 있었다. 다쿠미는 불과 마흔두 살에 돌아가셨는데, 자유와 엄격함이 이렇게 조화를 이뤘다는 점에서, 드물게 보는 '된 사람'이었다.

그가 일하는 것을 보면 일 그 자체를 위해서 일할 뿐, 그 밖의 다른 목적을 위해서 하는 경우는 극히 드물었다. 다쿠미에게는 오른손이 한 일을 왼손이 모르게 하는 그런 면이 있었다. 평생 집안 식구들에게 타이르기를 절대로 누군가를 물질적으로 도와준 일을 남에게 말해서는 안 된다고 하셨다 한다. 이것도 어떤 일을 할 때 행위 그 자체 외에는 무엇도 구실도 삼지 않는 도덕적 결백에서 나왔을 터이다.

다쿠미가 섬세하고 자상한 성격이었음을 보여주는 감동적인 일화가 있다. 다쿠미는 1891년 1월 야쓰가다케 산 남쪽 기슭의 어느 마을에서 태어났는데, 그가 이 세상에 나왔을 때 이미 아버지는 안 계셨다. 어린 다쿠미가 아버지를 얼마나 그리워했던지, 형이 아버지 얼굴을 기억하고 있는 사실을 부러워하고, 어머니께 "우리 집에 출입하는 나무꾼을 아버지라고 불러도 좋으냐"고 묻고, 또 누나에게는 "만약 아버지의 얼굴을 볼 수 있다면 눈 하나가 찌부러져도 좋겠는데"라고 말할 정도였다.

다쿠미와 그 형의 우애는 남이 부러워할 정도였다. 형은 다쿠미보다 여섯 살 위였는데, 다쿠미는 어려서부터 형을 깍듯이 섬기며 그 뜻을 거역하는 일이 없었다고 들었다. 예전에 형이 이질을 앓아 집에 돌아와 요양할 때, 그가 형을 위해 아침 일찍 부근의 농가에서 갓 낳은 계란을 얻어오기도 하고, 또 손수 뒷산 대숲에서 대나무를 베어서 통발을 만들어 논물이 나오는 데 놓고서, 병을 앓고 난 형을 위해 미꾸라지를 잡으려고 했다고 한다.

그 뒤 다쿠미는 농림학교를 졸업하고 아키다현의 어느 산림 경영 사무소에 부임하게 되었는데, 그때 어머니가 헤어지기 아쉬워서 준 돈을 "졸업하면 더 이상 폐를 끼치지 않겠다고 약속했다"면서 부득부득 받지 않고 그것을 불단에 놓고 갔다. 어머니는 그때의 다쿠미를 "얄밉도록 기특한 녀석"이라 하시며 흐뭇해했다 한다. 이처럼 굳은 독립심과 자상한 온정, 이 두 가지는 다쿠미의 성격을 형성하는 본질적 요소다.

다쿠미가 조선에 건너가 총독부 산림과에 근무하게 된 것은 1914년 5월, 그의 나이 스물네 살 때다. 그로부터 18년 동안 그는 조선과 깊이깊이 맺어져서 영원히 헤어질 수 없게 되었다. 더욱이 18년 동안이나 일했는데도 죽기 전의 다쿠미는 판임관인 기수에 지나지 않았다. 부지런하고 보기 드물게 유능한 다쿠미 같은 사람을 이 정도로 대우하는데, 누구인들 충분하다고 하겠는가. 그러나 다쿠미 같은 사람은 아무리 급료가 적고 지위가 낮더라도 자신의 사람됨으로 그 낮은 직책을 고귀하게 만드는 힘이 있다. 다쿠미가 이 지위에 있으면서 그 인간성의 고귀함과 강인함을 마음껏 발휘할 수 있었던 것은 인간의 가치가 상품화된 이 시대에 얼마나 마음 든든한 일인가. 나는 다쿠미를 위해서도 세상을 위해서도 오히려 이 일을 기뻐하고 싶다.

그의 형 노리타카는 "생전에 어떻게 해서든 공무원 생활을 떠나 자유롭게 일할 수 있게 해주고 싶었다"고 한다. 형이자, 다쿠미의 재능과 기질을 이해하는 사람으로서 노리타카의 이 생각에 누가 동감하지 않으랴. 그러나 아마 다쿠미는 기수인 자기 일에 큰 애착을 갖고 있었던 듯하다. 나는 다쿠미가 생전에 총독부 산림과의 임업시험장에서 어떤 일을 하는지 자세히 몰랐다. 그가 세상을 뜬 뒤에야 그것이 씨를 뿌려 조선의 산을 푸르게 하는 일이었다는 이야기를 듣고는, "과연 그다운 일이구나" 하고 생각지 않을 수 없었다. 그것은 정말 조선의 가장 근본적인 숙제였다. '씨 뿌리는 사람'의 역할은 다른 어떤 직무보다도 그에게 잘 어울린다고 생각한다.

다쿠미가 예술 애호가였음은 두말할 것도 없지만, 그에게는 예술 애호가들이 자칫 빠지기 쉬운 방종이나 나태 같은 부정적 측면이 없었다. 다쿠미 씨에게는 침범할 수 없는, 견고한 도덕적 성격이 있었다. 임업시험장의 나무 심는 일에는 그가 정말 크게 이바지했다고 들었다. 다쿠미는 그 임무를 위해 출장을 갔다가 병을 얻었음에도 애써 출근했으며 몸져누운 뒤에도 책상에서 사무를 보았다고 한다. 그리고 열이 높은데도 좀 견딜 만한 틈을 타 부탁받은 잡지의 원고까지 썼다. 여기에 이르면 그의 책임감이 너무 지나쳤음을 한탄하지 않을 수 없다.

다쿠미는 예술 감상에 뛰어났을 뿐 아니라 손재주도 있었다. 휴일의 소일거리로 만든 조각 등을 보면 정말로 범상치 않다. 이런 소질은 할아버지에게서 물려받았다고 들었다. 그는 자기의 저서를 조부 오비 덴에몬의 영전에 바치고 진심 어린 헌사를 책머리에 실었다. 사람은 가고 그 책이 세상에 나오려 하는 지금, 이 헌사를 읽고 감개를 금할 수 없는 이는 나뿐만이 아닐 터이다.

예술을 사랑하는 다쿠미는 자연을 사랑하는 사람이기도 했다. 다쿠미가 살았던 청량리 관사 근처는 경성 부근에서 드물게 깨끗하고 아름다운 지역이다. 다쿠미는 밤에 아무리 늦어도 이 집에 돌아오지 않은 적이 없었다고 한다. 그리고 그 숲길을 걸으면서 남몰래 조용히 자연과 나누는 대화를 이 세상에서 더

없는 낙으로 삼았다고 한다.

골동품 애호가는 많다. 그러나 예술을 사랑하기보다 더 어려운 것은 인간을 사랑하는 일이다. 많은 예술 애호가 또는 애호가라고 자칭하는 사람은 신경질적이고 이기적인 인간 애호가 혹은 혐오가 이며 사실은 이기주의자다. 그런데 예술의 애호가이며 구속받지 않는 독립적인 성격에다 유한한 삶을 즐기는 방법을 잘 터득하고 있던 다쿠미는 또 한편으로는 정말 보기 드물게 정이 많은 사람이었다. 그리고 그것은 조선인에 대해서 특히 두드러지게 나타났다.

그는 남을 위해 한 일을 좀처럼 다른 사람에게 말하지 않았다. 그러나 다쿠미에게 학비를 도움받아 자립해 상당한 지위를 얻게 된 조선인이 한둘이 아니었다. 그의 부음을 듣고 모여들어, 마치 인자한 아버지의 죽음을 맞은 듯 슬퍼하던 이들의 모습은 보는 사람으로 하여금 사무치는 감동을 느끼게 했다고 한다. 나 역시 그런 사람을 한 명 보았다. 그는 다쿠미가 친아버지보다 더 그립다고 했다. 그 사람의 얼굴에는 감출 수 없는 진심이 나타나 있었다. 다쿠미는 아마 그 밝고 곧은 직관으로 남들이 모르는 조선인의 아름다운 점을 발견했던 듯하다. 다쿠미는 조선 예술의 정신을 파악했던 것만큼이나, 조선인의 마음도 잘 이해하고 있었다.

친족과 친지들이 모여서 의논한 결과, 다쿠미의 시신에 흰 조선옷을 입혀 무게가 약 150킬로그램이나 나가는 이중의 두꺼운 관에 넣어 청량리 근처 이문리의 조선인 공동묘지에 장사 지냈다. 이는 마지막 가는 다쿠미에게 어울리는 결정이었다. 이문리 마을 사람 중에서 평소 다쿠미를 따르던 사람들 서른 명이나 관을 메겠다고 나섰지만, 이장은 그 가운데 열 사람을 골랐다. 이들이 조선식으로 상엿소리를 하면서 관을 멘 것은, 그야말로 강요되지 않은 '내선융화'의 미담이었다.

다쿠미의 생애는 "인간의 가치는 실로 그 인간에게 있으며 그 이상도 이하도 아니"라는 칸트의 말을 실제로 증명했다. 나는 진심으로 인간 아사카와 다쿠미 앞에 고개 숙인다.

아베 요시시게[安倍能成] - 동경대 철학과 졸업, 유럽 유학 후 경성제국대학(서울대의 前身) 철학교수 및 경성제국대학 법문학부장을 역임하며 조선의 인문학 교육을 담당, 동경 제일고(동경대 교양학부의 前身) 교장을 지낸 후, 참의원, 문부성

장관을 역임, 교육과 철학에 많은 저서를 남김
원출전: 『국어 권6 중학교 국어 한문과 用』이와나미(岩波)서점 편집부편
번역본출전: 『아사카와 다쿠미 평전』효형출판 김순희 옮김 2005년

순결한 영혼

야나기 무네요시[柳宗悅]
(일본 민예이론 창시자)

아사카와가 우리 곁을 떠났다. 돌이킬 수 없는 손실이다. 아사카와 다쿠미만큼 조선을 속속들이 잘 알고 있는 일본인을 나는 알지 못한다. 그는 진심으로 조선을 사랑하고 조선인을 사랑했다. 그리고 조선인에게서 진심 어린 사랑을 받았다.

그의 죽음이 알려졌을 때, 조선인들이 슬퍼하는 모습은 유례를 찾기 힘들 정도였다. 시신은 자진해서 모여든 조선인들에게 운구되어 조선의 공동묘지에 묻혔다.

다쿠미는 나의 절친한 친구였다. 그가 없었더라면 조선과 관련된 일 가운데 절반도 이루지 못했을 것이다. 조선민족미술관은 그의 노력 덕분에 설립될 수 있었고, 그곳에 소장된 많은 물건은 그가 수집한 것이 대부분이다.

좀 더 살았더라면 훌륭한 일을 많이 했을 것이다. 그처럼 조선 공예 전반에 걸쳐 실제적인 지식을 가진 사람은 없었다. 우리들이 계획했던 일도 많았다. 중간에 그가 죽어 헤어진 일은 지극히 유감스러운 일이다. 그가 없는 조선은 갈 곳이 없는 조선의 모습과 같다고 느껴진다. 이렇게 된 것을 보면 조선에 자주 들렸던 이유의 절반은 그가 있었기 때문이라 말할 수 있다.

나는 특히 다쿠미의 인간적인 면을 존경했다. 지금까지 그만큼 도덕적인 성실함을 지닌 사람을 본 적이 없다. 그는 명석한 두뇌와 따스한 눈빛의 소유자였지만 무엇보다 큰 매력은 그의 순결한 영혼이었다.

자신을 그만큼 내세우지 않고 또한 자신을 그만큼 철저히 버릴 수 있는 사람은 흔치 않다. 그의 도움으로 공부한 조선인들이 적지 않다는 사실이 이를 잘 보여준다. 나는 다쿠미의 행동에서 많은 것을 배웠다. 그가 내 친구라는 것을 명예롭게 생각한다.

2년 전 외유(外遊) 중에 서울에 들렀을 때 만났던 것이 최후의 헤어짐이 되었다. 돌연 위독하다는 전보를 받고 곧장 달려왔지만 만나기에는 너무 늦어 버렸다.

다음 발간호는 그의 유고를 싣게 되어 버렸다. 죽기 4일 전 병상에서 써 놓은 것이다

내가 앞으로 몇 년을 더 살 수 있을지 모르지만 남은 생애 동안 그의 뜻을 잇고 싶다. 그의 육신은 죽었지만 내 마음속에 살아 있는 그는 결코 죽지 않을 것이다.

근자에 공정회(工政會)에서 발행된 『조선도자명고(朝鮮陶磁名考』는 그의 최후의 저작이 되었다. 그것이 생전에 상재(上梓)되지 못한 것은 유감스럽기 그지없다. 이 저술은 이제부터 조선의 도자기를 살피는 사람들에게는 없어서는 안 될 책이라 할 수 있을 것이다.

현재 조선에서는 가장 박학다식했던 최남선 씨가 이 원고를 보고 감탄했다고 말했던 것처럼 이것은 그의 이름을 영원히 남겨 줄 저서가 될 것이다. 이 책 한 권을 남겨지게 됐다는 것은 우리들에게 있어서 그런대로 위로가 된다.

야나기 무네요시[柳宗悅] - 동경대학을 졸업하고 조선에 조선민족미술관을 설립하고, 일본에서 민예운동을 일으켜 이론 확립과 실천에 노력하고 불교에 기초한 민예이론으로 독자적인 불교미학을 이룸. 문화공로상 수상.
저서[묘호인], [남무아미타불], [야나기 무네요시 전집 22권] 등
번역: 다테노 아키라[館野晳] - 한국문제연구가, 번역가, 한국문화관광부에서 일본인으로서는 처음으로 출판문화공로상 수상, 저서 『한국의 정치 재판』, 『테마로 읽는 한국의 20세기』
출전 : 야나기 무네요시[柳宗悅] 著 편집여록 (일본공예협회편 공예 제5호) 1932년

교토의 귀무덤 vs. 망우리 다쿠미묘

박미정(朴美貞)
(국제 일본문화 연구센터 기관연구원)

한일합병으로부터 100년을 맞이하는 2010년도는 특히 한일 양국에서 그것을 기념하는 다양한 이벤트가 잇따랐다. 그러한 분위기 가운데 마침 그해 8월에 내가 근무하는 국제 일본문화 연구센터의 이나가 시게미[稲賀繁美] 교수님을 대표로 하는 공동연구회 『<동양미학·동양적사유>를 묻는다—자기 인식의 위기와 장래의 과제』(2008-2010)의 멤버들과 서울을 방문했다. 각자 서울방문 목적은 달랐지만, 〈조선 전통공예 현지조사〉라는 기획을 마련해서, 참가 가능한 이들과 함께 할 수 있었다.

현지조사 일정 중에 「아사카와 다쿠미 성묘」를 가졌다. 서울에서 「아사카와 다쿠미기념 사업회」 부회장이신 백조종 선생의 안내로 우리 일행은 다쿠미의 무덤을 참배했다. 참가자 대부분은 아사카와 다쿠미 무덤 참배가 처음이었지만, 백조종 부회장님의 지도로 간략한 한국식의 성묘 순서를 따라서 이 작은 의식은 끝났다. 참가자들은 이 작은 의식이 진행되는 동안에도, 돌아오는 길에서도, 무덤의 주인공에 대해 각자의 마음속을 터놓고 이야기하지는 않았지만, 이전의 강점국과 피강점지라고 하는 일본과 한국국적의 연구자들이 지녔던 생각은 다양했을 것이리라.

무덤을 안내해 주신 백조종 선생님 설명에서 아사카와 형제 고향 사람들을 비롯해 관광이나 기타의 목적으로 한국을 방문하는 일본인이나, 서울에 주재하는 서울일본인회(SJC) 등 많은 일본인들이 「다쿠미의 무덤」을 참배한다고 한다. 서울에 있는 「아사카와 다쿠미 기념사업회」에서는 아사카와 형제가 남긴 조선에 대한 연구업적과 생각을 홍보하는 것뿐만 아니라, 「다쿠미의 묘」를 참배하는 사람들에게 안내 등의 일을 맡고 있다. 현재 일본 단체여행객들과 그들의 고향으로부터 무덤을 찾는 이들이 많다고 한다. 무덤을 찾는 이들에게는 아사카와 형제가 조선을 위해 남긴 업적을 소개하고 그들이 얼마나 조선을 사랑했는가에 대한 공적을 치하하고 알리는 활동이 전개되고 있다.

서울의 기념사업회를 비롯해 서울일본인회(SJC)와 아사카와 형제의 고향에 있는 기념자료관뿐만 아니라, 국내외의 많은 크고 작은 단체들이 미디어를 통해 알려지고 있다. 그중에서도 아사카와 형제의 조선 전통공예연구에 남긴 공적을 「기념」하고, 「현창」하는 추세는 일본 내에서도 그들의 고향 야마나시현[山梨縣]에 있는 자료관을 비롯해, 아사카와 형제를 둘러싼 일본어판의 여러 가지 단행본에서도 확인할 수 있다. 형제의 유족이나 주변 인물의 인터뷰 기사 일기·서간 등의 유고가 「추도」와 「회상」의 내용으로 엮어져 있다.

아사카와 형제를 현창하는 이러한 흐름은, 「다쿠미의 무덤」이 이제는 한 개인의 무덤이 아니라 식민지라고 하는 한국과 일본 사이에 가로막고 있는 부(負)의 역사를 환기시키며, 그들의 조선에 대한 업적을 후세사람들 기억에 남겨, 그 공적을 찬양하고 기리는 역사적 모뉴먼트(monument·기념물)로서 자리매김하게 하고 있다는 것이다.

인류의 역사상 전쟁이 끝난 후, 특정한 인물이나 단체를 대상으로 삼아 기념·표창하는 사업이 전개되어 왔지만, 한일간 역사상에도 많은 현창사업과 특정 대상을 모뉴먼트(monument)화 하는 사업이 행하여져 왔다. 널리 알려진 바와 같이 일본의 「야스쿠니신사[靖國神社]」의 존재는, 매년 8월이 되면 일본과 주변 아시아 국가들 사이에 서로 다른 눈길이 교차하는 모뉴먼트(monument)이다.

그중에서도 한일 사이에 「무덤」이라고 하는 모뉴먼트를 두고 최근 수십 년 동안 (글로벌화와 연동해서) 열심히 행해지고 있는 사업(운동)을 들자면 한국 내에서는 망우리 공동묘지의 「다쿠미의 무덤」이며, 일본국내에서는 교토[(京都)]의 「귀무덤」을 들 수 있다.

「귀무덤」은 도요토미 히데요시[豊臣秀吉]의 「조선침략(조선출병)」중, 참전 병사들에게 전공의 「표시」로 목 대신에 잘라 가져간 조선인의 코와 귀를, 교토[京都]의 승려 400명을 동원해서 아귀공양과 함께 1597년에 구축한 분묘이다.

히데요시에 대한 한국 측의 기억(이야기)은 그의 행동은 「침략」전쟁으로 「임진왜란(壬辰倭亂)」이라고 기록되어, 그에 대항한 조선 측 장군 이순신은 민족의 영웅으로서 기억(이야기)되고 있다. 요컨대 한국 측에 의하면 히데요시의 조선 침략은 실패로 끝났으며 이 전쟁은 한국 측의 승리로 새겨지고 있다. 한편, 근대 이후의 일본에 있어서의 히데요시에 대한 평가는 그의 조선출병은 실패로 끝나 패군의 장군으로 인식하면서도, 그는 영웅이며 일본 역사상 승자(勝者)로서 모셔지고 있다.

중요한 것은 히데요시에게 영웅(전승자)의 위치를 부여하고 그의 식민지주의적 행동을 위업으로 받드는 전승이야기가 계승된 것은 「귀무덤」의 존재에 의해 가능했다는 것이다. 불쌍한 조선 민중의 혼을, 공양이라고 하는 인도적 발양으로 치장하고, 본보기(전쟁 중의 범죄행위)로 징계함으로써, 승자로서의 표상(표창)이 가능했던 것이다.

더욱 히데요시의 전쟁이 근대의 식민지주의에 어떤 그림자를 비추고 있는 것일지에 관해서는 히데요시의 조선 침략(출병)에 즈음해서 쓴 여러 영주(장군)의 전기물(기록·일기)을 정리한 서적의 이곳저곳에서 발견할 수 있다.

조선 침략에 따른 여러 영주의 전기물은 일본의 봉건영주 구성원의 한 일원으로서 스스로에게 그 위치를 부여하기 위한 것이었다. 바꿔 말하면, 타민족을 침략해 압박한 군사행동의 「공명」을 과시하고, 여러 영주들이 각각의 무용(武勇)의 정도를 밝혀 두는 것에 전기물의 의미가 있었다.

전쟁 이후 그러한 흐름이 국내 지배의 이데올로기 안에 갖추어져 간다. 그것뿐만 아니라, 「조선 정벌」이라고 모아진 전기물은 막부말기·유신기의 정한론(征韓論)을 만들어 내는 소재가 되었다. 이것이야말로 히데요시의 조선 침략이 남긴 큰 「유산」이었다.(기타지마 만지[北島万次] 『조선매일기·고려일기』, 대일본법령인쇄(大日本法令印刷)1982년, 357페이지)
그중에서도 특히, <조선 정벌>로서 모아진 전기물은 막부말기·유신기의 정한론을 만들어 내는 소재가 되었다라고 하는 지적에 주목하고 싶다. 유신 후, 「존황의 공신」이라고 간주된 히데요시의 대륙진출에서의 유지를 이어받는 것으로서 정한론이 외쳐진 것은 상상하기 어렵지 않다.

그러나, 막부말기·유신기에 일본의 국익을 위해서 한국을 침략해야 한다고 하는 풍조는 갑자기 등장한 것이 아니고, 이미 「조선 멸시관」이 민간에 널리 퍼져 존속하고 있었기 때문이다.

그것은 히데요시의 사후, 도쿠가와 막부[德川幕府]와 조선통신사 일행의 에도[江戶] 왕래 안에서 생긴 「귀무덤」조문을 둘러싼 일련의 다툼 속에 엿 볼 수 있다. 나카오히로시[仲尾宏]는 저서 『조선통신사와 에도[江戶]의 3수도』(1993년)에서, 히데요시 유적인 「수도대불전」 구경, 「귀무덤」 조문을 두고 막부와 통신사 일행 간에 생긴 일련의 다툼을 들어 「항간에는 조선 사절이 조문을 한다고 하는 전문이 그럴듯하게 전해지고 있어, 당시의 일본 지식인의 조선 멸시관이 귀무덤과 사절과의 관계를 날조해서 민중에게 조선 멸시관을 널리 퍼뜨린 것」을 지적하고 있다.

대정봉환(大政奉還; 도쿠가와 막부가 천황에게 정권을 돌려줌) 후에는 메이지[明治] 천황에 의해 도요쿠니[豊國] 신사(神社)가 재건되었다. 나아가 나카오[仲尾]는 다른 논문에서 『히데요시의 조선 침략은 에도[江戶] 시대와 같이 단지 <시위(示威)>를 해외에 떨친 것이 아니라 <황위(皇威)>의 선양이었다』라고 하며, 히데요시가 천황제의 존속에 힘을 기울인 것이 표창의 주된 이유로 들고 있다.

<시위(示威)>를 <황위(皇威)>로 바꾼 것은 무가정권의 부정, 즉 천황정권의 정통성을 내세우고, 장래 해외침략의 야망을 히데요시의 침략에 맡긴 것에 다름없다. 이리하여 근대의 천황제와 도요토미 히데요시의 해외침략의 미화가 통합되었었다.

이후, 1945년까지, 국가신도로서 비호를 받으며 "히데요시 표창 사업은 끊임없이 침략이 미화된 관계로 장려되어 「귀무덤」도 그 역할의 일익을 담당하게 된다"라고 지적되어 있다. 그리고 대정(大正)에서 쇼와[昭和]에 걸친 히데요시 표창은 「황위(皇威)」선양과 군국화가 점차 강조되게 되었다.

이상과 같이 "히데요시의 <조선정벌>을 둘러싼 언설(현창)이 일본의 식민지주의와 제국주의의 정전(正典)으로 자리 잡아, 일본 근대의 식민지주의를 떠받치고 있었다"라고 할 수 있다.

히데요시는 현실에서는 전쟁에 실패한 패자이지만, 적국인들의 「신체」의 일부인 코와 귀를 가지고 「자비공양」이라고 하는 의식과 이야깃거리와 모뉴먼트(monument)를 새기는 것으로 인해, 「승자=영웅」으로 재생(표상)된다. 이것이야말로, 전쟁과 식민지지배를 둘러싼 「패자와 승자」라고 하는 일본의 양면적(ambivalent) 포지션을 나타내고 있는 것이다.

이러한 「도요쿠니신사[豊國神社]」와 「귀무덤」의 자리매김은 전후의 일본사회의 「야스쿠니신사[靖國神社]」에서도 볼 수 있다. 거기에는 「승자의 역사」라는 재현과 함께 일본 사회에 있어서의 전쟁 이야기의 연속성을 볼 수 있다.

야스쿠니신사에 매장되어 있는 조선인 병사는 한국의 유족이 그들의 분사(分祀)를 요청함에도 불구하고, 야스쿠니 측은 그들이 「일본인」으로 출정했다는 이유로 분사를 계속해서 거부하고 있다. 그 때문에 한국의 유족은 야스쿠니신사에 가서 그들을 위해서 충군전사로서 조문해야 하다고 하는 것일까? 이것이야말로 정말 「귀무덤」의 건립 뒤, 조선인사절이 일본을 방문했을 때에 귀무덤 앞에서 조문을 하도록 강요된 것과 같은 흐름과 일치한다.

「귀무덤」의 존재는 히데요시의 시위(示威)의 선전과 조선과 조선민중에 대한 멸시관을 형성하게 되었다고 말할 수 있다. 이것이야말로 야스쿠니가 종주국의 전승자를 모심과 동시에, 식민지의 조선인 병사도 함께 매장함으로써, 조선의 식민지화가 「전승(戦勝)」의 이야기로서 새겨지고 있기 때문이다. 이것이야말로 「귀무덤」의 논리이며 거기에 승자 (勝者) 이야기의 연속성을 볼 수 있다.

전후 「귀무덤」의 자리매김은 <시위(示威)>와 <황위(皇威)>로부터 다시 <역사적 교훈>으로 전환한다. 1976년 교토[京都] 정화단기대학(京都精華短大學)의 「아시아 문학 세미나」의 멤버를 중심으로 하는 「<귀무덤>을 아는 모임」은 귀무덤을 둘러싼 일련의 활동을 통해서, 귀무덤의 존재를 <비참한 역사를 두 번 다시 되풀이해서는 안 된다 >라는 전쟁을 둘러싼 역사적 교훈의 모뉴먼트(monument)로서 위치를 부여하게 된다.

그 후 「귀무덤」을 둘러싼 활동은 일본의 재일한국인에 의해 「임진전쟁과 귀무덤을 생각하는 모임 유지」의 결성과 함께, 공양의 세레모니(ceremony)로서 전개된다. 모임이 발행하고 있는 「도요토미 히데요시의 조선 침략전쟁과 교토[京都] 귀무덤에 대해서」라고 하는 소책자에는 임진전쟁과 「귀무덤」이 올바른 역사를 사람들에게 알리자는 활동을 적어 일반인들을 그들의 모임에 안내하고자 하는 것이다.

1995년부터는 총련과 민단이 각각 매년 9월과 10월에 「귀무덤」 앞에서 위령, 공양, 추도행사를 하고 있다. 그리고, 현재까지 매년 계속되어지고 있는 이 세레모니(ceremony)는 일본내외의 한국인뿐만 아니라 일본인에게도 이 세레모니(ceremony)에의 참가를 호소하며 이어지고 있다.

다시 다쿠미의 무덤으로 화제를 돌리자면, 다쿠미[巧]는 조선공예(민예)를 비롯해 조선문화에 관한 탁월한 공적을 남기고, 1931년 4월 폐렴 때문에 죽음을 맞이했다.

그 후, 경성제국대학(現서울대)의 교수 아베 요시시게[安倍能成], 야나기 무네요시[柳宗悅], 홍순혁(洪淳赫), 다쿠미의 친형 노리타카[伯教], 하마구치 요시미쯔[浜口良光], 도이 하마이치[土井浜一], 나카이 다케노신[中井猛之進], 최복현(崔福鉉) 등 각 방면의 생전 그와 친교가 깊었던 사람들에 의해 추도회가 마련되어져, 추도 문장이나 그의 유고가 발표되었다.

1942년에는 현재의 망우리에 이장 되어, 패전 후 1964년에 한국임업시험장의 사람들에 의해 다쿠미[巧]의 무덤이 수복되어, 66년에는 동(同)한국 임업시험장 직원 일동에 의해 「아사카와 다쿠미 공덕(功德) 무덤」이 건립된다.

그 후에도 다쿠미를 둘러싼 추도는 이완석(李完錫)(68년), 소도무라 요시노스케[外村吉之介](74년), 다카사키 소지[高崎宗司](82년), 이바라키 노리코[茨木のり子](86년) 등에 의해 글로써 추도되고, 84년에는 한국임업시험장의 유지에 의해 기념비가 새롭게 건립되었다.

한편, 다쿠미의 고향 야마나시[山梨]에서도 아사카와 다쿠미 연구회(85년)가 발족되어, 야마나시[山梨] 방송국에서도 다쿠미[巧]를 방영했다. 91년에는 탄생지인 다카네[高根]정에 석비를 건립하고, 92년에 다카네[高根]정 정장이 서울을 방문한다.

그 후에도 데즈카 요이치[手塚洋一], 에미야 다카유키[江宮隆之](94년)등에 의해 책이 간행되어, 95년부터는 서울 주재 일본인유지와 한국인유지로 결성된 「아사카와 다쿠미 선생님을 생각하는 모임」이 성묘를 시작하고 있다.

96년에는 김성진(金成鎮)씨로부터 다카네[高根]정에 기증된 다쿠미[巧]의 일기가 공개 간행되고, 아사카와[浅川]형제자료집위원회가 발족(2001년 기념자료관 건립), 97년 5월에 『예술신조(藝術新潮)』에 아사카와 형제의 특집이 게재, 같은 해 7월에 다카네[高根]정과 한국 임업연구원의 OB회의 「홍림회(洪林会)」에 의한 다쿠미[巧]의 묘역정비, 11월에는 다카네[高根]정과 홍림회가 중심이 되어 「아사카와 다쿠미공 합동 추도축제」를 개최, 같은 해 「재팬 코무쯔리스토」에 의한 아사카와 다쿠미[浅川巧]의 발자취를 방문하는 투어가 실시되어 현재까지 계속되고 있다.

그 후에도 아사카와 다쿠미(형제)를 둘러싼 추도 축제와 기념 세레모니(ceremony)를 비롯해, 형제의 공적을 찬양하는 간행물 발행과 전시, 특집 방영, 연극, 영화 등등 다양한 기획이 계속되어져, 그 평가는 세월과 더불어 점점 높아져 가고 있다.

한편, 「귀무덤」 세레모니(ceremony)는 2007년부터 (사)「한국 민족종교협회」의 멤버를 중심으로 한 (사)「겨레 얼 살리기 국민운동본부」가 주최가 되어 한국 정부의 후원으로 「귀무덤」 앞에서 위령제를 가지고 있다. 「귀무덤」축조 400년이 넘는 현재, 귀무덤을 둘러싼 모임과 세레모니(ceremony)는 「두 번 다시 이러한 일이 되풀이 되어서는 안된다」라는 역사적인 교훈을 알리자는「기념사업」의 차원을 넘어 기억 간의 전쟁을 펼쳐 온 한일양국에 「화해의 손」을 내밀며 전개해 가고 있다.

「다쿠미의 무덤」이 가지는 역사적인 위치 또한 이 「귀무덤」이 가지는 세레모니(ceremony)와 같이 한 개인을 추도하는 모뉴먼트(monument)를 넘어, 거기에는 한일 사이에 가로막고 있는 「부의 역사」를 환기시켜, 양국의 사람들에게 「화해」를 권유하는 공간으로 자리매김이 되어가고 있다고 말할 수 있을 것이다.

이러한 측면에서 「다쿠미 무덤」이 가지는 역사적 위치를 생각할 때 「귀무덤」의 존재야말로 「반면교사」라고 말할 수 있지 않을까?

글로벌화와 다문화사회가 외쳐지고 있는 가운데 이문화의 유동이 순식간에 경계를 넘어 범람하는 오늘, 「귀무덤」과 「아사카와 다쿠미의 무덤」을 둘러싼 현창 사업은 양국의 사람들에게 무엇을 요구하고 있는 것일까. 이 두 개의 모뉴먼트(monument)를 둘러싼 일련의 활동이 「민족」이 개입된 애증(ambi-valent)의 기억을 만들어내는 존재로서, 양국인들 사이에 보일 듯 말 듯 존재하는 서로 엇갈린 시선이 교차함을 느끼지 않을 수 없다.

망우리「다쿠미의 무덤」과 교토[京都] 「귀무덤」, 이 두 개의 모뉴먼트(monument)와 그것을 둘러싼 일련의 움직임을 앞에 두고 우리들은 잠시 한국과 일본 사이에 가로놓여 있는 부의 역사에 대해 자문해 볼 필요가 있지 않을까. 우리들에게 더욱 필요한 선결 과제는 아사카와 형제와 시대를 공유했던 아직도 평가받지 못하고 역사적 그늘에 가려져 있는, 선각들이 남긴 유적(업적)을 찾아내어 분석 · 검토하고 재평가하는 충분한 역사적 성찰이다.

박미정 - 동의대 졸업, 일본 동지사(同志社)대학 예술학 박사, 식민지 조선의 표상, 식문지를 둘러싼 제반문제를 연구대상으로 하고 있다. 현 국제일본문화연구센터 기관연구원
번역: 신승준 - 일본 상지(常智)대학원 수학, 일본대사관 공보문화원 근무, 한국지방자치단체 국제화재단에서 일본담당관으로 근무, 현재 일본국제교류기금 서울문화센터 재직

한일 공동제작 및 흥행

오자와 류이치[小澤龍一]
('백자의 사람' 영화제작회 사무국장)

2004년 6월 5일, 에미야 다카유키[江宮隆之]의 출판기념회가 열렸다. 그 자리에서, 마쓰모토시[松本市]에 사는 이춘호(李春浩)씨가 에미야 씨의 『백자의 사람』을 영화화하고 싶다고 저명한 영화감독에게 교섭하고 있다는 것이 화제가 되었다.

그로부터 머지않아, 당시의 야마나시현[山梨縣]지사의 의형으로부터, 『백자의 사람』의 영화제작 위원회를 만들고 싶다는 상담을 받았다.

나는 다카사키 소지[高崎宗司]씨가 1982년 『조선의 흙이 된 일본인』을 출판했을 때도, 책을 대량 구매하여, 보다 많은 사람에게 향토 위인을 알리려는 노력을 해왔다.

야마나시현의 생애학습 추진센터 소장을 맡고 있던 당시에도, 아사카와 노리타카[浅川伯教]·다쿠미[巧] 형제나 이시바시 탄잔의 강좌를 열어, 계몽 활동을 추진하여 왔다.

이 사실들을 알고 있는 주위의 지인들이, 나에게 도움을 요청해왔다. 한일 우호친선에 반세기 가까이 노력해왔다고는 하나, 영화제작에 대해서는 아무것도 모르는 나는 망설이고 있었다. 그런 때, ㈜코이즈미[小泉]의 나가사카 코지[長坂紘司] 대표이사가 야마나시현에 소설 『백자의 사람』 영화제작위원회를 설립한다는 사실을 전해 들었다. 나가사카 코지 씨는, 아사카와 노리타카·다쿠미 형제자료관 건설을 시에서도 지원을 했다는 사실을 들었다.

아사카와 노리타카·다쿠미 형제의 고향에 사는 한 명으로서, 고향의 위인을 현창하고 싶다는 마음에 호응해야만 한다고 생각했다. 현내의 문화인을 비롯해, 많은 분들에게 협력 요청을 타진하기 시작했다. 아사카와 노리타카 다쿠미 형제를 아는 분들은, 모두 찬동해 주었지만, 의외로 일반 사람들에게는 아사카와가 알려져 있지않은 것도 알게 되었다.

그런 사전 지식 하에, 2004년 11월 초순, 원작자 에미야 다카유키 씨, (주)코이즈미 대표이사 나가사카 코지 씨, 지사부인 야마모토 야스코[山本泰子] 씨, 지사의 의형 구리하라 노부오[栗原信雄] 씨, 야마나시현 관광부장 노다[野田] 씨, YBS여행 사장 우에노[上野] 씨, 거기에 내가 합류해서 첫 번째 미팅을 가졌다. 그 자리에서, 다음부터는 마쓰모토의 이춘호 씨도 참가하여, 새해에 본격적인 영화제작위원회를 시작하는 것 등이 상의 되었다.

이와 동시에 저명인들의 찬동의 목소리가 커지기 시작하였다. 먼저, 일한문화교류 협회회장이었던 고(故) 히라야마 이쿠오[平山郁夫] 선생님은, 호쿠토시의 명예시민이었는데, 지원의 목소리를 내주셨다.

또한, 전(前) 외무대신 고(故) 가키자와 코지[柿澤弘治]씨는, 아사카와 다쿠미의 고향에서 마지막을 살고 싶다고 우리 집 이웃한 땅에 주택까지 세우고, 협력을 아끼지 않았다고 한다. 참고로, 가키자와 코지씨는 한일문화교류에 힘써 온 한국의 조만제 한일협회 회장님과 동경대학에서 함께 배운 동창 사이며, 한일의 미래를 생각해서 이 영화를 꼭 성공시키자고 이야기하고 있었다.

그리고 소년시대를 이 땅에서 보낸 전(前) 문화청장관 우치다 히로야스[內田弘保]씨도, 실현에 협력해주기로 하였다.

아울러, 오무라 사토시[大村智] 박사도 고향의 위인을 표창하는 영화제작에 전면적으로 협력해주기로 하였다. 오무라 사토시 박사는, 서아프리카·동남아시아의 사람들을 괴롭히고 있는 난치병, 코끼리의 발 같이 부어오르는 【온코카루세】의 특효약인【에바메쿠친】을 발견한 것으로 유명하며, 1억 명 이상의 목숨을 구해, 노벨화학상을 수상하였고 이외, 세계의 권위 있는 상은 대부분 수상하고, 약학이나 미생물학분야의 세계적 권위자다. 기타사토대학[北里大學]과 다마[多摩]여자미술대학의 이사장도 겸임하고 있다. 그 오무라 선생님의 집 응접실에는, 사쓰마야기[薩摩燒]의 항아리가 놓여 있다. 선생님은, 「항아리는 꽃을 꽂으면 꽃을 돋보이게 하고, 꽃이 없을 때에는 일본과 서양 어느 쪽의 방에 있어도 품위 있는 좋은 분위기를 빚어내는 조형의 미」라고 이야기하듯, 이 방면에 조예가 깊으시다.

전통공예의 분야에서 500년이 넘는 역사를 자랑하는 『인덴야[印電屋]』 우에하라 유시치[上原勇七]회장은, 현재 야마나시현의 상공회의소의 회장이다. 마찬가지로 업종을 넘어서 지원을 해야 한다는 말씀을 해주셨다.

도쿄 현인회의 분들도 마찬가지였다.

그리고 사쓰마[薩摩燒] 15대 심수관(沈壽官)씨는, 히데요시에 의해 한반도로부터 강제 연행된 도공의 자손이다. 400년 이상 걸친 조선왕조시대의 의식에 준한 생활을 하고 있는 이 15대 심수관씨도 아사카와 다쿠미에게 뜨거운 성원을 보내 주었다.

타카무로 요지로[高室陽二郎]씨는 전(前) YBS방송 사장, 아니 일본 산악협회 부회장으로서 더욱 유명하다(산악협회 회장은 황태자 전하). 한국의 산악연맹에도 악우(岳友)를 여럿 두고 있다. 타카무로 요지로 씨의 본가는 저택을 포함해, 나라의 중요문화재로 지정된 명문, 저명인이다. 나보다 10세 연상임에도 불구하고, 「산을 지키고, 자연을 지키기 위해서라면, 사무국원을 맡겠다.」라고 말해 주었다.

부회장은 야나기 무네요시[柳宗悅]에게 큰 영향을 준 고미야마 세이조[小宮山淸三]의 손자, 고미야마 가나메[小宮山要] 씨가 맡았다. 참고로, 일본내각의 부총리를 맡았고, 정권교체 가능한 정당의 올바른 모습을 모색한 정치가 가네마루 신[金丸信] 씨가 고미야마 세이조의 조카이기도 하다.

가네마루 신 씨의 장남이며 UTY사장이기도 한 가네마루 야스노부[金丸康信] 씨도 찬동해 주었다.

호쿠토시에 별장을 가지고, 아사카와 다쿠미를 오랜 세월 현창해 온 하정웅(河正雄)씨(광주시립미술관 명예관장)는 아버지의 고향인 영암군(靈岩郡)을 비롯해, 광주시에 공헌하는 등, 현대의 미륵보살 같은 분이다. 한일의 가교로서 상담역을 받아들여 주었다. 회계에는, 공적자금을 고려해, 야마나시현 신용보증협회의 회장이 맡겠다고 한다. 이것으로 진 배치는 갖추어졌다.

그리하여, 2005년 1월 15일, 고후시[甲府市]의 후지야 호텔에서, 현 내외의 문화인을 비롯한 각계각층의 인사 118명의 성원하에, 성대하게 소설 『백자의 사람』 영화제작위원회가 발족하였다.

그날 이래, 나가사카 대표를 맞이하고, 사무국 회의도 늘려가며, 때로는 매스컴 취재 또한 있어, 영화제작 위원회는 활기를 띄워 일이 시작했다.

회의에서는 아사카와 다쿠미를 젊은이들에게 알리는 것이 의제가 되었다. 강연회만으로는 부족하였다. 아사카와 다쿠미를 아는 사람은, 큰 바다의 겨자알맹이처럼 적었다.

이러한 상황 하에 한일의 청소년을 대상으로 독서감상문 대회를 개최하는 것과 아사카와 다쿠미를 지켜 온 한국 관계자와 협력해서, 한국에도 영화제작위원회를 설립하는 것이 결정되었다.

우선, 『백자의 사람』을 출판한 가와데서방신서에 증쇄를 부탁했다. 한국에서는, 10년 전에 출판사가 도산하고, 아사카와 다쿠미에 관한 책을 입수할 수 없는 상태라는 것이 판명되었다.

나가사카 대표는 이러한 상황에서는 한국에서 아사카와 다쿠미의 존재를 알릴 기회가 없다고 판단하여 한글판 5,000권을 자비로 출판하여, 한국의 관계자에게 증정하겠다고 하였다. 나는 나가사카 대표와 함께 주일 한국영사관 대사 유문화 부장님을 방문하고, 협력 요청과 기증을 해 드렸다. 대사에게는, 한국에 제작위원회설립 의향이 진행되고 있는 것도 전해지고 있었다.

또한, 이 독서감상문 대회는 최우수상으로부터 가작까지를, 한국의 청소년들이 휩쓸었다. 일본에서 응모된 작품도 많았지만, 가슴에 와닿는 작품은 적었다. 다음 시대를 책임질 한국 청소년들의 눈은 빛나고 있었다.

한국에 영화 『백자의 사람』 제작위원회를 설립하기 위해서는, 조재명(趙在明) 선생님(前 임업연구원원장)에게 상의하지 않으면 안 된다. 그 역할을 맡아준 것은, 야마나시현 관광대사 이영구(李榮求) 씨다. 한국에 돌아갈 때마다 관계자와 만나고, 연계를 취해 주었다.
팩스나 전화로 협의를 거듭하고, 2006년 3월 31일, 서울의 코리안 하우스에서 발회식이 열리게 되었다.

나가사카 대표는 개회식 직전 서울에 들어가, 다음날의 첫 비행기로 일본 하네다 공항으로 돌아와, 입사식에 참석해야 하는 강행군을 하겠다고 했다.

외무성에서도 연일 전화가 와, 한국에서의 『백자의 사람』 제작위원회 설립총회에, 한국 일본대사관의 오시마[大島] 전권대사를 출석시켜주었으면 한다는 요청이 있었지만, 나 혼자의 생각으로 판단할 수 있는 문제가 아니라고 판단, 이 문제는 조재명(趙在明) 선생님과 상의하도록 부탁했다.

큰 병을 치르신 조재명 선생님의 건강을 걱정하면서, 나는 코리안 하우스로 향했다. 조재명 선생님은, 예정되었던 프로그램을 수정하여, 오시마 전권대사, 일한 의원연맹대표, 한일 의원연맹대표의 인사를 넣었다. 6시 30분부터 시작된 총회는 한창 무르익어 10시를 지나서 폐회가 되었다.

구체적 활동을 상의할 계획은 연기되어, 후일 상의하기로 했다. 순풍만범(順風滿帆)은 좌절의 전조다. 4월이 되자 조재명 선생님이 쓰러지셨다. 그 직전에 일본에서 망우리에 묘지 방문단이 방한했었다.

여기서 잠시 일본과 한국의 묘지 제도의 차이에 대해서 말해 보자.

에도시대에 일본은 쇄국령이나 절청부제도(寺請負制度)를 선포하고, 단가제도(檀家制度)를 도입했다. 이 단가제도는, 주로 기독교를 대상으로 한 이교도의 추방을 철저히 하는 의미가 담아져 있다. 묘지는 절에 집중 관리되어, 신앙도 절의 종파에 소속한다. 그 이후, 일본의 장례식은 불교화 되었다.

한편, 조선왕조는 중국 이상으로 유교를 순화하고, 정신의 축으로 여겨 왔다. 무덤제도에 관해서는, 신선사상도 근저에 놓여 있을 것이다. 무덤의 위치도 「풍수」에 준하고, 선조·일족의 유대의 상징으로서 족보에 넣고, 존경해 왔다.

아사카와 다쿠미가 망우리의 공원묘지에서 영면할 수 있는 것도, 조재명 선생님이 조가(趙家·조씨 집안)의 족보에 넣고, 무덤을 지켜 왔기 때문이다.

일본의 묘지 방문단은, 조재명 선생님의 안내를 따라갔다. 아사카와 다쿠미를 자신의 가족 족보에 넣고 현창해 온 선생님은, 묘 앞에 서면 엄숙한 얼굴이 된다. 일본의 묘지 방문단이 양국간 무덤 제도의 차이를 알지 못한 관계로 실례를 범해, 선생님의 기분을 상하게 한 적이 종종 있었다는 것이 나중에 밝혀지기도 했다. 상대 나라의 역사·문화·제도를 이해하지 않은 상태에서, 영화제작을 안이하게 생각해도 될 만큼 한일의 현대사는 쉽지 않다는 것을 배우게 해준 일이었다.

그리고 마쓰모토[松本]의 이춘호 씨에게 일임하고 있었던 영화감독 건은 잘되지 않았다. 이 이후, 매스컴 대응·정보공개도 끊고, 나가사카 대표와 새로운 제작회사와의 합의에 들어가게 되었다.

신중하게 협의해, 쌍방 합의로 2009년 3월 14일 제작발표회까지 도달했다. 한국의 대표단도 맞이하고, 전국에서 관계자 350명이 결집, 매스컴도 20개사 이상 참가해서 열린 발표회다. 다음날 신문은 47도도부현(都道府縣) 모두의 신문에 게재되었다. 그러나 여기서도 다른 문제가 발생했다.

「2010년 3월 개봉 예정」이라고 보도한 신문 기사에 대해서다. 이 「2010년」에 한국 측은 염려하였다.

당연한 일이다, 『한일 강제병합 후 100년째』와 겹치는 개봉이다. 소설 『백자의 사람』 영화제작위원회의 기획서에는 『한일 강제병합』이라고 명기해 왔다. 그러나 영화 제작 위원회의 의향과 달리, 『한일병합』에 이용당하지 않으리라는 보장은 없다.

영화 제작 회사가 시네카논(cinecanon)인 것도 매스컴을 통해 보도되었는데, 시네카논의 재무상태를 걱정하는 정보가 그다음 주부터 들어오기 시작했다.

각본에 관해서도 트러블이 발생했다. 강제 연행과 납치 문제를 다루는 시나리오다. 극장용 영화인만큼 관객을 끌어당기는 과격한 장면이 등장하기도 할 것이다. 그러나 나는 시나리오의 이 설정에는 동의할 수 없었고 나가사카 대표도 같은 의견이었다.

오늘의 한반도는, 인간에 비유한다면, 육체를 분단된 상태에 있다. 동포·친족의 고뇌, 남쪽의 육친 행동이, 북쪽의 육친에게 주는 불안에 시달리는 상태. 그것과 비슷한 상황을, 안이하게 영상화하는 것에 대해 위기감을 느꼈다.

그리고 더욱 사태는 악화가 되었다. 시네카논 재무상황에 관해서, 들려온 정보가 적중한 것이다.

(주)코이즈미가 영화 제작위원회 대신에 지출한 기획개발비 2,000만 엔의 반 이상이 용도 불명이란 사실이 밝혀진 것이다. 이래서는 본 계약을 할 수가 없다.

아사카와 다쿠미의 '인간의 가치'를 재현하고, 한일의 미래를 그리면서 대응해 온 모든 땀이, 식은땀으로 변했다.

시네카논과의 계약 해제 후, 새로운 움직임이 시작되었다. 한국의 대형 제작회사와 일본의 제작회사가 연계해서 새로운 제작·배급 회사가 탄생해 그 제1호 작품으로서 영화 『백자의 사람』의 제작이, 2010년 4월 재개되었다. 7년 가까운 요사이의 발걸음은 산 너머 산이고, 산과 산골짜기의 연속이었다. 이 사이, 아사카와 다쿠미를 지켜 온 조재명 선생님도 돌아가셨다.

생전 조재명 선생님은 온화하게 말씀하셨다. 「다섯 살 때, 일본의 군대가 우리 집에 신발을 신은 채로 들어와서, 서적·가재도구를 정원에 던져버린 광경이 때때로 플래쉬백 될 때가 있어요.」라고, 그런 체험을 마음에 안고 있는 선생님이, 아사카와 다쿠미의 고향의 꽃나무, 【도단쯔쯔지】를 망우리의 아사카와 다쿠미 묘 앞에 식재했다. 일본에서 묘목을 가져올 수 없기 때문에 선생님이 씨앗으로부터 기른 것이다. 아사카와 다쿠미가 외롭지 않도록 생각해서 식재하신 선생님의 마음, 나라와 나라, 사람과 사람, 그 유구한 본연의 모습을 배우게 해 주셨다.

동시에 이 기간 동안 나가사카 대표의 흔들리지 않는 자세와, 고난 없이는 미래를 개척하는 양약을 얻을 수 없다는 것을 배우는 기회이었다.

오자와 류이치[小澤龍一] - 아사카와 다쿠미가 졸업한 아키타중학교 후배, 전(前) 야마나시현[山梨縣] 고등학교교육회 회장, 전(前)야마나시현[山梨縣] 종합교육센터 소장, 전(前)야마나시현[山梨縣] 생애학습추진센터 소장, 현 야마나시현립[山梨縣立] 박물관협의회 위원장, 『백자의 사람』 영화제작회 사무국장
번역 : 사카모토 히로코[坂本浩子] - 규슈[九州] 나가사키[長崎]출신, 기타큐슈시립[北九州市立]대학 졸업, 1년간의 부산대학에서 어학연수, 2005년 주식회사 코이즈미[小泉] 입사. 현재 소설『백자의 사람』영화제작위원회 사무국 업무 담당

사색의 길에 핀 성스러운 한 송이 꽃

정종배
(시인, 교사)

망우공원 사색의 길은 나에게 행복한 순례길이다. 이제는 살아가며 얽힌 생각과 장애물이 나타나면 언제든 찾아가 걷는다. 사색의 길 가까운 곳에 유택을 마련하신 선각자들의 묘지를 참배하며 그동안 쌓인 스트레스를 깨끗이 정리하는 내 삶의 길잡이가 되었다. 망우리 공동묘지를 한 바퀴 도는 4.7Km 사색의 길, 오늘도 성찰의 공간으로 풀꽃처럼 피어나 아스라이 앞서간다. 일상에서 찌든 몸과 마음을 따뜻하게 안아주려는 듯 저녁노을이 발걸음을 가볍게 망우공원 사색의 길로 인도한다.

일제강점기 1933년 건원릉(健元陵 – 조선의 제1대 왕인 태조(太祖)의 능묘(陵墓))의 정기가 훼손되어 묘지를 쓸 수 없는 망우산(忘憂山) 일대를, 일제 식민지 정책에 의해 우리 민족 얼을 말살하기 위한 계획된 공동묘지로 정한 이후, 1973년까지 4만7천700여 묘지가 가득 차 더 이상 사용하지 않고 있다. 그동안 서울특별시 시설관리공단 망우리 묘지 관리소에서 이장과 납골을 장려하여 현재는 약 14,000여 정도의 묘지가 남아있다.

망우리 공동묘지 성묫길로 쓰이는 오솔길을 서울시에서 포장하여 망우공원 '사색의 길'이라 이름 붙였다. 격동의 한국 근현대사에서 나라와 민족을 위해 헌신하신 유명인사 15인 묘소 가까운 사색의 길 길섶에 그분의 생애와 경력 및 말씀과 글을 새긴 연보비(年譜碑)를 세워 놓았다. 옹기종기 모여 정답게 살아가는 우리네 삶을 그대로 옮겨 놓은 듯 장삼이사 묘지와 갖가지 모양의 비석(碑石)과 유택에 잠든 이의 주요 활동 내용은 물론 유족들의 슬픈 사연을 새긴 비문(碑文)이 사계절 자연의 변화에도 묵묵히 생활의 지침으로 새겨져 마음 안에 깊숙하게 자리 잡았다. 그중에 독립운동가

서동일(徐東日, 1893~1966), 오재영(吳哉泳, 1897~1948), 유상규(劉相奎, 1897~1936), 문명훤(文明煊, 1892~1958), 문일평(文一平, 1888~1939), 오세창(吳世昌, 1864~1953), 서병호(徐丙浩, 1885~1972), 서광조(徐光朝, 1897~1972). 「목마와 숙녀」 시인 박인환(朴寅煥, 1926~1956), '어린이'란 말을 만든 독립운동가 방정환(方定煥), 진보당 사건으로 사형당한 비운의 정치가이며 독립운동가 조봉암(曹奉岩, 1898~1959), 광복에서 대한민국 정부수립 기간 좌우익 혼란기에 암살당한 정치가 장덕수(張德秀, 1895~1947), 의학자

이며 사회사업가 오긍선(吳兢善, 1878~1963), 우리나라에 종두법을 처음 실시한 의학자이자 국어학자 지석영(池錫永, 1955~1935), 승려이자 「님의 침묵」 시인이며 일제강점기에 지조를 끝까지 지키신 독립운동가 한용운(韓龍雲, 1879~1944) 등 15분의 연보비가 오솔길을 걷는 사람들의 시선을 잡아끌고 마음을 다잡는 기회를 제공한다.

이 밖에도 연보비가 세워지진 않았지만, 그동안 초·중·고 교과서에 실린 작품이나 인물들을 보면 「백치아다다」 소설가 계용묵(1904~1961), 「탈출기(脫出記)」, 「홍염(紅焰)」 등 빈궁문학의 소설가 최학송(1901~1932), 「고향」, 「모란이 피기까지는」의 작곡가 채동선(1901~1953), 황소와 은박지에 그린 화가 이중섭(1916~1956), 한국 근대미술의 천재화가 이인성(1912~1950), 「동승(童僧)」의 극작가 함세덕(1915~1950), 3.1운동의 민족대표 33인이었지만, 1934년 전후로 친일파로 변절. 월간 잡지 '동광'(동양지광)의 창립인, 주간 사장으로 활동하다 광복 이후 1948년 반민특위에 회부되었던 박희도(1889~1952) 등이다.

망우리 공동묘지 이곳에는 조선 제23대 왕(1800~34 재위) 순조의 첫째 딸 명온공주(明溫公主, 1810~1832)와 그의 남편 영의정을 역임한 김현근(金賢根, 1810~1868)의 묘지와 임진왜란(壬辰倭亂) 때 충주 탄금대에서 배수진으로 항전한 신립(申砬) 장군의 아들인 신경진(申景禛, 1575~1643)의 묘역과 신도비(神道碑) 등, 유서 깊은 곳이다.

서울시와 중랑구청에서 특별히 방학이나 학생들의 봉사활동 체험활동 장소로 가볼 만한 곳으로 소개하고 있다. 예를 들어 중랑구 인터넷방송국에서 방영한 내용으로

이번 호(제359호 중랑구 소식지)에는 특별히 여름방학을 맞아 관내 가볼 만한 곳을 소개하는 특집면이 구성되어 있습니다. 중랑구는 특히 역사가 살아 숨 쉬는 곳이 많은데요, 태종의 후궁으로 먼저 숙선옹주묘, 봉화산 정상에 있는 아차산 봉수대지, 조선 전기의 문인 서거정 선생의 정취를 느낄 수 있는 사가정공원, 그리고 학자와 독립운동가 등의 묘소와 연보비가 있어 최근 문화재위원회가 애국지사와 문인/예술가들이 묻힌 서울 망우리 추모공원으로 근대문화재 등록을 추진하고 있는 망우리공원, 항일의병 정신을 기리기 위해 동아일보사에서 망우리 공원 입구에 건립한 13도 창의군탑, 임진왜란 때 충주 탄금대에서 배수진으로 항전한 신립 장군의 아들인 신경진의 업적을 새긴 비석인 신경진 신도비 등 곳곳마다 역사의 숨결이 살아 숨 쉬고 있습니다. 굳이 멀리 가지 않더라도 역사탐방을 해볼 수 있는 곳, 여름방학에 가족들과 함께 꼭 한 번씩 들

러보시기 바랍니다.

고등학교 학생들과 교과수업 외에 체험활동 전일제봉사활동 등 전인교육의 장으로 이곳 망우공원을 찾은 지도 벌써 10여 년이 되었다. 학생들이 처음에는 웬 공동묘지냐며 싫어하고 주저하다 활동하고 난 뒤에는 대부분 색다른 보람과 의미를 찾았다며 망우공원에 대한 생각이 바뀌었다. 대부분의 아이들은 좋은 시간과 공간이었다며 다시 가고 싶어 하였다. 집안 사정이나 개인적인 아픔을 정리하고 보듬어 줄 수 있는 산교육장이라 할 수 있다. 실제로 몇몇 아이들은 두세 번 망우공원을 돌고 난 뒤 학교와 가정생활을 잘하여 주위에서 부러워할 정도로 열심히 노력하여 대학에 들어갔다. 지금도 연락하여 산책 겸 산행을 간단히 하고 난 뒤 우림시장 안 국밥집에서 순대국밥과 소주 한잔하며 추억을 되새기는 아이들도 있다. 망우공원 묘역에 유택을 마련하신 분들의 생애가 삶의 이정표가 되었다며 고마워하였다. 망우리 사색의 길은 도도하게 흐르는 강물처럼 삶의 목표를 향해 질주하는 귀한 시간을 갖고 깨닫는 귀중한 교육 장소이다.

2006년 이른 봄에 봉분이 무너지고 나무뿌리가 억세게 드러나 참배할 때마다 안타깝게 여겼던 대한민국 빈궁문학의 소설가 서해 최학송 묘를 집사람 몰래 정리하고 단장하였다. 망우리묘지 관리사무소 직원들의 입을 통해 부끄럽게도 알려지게 되어 이제는 후손의 행방을 모르는 서해 최학송 묘지 관리인으로 등재까지 하게 되었다.

2000년에 망우리 가까운 학교로 전근하여 마음을 정리하려고 망우공원 사색의 길을 걸었다. 시인 박인환·한용운, 소설가 최학송, 화가 이중섭의 묘 앞에서 머물며 내 자신을 성찰하여 일상생활을 다시 충천하였다. 특히 만해 한용운 묘 앞에서 일제강점기 시절 끝까지 지조를 잃지 않고 민족의 자존심을 지킨 위대한 선각자에게 힘을 얻으려 자주 머물며 참배하였다.

그렇게 자주 사색의 길을 걷다 일본인 아사카와 다쿠미의 묘의 소재도 알게 되어 이곳에 묻히게 된 사연과 삶에 대해 궁금증과 호기심이 일어났다. 특히 식목일 전후로 국립수목원 직원들의 이름으로 조화가 즐비하게 줄지어 서 있기에 어떤 관련이 있기에 그런가 하며 의구심이 더욱 깊어졌다.

사립 인문계 고등학교에서 17년을 근무하다 공립 중학교 1학년 담임과 수업을 하게 되었다. 중학교에 근무하게 돼 동료 교사들이 부러워하며 선망의 눈빛이었다. 그러나 현실은 반대였다. 교실 붕괴가 막 시작되는 시점이자 어린이티를 벗어나지 못한 중학교 남학생들의 말과 행동이 거칠고 종잡을 수 없었다. 내 정신까지 매우 혼란스러워졌다. 그래서 일과 후 자주 사색의 길을 찾아 걸으며 마음을 다잡았다.

망우공원 사색의 길 아사카와 다쿠미 묘 근처 의자에 앉아, 출판사 범우사 수필집 시리즈 중 중학교 1학년 교과서에 수록된 수필 「약손」의 저자 박문하(朴文夏, 1918~1975)의 『잃어버린 동화(童話)』의 마지막 장 "한 권의 책"을 읽다, 지은이가 일본인 지인으로부터 선물로 받은 두 권의 책 중 한 권이 아사카와 다쿠미의 『조선의 소반』이었다는 내용이 들어 있었다. 아사카와 다쿠미의 삶에 대한 첫 번째 만남이었다. 그리하여 서울특별시 교육연구정보원에서 발간하는 《서울교육》에 "또 한 권의 책"이라는 제목으로 아사카와 다쿠미의 생애를 간략하게 소개하는 수필 한 편을 발표하였다.

그 뒤로 『조선의 소반』·『조선도자명고』·『아사카와 다쿠미 평전』 등 자료를 찾아 읽었다. 그의 한국에 대한 사랑은 성자의 등불이 모든 이의 삶의 길을 환하게 비춰주는 듯 감동 그 자체였다. 아사카와 다쿠미의 삶과 한국에서의 활동은 선구자가 아니면 그렇게 할 수 없다. 종교적인 신념과 철저한 자기 관리와 실천으로 성자다운 면을 발견할 수 있다.

매년 학기가 시작하면 학생들은 물론 관심 있는 선생님과 망우리공원 사색의 길을 걸었다. 사색의 길 가까이에 유택을 마련한, 대한민국 근현대사 격동의 역사에서 자신의 영달을 버리고 목숨을 바치신 독립지사 순국선열과 시인, 화가, 작곡가, 극작가, 정치인, 언론인의 묘를 참배하였다.

그중에 아사카와 다쿠미의 묘를 참배하면 거의 모든 이가 왜? 하필 독립지사와 순국선열 묻힌 이곳에? 일본인이........ 이런 반응이었다. 아사카와 다쿠미의 생애에서 일제강점기 시절 한국에 와서 활동한 내용을 설명한 뒤 그 시대 일본인 중 거의 유일하게 한국인이 존경할 수 있는 인물이라며 소개하면 놀란 표정으로 그럴 수 있냐며 믿지 못하겠다며 화를 내는 경우도 있었다. 아사카와 다쿠미의 한국의 소반과 도자기 등 민예품에 대한 연구와 저술 활동 수집 조선민족미술관 건립 등 헌신적인 활동을 이야기하면 다들 놀라는 표정이었다. 그리고 한국인에 대한 지극한 배려와 소통의 낮은 자세로 한국인보다 더 한국적인 일관된 삶을 이야기하면 점차 수긍하였다.

이번 일요일에도 군대 제대하고 대학 2학년에 복학한 아들과 함께 사색의 길을 걸었다. 소설가 최학송의 묘와 관련된 내용을 이야기하였다. 아사카와 다쿠미에 대한 현재까지의 만남과 앞으로의 계획도 자세히 설명하였다. 재일동포 르포작가의 자료 찾기와 참배를 안내하시던, 이제는 고인이 되신 조재명 회장님과 어느 봄날 오후 봄꽃이 만발한 다쿠미 묘지에서 조우하여 지금도 그 모습이 눈앞에 생생한 그분의 정성을 다한 활동에 감명을 받은 내용도 털어놓았다. 그리고 영화 촬영을 위한 모임과 지난번 학교까지 찾아 와 주신 조만제 대표님과 백조종 부회장님의 열정 등 다쿠미를 통해 만난 분들에 대한 고마운 일도 아들에게 전해 주었다. 아들이 나의 마음을 읽고 대를 이어 정성을 다해 묘지를 참배하고 관리하여 주었으면 하는 바람이다.

올 신학기에는 학교에서 지난가을과 겨울방학에 실시한 방과후학교가 아닌 창의적 재량활동으로 아이들의 체험활동과 봉사활동의 영역을 넓혀 비교과 영역을 통해 부족한 정서적인 감성을 채우겠다고 계획하고 있다. 학교 안에 상설 동아리를 만들어 아직 연보석이 없는 다쿠미를 포함한 저명인사들도 연보석을 세워 줄 것과, 국가 예산으로 묘지관리를 할 수 있도록 관계 당국에 학생들과 함께 지속적으로 건의하겠다. 학생들이 선각자들의 유택이지만 여러 활동을 통해 그분들의 뜨거운 조국애와 인류애를 본받고 깨달아 사회에 헌신하는 훌륭한 인재로 성장하리라 믿는다. 앞으로 좀 더 짜임새 있게 계획하고 뜻깊게 실천하는 프로그램으로 망우공원 묘역의 순례길을 알리겠다. 한 사람이라도 더불어 그분들과 같은 선각자의 길을 걸어가면 좋겠다는 바람으로 오늘도 망우공원 사색의 길을 걷겠다. 그 어려운 일제강점기 시절 뜨거운 인류애로 한국을 사랑하신 아사카와 다쿠미 선생님의 뛰어난 선각자 정신을 이어받고 실천하며 주변 사람들에게 알리는 일에 최선을 다하겠다.

정종배 - 한국문인협회 회원, 한국시인협회 회원, 가톨릭문인회 회원, 서울교원문학회 이사, 사랑방 시낭송회 상임시인, 시집 [산에는 작은 꽃도], [안개속에 소리가 자란다], [그림자 흔들기], [숫눈길] 등

영화 <백자의 사람> 포스터

시대와 민족을 넘어선 찬란한 우정
최초의 한류팬 '아사카와 타쿠미'의 감동실화!
백자의 사람
조선의 흙이 되다
요시자와 히사시 배수빈
사카이 와카나 이시가키 유마 시오야 슌 구로카와 토모카 곤노 나루미 정단우 전수지
이치카와 카메지로 호리베 케이스케 다나카 요지 오스기 렌 데즈카 사토미
7월, 숨겨져 있던 휴먼 스토리가 펼쳐집니다

明日、世界が滅びるとしても、今日、彼らは木を植える。
내일 세상이 멸망한다 해도 오늘 그들은 한 그루의 나무를 심는다.
道
白磁の人
백자의 사람
길
史実に基づく物語
역사적 사실에 근거한 이야기
2012年 初夏 日本公開
2012年 韓国公開予定
2012년 초여름 일본 개봉
2012년 한국 개봉 예정

맺 음 말

최서면
(국제 한국 연구원장)

나는 가끔 옛 친구가 그리울 때 찾는 곳이 있다. 경기도 파주(坡州)의 가톨릭 묘지에 있는 가나야마 마사히데[金山政英] 전 일본 주한대사의 묘다. 그 누구보다 한국을 사랑했던 가나야마 대사는 "죽어서도 한국 친구 옆에 묻혀 한·일 우호에 이바지하고 싶다"는 그의 뜻에 따라 1998년 이곳에 묻혔다. 그는 빈곤탈출(貧困脫出)이 한국의 국가적 과제였던 시절, 가나야마 대사는 포항제철 설립을 돕는 등 우리 경제발전에 큰 기여를 했다. 도교에 체류하던 시절 10여 년간 친형제 못지않게 우의를 나눈 필자는 그의 묘소를 찾을 때마다 한일 양국의 진정한 선린 우호를 다시 한번 생각하게 된다.

나의 친구 가나야마 대사와 마찬가지로 한국을 사랑했기에 죽어서도 한국에 묻힌 외국인들이 적지 않다. 우리가 기억하는 이름 중에는 미국인 호머 헐버트 박사(1863~1949)가 있다. 1886년 23세 나이에 육영공원 교사로 조선에 건너온 그는 고종 황제의 외교 보좌관으로 일제 침략을 세계에 알리며 조선의 독립을 위해 평생을 싸웠다. 명성황후(明成皇后) 시해 후에는 고종의 신변을 보호하기 위해 불침번을 섰으며 1905년 을사늑약이 강제로 맺어진 후에는 고종의 밀서를 지니고 미국 정부관계자와의 접촉을 시도하기도 했다. 그는 생전에 "웨스트민스터 사원에 묻히기보다 한국에 묻히고 싶다"고 말했고 그런 그의 소망에 따라 1949년 양화진(楊花鎭) 외국인 묘지에 묻혔다.

양화진 묘지에는 선교사로 한국에 왔다 순교한 성직자를 비롯한 서양인들이 잠들어 있는데 일본인으로는 유일하게 소다 가이치[曾田嘉伊智](1867 ~ 1962)가 안장돼있다. 그는 41년 동안 한국에서 살며 부인과 함께 한국의 고아 수천 명을 키워냈다. 1906년 월남 이상재 선생의 영향으로 기독교인이 된 그는 일본이 한국의 국권을 침탈한 시기에 한국의 어린이들을 돕고 민족혼을 일깨워줬다. 철두철미한 반일주의자였던 이승만 대통령조차 그에게만은 감사의 뜻을 아끼지 않았다고 한다. 일본인으로서는 최초로 한국정부의 문화훈장을 받은 소다는 95세 되던 1961년 한경직 목사의 초청으로 한국에 돌아온 뒤 영락보린원에서 1년 동안 고아들과 함께 생활하다 세상을 떠났다.

여기에 더해 망우리 묘지에 한국의 흙이 된 일본인 아사카와 다쿠미[浅川巧] (1891 ~ 1931)를 빼놓을 수 없다. 그의 형 노리타카[伯教]가 흙으로 빚은 도자기를 통해 한국의 아름다움을 발견했다면 동생 다쿠미는 나무로 만든 민예품을 통해 한국의 미를 발견했다. 형제가 각각 한국의 흙과 나무를 사랑한 것이다. 더욱이 다쿠미는 화려한 예술 작품을 사랑한 것이 아니라, 소반이나 장롱 등 한국의 서민들이 실제 생활에서 사용하는 일상용품에서 한국의 미를 발견했다는 점을 높이 사고 싶다. 그가 한국의 민예를 진정으로 이해하고 사랑한 것은 명예욕의 발로도 아니요 귀족풍 호사 취미의 발로(發露)도 아니었다는 점에서 더욱더 그의 진솔한 인간미를 느끼게 되는 것이다. 그가 망우리에 영면한 지 80년이 넘었다. 삼가 명복을 빈다. 아울러 본서(本書)도 널리 알려져 많은 사람들이 읽었으면 한다.

최서면 - 연희전문수료, 서울천주교총무원사무국장, 일본아시아대 교수, 일본동경한국연구원 원장, 연세대 초빙교수, 명지대 석좌교수, 외교통상부독도정책자문위원회 위원장, (재)국제한국연구원 원장,
『爲國獻身 軍人本分』위국헌신 군인본분『國家安危 勞心焦思』국가안위 노심초사등 안중근 의사 유묵(遺墨 · 생전에 남긴 글씨나 그림) 발굴 정부에 기증.
훈장: 몽골공화국 최고문화훈장, 국민훈장 모란장(외교통상부) 서훈

편집 후기

백조종
(아사카와 다쿠미 현창회 부회장)

아사카와 다쿠미는 일본에서 평전, 소설, 논문, 기사, 연극, 각종 이벤트 등으로 상당히 알려져 있지만 우리나라에서는 1)임업분야 2)공예분야 3)국제교류분야 등 좁은 범위의 사람들에게만 알려져 있습니다. 그런 제한된 범위를 넘어서서 다쿠미의 삶과 사랑을 더 많은 이들에게 알리고 싶었던 것과 2004년부터 일본에서 한일친선교류의 모델로 아사카와 다쿠미를 주제로한 영화를 제작하려는 노력이 진행되어 요즈음 제작을 향한 준비가 정돈되어 가고 있어 영화 개봉되기 전에 사전홍보도 할 겸 이 책을 집필하고자 했던 동기입니다.

처음에는 혼자서 200쪽 분량의 책을 집필할 계획이었으나, 국제교류분야에서 일해왔던 필자의 식견만으로 아사카와 다쿠미를 그려내는 것보다는, 임업인으로서의 다쿠미, 공예인으로서의 다쿠미를 그 분야의 전문가들의 관점에서 책에 담는 것이 더 좋겠다는 생각이 들었습니다.

그래서, 임업 분야와 공예 분야의 지인들에게 이 책의 중간중간 삽입될 글을 써달라고 원고청탁을 하기 시작했고, 또 국제교류 분야에서도 필자와는 다른 경험과 식견을 지닌 지인들의 눈에 비친 다쿠미를 책에 담기로 했습니다.

필자의 이러한 출간기획을 접하고 많은 분들이 집필에 동참해 주셨습니다. 허문도 前장관이 다른 매체에 기고했던 글을 전재할 수 있도록 힘을 보태주셨고, 조용래 국민일보 논설위원도 칼럼을 전재할 수 있도록 해주셨으며, 이어령 前 장관이 머리말을 써주시는 등 명사들과, 필자의 지인들이 한편 두 편 원고를 보내주셨습니다.

그러다가, 이 책이 한일양국의 우호 증진을 위해 기여했으면 하는 염원도 담긴 책이고, 한국의 젊은이들뿐만 아니라 일본의 젊은이들에게도 최대한 널리 알려졌으면 하는 바람이 있었고, 그래서 이 책을 한국에서 먼저 출간한 이후에는, 일본에서도 번역 출간할 계획이었기 때문에, 한국인 필자들의 글로만 책을 구성할 것이 아니라, 일본의 임업인들, 공예인들, 학자들, 국제 관계 활동가들의 글도 실어야겠다고 생각했습니다. 국경 너머의 그들 역시 흔쾌히 원고를 보내주었습니다.

그리하여, 한국에서 35편의 원고와 일본인 및 재일교포 2세들이 보내온 32편의 원고가 합쳐져 67편의 작품이 모였고, 일본에서 온 원고 32편에 대해서는 필자의 지인들 중 일본어에 능통한 27명이 번역해주었으며, 여기에다 우리의 미래를 짊어지고 나갈 고교생들의 글 20편을 더하고 나니, 직접 글을 써주신 분, 번역을 해주신 분, 인터뷰에 응해주신 분, 인터뷰를 정리해주신 분 등, 총 109명의 참여자로부터 합계 87편의 글로 400쪽이 훨씬 넘는 책을 세상에 내놓게 되었습니다.

이 책 참여자들의 면면을 보면, 한일 양국의 국회의원, 한일 양국의 前 장관들, 교수, 회사원, 종교인, 사업가, 시인, 공무원, 화가, 변호사, 학생, 영화인, 전업주부, 자산가, 교사 등, 정말 다양한 분야에 걸쳐있습니다. 100가지 색깔의 무지개가 저마다의 빛깔을 내면서도, 하나의 무지개로서 아름답게 조화를 이루고 있는 모습입니다.

필진으로서 참여하거나, 사진 등 각종 자료를 제공해주신 분들뿐만 아니라, 이 책의 초고를 교정해 주신 서정덕님, 손수옥님, 이종수님, 유상용님, 손경자님, 정종배님, 그리고 일본어 단어들과 일본어 인명과 지명의 교정을 봐주신 김윤경님, 다테노 아키라님에게 감사의 뜻을 전합니다. 필자에게 단독 집필이 아닌, 다양한 사람들의 원고 모음으로 출판기획을 수정해주시고, 난관에 부딪힐 때마다 해결책과 격려를 해주신 출판사 편집장님과 직원분들께도 고마운 마음을 전합니다.

이 책이 한국은 물론이고, 일본의 미래 세대들에게도 널리 읽혀서, 한·일 양국 간 우정과 평화를 더욱 증진 시키기를 바랍니다.

아사카와 다쿠미 80주기 추모집
『한국을 사랑한 일본인』(부코출판사, 2011) 목차

목 차

제2장

아사카와 다쿠미 90주기 추모집
『한국의 흙이 된 일본인』 (중랑문화원, 2023)

신불신을 선택하지 말고 정불정도 선택하지 말아라 : 하정웅(청리은하학원장·광주하정웅미술관·영암군립미술관 명예관장)
한국을 사랑한 일본인 : 박성택(전 망우본동 동장)
영화 <길~ 백자의 사람> 상영을 진행하는 모임 : 이춘호(영화 <길~백자의 사람~> 상영을 진행하는 모임대표)
증보판의 간행에 즈음하여 : 다테노한
아버지가 지어준 이름 다쿠미 : 후지모토 다쿠미(사진작가)
아사카와 다쿠미와 시인 윤동주 : 유시경 신부(일본성공회 오사카 카와구치주교좌성당 주임사제, 윤동주시인 추도회 설립 멤버)
조선의 흙이 된 아름다운 영혼의 소유자 아사카와 다쿠미 : 정찬민(Artspace b* um 대표)
디아스포라 아사카와 다쿠미 선생 : 황혜진(㈜서광알미늄 대표이사)
4월이 오면 : 조열래(수필가)
잣나무와 아사카와 다쿠미 : 김완숙(마을여행 콧바람)
잊지 말아야 할 형제, 다쿠미와 노리타카 : 김태완(시인·월간조선 기자)
인간의 가치를 실현한 아사카와 다쿠미 : 임대균(시인·교육 기획자·해양탐험가)
아사카와 다쿠미를 만나러 가는 길 : 조미선(창경궁 궁궐지킴이·망우역사문화공원 구리시 해설사)
조선백자를 사랑한 일본인, 아사카와 다쿠미[淺川巧] 공덕(公德) : 김쌍규(중랑구청 망우역사문화공원 자문위원)
영화 <길-백자의 사람>이 보여 준 것들 : 무라야마 도시오(작가)
아사카와 다쿠미 선생을 품고 : 미야우치 아키오(시민모임 독립 회원)
아사카와 노리타카·다쿠미 형제자료관을 다녀와서 : 전보삼(철학박사, 만해기념관장)
관동대지진 조선인 대학살 100년과 한국문학 그리고 망우역사문화공원 및 아사카와 다쿠미 : 정종배(시인, 『정종배다큐시집 1923 관동대학살 - 생존자의 증언』 저자)
관동대지진 조선인 대학살 관련 아사카와 다쿠미 일기 : 아사카와 다쿠미
국회 토론회 [제2주제 발제] - 간토대학살에 대한 국제사법재판소의 권고적 의견이 갖는 의의와 캠페인 방법론 -세계시민운동으로의 발전 가능성 : 김원호(씨알재단·에코피스 아시아 이사장)
국회 토론회 [제2주제 토론문] - 간토대학살에 대한 국제사법재판소의 권고적 의견이 갖는 의의와 캠페인 방법론 -세계시민운동으로의 발전 가능성 : 민병래(『1923간토대학살 침묵을 깨라』 저자)

신불신을 선택하지 말고 정불정도 선택하지 말아라

–오로지 자신의 힘으로 정정당당하게 살자(露堂堂)–

하정웅
(청리은하학원장·광주하정웅미술관·영암군립미술관 명예관장)

2021년 새해는, 2020년부터 신형 코로나바이러스 피해가 잦아지지 않은 채 새해를 맞이하게 되었다. 4월 25일에는 신종 변이 바이러스 등으로 네 번째 파동에 의한 3번째 긴급 사태 선언이 발표되는 사태를 맞이하여 진정되는 기색을 보이지 않는 상태이다.

제가 살았던 82년간에는 제2차 세계대전, 조국 한반도에 일어난 6·25 전쟁, 오일쇼크, 버블붕괴, 리먼쇼크, 한신아와지대지진, 동일본대지진 등 재해가 쉴 새 없이 연속되었다.

세상이란 이런 것이라고 평상심을 갖고 어떻게든 살아남을 수 있었던 것은 다행스러운 인생이었다고는 말할 수 있다.

2021년, 저 자신에게 일어난 수많은 재해 중이라도 '노당당(露堂堂)'으로 사는 것이 평상심의 근원이 된다고 하는 철학적 사고가 밑바탕에 깔려있다고 생각한다. 나의 인생 여행 도중 경사로운 사태 일부라고 믿고서, 코로나바이러스의 재해를 슬기롭게 대처해 나가고 싶다는 것이 바람직스러운 일이라고 생각한다.

1

–성천원·재일한민족위령탑 유래비–

2019년 9월 5일, 사이타마현 히다카시의 성천원에 있는 재일한민족무연고위령비를 지키는 모임 주최로 제20회 위령제가 행해졌다.

그때, 성천원 제51대 요코타 료유 주지로부터 위령탑 건립의 유래에 대해 100자 이내의 원고청탁 의뢰를 받았다.

그것은 20년간, 요코타 후미아키 전 주지나 윤병도 씨로부터 유래비에 대해서 언급은 없었다. 사찰에서 이뤄진 행위나 행적은 착한 일을 위한 희사로 보고, 부처님이 모든 것을 아시기 때문이라고 이해하고 있었기 때문에 아무도 눈치채지 못한 것이다.

위령비의 유래

"1995년에 윤병도 씨가 사찰을 방문 재일한민족위령비 건립을 발원했다.

1996년 윤 씨, 요코다 후미아키 전 주지의 요청에 의해 하정웅 씨가 협력했다. 20세기 불행한 역사 속에서 희생된 재일한민족무연고 영혼을 위령하고, 투쟁의 역사가 소멸하지 않도록 2000년에 건립해 보존되고 있다."라고 써서 전달했다.

2021년 3월 27일, 주지의 추진력으로 유래비가 위령비 앞에 건립되었다. 20여 년의 경위를 기록한 기록이 '노당당'과 되살아나며 감사에 보답하는 결실이 됐다. 이하는 유래비의 원문으로, 옛날 각자의 업적이 밝혀져 지금에 나타났다. 기억을 새롭게 하는 증거의 기록문이다.

『재일한민족위령탑의 유래』

이 위령탑은 전쟁·지진·재해 등에 의해 희생된 신원불명의 재일한민족무연고의 위령과 공양을 목적으로 건립되었다.

1995년 윤병도 씨는 당시 공개적으로 인수할 수 없어 사람 모르게 안치되어 있던 많은 무연고 혼령에 자비의 마음을 느끼고 한민족 인연의 땅인 고려향의 당산에 공양을 위한 불탑을 건립하는 것을 출원하였다. 윤 씨의 뜻에 공감 찬동한 하정웅 씨의 헌신적인 협력을 얻어 2000년 11월 3일에 완성했다. 탑의 주위에는 이국의 땅에서 죽은 사람들의 성령을 위로하기 위해 역사상 위인들의 석상·팔각정·석조양상 등이 이 성스러운 가장자리가 배치되어 있다.

영지를 물들이는 벚꽃과 무궁화는 한일 양국 우호에 대한 소원은 상륜에 올리고, 아울러 36층의 탑에는 민족 고난의 역사와 전쟁에 의해 분단된 민족 통일에의 소원 비둘기의 릴리프에는 평화에의 소원을 건립에 진력한 윤·하 양 씨의 생각이 담겨 있다.

2

윤병도(1930 ~ 2010) 봉납

1. 36층 높이 16m 석탑으로서는 일본 최대로 하부에는 납골당을 갖춘 재일한민족위령탑 및 조성 공사 일지

1. 위령탑 앞에 한일친선협회장에서 운수·대장 등의 대신을 역임한 미쓰카 히로시 씨(1927 ~ 2004) 휘毫 재일한민족무연지령비

1. 위령탑 옹벽에 한민족의 영을 보호하는 십이지신상 석판 릴리프와 위령탑 전문인 석상 2기

한국 서울 파고다 공원의 팔각정을 축소하고 한국건재로 한국인 목수가 시공한 팔각정

1. 위령탑을 둘러싼 구릉에 조국의 자존심을 높인 역사상의 인물 석상 6기

○ 기원전 233년에 즉위했다는 전설상의 고조선 단군왕검
○ 4세기 말쯤 천자문 1권과 논어 10권을 가지고 도래한 백제의 왕인 박사
○ 고구려 제19대 광개토대왕(374 ~ 412)
○ 신라 제29대 무열왕(603 ~ 661)
○ 고려말의 유학자 정몽주(1337 ~ 1392)
○ 조선의 여류 서화가 현모양처의 귀감 신사임당(1504 ~ 1551)
1. 고려왕묘 앞에 국무총리 김종필(1926 ~ 2018)

하정웅(1939 ~) 봉납
1. 본당에 목조석가여래상 문화훈장 수상자 사와다 마사히로(1894 ~ 1988)씨 1985년 작
1. 재일한민족위령탑 앞과 고려왕묘 앞에 조선 왕조시대의 석조양대 수호상 2기(총 4체)
1. 재일한민족위령탑 납골당 벽면에 5대륙의 평화를 기원하는 평화의 사자 '비둘기' 브론즈 릴리프 5점 박병희 씨 작

3
1. 어린 유년기를 보낸 고향의 아키타현 센베이시 교육위원회 승인을 받아 1999년 천연기념물 가쿠다테 지수벚나무(에도 히간 벚꽃의 변종) 히간 벚꽃계 홍색 야에 사키와 요시노 에다 벚꽃(사토 사쿠라 계 백색 일층 피)의 묘목 30본 경내에 식수
— 본당에 4,310명의 「조선인물사망자명부」의 과거장」
— 아사카와 노리타카 · 다쿠미 형제 현창비—
아사카와 다쿠미(1891년 - 1931년)는 야마나시현 기타모시 타카네마치에서 태어났다. 야마나시현립 아키타농림학교 졸업 후 4년여 아키타현 오다테영림서에서 농림기수로 맡았지만, 형 노리타카[伯敎]와 1914년 전후해 조선으로 건너간다.
농림기수로서 식림녹화의 보급에 노력하는 가운데 잊혀가는 조선미의 발굴에 공헌했다. 식민지하에 있던 조선에 살아 사랑받은 희유한 일본인이다. 30수년 전년 전까지는 아사카와 다쿠미의 출생지 야마나시현 키타모리시조차 그의 행적은 알려지지 않았다.
하정웅이 1959년 아키타공업고등학교 3학년 때 아베 노세이[安倍能成]의 저 『청구잡기』의 「아사카와 다쿠미 씨를 그리워한다」라는 글을 읽고 아사카와 다쿠미에게 동경과 감사의 마음을 갖게 되었다.

아키타공업고등학교 시절에 아사카와 다쿠미를 알게 된 것으로부터, 아사카와 다쿠미는 내가 재일교포로 살아가기 위한 인생철학을 깨우쳐 준 경애하는 일본인 한 분이다. 인간 누구라도 자신만의 숨겨진 자산을 갖고 싶어 하는 것이지만, 조선인과 마주한 아사카와 다쿠미는 숨겨진 자산 등 모든 것을 소유하지 않았다. 일본에 가져오지 않았다.

자신의 뿌리가 고구려인이라고 생각했던 것 같은 아사카와 다쿠미는 고구려인의 피가 고향인 조선으로 나를 부르고 있다고 고백한 것에서도 조선에 대한 사랑의 깊이를 알 수 있다. 역사적으로 식민지하의 어려운 시대에 양국의 고향에서 받는 고난을 자신의 평생을 대신하는 사랑의 대상으로 했지만, 시대는 달라도 디아스포라인 재일2세의 나에게는 이해하고 공감되는 국제적인 인물이다.

4

아사카와 다쿠미의 유저이며 명저인 『조선도자명고』(1931년 간행) 말미에 있는 "민중이 깨어나 자각하고 스스로를 키워나가는 곳에 모든 행복이 있다고 믿는다"는 글은 그 사랑의 증거가 되고 있다.

조선소나무(오엽송, 잣나무)의 '노천매장법'에 의한 종자의 발아, 양묘개발 등 그 실적은 빛난다. <조선민족미술관> 건설 추진, 『조선도자명고』와 공예연구, 『조선의 소반』 등 공예미를 고찰한 저서를 남기고, 한민족의 미의식과 영혼을 민예와 산림의 영역에서 우리의 자존심을 높여 주었다.

<일본민예관>의 창립자 야나기 무네요시(1889년 ~ 1961년)는 『조선도자명고』의 서문에 "어떤 저서도 많든 적든 선인의 저서에 기반을 두는 것이다. 스스로 기획하고 또 만들어진 것은 많지 않다."고 적었다.

"야나기 무네요시와 민예운동은 조선의 일상생활 잡기에 의해 열려진 눈으로 일본을 바라보는 곳에서 태어났다. 거기에 노리타카 다쿠미 형제가 있었다"고 철학자 쓰루미 슌스케가 말했다.

야마나시현 호쿠토시 출신의 에미야 다카유키 저 『백자의 사람』(1994년 간행)이 영화화가 이루어져, 2011년에 완성되어 전국에서 상영회가 개최되었다. 제작 과정에서는 양국에서 우여곡절은 있었지만, 아사카와 다쿠미 탄생 120주년·사후 80주년을 기념하는 영화가 상영되어 기뻐했다.

그때까지 한·일 양국의 젊은이들과 아사카와 다쿠미가 근무하던 서울의 임업연구원 직원 등도 관심이 적어지고 알려지지 않은 존재라고 우려하는 사람들이 있었다. 이 영화 상영을 통해 양국의 청소년들에게 한국의 산과 민예를 사랑하고, 한국인의 마음속에 살았던 일본인·아사카와 다쿠미의 시대를 되돌아보고, 그 업적을 현창해 지금이야말로 배워 우리의 미래에 행복을 가져오는 결과물을 수확해야 한다.

한일 양국의 중학교 교과서에 유일하게, 아사카와 다쿠미라는 인물이 소개되어 있다. 그리고 2015년에는 한국의 발전에 기여한 세계 70명 중 한 명으로 아사카와 다쿠미가 선정되어 '아사카와 다쿠미의 마음'이 양국 국민의 마음에 확실히 살아가고 있다는 것은 다행스러운 일이다.

5.

저는 2006년부터 사설학원 '청리은하학원'을 18회 개최했으며, 지금까지 배운 학생은 1,000명을 넘고 있다. 함께 배우고 착한 추억을 추적하고 옛 선인의 덕을 흠모하면서 되새겨보는 것으로 상호이해가 깊어지고 국제친선의 밑바탕이 되는데 의의가 있다.

한국에서는 한국인에 의해 유택이 보존되고, 현지 야마나시현 호쿠토시에서도 현창되고, 양국으로부터 사랑받고 있는 인물이면서도, 현창비가 건립되어 있지 않은 것을 오랫동안 서글프게 생각하고 있었다. 2021년은 내가 경애하는 아사카와 다쿠미의 탄생 130주년 사후 90주년 기념 해이다.

폴 러쉬 박사는 '清里(기요사토)의 아버지'로 불리며 현창비도 세워져 경건하게 성단으로 모셔진 지 오래다.

나는 아사카와 형제도 어느 날엔가 성단에 모셔질 인물이라고 1997년 <아사카와 형제를 그리워하는 모임> 총회에서 강연을 한 적이 있다. 그 이후 언젠가 돌에 새겨 청동상을 배치해 호쿠토시에 현창비를 세우려고 20여 년간 구상을 진지하게 했다.

나는 2021년 6월 13일, '아사카와 노리타카·다쿠미형제를 그리워하는 모임' 결성 25주년을 기념해, "받들면서 경애와 감사를 담아" 나의 좌우명인 "노당당"의 비문을 더해, 형제의 청동 릴리프의 현창비를 탄생지에 건립하기에 이르렀다. 2019년 11월, 호쿠토시 시민영예상을 받은 데에 대한 보은과 63년 만의 꿈이 이루어지게 된 좋은 기회에 감사하고 있다.
비석의 디자인 오층탑을 이미지로 하는 오층(5단).

아사카와 형제의 청동 릴리프의 현창비

비석은 우에노 공원의 왕인 박사 비에 따라 아래층 4단은 일본산의 이나다석으로 제작하여 마무리하고 상층은 한국산 타니죠이시(谷城石)를 기본 연마로 하고, 조각가 장산유사 씨의 작품인 아사카와 형제 릴리프를 배치했다. 비문은

고후시의 서예가 사야마 우에마츠 나가오 씨의
휘호에 의한 글씨 "노당당(露堂當)"이다.

아베 노세이 저 「청구잡기」 「아사카와 타쿠미씨를 그리워하는」의 문장 중에 있는 「그 인간의 힘만으로 노당당과 살아나갔다」로부터 현창문을 인용해, 새기게 되었다.

—고향의 비석·평화의 군상—

1985년, 타자와코마치와 쓰마코불교회가 세운 타자와코 호반의 관음보살상 안내판의 건립 유래에 대해 이의를 제기한 지 37년이 된다. 1991년 관음보살상 건립취의서를 발견한 것으로 관음보살상 건립의 옆에 위령을 위한 '좋은 마음의 비' 건립을 계획했다.

다자와코마치 좋은 마음의 회장이 사토 유이치 씨와 자연석을 찾아 이와테현까지 찾으려 헤맸지만, 어쩐지 사토 씨가 소극적으로 되어가 계획이 좌절했다.

관음보살상 건립지가 마을공유지로 허가 나기가 어렵기 때문이라는 이유에서였다. 사실은 반대하는 마을 사람들이 있었다는 것이 진상이었다.

다자와지사찰 묘역의 '조선인무연고위령비' 건립지 내에 1999년 '좋은 마음의 비'를 건립하여 위령 활동을 계속해 왔다. 그러나 아직도 관음보살상 건립 유래의 안내판은 그대로, 내 마음속의 응어리는 풀어지지 않았다. 언젠가 관음보살을 위령하기 위한 비석을 건립하고 싶다는 생각을 가슴 깊숙이 품고 탑 건립 구상을 추진해 왔다.

2021년에 들어서 아침저녁으로 머릿속에 맴도는 것은 관음보살상의 위령에 대한 생각이었다. 나는 마음이 개운치 않은 떨떠름한 상태를 날려 버리려고 의도를 작정하고 몬 와키 코센 호쿠토시 시장에게 서한을 보냈다.

"몬 와키 미츠 코센 호쿠토시장

신형 코로나 재난 중에 공무에 수고하시는 데에 위로의 말씀드립니다.

호쿠토시의 인재 등용 시책은, 선구적이어서 깊은 신뢰를 하고 있습니다.

항상 변함없이 저의 사적인 일에 대해서 각별한 배려를 베풀어 주신 데에 항상 깊이 감사하고 있습니다.

따라서 30년 전, 관음보살상이 계신 곳에 <좋은 마음의 비석>을 세울 계획을 했습니다만 실현되지 않고, 타자와 사찰에 그 비석을 10년 후에 세운 경위를 아시고 계시리라 믿고 있습니다. 선구적이고 깊은 신뢰감으로 믿고 있습니다.

그 이후, 별지와 같은 <평화의 군상>을 세우고 싶다고 구상을 마음속으로 열심히 추진해왔습니다.

82세라고 하는 연령, 심장병의 컨디션, 여생의 시간을 생각하니 마음이 너무 무거워 진심으로 문의드립니다.

설치 장소는 관음보살상이 계신 곳인가, <평화의 군상>이기 때문에 신청사 또는 미술관의 어느 곳 등, 어딘가 세울 수 있는 장소가 있는지 검토해 주시고, 수용할 여지가 있는지, 가능성이 있는지 회신하여 주시면 영광이겠습니다.

여지의 가능성이 있다면 구체화를 위해 면담할 기회를 배려해 주시기를 바랍니다.

귀하의 발전과 시장의 건강을 기원합니다.

2021년 3월 14일 하정웅 배상

이에 따라 시장으로부터 회신이 있어, 2021년 4월 9일에 면담이 이루어졌다. 그 자리에서 시장으로부터 「쿠니마스 미래관은 어떨까, 검토해 주세요.」라는 제안을 받게 되었다.

동석하고 있던 초등학생 시절부터의 동급생인 아베 테츠오 선생님으로부터는 "타자와코역 앞의 광장은 어떨까. 광장에서 100m 정도 멀지 않는 장소에서 하 군은 20세까지 살고 있었다. 추억도 강할 것이라고?"라는 생각하지 못한 장소 제안이 있었다.

그때, 시장으로부터 역 앞의 공지는 이벤트 용지이기 때문에 어렵다는 의견을 냈지만, 그 두 곳을 지바 토세이 쿠니마스 미래관장으로부터 안내받게 되었다. 어느 쪽도 우열 가릴 수 없다는 생각이 들 적지였던 것은 기적이라고 생각되었다.

귀가 후 시장에 소감을 보냈다.

아사카와 형제의 청동 릴리프의 현창비를 탄생지에 건립하고 관계자들과 기념사진

"몬 와키 미츠 코센 호쿠토시장님

희망적인 의견을 보내주신 데에 환영하며 행운이라 생각합니다.

공무다망 하신 중에도 면담의 기회를 허락하여 주신 데에 고맙습니다.

30여 년간의 생각이 우여곡절을 거처 결정된 곳이 교육관, 역사관인 쿠니마스 미래관. 해안에는 관음보살을 숭배하는 적지였습니다.

두 곳 모두 앞을 내다볼 수 있는 곳이어서 결정되면 영광입니다.

올해 안에 설치하고 싶다고 했습니다만 9월 중에 작품 완성, 10월에는 설치 완료하고 싶은 생각입니다. 가능하면 이번 달 말까지 결정이 되면 예정대로 진행할 수 있다고 생각합니다. 잘 부탁드립니다.

2021년 4월 10일 하정웅 배상

그리고 아베 선생님에게도 협력을 바라는 소식을 보냈다.

"아베 테츠오 선생님

나를 보면 타자와 호수 송어와 같은 기적으로 세월이 흐른 뒤에도 길이 빛날 것이다.

파파고 번역

(2021년 4월 9일 쿠니마스 미래관에서)

타카자와호수역 앞, 시장님의 쿠니마스 미래관 앞, 어느 쪽으로 정해져도 기적입니다. 디자인도 지금까지 구상한 것이 어느 쪽에도 어울리게 되어 있다고 생각합니다. A, B안 어느 쪽이든 결정해 주시면 감사합니다. 2021년 4월 12일"

–고향을 타자와라고 부르는 그 해안 꽃–

<고향의 비>의 비문은 "고향을 타자와라고 부르는 그 해안 꽃"이다. 1990년 <조선인 무연고위령비>를 타자와에 건립했을 때 그 비에 새긴 나의 짧은 시이다.

이 구에는 고향에 전해진 사랑과 나의 사생관, 천국의 영에 대한 감사의 마음을 담고 있다. 수만 명에게 통하는 보편적인 기도의 마음과 영혼이 머물고 있다고 생각한다.

타자와코의 신비로운 물고기 쿠니마스는 전시 중에 불행한 운명을 맞아 멸종했다. 타자와호수가 어느 날에 재생되어 부활해 되살아오면 미래에 의탁해서 쿠니마스의 마음을 음미해보고 싶다.

<고향의 비석>에 기쿠치 이치오작 <평화의 군상>을 더하여 평화를 기념하고 행복을 희구하는 상징으로 삼고자 하는 것이 내 평생 기원이기 때문이다. 기쿠치 이치오 스승은 타카무라 코타로이다. '평화의 군상'은 '호반의 처녀상'과의 인연으로 이어지는 작품이다.

1957년 아키타공업고등학교 2학년 여행으로 토와다호반에 세워진 다카무라

코타로작의 <호반의 처녀상>으로 볼 수 있었다. 그 감동이 1963년 신혼여행으로 이어져 아내와 그 추억을 공유하는 영원한 청동상이 된 것이다.

전후의 대표적인 구상 조각가 기쿠치 이치오는 미야케자카에 있는 대법원, 치토리가후치의 <평화의 군상>, 히로시마 평화공원의 접학으로 유명한 <원폭의 아이의 동상>의 작가이다.

<고향의 비석>에 곁들인 <평화의 군상>은 치토리가후치에 설치하는 상을 제작하기 위한 마켓 작품으로 생명의 숨결을 느끼게 하는 신비로운 부처님 같은 작품이다.

2018년 10월 27일, 야마나시현 고후시에 살고있는 서예가 사야마 우에마츠 나가오 씨가 타자와코를 방문하였다.

타자와 사찰의 조선인 무연고위령비에 새겨진 나의 구, "고향을 타자와라고 부르는 그 해안 꽃"을 읽어, "하정웅 씨가 고향을 방문해 오랜 꿈이 이루어졌다"라고 깊은 애정을 나타낸 <고향의 비석>의 휘호로 이어졌다. 형식에 갇히지 않고 경계를 초월하여 춤을 추는 것처럼 유연한 필치와 함께 기도하는 경지에 이르는 글이다.

고향의 비 A안의 디포르메는 인간의 모습, 형태이다. 인간성과 인격을 나타내는 데포르메를 ○△□를 기본으로 한 디자인이다. 문자가 태어나기 전의 시대부터 ○△□의 데포르메를 인간은 철학으로서 배우고 있다.

쇼와, 헤이세이, 레이와와 내가 살았던 시대는 그 시대가 요구한 일본의 시대의 희구였다. 전쟁이 없는 평화로운 사회, 행복한 세상의 구현을 오로지 염원해 살았다. 일본이야말로 지혜이며 귀중하다. 둥글게 되어 화의 상징을 ○로 나타낸다. 상처를 입고, 찌르고. 사람 사는 세상은 어쨌든 다툼이 많다. 파렴치로 파멸의 세상을 △로 나타낸다. 배우고 조금씩 폼을 잡으려고 하는거와 인간의 노력과 정진을 □로 나타낸다. ○△□는 미술 표현의 기본 형태이고 철학이며 지혜의 근원이다.

고향의 비석 B안은 오층탑을 이미지하는 오층(5단). 우에노 공원의 왕인 박사비에 따라 상층은 한국산 곡성석, 하층 사단은 일본산의 이나다석을 기반석으로 마무리. 비문은 고후시의 서예가·사야마 우에마츠 나가오씨의 휘호에 의한 글씨, 나의 하이쿠(짧은 시) "고향을 타자와라고 부르는 그 키시카"이다.

B안의 비석의 데포르메는 A안의 사상철학을 바탕으로 표현하고 있다. 고향 사람들의 평화를 희구하는 기도가 깊은 산속에 메아리치고 있는 이미지를 '평화의 군상'으로 묘사하였다.

몇 점의 도안 가운데 비석을 세울 환경이나 조건 등이 감안되고 잘 어울린다는 관점에서 B안이 많은 호평을 받아 채택되었다.

6
—꽃가루가 휘날리는 행복감—

2021년 4월 21일, 쿠니마스 미래관 관장으로부터 메일이 도착했다. <고향의 비석>·<평화의 군상> 기념물 설치 예정지 자료였다.

구체적으로 제시된 장소는 쿠니마스미래관의 주차장 옆에 있는 나오키상 작가 지바 치헤이의 시비와 누에와 물고기 봉분 사이에 설치하는 방안이었다.

2주 전에 방문했을 때는 잔잔한 눈보라였지만, 그 장소의 벚꽃이 절반쯤 피어있는 아름다운 정경으로 변한 사진이 첨부되어 있었다.

온화함과 고요함 속에 있는 다자와호반 오사와 마을의 봄 경치는 도원경과 같은 다른 세계. 지금까지 눈에 익숙해진 타자와 호수의 이미지를 일신하는 노스텔지어 같은 그림의 세계였다.

다음 22일 시찰을 위해 나는 다시 그 현장을 방문했다. 조용한 타자와 호수는 하늘과 일체가 되어 넓게 퍼져, 건너편 보이는 관음보살을 바라볼 수 있어 합장했다.

오사와 동네는 쿠니마스 낚시로 풍요로운 마을이었다. 옛날의 선한 영업이 잘되던 그때가 그립게 회상된다. 눈물이 흘러넘치는 것은 어떤 연유일까. 지난날의 나의 마음과 뜻의 메시지 「고향의 비석·평화의 군상」이 드디어 다달은 기쁨은 꽃이 휘날리는 축복으로 생각되었다.

지금까지 몽상으로도 그려본 적도 없었던 고향. 분명 그 세계의 사람들도, 그 도달점에 드디어 도달되어 공감하고 공유하는 기쁨이 될 것이라고 생각한다. 나를 이끌어 주신 사람들의 두터운 감에 감사하는 시찰이었다.

"지바 토시나리타자와코 쿠니마스 미래관 관장님

지난 25일부터 코로나 재해 때문에, 제 3회째의 긴급 사태 발생하여, 또다시 어두운 나날이 되었습니다. 좋은 일이라 서둘러 22일에 타자와코역 픽업, 쿠니마스 미래관에서의 환대, 그리고 타자와코역의 송영을 받고 빈틈없이 일을 맞추어서 기뻐할 뿐입니다.

당신의 진심과 성실한 느낌이 마음속 깊이 와 닿았습니다. 타카이치가 내 마음과 마음을 진지하게 받아들여 주신 현명함과 높은 지혜에 경의를 표합니다.

아사카와 형제의 청동 릴리프의 현창비를 탄생지에 건립한 하정웅

빠듯한 귀하 응대의 3시간은 나의 82년의 인생의 전력을 바친 귀중한 시간이었습니다. 그 기회를 주신 타카이치에게 감사를 드립니다.

아무튼 "목소리 큰 사람이 이긴다."라는 속담이 있습니다. "도리"를 지켜 이끌 수 있도록 부탁드립니다. 나의 마음과 마음이 깊숙이 호쿠토시에 도착하도록 기원하겠습니다.

2021년 4월 26일 하정웅 배상

관음보살의 건립일과 나의 생일은 1939년 11월이다. 그달과 더불어 만 82세의 기념으로 하고 싶다고 염원하고 있다.

A

하정웅 씨 기증 건은 좌충우돌식이어서 실망하고 낙담하여 무엇 때문에 두려워하는지, 무엇에 불안을 느끼고 있는지, 나로서는 이해할 수 없습니다.

그래도 시 당국 나름대로 노력하고 있는 것을 인정하면서 긴 안목으로 보고 싶은 생각을 하고 있습니다. 기다리면 쥐구멍에도 볕들 날이 있어, 라는 생각으로 반드시 실현할 것을 믿고 있습니다. 담당하고 있는 지바 씨, 사이토 씨의 성실한 노력에 기대하고 싶습니다.

"해바라기 꿈의 시작은 작은 싹" 지금의 나는 비료이고 물이고 싶다. 코로나 예방접종 1회째 마쳤습니다. 서로 건강 첫째로 노력합시다.

C

귀한 자리의 돌이란 다카하치숲 밑자락은 응회암의 넓은 암반으로 호수 안으로 돌출해 물가에서 갑자기 절벽 상태로 단번에 수중에 사라지고 있다. 지난날의 번(일본 지자체)시대, 번주 사타케 요시타카 공이 타자와코를 순람했을 때, 이 바위의 돌출 근처에 휴식하고 나서, 이 주변을 「귀한 좌석의 돌」이라고 부르게 되었다.

번주 사타케 요시와공이 내방했을 때의 기행문 「치마치다의 기록」 중에도, 이 경관을 "한 호수의 파도의 평화로운 경관이 뛰어나서 필설로 표현하기 어렵다"라고 말하고 있다.

귀한 좌석의 돌의 연원에 의하면, 거의 600년 전(무로마치 시대)에 구마노권현(일본의 신불)을 굳게 믿고 나라를 수호하고 있던 수행자가, 이 땅을 선택해 수상관의 깊은 비밀을 얻기 위해 여기에 작은 건물을 세웠다고 전해진다.

그 후 경안 2년에 번주 사타케 요시타카 공이 휴식한 바위 근처에 사찰을 세운 것이 귀한 좌석의 돌신사의 시작이라고 하며, 그 후 사찰은 텐포 4년과 게이오 3년과 메이지 16년에 개축 당시는 물이 늘어나면 물 위에 뜨는 건물이었다.

메이지 44년에, 주변 4개 마을의 협력으로 호반의 신사를 합병해 사전을 도로 능숙하게 신축해, 그것을 다이쇼 2년에 개축해, 한층 더 쇼와 38년에 개축한 것이 현재의 사찰이다.

원래는 용왕의 신사였다고 하지만, 메이지 44년에 류코 히메유키신, 면진미신, 대국주명에 사타케 요시타카 공, 요시와 공을 여러 신에 더했다.

이번에, 별첨과 같이 <고향의 비석>의 설치 장소가 결정되었습니다.

장소는, 여기 쿠니마스 미래관의 정확히 건너편에 해당하는 좌석이 됩니다.

카도와키 시장과 함께 미자이시 신사의 미야지 님에게 설명하고, 아이나이가타 마을의 여러분에도 별첨의 자료로 개별 방문해, 양해를 받았습니다.

어쨌든 미자시 주차장으로 정비되어 있으며 찻집과 화장실도 있습니다.

그래서 관광객 여러분의 눈에 띄는 기회가 항상 있습니다.

또, 지금은 유람선이 출항하지 않지만 부두가 남아있어 경관도 유지되고 있습니다. 설치 예정지는 어디까지나 시 측의 안입니다

2021년 6월 14일 자 메일 감사합니다.

기요사토에서의 행사(별지 기사)가 있었으므로 오늘 15일에 읽을 것입니다.

유감스럽기 짝이 없어 가슴 아프다는 말에 그러한 심정을 느낍니다. 사과할 필요는 없습니다.

부디 마음을 편히 쉬게 해 주십시오.

재검토라는 것, ”목소리 큰 사람이 이긴다.“의 철칙만은 지켜 주세요.

새로운 전개에 대한 알림, 기다리고 있습니다.

다자와코 쿠니마스 미래관의 지바입니다.

연락이 늦어서 정말 죄송합니다.

이번 설명회의 결과에 대해서는, 솔직히 유감스럽기 짝이 없습니다. 카와 선생님의 마음을 생각하면 가슴이 아프네요.

오늘 아침에는, 시장, 부시장과 향후의 대응 등에 대해서 확인을 실시해,

그 취지를 아베 선생님에게 보고하였습니다. 어쨌든, 당시로서는, <고향의 비석>의 건립 장소를 재검토하는 것으로 하고 있기 때문에, 계속하여 힘이 부족하다면 제가 대응하고 싶습니다.

이번 결과를 진심으로 사과드립니다.

2021. 7.

『한국을 사랑한 일본인』(부코출판사, 2011) 개정증보판 출간을 축하드립니다

박성택
(전 망우본동 동장)

서울에 살 때, 사는 동네가 <망우역사문화공원>과 가깝기에 가끔 공원의 둘레길인 '사색의 길' 4.7km를 걸었다. 공직에서 퇴직한 뒤에는 시간도 많고 건강도 생각해서 더 자주 찾았다. 올해 4월에는 태어난 지 9개월 된 외손자를 유모차에 태우고 딸과 함께 산책했다. '사색의 길'에는 만해 한용운 등 독립지사와 유명인사 연보비가 줄줄이 세워져 있다. 동락천 모퉁이를 돌 때 '아사카와 다쿠미' 묘지 안내판을 보고 딸이 내게 물었다. "저분은 일본인 같은데 왜 여기 묻혀 있어요?" 나는 평소 다쿠미에 대해 별 관심도, 아는 것도 없었다. 딸에게는 일본인이 여기에 묻혔다면 그럴만한 사연이 있겠지 하며, 일제강점기에 조선에 파견된 일본산림청 공무원으로, 일하다 죽어 여기에 묻혔다고 짧게 대답했다.

달포 후, 무안에 귀향했는데 서울에서 절친하게 지냈던 정종배 선생님께서 전화하였다. 정선생님은 장안중학교 교사 시절부터 지금까지 20년 이상 망우역사문화공원에 묻힌 인물탐사에 천착하여 벽돌?책인 2021년 10월 『망우리 공원 인물열전』(지노)를 출간하였다. 2011년에 백조종 선생이 발간한 『한국을 사랑한 일본인(부코, 2011)』을 편집을 주도했다. 올해 재출간하는데 내가 그 동네 '망우본동' 동장도 했으니, 소회 몇 마디 적어 달라고 하였다. 그리고 다쿠미에 대한 자료를 보내주었다. 나는 그 자료와 컴퓨터를 뒤져서 깊이 읽고 '아사카와 다쿠미' 선생의 조선에 대한 헌신과 사랑에 존경심이 들었다. 한편으로 그동안 묘지 앞을 지나면서도 건성으로 대했던 것에 대한 미안한 마음이 들었다.

'아사카와 다쿠미'는 한국인보다 더 한국을 사랑한 일본인이었던 것 같다. 그분은 일본에서 농업학교를 졸업하고 1914년 ~ 1931년 사망할 때까지 17년간 조선에서 지금의 산림청 공무원으로 근무했다. 조선총독부 산림과 임업시험소 고원과 기사로 일하면서 조선의 산림녹화 및 품종개량에 매진했다. 현재 한국 인공림의 37%를 차지하는 잣나무 씨앗 발아법인 '노천매장법'을 한국인 노동자들의 얘기 속에서 힌트를 얻어 그가 개발했다. 한국 최초의 수목원인 임업시험소(북아현동 추계예술대학교)와 홍릉수목원(현 국립산림과학원)의 기틀을 마련하는 등 그가 한국 임업 발전에 기여한 공로는 매우 크다.

'아사카와 다쿠미'의 조선 사랑은 비단 산림업에만 국한되지 않았다. 염상섭·오상순·변영로 등 문인들과 교류하였고, 전통문화, 도자기 등에도 폭넓게 관심을 가졌던 인문학자요 인간을 사랑한 휴머니스트였다. 조선에 있으면서 쓴 그의 일기를 보면 얼마나 조선을 사랑했는지 알 수 있다. "조선 아이들은 신비스러운 아름다움이 있다. 일본인은 조선인을 인간 대우하지 않는 나쁜 버릇이 있다. 조선인에 대한 이해가 빈약한 탓이다. 조선의 도자기, 탈춤, 굿에는 해학과 멋과 풍류가 있다." 현재 일본의 기독교 신도는 인구의 2%에 불과하다고 한다. 그가 인간에 대한 보편적 인권과 사랑을 실천하는 생활 태도는 일본인으로서는 드물게 감리교 세례를 받은 기독교 신자였기 때문일 것이라 짐작한다. 그가 1931년 4월 식목일 행사를 준비하면서 과로로 인한 폐렴으로 청량리동에서 사망했을 때 수많은 조선 사람들이 슬퍼했다고 한다.

나는 '아사카와 다쿠미' 선생에 대해 잘 알지 못했다. 그가 일본인이라 일부로 무관심했을 수도 있다. 그러나 그분이 조선의 산림업에 헌신한 업적에 대해서는 정확히 기록하고 평가되어야 한다. 일본인이라는 이유로 그가 이룩한 성과를 과소평가하거나 무시하면 안된다고 생각한다. EH-카는 역사에서 객관성은 관계의 객관성이라고 했다. 역사가는 사회와 역사 속에 놓여 있는 자신의 위치로 인해서 제한된 시야를 뛰어넘을 수 있는 능력이 있어야 한다고 했다. '아사카와 다쿠미' 선생은 식민지 조선에 파견된 일본 제국주의 관리로 군림할 수 있었지만 그렇지 않았다. 오히려 어떤 조선인보다도 조선 백성과 문화를 사랑했다. 이제 한국 사람 누군가는 그의 업적을 기록하고 알려야 한다. 그 일을 하시기 위해 2011년에 이어 2023년에도 재출간하기 위해 불철주야 노력하신 백조종, 정종배 공동 편저자님께 마음 깊이 감사의 마음을 전한다. 이 책이 널리 읽혀 한국 임업 역사발전에 크게 기여한 '아사카와 다쿠미' 선생의 열정이 길이 전해지기를 바란다.

2023. 6.

영화 <길~백자의 사람~> 상영을 진행하는 모임

이춘호
(영화 <길~백자의 사람~> 상영을 진행하는 모임 대표)

영화란 인간의 5감에 호소하는 종합예술입니다. 인류가 창조한 훌륭한 예술이라고도 할 수 있습니다.

저는 2001년에 개관 초기의 <아사카와 노리타카 · 다쿠미 자료관>을 방문해, 구입한 역사 소설 『백자의 사람』을 읽고, 깊은 감동을 기억하고, 이런 멋진 이야기를 많은 젊은 사람들에게 전하고 싶다고 생각 영화제작을 기획한 것입니다.

다쿠미 씨의 삶은 바로 차이를 인정하고 자비하고 존중하는 인간관계의 형성을 실천해 준 삶에 대한 것입니다. 많은 사람들에게 그 생명을 알리고 감동을 나누는 것이 중요하다고 생각하고, 내 인생을 걸고 영화제작을 실현하는 것을 마음으로 강하게 결심했습니다.

우선, 마츠모토에 제작위원회를 시작해, 현지에도 제대로 한 제작위원회를 만들기 위해 땀을 흘렸습니다. 영화는 10년의 우여곡절을 거쳐 고생 끝에 감동 대작으로서 이 세상에 탄생을 알렸습니다. 각본가의 임민부 씨, 감독의 다카하시 반메이 씨를 비롯하여 스텝, 여러분의 정성을 결집하여 좋은 작품이 되었습니다. 100단체, 500명의 협력하신 분들 덕분에 완성했습니다.

저는 기획 당초 일본에서 200만 명, 한국에서 100만 명의 관객을 희망했습니다. 그러나 2012년 6월 전국 공개는 일본에서 7만 명과 한국에서 3,400명밖에 관객이었을 뿐이었습니다.

영화는 제작도 중요하지만 그 이상으로 많은 사람들이 감상하여 주는 것이 중요합니다.

나는 먼저 「이 영화는 액션, 서스펜스, 엔터테인먼트가 아니고, 아사카와 다쿠미 씨의 삶을 성실하게 그린 진지한 영화이기 때문에 각지에 상영을 홍보하는 모임」을 만들지 않으면 상영은 성공하지 않는다」라고 말해 주었다. 하지만 실현되지 않았습니다.

그렇게 하지않으면 안 된다고 생각하여, 각지의 아는 사람에게 상영회를 만들도록 호소했습니다. 그리고 적어도 200만 명에 가까워지기 위해서 필자가 나가노현 교육위원회로부터 의뢰받아 출강하고 있는 인권 강사로서 활동하는 데에 영화 상영을 포함하도록 제안해 양해를 받았습니다. 연장, 6년간에 걸쳐,

「영화 길~백자의 사람~의 행보와 재일 코리안의 마음」을 테마로 강연 활동과 영화 상영을 했습니다.

이 기획이 호평을 받아 이례적으로도 6년간 계속되었습니다. 초등학교 5학년부터 중학교, 고등학교, 그리고 대학과 공민관에서는 사회인의 인권 강좌, 시청의 직원, 학교의 선생님까지 대상으로 나의 차별 체험과 마음을 이해시켜 영화를 시청하게 하였습니다. 멋진 감상문을 골판지 2상자가 되어 있습니다. 이 감상문을 읽을 때 눈물을 흘리는 필자가 되었습니다.

여기에 고교생의 감상문을 하나만 소개합니다.

"조선이 일본의 강점지가 되어 많은 일본인들은 조선이라는 나라를 얕잡아 보고 있었다. 아사카와 다쿠미는 달랐다. 그는 조선을 이해하려고 했다. 조선을 위해서 와서 일하고 있었다. 현재의 일본은 어떨까. 영토 문제 등에서 한국을 부정하는 생각을 가진 사람은 적지 않다. 좋지 않은 것이다. 자신도 그런 생각을 가지고 있었다. 그러나 실제로 한국에 가서 한국과 접하지 않은 한국인 일을 잘 모르는데도 받아들이지 않는다고 말하는 것은 이상하다. 좋은 일이라고 생각하게 되었다. 현대를 살아가는 가운데 같은 인간으로 돕는 것이 중요합니다. 그렇지 않은가? 그러기 위해서는 서로를 받아들일 필요가 있다. 아사카와 다쿠미, 그는 결국 한국인을 인정하고 받아들일 수 있었다. 현재의 저희에게도 할 수 있을 것임에 틀림없다. 일본과 한국 중 어느 하나 하지만 우선은 행동으로 바뀌어야 한다. 나는 그것이 일본이었으면 좋겠다. 우리가 사랑하는 이 책으로 과거를 받아들인 뒤 한국과의 관계를 구축해 나가길 바란다. 이 「길 ~ 백자의 사람~」으로부터 나라끼리의 관계라고 말하는 것을 생각하게 되었다. 아사카와 다쿠미의 마음이라고 하는 것은 일본과 한국이 서로 도울 수 있는 좋은 관계를 만드는 일이라고 생각한다. 그 생각을 현대에 사는 나도 도달하면 이룰 수 있을 것이다."

멋진 감상문입니다. 이 감상문을 읽었을 때, 내가 흘린 땀과 눈물은 보상되었다고 생각해 일본의 미래에 기대가 있을 것으로 생각했습니다.

나가노현 인권 강사로서 활동 6년간, 연 100회의 상영 활동을 통하여 약 9,500명의 사람들이 시청해 주셨습니다.

사가미하라시에 와서도 계속 상영 활동을 실시하고 있습니다. 만나는 사람마다 <길~백자의 사람~>의 상영회를 반드시 제안합니다. 상영회를 계기로 좋은 사람과 만나, 시민 커뮤니티 <일본 · 코리아 · 재일을 잇는 모임@사가미하라>가 결성 되었습니다. 이미 사가미하라시에서 4번째의 상영회를 실시했습니다.

또한 전국 각지에서 미니 상영회를 실시하고 있습니다.

현재 약 11,000명의 사람들이 보았습니다.

앞으로도 「영화 <길~백자의 사람~>의 상영을 진행하는 모임」의 활동을 라이프 워크로서 실시해 갑니다.

이 영화의 상영은 사람 만들기, 사회 만들기, 세상으로 이어집니다. 폐색감이 있는 이 사회를 보다 좋은 사회로 만들기 위해서 아사카와 다쿠미 씨의 삶을 많은 사람들에게 알리고, 감동을 공유하는 것이 중요하다고 생각합니다. 영화를 계기로 관련 서적을 읽고 아사카와 다쿠미 씨의 팬을 만드는 것이 중요합니다.

깨끗하고 정확하고 아름답게 사는 것을 많은 사람들과 공유할 수 있기를 희망합니다.

꼭, 여러분의 각 지역에서 미니 상영회를 실시하는 것을 추천합니다.

국회의원 여러분! !

꼭 국회에서 국회의원 분들의 상영회를 추천합니다.

영화 <길~백자의 사람~>을 볼 수 있어 기분 좋게 이야기할 수 있기를 제안합니다.

영화를 보고 아사카와 다쿠미 씨의 삶을 알고 감동을 공유할 수 있기를 희망합니다.

고맙습니다!

감사합니다!!

영화 <길~백자의 사람~> 상영을 진행하는 모임
연락처 이메일 주소 yanntyaa@gmail.com

증보판의 간행에 즈음하여

다테노 아키라
(한국문제연구가)

『한국을 사랑한 일본인』(부코, 초판)이 간행된 것은 2011년 8월이었다. 서술 대상은 식민지 시대에 한국에서 살았던 아사카와 다쿠미라는, 어떤 사람인가 하면 검소하고 솔직한 영림기사, 한국민예의 콜렉터이기도 했다. 그 인물의 인품이나 업적에 매료된 한일 쌍방의 기고자가 자유롭게 쓴 문장을 모은 책(집필자는 합계 87명 - 한: 58, 일: 29명)이다. 내용은 옥석혼합(실례!)으로 편집·장정도 수준에는 미달이었지만, 아사카와 다쿠미의 인간적 매력과 그를 둘러싼 한일 양국의 집필자의 따뜻한 심정만은 확실히 독자들에게 전달된 것 같다. 한국 사람들이 아사카와 다쿠미의 존재에 주목해, 자발적으로 서적을 만들어 준 것에 대해서는, 다시 한번 감사하고 싶다. 간행 후에는 일본에서도 본서를 번역 출판하려고 하는 이야기도 있었지만, 불행히도 그것은 도중에 좌절되어 버렸다.

그리고 10여 년의 세월이 흘러 올해(2023)는 "관동대지진 발생으로부터 100년"이 되는 해다. 한국의 편집 담당자로부터 본서의 증보판을 내게 되었다고 연락이 왔다. 한국·조선 사람들에게 관동대지진이란 무고한 다수의 동포가 일본 관헌과 자경단에 학살된 만행과 직결된다. 그것은 잊을 수 없는 악몽 같은 사건이었기 때문이다.
지진재해로부터 백년이라는 고비의 해를 맞이해 증보판에서는 그 점에 대해 역사적 사건으로 의미를 부여해 조명하려는 생각을 하고 있는 것 같다. 이 책의 초판이 나온 당시에는 '아사카와 다쿠미 일기와 서간'(쿠사후미칸, 2003)은 아직 미간행이었기 때문에, 많은 집필자들은 아사카와 다쿠미의 관동대지진, 특히 조선인학살에 관한 의견이나 대응을 알 수 없었다. 하지만 아사카와 다쿠미는 한정된 정보 속에 있으면서도 사태에 대해 정확한 판단을 하고 일기 등으로 무의미한 폭행을 강하게 비판하고 있다.

사견이지만, 한국의 일반 여론은 관동대지진 때의 조선인학살 행위에 대해, "일본의 미디어에서는 경시하고 있어, 독자에게 전달하는 노력을 게을리하고 있다. 사회적으로도 관심이 얇은 것 같다"라고 생각하고 있는 것은 아닐까….
그렇게 생각하기 쉬운 것은 일본의 역사 수정주의의 조류나 우파 미디어나 한층 더 심한 운동 단체의 일부는 "조선인 살해 등은 없었다. 과대 보도다!" "조선인이 폭동을 일으켜 우물에 독을 넣는 것이 원인이다!"라는 사실이 있다. 그러니까 조선인학살의 진상 해명에 대한 대처가 지체되고 있어 답답하게 느껴질지도 모른다. 그러나 많은 일본인들은 이런 가짜 보도를 믿지 않았고 언론이 새로운 사실(자료와 증언자)의 발굴을 의도적으로 방해하고 있는 것은 아니다.

그러한 노력을 한 보람도 있어 최근에는 지금까지 알려지지 않았던 자료의 발굴·현지 조사·새로운 증언 등이 각지에서 진행되고 있다. 거기에 기초한 르포르타주, 기록집 등 서적의 간행이 잇따르고 있다. "새로운 사실이 없는 것이 아니라, 그 신경을 쓰고 찾아보면 나오는 상태"가 되어 있는 것이다.

다음으로, 최근의 관동대지진 관련의 새로운 발견이나 자료, 거기에 따른 움직임에 대해 소개해 보고 싶다. 전체의 움직임을 살펴보기에 편리한 신문 보도를 발견했다. 아사히신문 석간(2023. 6. 19. ~ 23.)에 5회에 걸쳐 게재된 기사에서 필자는 기타노 다카이치 기자, 종군 위안부와 부락차별 문제 등을 전적으로 담당하는 베테랑 기자이다. 이 시리즈에서는, <도쿄 세타가야구 내의 시이노키에 관련된 기억>·<후쿠다무라 사건>·<도쿄 스미다구의 하천 부지의 조선인 살해/매장 현장을 둘러싸고>·<그림책이나 영화에서 취급한 과거의 사건에 대해>, 그리고 <관동대지진에 있어서 조선인 박해가 트라우마가 되고 정신병이 되어 입원> 등을 각각 다루어지고 있는 내용은, "이런 사실이 있었습니다"라고 보고할 뿐만 아니라, 그것이 밝혀지기까지의 배경·역사적 경과를 한층 더 길고 꾸준하게 추구하여 온 시민운동에 대해서도 언급하고 있다. 권력측은 "알리고 싶지 않다, 숨기고 싶다."고 진상 규명의 움직임을 차단하려고 한다. 거기에 반대하면서 진상 파악에 다가가는 것은 상상하기 어려움이 수반되어 강력한 정신력과 동지의 결속이 필요하다.

이 중 <후쿠다무라 사건>은 지금까지 전혀 알려지지 않았던 참극으로 대지진 당시 지바현의 후쿠다무라(현재 노다시)를 방문하던 약 행상단 15명 중 유아와 임산부를 포함한 9명이 살해됐다. 행상단은 시코쿠의 가가와현에서 온 사람들로, "말이 어려워서 이상하다. 조선인과 다름없다"라고 의심되어 현지의 자경단에 참살된 것이다. 일행이 피차별 부락의 출신자였던 것도, 그 후의 진상 규명으로부터 사과에 이르는 과정이 난항한 원인이 되었다. 70년대 말이 되면 현지 유지가 진상 해명의 대처를 개시, 그것이 2003년의 추모 위령비 건립, 사건을 다룬 서적의 간행으로 진행되는 것이다.

지난해 이 사건에 집념을 태우는 다큐멘터리 영화 감독의 모리 타츠야 씨가 영화화를 결의, 수많은 어려움을 배제하고 마침내 영화를 완성했다.(공개 예정일은 올해 9월 1일) 영화화의 진행과 함께 사회적인 화제가 되어 미디어에서 소개될 기회가 늘었다. 결과적으로 '지진재해와 조선인의 관계'에 대해서도 관심이 높아지게 된 것 같다.

마지막으로, 2000년 이후에 도서로 추천된 「관동대지진과 조선인학살」에 관련하는 서적을 소개해 보자. 대지진의 영향과 그에 대한 대응, 도시 공학이나 재해 대책의 분야까지 대상을 넓히면 하나하나 열거할 수 없을 정도로 많은 문헌자료나 연구서가 간행되고 있다. 하지만 여기서 열거하는 서적은 어디까지나 '조선인학살'과 관계가 있어 편견 없이 사실을 올바르게 인식하고 있는 것에 한정한 것에 대해 양해를 구하고 싶다.

『보급판, 관동대지진 조선인학살 기록, 도쿄지구별 1100의 증언』, 니시자와 마사오 편저, 현대서관, 2023

「증언 집관동 대지진 직후, 조선인과 일본인」, 니시자와 마사오, 치쿠마 신서, 2018

『관동대지진, 그려진 조선인학살을 읽는다』, 아라이 가쓰히로 저, 신일본 출판사, 2022

「관동대지진, 조선인학살의 진상, 지역에서 읽는다」, 세키하라 마사히로 저, 신일본 출판사, 2023

「9월, 도쿄의 거리에서, 1923년 관동대지진 제노사이드의 잔향」, 가토 나오키 저, KOROKARA, 2014

'trick 트릭, '조선인학살'을 없었다고 하고 싶은 사람들', 가토 나오키 저, KOROKARA, 2019

「관동대지진과 조선인학살, 80년 후의 철저 검증」, 야마기시 히데저, 와세다 출판, 2002

'후쿠다무라 사건, 관동대지진·알 수 없는 비극', 츠지노 야요이 저, 5월 서방 신사, 2023

「간토대지진, 학살 부정의 진상, 하버드대학 교수의 근거를 검증한다」, 와타나베 연지 저, 치쿠마 신서, 2021

『증보 신판, 바람이야

『관동대지진 시의 조선인 박해, 전국 각지에서의 유언과 조선인 학대』, 야마다 아키지 저, 창사사, 2014

『관동대지진 때의 조선인 학대와 그 후, 학살의 국가 책임과 민중 책임』 야마다 쇼지 저, 창사사, 2011

'관동대지진과 조선인학살' 서울 2013년 심포지엄 기록, 야마다 아키지/강덕상 편, 창사사, 2016
『관동대지진과 조선인』, 고토동동 편, 현대사자료의 복각신판, 미스즈 서방, 2023
『관동대지진』, 강덕상 저, 신칸사, 2020
『관동대지진 조선인 학살재판자료』(재일조선인 자료 총서) ①②③, 야마다쇼지 편, 복각판, 녹담서방, 2014

아버지가 지어준 이름 다쿠미

후지모토 타쿠미
(사진작가)

나의 아버지(균)는 <마츠에 미술 공예 연구소>(1946년 ~ 48년)를 졸업했다. 거기는, 사업가인 타베 나가에몬(1906년 ~ 79년)이 설립한 사설 학교였다.

일류의 예술가들이 전쟁으로 고향의 시마네현에 소개(疏開)되어 제작 활동 작품 등은 남아있지 않은 시대였다. 타베는 그들에게 활동의 장소를 제공함으로써 향토의 젊은이들에게 귀중한 체험(지식과 기술)을 전해달라고 했다. 이 학교에서 아버지는 도예가 가와이 사토시 이츠키(1890년 ~ 1966년)부터 야나기 무네요시(1889년 ~ 1961년)가 계몽하는 '민예'를 가르쳤다.

야나기 무네요시가 이웃 나라 조선 시대의 아름다움에 관심을 갖게 된 것은 아사카와 다쿠미의 형 노리타카에서 유래한다. 그는 '《白樺백화》(잡지의 이름)'의 애독자로 그 잡지 속에서 야나기 무네요시가 로댕의 조각을 소장하고 있다는 것을 알았다. 노리타카는 그 조각을 보고 싶어서 야나기 저택을 방문했다. 선물로 지참한 조선시대 도기 「面取壺 (秋草手壺) - 모리토리 항아리」에 야나기 무네요시는 서양미술과는 다른 아름다움의 존재를 알고 놀랐다고 한다. 조선 공예의 아름다움을 칭찬하고 인간의 일 이외에 자연의 힘이 어쩌면 더해져 우리의 물건만으로는 쉽게 측정할 수 없는 것을 느낀 것이다.

아버지의 책장에는 민예에 관한 서적이 많이 줄지어 있었다. 1,000부 한정판이었던 귀중한 잡지 《공예》도, 나의 손에 들어올 수 있었다.

<일본민예관>이 1936년에 개설되었다. 그 전에 조사 목적으로 야나기 무네요시, 카와이 미지로, 하마다 쇼지가 현존하는 조선민예품의 조사를 하고 있다. 그때의 기행문이 《공예》 69호(1936년 12월 발행)에 게재되어 있었다. 그라비아(조선공예의 물건이나 장인들의 작업장 풍경) 페이지의 마지막에, 소우시장의 사진(조선공예사의 제공)이 있어, 그것을 본 순간, 나는 이런 사진을 찍어 보고 싶었다.

아버지는, 미술학교 시절, 야나기 무네요시의 저서 『나의 염원』 안의 「아사카와 다쿠미」를 애독하고 있었다. 장래 아들을 낳으면 '다쿠미'라고 이름 지으려고 생각하여 나의 이름이 되었다.

1970년의 여름이었다. 아버지와 나는 야나기 무네요시 등이 걸어온 한국의 길을 따라갈 계획을 세웠다. 아사카와 다쿠미가 사랑한 한국의 변화하기 이전의 그리운 풍경에 관심을 가졌다.

서울 체류 2일째 아침 아사카와 다쿠미가 잠든 망우리를 방문했다. 아사카와 노리타카 씨가 디자인한 모따기 항아리의 비석 주변은 매우 깨끗하게 청소되었고, 무덤에는 꽃이 꽂혀 있었다. 묘지 관리인에게 물어보면 많은 한국 사람들이 지금도 아사카와 다쿠미를 사랑해 참배하고 있다고 한다.

『나의 염원』 중에 야나기는 추도문 「아사카와 다쿠미에 대해」를 기고했다.

※원문 그대로 발췌

그의 죽음이 근처의 마을 사람들에게 알려졌을 때, 인근 주민들은 무리를 지어 작별 인사를 드리러 왔다. 옆에 안치된 그의 유해를 보고 통곡하는 인근 주민들은 그렇게 많았는지! 관은 말한 바와 같이 전부 인근 주민들에 맡겨져 청량리에서 이문리의 산언덕으로 옮겨졌다. (중략) 그날은 엄상궂게 짓궂은 비가 내렸다. 마을 사람들은 도중에 관을 멈춰 세우고 노제를 지내고 싶다고 졸라대는 그런 상황이었다. 그는 그가 사랑한 한복을 입은 채로 한국인의 공동묘지에 잠들어 있다. 1931년 4월 2일. 그의 향년 40세였다.

그 후도 아사카와 다쿠미가 사랑한 한국의 땅을, 나는 반복해서 걷기 반세기가 지났다.

2020년부터는 민족이라는 울타리를 넘어 한국인들과 함께 살며 한국 땅에 잠들어 있는 일본인도 취재하고 있다.

花井善吉 (한센나환자 치료소원장) 、曽田嘉伊智 (한국고아의 아버지) 、田内千鶴子 (한국고아구제시설 설립) 、兼松雅休 (한국에 최초로 건너간 선교사) 、望月カズ (복지활동가) 。

앞으로도 『한국을 사랑한 일본인』에 시선을 맞춰 기록하고 싶다고 생각하고 있다.

아사카와 다쿠미와 시인 윤동주

유시경 신부
(일본성공회 오사카 카와구치주교좌성당 주임사제
윤동주시인 추도회 설립 멤버, 한국 라보 이사장)

『한국을 사랑한 일본인』(부코, 2011)의 개정증보판 소식을 듣고 반갑기 그지없습니다. 일본에 와서 일하고 있는 입장에서 귀한 책에 한 편의 글을 올릴 수 있도록 기회를 주셔서 감사할 따름입니다.

10여 년 전 수림문화재단의 아사카와 다쿠미 고향 방문 팀의 일원으로 그분의 묘소를 찾았던 때를 기억합니다. 행사가 열린 장소는 공교롭게도 "일본을 사랑한 미국인"으로 널리 알려진 성공회 선교사 폴 러쉬 씨가 개척한 호쿠토시 근교의 키요사토라는 곳이었습니다. 폴 러쉬는 1923년 관동대지진으로 폐허가 된 일본의 복구를 위해 YMCA봉사단의 일원으로 처음 일본에 왔고, 2차 세계대전 중에 일본의 패전 직전에 추방되었다가 전후 다시 일본으로 와서 전후 릿교대학의 교편을 잡아 후학을 가르치며 전후 폐허의 복구를 도왔습니다.
이후 호쿠토시의 고원으로 터전을 옮겨 일본 낙농의 기초를 놓았고, 산간지 개척을 통해 식량 자급의 길을 열었던 폴 러쉬, 그리고 조선을 아낌없이 사랑한 아사카와 다쿠미의 삶과 열정이 오버랩되는 시간이었습니다. 묘비 앞에서 일행분들에게 제 신앙의 언어로 기도를 드려도 되겠느냐고 허락을 얻어 "온몸과 마음을 바쳐, 일생을 바쳐 조선과 조선 문화, 조선사람을 지키고 사랑한 아사카와 다쿠미처럼, 우리가 그 사랑을 본받을 수 있도록 이끌어 주시옵소서"라고 기도했던 순간을 기억합니다.

일본의 가톨릭 신부 중에 오사카시 카마가사키에서 노숙인들을 위해 헌신하고 계신 혼다 테츠로 신부가 예수님의 말씀을 일본어로 번역하면서 "사랑"을 다른 표현으로 옮겼습니다. 그는 우리가 통상 사용하고 있는 "사랑한다"는 말이 너무 세속화되어 버렸고 추상적 이어서 적절하지 않다고 했습니다. 그래서 자신은 "사랑한다"를 다른 일본말로 "타이세츠니스루(大切にする)"로 번역하고 있습니다. 이 말은 한자의 뜻에서 알 수 있듯이 어느 한쪽에게 더 큰 쪽을 준다, 더 크게 여긴다, 더 소중히 여긴다는 뜻입니다. 즉, 예수님이 몸소 보이신 사랑은 '약하고 작은 이들, 비탄과 절망에 빠진 이들을 더 소중히 여기고 그들에게 더 큰 쪽을 준다'라는 뜻입니다.

저는 아사카와 다쿠미의 한국 사랑이 바로 이런 사랑이었다고 생각합니다. 식민지 조선의 사람들은 당시의 정치사회적 조건으로 볼 때 법적으로나 제도적으로나 작은 이들이 될 수밖에 없었습니다. 그런 상황에서 아사카와 다쿠미는 이 작아진 이들에게 자신의 마음과 함께 더 큰 쪽을 주었습니다. 조선과 조선사람들을 "타이세츠니(大切に)", 더 소중히 여긴 것입니다. 그의 사람은 바로 그런 사랑이었기에, 지금도 수많은 한국 사람들이 그를 기리고 진정한 한일 관계를 논할 때마다 그의 삶과 마음을 다시 기리며 떠올리게 되는 것입니다.

저는 2000년에 일본 동경의 릿교대학 교목으로 부임해서 10년 동안 소위 원수의 언어를 말하며 일하기 시작했습니다. 사실은 대학생 청년 시절부터 사귀었던 일본의 선한 이들과의 연대와 우정이 저를 일본에서의 사역으로 이끌었습니다. 이 기간에 한일관계를 논한 글을 쓴 것이 이유가 되어 협박 편지를 받기도 했고, 때로 무시를 당하기도 하며, 일본 사회의 저변에 흐르는 조선과 한국에 대한 정체 모를 경계심을 발견하기도 했습니다. 그러나, 언제나 제 마음 깊은 곳에는 아사카와 다쿠미의 존재가 꿈틀거리고 있었습니다. 진정한 한일관계를 꿈꾼다면, 진정한 한일의 협력을 바라고 이루고자 한다면, 미움과 비난이 아니라 그들을 소중히 여기고 나의 한쪽을, 더 큰 쪽을 줄 수 있을 때까지 노력하는 것만이 최선의 방법이라 생각하며 선한 일본인들과의 우정과 연대를 이어오고 있습니다.

그런 일본인 중에서 저는 한국의 시인을 사랑하는 일본인들을 만났습니다. 그들은 다름 아닌 시인 윤동주를 사랑하고 소중히 여기는 사람들입니다. 1942년에 동경 릿교대학에 입학해서, 이듬해 교토 동지사대학으로 옮겨 수학하던 중, 유학생 독립운동 혐의로 체포되어 1945년 2월에 건장한 29세 청년이 원인 불명으로 형무소에서 죽어간 슬프고 비통한 역사를 기억하는 일본인들입니다. 아울러 그가 남긴 시와 문장을 사랑하며, 그의 족적을 더듬어 북간도의 묘지를 찾아내고, 시 전집을 일본어로 번역해 출간하고, 시비를 세우고, 국어 교과서에 시인과 관련한 문장을 싣고, 특별고등경찰의 기록을 뒤져 수형과 재판 기록까지 밝혀낸 일본인들입니다. 이분들과 만나며, 이분들의 사랑에 감화되어 저는 윤동주를 "다시" 만났습니다.

이후 릿교대학 안에 "윤동주 시인 추도회"를 만들고, 매년 2월 16일 기일을 전후해서 추도행사를 열기 시작했고, 2010년부터 저의 제안이 뒤늦게 받아들여져서 릿교대학 10개 학부의 한국 유학생들을 대상으로 윤동주 장학금도 시행하게 되었습니다. 이렇게 저를 윤동주 시인과 "다시" 만나게 해준 일본인들의 동주 사랑도, 아사카와 다쿠미 사랑의 역사를 잇는 귀중한 역사라고 믿습니다. 그리고 시인을 소중히 여기는 그들의 사랑은 수많은 일본인을 진정한 한일관계의 입구로 초대하고 있습니다.

저는 앞으로도 아사카와 다쿠미의 한국 사랑 DNA가 시대를 넘어, 바다를 넘어, 언어의 장벽까지도 넘어서 더 많은 제2, 제3의 아사카와 다쿠미로 이어지리라 믿고 있습니다. 이번에 90주기를 맞이하여 출간되는 『한국의 흙이 된 일본인』이 그 일에 하나의 디딤돌이 되리라 기대합니다.

2023. 7.

조선의 흙이 된 아름다운 영혼의 소유자 - 아사카와 다쿠미

정찬민
(Artspace b* um 대표)

이번 여행은 그 누구보다도 한국을 사랑했고, 죽어서도 한국의 흙이 되고자 했던 일제강점기 시대의 일본인, 아사카와 다쿠미[淺川巧](1891 ~ 1931)와 그의 형 아사카와 노리타카[淺川伯敎](1884 ~ 1964), 그리고 조선미의 절대적 찬미자였던 야나기 무네요시[柳宗悅] (1889 ~ 1961)의 삶을 반추하고 그들의 흔적을 찾아보는 일로 일정이 짜여졌다. 그들은 조선의 백자라는 매개체를 통하여 만났고, 누구보다도 앞서 조선미의 아름다움과 가치를 깨달았으며, 그것의 학문적 정리와 보존을 위해 한평생을 바쳤다고 해도 과언이 아닐 것이다.

여행 내내 난 그들이 남긴 공과보다는 오히려 그들이 만났던 장면 장면마다 묻어있는 인간의 진정성을 느끼는 데 정신을 팔았다. 다쿠미처럼 아름다운 영혼을 가진 사람이 그 험난한 시대에 살았다는 사실에 놀랐고, 그들 것이 아닌 조선인들의 삶과 문화를 그처럼 사랑할 수 있었던 신념과 의지에 놀랐고, 한번 맺은 인연을 무엇보다 소중히 한 그들의 정리에 다시 한번 놀랐다. 여행에 앞서 에미야 다카유키[江宮降之]가 쓴 평전『백자의 나라에 살다(白磁の 人』(유한회사 수립사, 2005)」를 읽었으며, 망우리에 있는 다쿠미의 묘(묘지번호 203363)를 참배하기도 했다.

우리가 찾아 나선 세 사람 중의 한 사람인 야나기 무네요시는 문예동인지 《시라카바[白樺]》의 동인으로 활동하며 민예운동을 일으켰고, <일본민예관>을 설립한 철학자이자 미학자이다. 1924년, 경복궁 내에 <조선민족미술관>(현재의 국립민속박물관)을 설립하는데 앞장서기도 했던 그는 일찍이 우리 민예품의 아름다움을 간파하고 학문적 토대를 세우는데 한평생을 보냈기에 비교적 우리에겐 친숙한 인물이다.

수많은 저서 중 우리와 관련해서는 『조선과 그 예술』, 『조선을 생각한다』가 있다. 1921년, 총독부가 광화문을 철거하려 하자 「없어지는 한 조선 건축물을 위하여」라는 글로 여론을 일으켜 지켜낸 일은 유명하다. 하지만 그는 「조선의 미」라는 제목의 글에서 조선의 예술은 피침의 역사가 낳은 비애(悲哀)의 미라고 정의함으로써 일부 사람들로부터 비판을 받기도 했지만 지금

도 그의 빼어난 안목과 글은 후학들에게 영향을 미치고 있다.

이처럼 야나기는 우리의 전통미술을 사랑하고 보존함은 물론 조선민예론을 주창하여 일본인들로 하여금 우리 전통미술에 관심을 불러일으켰지만, 이는 많은 사람들이 경쟁적으로 몰려와 우리 미술품을 약탈하는 결과를 낳기도 했다. 그는 많은 공적에도 불구하고 일본제국을 도운 식민정책론자라는 비난을 받기도 했지만 1984년, 정부는 우리 문화재 연구와 보존에 기여한 공로가 크다는 점에서 외국인에게는 최초로 문화훈장을 수여한다.

반면 아사카와 형제는 그들의 업적이 야나기에 비해 결코 모자라지 않건만, 안타깝게도 이제는 사람들의 기억에서 점차 멀어지고 있다. 그들은 일찍이 조선에 건너와 살면서 백자의 아름다움을 발견하고 이를 야나기에게 소개함으로써 결과적으로 민예운동이 태동하게 한 인물이다. 아사카와 형제는 야나기처럼 귀족 가문도, 동경제대 출신도 아니며 오피니언 리더는 더더욱 아니었다. 일본 열도의 중앙부에 속한 한적한 야마나시현[山梨縣]의 가부토[甲村](현 高根町)에 터를 잡은 비교적 평범한 가정 출신이다.

집안은 농사를 지으며 염색가게를 운영했으나 부친은 다쿠미가 태어나기 6개월 전, 31세라는 젊은 나이에 병사한다. 형인 노리타카는 일찍이 조선으로 건너와 경성부 남대문 공립심상소학교의 미술교사로 재직하며 조선도자기의 아름다움에 심취해 옛 가마터의 조사발굴을 패전 후까지도 계속한다. 1947년 11월, 일본으로 귀국할 때도 한국에서 수집한 고려청자, 조선백자의 완형품은 물론 파편 한 조각, 조사 결과 등 조선자기에 관한 모든 자료를 고스란히 한국에 남겨두고 떠난, 진정으로 한국의 도자기를 사랑한 사람이다. 저서로는 『이조의 자기』와 『이조-백자·염부(染付)·철사(鐵砂)』가 있다.

동생 다쿠미는 소설 『백자의 나라에 살다』의 주인공으로 일본이 한국인들에게 자랑할 수 있는 유일한 일본인으로 여기는 그런 고귀한 정신의 소유자다. 그는 농림학교를 졸업하고 한때 임업에 종사하지만 형의 권유로 조선으로 건너온다. 서울의 청량리에 살았고, 조선총독부 농상무부 산림과 임업기사로 근무하지만 형과 함께 조선백자의 아름다움에 매료되어 연구에 매진한다. 결코 길지 않은 생애를 통해 그의 관심은 조선백자는 물론 밥상을 비롯한 목공예품, 민화, 민속에 이르기까지 조선인의 전반적인 삶으로 확장된다.

특히 그는 연구자의 입장에서 벗어나 그 심오한 멋을 즐기는 진정한 조선인으로 살기를 원했다. 바지저고리를 즐겨 입었을 뿐만 아니라 한국어를 배워 그 누구보다도 한국말을 유창하게 구사했고, 그의 두 권의 저서, 『조선의 밥상』과 『조선의 도자명고』를 모두 한국어로 쓴 점만 보아도 그 정도를 짐작할 수 있다. 더불어 일제의 침탈로 황폐해진 산을 푸르게 하기 위해 당시로서는 획기적인 조선오엽송(잣나무)의 "노천매장법"을 찾아내는 개가를 올리기도 한다.

우린 그런 다쿠미의 행적을 몇몇 문헌을 통해 단편적으로 확인할 뿐 왜 일본인들이 '우리는 아사카와 다쿠미를 가졌다'고 자랑했는지 세세히 알지 못한다. 하지만 그가 죽었을 때 그의 관을 멘 사람들은 다름 아닌 한국인이었고, 후에 그의 숭고한 정신을 기리기 위해 황폐해진 그의 묘를 망우리 공동묘지로 이장하고 '한국이 좋아서 한국을 사랑하고 한국의 산과 민예에 바친 일본인 여기 한국의 흙이 되다'라고 묘비에 적었다. 그리고 경성제대 교수로 있으면서 그와 교분을 맺었던, 전후 시데하라 기주로[幣原喜重郎]내각의 문부대신을 역임했던 철학자 아베 요시시게[安倍能成]는 「인간의 가치」란 글에서 다음과 같이 그를 추모했다.

다쿠미 씨의 생애는 대철학자요 사상가인 이마누엘 칸트가 말한 것처럼, 인간의 가치가 실제로 인간에 있고, 그것보다 더 많지도 적지도 않다는 사실을 실증했다. 나는 마음으로부터 인간 아사카와 다쿠미에게 고개를 숙인다.

이 글은 당시 중고등학교 국어교과서에 실렸었다. 한국인이든 일본인이든 그는 많은 사람들의 존경의 대상이었음을 알 수 있는 대목이다. 한·일 간에는 좀처럼 해소되지 않는 갈등이 존재하지만 이처럼 한국을 사랑하고 한국 땅에 묻힌 일본인이 있다는 사실만으로도 그 갈등은 치유될 수 있다는 희망을 갖게 한다. 하지만 시간이 흐르며 안타깝게도 그는 두 나라 모두로부터 잊혀져가고 있다. 과거의 일을 세세히 기억할 수는 없기에. 그렇다고 할지라도 그를 잊는다는 것은 크나큰 손실임에 틀림없다. 삶에서 그처럼 아름다운 영혼을 지닌 사람을 만나기란 결코 쉽지 않기 때문이다. 그래서 우리는 행장을 꾸려 순례길에 올랐다. 아름다운 영혼을 찾아서, 아니 잊지 않기 위해서.

조선미의 찬미자 – 야나기 무네요시

여행은 옻칠장인 전용복(全龍福)이 복원해 우리에게도 제법 이름이 알려진 메구로 가조엔[目黑雅敍園]을 방문하는 것으로 시작되었다. 고맙게도 차로 2시간이 넘는 거리를 마다않고 달려와 친절하게 안내를 해준 그와 식사를 한 후, 그곳에서 그리 멀지 않은 곳에 위치한, 1936년에 설립된 <일본민예관>을 방문했다. 일본 민가의 전통을 살린 창고풍의 민예관 2층 전용전시실에는 수십 점의 우리 민화와 조선시대의 도자기가 전시되어 있었다. 야나기는 약 3천 점에 이르는 우리 민예품을 수집하였는데 그 중의 극히 일부다. 전시품은 오랫동안 사용해 매우 낡았거나 금이 간 것들로 국내의 여타 사설미술관에 비해 그 질이 결코 우수하다고 할 순 없었다. 누구보다도 명품을 수집할 수 있는 유리한 여건에 있었음에도 '조선의 미술품은 조선에 있어야 한다.'는 신념을 애써 실천한 까닭에서일까.

전시품 중 17세기에 만들어진 것으로 짐작되는 도자기 한 점이 눈에 띄었다. 자료에 의하면 조각가이기도 했던 아사카와 노리타카는 야나기 무네요시가 로댕의 조각을 소장하고 있다는 말을 듣고는 조그만 도자가 한 점을 들고 지바[千葉]현의 아비코[安孫子]로 그를 찾아간다. 야나기는 도자기를 보는 순간 단번에 매료되고 마는데 지금까지도 난 그 도자기가 어떻게 생겼는지 궁금했던 터였다. 한 인간의 운명을 바꾸어놓은 도자기라면 분명 특출할 것이라 생각했는데 그저 조그맣고 각진, 낡은 도자기일 뿐이었다. 시작은 이처럼 미미했지만 그 끝은 창대하기 그지없다. 각별한 인연은 극히 사소한 계기에서 출발하는 경우가 많은데 이 도자기가 좋은 예다.

<일본민예관>의 길 건너에는 야나기 무네요시와 그의 가족이 1935년부터

30년간 살았던 사저가 기념관으로 남아있다. 2층으로 된, 결코 규모가 크지 않은 일본식 가옥은 평소에는 개방이 되지 않지만, 우리의 방문 취지를 고맙게 여긴 학예관은 기꺼이 대문을 열어주었다. 선각자요 대학자가 살았던 집은 일본 곳곳에 남아있는 사무라이의 고택처럼 휑하니 비어있었다. 다다미가 깔린 전통 일본식 가옥은 그 자체가 다실이나 다름없지만, 가재도구가 치워진 기념관은 고졸(古拙)하다 못해 휑한 느낌마저 들었다. 고매한 인격의 소유자였던 그의 실제 삶의 모습도 지금이나 별반 다르지는 않았을 것이 틀림없다. 하지만 서재만큼은 예외여서 서가에 그의 손때가 묻은 다양한 서적들이 가지런히 꽂혀 있어 지적 넓이와 깊이를 짐작케 한다.

난 『백자의 나라에 살다』를 다시금 떠올렸다. 소설의 서장(序章)에는 야나기의 문하에 들어간 젊은 도예가 한 사람(후에 어렵게 확인한 결과 실제 인물인 도예가 스즈키 시게오[鈴木繁男])이다. 생면부지의 아사카와 다쿠미의 존재를 확인하는 장면이 나오는데 그곳이 다름 아닌 이곳 서재였다. 서재의 벽에 걸린 사진 속 주인공에 대해 궁금해하는 그에게 야나기는 한없이 온화한 목소리로 '이분은 아사카와 다쿠미 씨로서, 내가 젊었을 때 가장 존경하고 가장 신뢰한 분이셨네. 만일 이 분이 계시지 않았더라면 내가 하고 있는 이 일은 50%도 성공하지 못했을 것이야. 언젠가는 자네에게도 중요한 존재가 될 것으로 생각하네'라고 말해 준다. 야나기에게 있어서 다쿠미는 그 무엇과도 바꿀 수 없는 소중한 인물로 가슴속에 자리매김하고 있었던 것이다. 그로부터 몇십 년의 세월이 흐른 지금, 서재의 그 벽에는 다쿠미가 아닌 야나기 본인의 사진이 걸려 있다.

야나기와 아사카와 형제와의 특별한 관계에 있어 두 점의 조선도자기가 등장한다. 한 점은 앞서 언급한 청화백자추초무늬모따기항아리(面取染付秋草文壺)고 다른 한 점은 <오사카 시립동양도자미술관>이 소장하고 있는 청화백자진사연꽃무늬항아리(青華辰沙蓮花紋壺)다. 야나기는 노리타카로부터 받은 전자의 항아리를 보고 그 아름다움에 충격을 받지만 후자와는 비길 바가 못 된다.

연꽃무늬항아리는 다쿠미가 자신을 방문한 많은 사람에게 보여주며 자랑한, 높이가 45cm가 넘는 당당한 체구에 연꽃 몇 송이가 사실적으로 그려져 있는 보기 드문 수작으로 실은 형인 노리타카의 소장품이었다. 얼마나 감동이 컸기에 야나기가 조선미술사를 집필하고 <조선민족미술관>을 설립하는 결정적인 계기가 되었을까. 그 도자기를 나도 대면한 적이 있는데 그 자태는 필설로 표현할 수 없을 만큼 아름답다. 오죽했으면 1997년 5월, 「조선의 미를 가르친 형제-아사카와 노리타카와 다쿠미」를 특집으로 다룬 게이주스신초[藝術新潮]가 이 항아리를 「운명의 연꽃항아리」라고 표현했을까.

야나기는 노리타카로 인하여 조선도자기에 관심을 갖게 되어 1916년 8월, 처음으로 조선에 건너간다. 경성에 도착해 다쿠미의 집에 묵으며 한국어가 유창한 그와 함께 한여름 염천에 매일같이 골동품가게를 뒤지며 시간을 보낸다. 다쿠미 또한 이를 계기로 조선 미술품의 아름다움에 더욱 깊숙이 빠져든다. 두 사람의 관계는 이 운명적인 만남 이후 15년간에 걸쳐 지속되는데 야나기의 다쿠미에 대한 애정은 지극하고 또한 감동적이다. 다쿠미의 어떤 면이 대철학자인 그의 마음을 그토록 파고들었을까?

야나기는 아사카와 형제로 인하여 조선의 도자기뿐만 아니라 전반적인 민예품에 대해 깊은 애정을 가지게 되고 정치적인 면에서도 조선을 비호하는 입장에 서게 된다. 1919년, 3·1독립운동이 일어난 직후, 야나기는 요미우리신문에 「조선인을 생각한다」라는 글을 발표한다. 이 글에서 그는 '우리나라는 올바른 길을 밟고 있지 않다. 독립이 그들의 이상이 되는 것은 필연적인 결과다'라고 자신의 신념을 피력한다. 그리고 3년 후인 1922년, 「조선과 그 예술」의 서문에서 '조선 문제에 대한 공분(公憤)과 그 예술에 대한 사모(思慕)가 계기가 되어 이 책을 쓰게 되었다'고 심중을 토로했다. 야나기는 귀족 신분이라는 배경과 다방면에 걸친 영향력으로 인하여 암암리에 식민정책을 도왔다고 비난받기도 하지만 그는 진정으로 조선을 사랑한 사람임에 틀림없다.

나는 야나기가 살았던 사저의 서재를 둘러보며 그가 우리 문화재를 연구하고 보존하였다는 이유만으로 뭇사람들을 제치고 외국인 최초로 문화훈장을 받았다기보다는 많은 다른 측면이 함께 고려되지 않았을까? 하는 생각을 했다. 그것은 아마도 조선에 대한 지극한 사랑과 미술품을 대하는 그의 숭고한 정신 때문이었으리라. 그는 저서 『수집이야기』에서 자신의 수집관을 피력했는데 '아무것도 모른 채 잠든 사람이나 모든 일을 이성으로 처리하는 사람에게 수집은 어울리지 않으며, 가격이나 유명세에 너무 집착하면 수집된 물건도 생기를 잃는다'고 했다.

자신의 부를 과시하기 위해 천문학적 가격의 작품수집에 열을 올리는 최근의 몰지각한 행태에 대해 시대를 앞선 준엄한 꾸지람처럼 들린다. 그는 조선의 미술품은 조선 땅에 있어야 한다는 지론을 펴 우리의 고개를 숙이게 한다. 그 어느 누가 피지배국의 미술품에 대해 이처럼 따뜻한 시선을 보낼 수 있을까? 밤을 새워가며 간신히 잡은 물고기를 아무 조건 없이 방생하는 조사의 마음과 다를 바 없다.

아름다운 영혼의 소유자 – 아사카와 다쿠미

이번 여행은 그 어느 여행보다도 목적이 뚜렷했지만 아이러니하게도 그 여정은 매우 단순해서 여행이라기보다는 성지순례를 떠난 기분이었다. 우리는 아사카와 형제가 태어났고, 조촐한 기념관이 있다는 이유만으로 다카네[高根町]로 가는 길만을 지도에 표시해놓고 있었다. 이동시간 중에는 야나기 무네요시의 「사라지려 하는 한 조선건축을 위하여」와 아베 요시시게의 「인간의 가치」를 읽었다. 여행의 초미에 만난 전용복도, 야나기 무네요시도 어쩌면 다쿠미에게는 들러리에 불과했다.

연어는 본능에 의해 목숨을 걸고 그가 태어났던 곳으로 회유하고, 유대인은 몇 천년 전의 연을 끊지 못해 예루살렘으로 모여들지만 우린 그런 본능도 없었고 인연도 연결되어 있지 않았다. 단지 한 인간의 체취에 이끌려 무작정 한 곳으로 달려갔다. 후지산을 품고 있는 야마나시현의 풍광은 그럴 수 없이 아름다웠지만 바쁘게 살아가는 이국인을 끌어 들일만큼 특별히 매력적인 곳은 아니었다. 차창에 스쳐 지나가는 그저 그런 막연한 풍경일 따름이었다. 하지만 우리는 연어가 되어, 유대인이 되어 다카네로 향했다.

아사카와 형제자료관은 마을의 주민센터 내에 자리하고 있었다. 우리 일행이 방문한다는 연락을 받고는 나름의 준비를 해놓고 있었다. 우선 자료관 입구에 서툰 한글로 쓴 환영 팻말이 세워져 있었으며, 뜻밖에도 세 사람이 우리를 기다리고 있었다. 다름 아닌 「백자의 나라에 살다」를 쓴 바로 그 에미야 다카유키, 아사카와 형제가 태어났던 마을을 대표해 자료관을 안내해준 70이 넘은 노인, 그리고 제일교포 2세로 30년간 수집해온 다량의 소장품을 아무 조건 없이 국내미술관에 기증한 하정웅(河正雄)이다. 전혀 예상치 못한 만남이었다. 조그만 인연이라도 소중히 했던 다쿠미는 우리를 위해 또 다른 인연을 이처럼 곳곳에 마련해놓고 있었다. 많은 사람들이 십시일반 힘을 모아 그를 소재로 한 영화제작을 추진하고 있다니 하루빨리 성사되었으면 한다.

나는 기념관을 둘러보며 줄곧 다쿠미의 인간됨을 생각했다. 일본에는 일기일회(一期一會, いち-ごいちえ)라고 해서 단 한 번의 만남이라고 할지라도 소중히 하라는 말이 있다. 짐작하건대 다쿠미는 40년이라는 결코 길지 않은 생애를 통해 만난 한 사람 한 사람과의 인연을 결코 소홀하게 다루지 않았음이 분명하다. 그리고 그는 누구보다도 진솔하고 또한 다정다감하였으리라. 그러지 않고서야 단지 3년여 교분을 맺었던 아베 요시시게가 그가 죽자 인류의 손실이라며 장문의 추도사를 신문에 연재까지 했을까. 또한 민예운동을 함께 했으며 뒤에 인간국보의 칭호도, 문화훈장도 사양한 도예가 가와이 간지로[河井寬次郞](1890 ~ 1963)는 아사카와 형제에 대해 존경심을 숨기려 하지 않았다.

한일합방 이래 조선에 건너간 일본인이 그 나라 사람을 어떻게 다루었는지를 생각하면 지금도 견딜 수 없다. 그럴 때 아사카와 형제가 그러한 일들에 대해 속죄하던 일을 떠올리지 않을 수 없다. 정복자가 피지배자에 대해 저지른 잘못, 그러한 야만이 아직도 사라지지 않는 가운데 그들이야말로 무지에 빛을 비추어준 사람들이었다.

아사카와 다쿠미는 야나기 무네요시는 물론 가와이 간지로, 도예가 도미모토 겐키치[富本憲吉](1886 ~ 1963)같은 민예운동에 참여했던 사람들은 물론 수많은 조선인과도 두터운 교분을 나눈다. 특히 고려청자의 재현에 일생을 바친 지순탁(地順鐸, 1912 ~ 1993)이나 유근형(柳根瀅, 1894 ~ 1993)도 그들 중의 한 사람이다. 이처럼 이름이 알려진 사람들 외에도 그는 수많은 민초들과 함께 호흡하며 이 땅에서 살았다. 그랬기에 그가 죽었을 때 많은 비가 내리는데도 불구하고 사람들이 구름같이 몰려들어 상여를 메었다고 한다. 매우 감동적인 장면이었으리라.

아사카와 다쿠미는 진정으로 조선사람이 되고자 우리의 말과 글을 배웠으며, 그의 저서는 놀랍게도 한글로 씌어졌다. 그의 조선사랑이 얼마나 컸으면 첫 저서 「조선의 밥상」에서 '피로에 지친 조선이여! 타인의 흉내를 내는 것보다 지금 가지고 있는 중요한 것을 잃지 않으면 곧 자신이 생기는 날이 올 것이다.

이것은 또 공예의 길뿐만은 아니다'라고 적었을까. 조선의 독립을 염원하는 뜻으로 쓴 게 틀림없는 이 글로 인하여 출간이 되지 않을 수도 있었지만 아베 요시시게의 도움으로 간신히 총독부의 검열을 피할 수가 있었다.

다쿠미는 야나기와 의기투합하여 민예운동을 주창하고 <조선민족미술관>을 설립하는 등 많은 일을 하지만 막상 그의 삶의 면면은 초라하기조차 하다. 18년 동안이나 산림과에 근무했지만 그의 직위는 판임관(判任官)의 기사에 불과했고, 수입 또한 많지 않았지만 주변 사람들을 돕는데 쓰곤 했다. 그리고 가정적으로 본다면 어쩌면 그는 불행한 사람에 속할 것이다.

첫째 부인은 딸 하나를 낳고 병사했으며, 야나기의 소개로 결혼한 둘째 부인은 아이를 하나 낳았지만 그 아이는 낳은 즉시 죽고 만다. 그리고 딸 소노에는 결혼도 하지 않고 야나기가 설립한 <일본민예관>의 일을 거들다가 1967년 10월, 의붓어머니인 사쿠가 82세의 나이로 사망하자 다음 달, 마치 뒤를 따르듯 60세를 일기로 숨을 거둔다. 다쿠미가 죽은 지 36년 만이고, 야나기가 죽은 지 6년 만이고, 노리타카가 죽은 지 3년 만이다. 그리고 의아한 것은 유일한 혈통인 소노에는 야나기가 죽자 그가 쓴 방대한 글을 정리하는 한편 수차례에 걸쳐 그에 대한 추모의 글을 쓰지만 정작 자신의 부친인 다쿠미에 대해서는 단 한 줄의 글도 남기지 않았다는 점이다. 절절한 사무침을 글로 표현할 수 없었을까.

다쿠미의 생애에 있어 형 노리타카도 무시 못 할 존재지만 야나기만큼은 특별하지 않다는 생각이 든다. 야나기는 자신보다 3살이 위이지만 다쿠미에게서 형과 같은 애정을 느꼈는지도 모르겠다. 야나기의 빈번한 조선행은 아마도 다쿠미를 만나기 위한 구실이었는지도. 그런 다쿠미가 위급하다는 전보를 받고 야나기는 단 한 번만이라도 더 그의 얼굴을 보기 위해 급히 조선으로 건너 오지만 경성으로 향하는 기차에서 운명했다는 비보를 접한다. 그의 슬픔은 끝이 없어 다쿠미가 죽은 지 3년이 되는 1934년, 《공예》지 3월호에서 야나기는 피를 쏟듯 다시금 슬픔을 토로한다.

그가 죽은 지 벌써 3년이란 세월이 흘렀다. 가족 중 몇몇이 죽었고, 많은 지우와도 헤어졌지만 아사카와의 죽음만큼 나의 마음을 견딜 수 없게 하지는 않았다. 그를 생각하면 지금도 가슴이 답답하다. 그는 둘도 없는 소중한 사람이었다. 특히 나에게는 덕(德) 그 자체의 존재로 남아있다. 무엇보다도 인간으로서 그는 훌륭했다고 생각한다. 그리고 그만큼 자연스럽게 덕을 겸비한 사람도 드물 것이다. 그의 존재는 언제나 그의 주변을 따뜻하게 또 맑게 해주었다. 그를 아는 사람들은 예외 없이 그를 사랑했다. 그의 마음에는 불가사의한 힘이 있었다. 그는 언제나 한결같았다.

다쿠미가 없는 30년을 야나기는 그를 잊지 못하고 가슴에 품고 살았음이 틀림없다. 그렇지 않고서야 자신의 서재에 사진을 걸어두고 매일같이 쳐다보지 않았을 것이며, 미망인과 딸을 곁에 두고 자신의 가족인 양 돌보지도 않았을 것이다. 다쿠미는 짧은 생을 살았지만 야나기를 만날 수 있어서 행복했고, 야나기는 일찍이 다쿠미를 잃었지만 진정으로 그리워할 상대를 가졌기에 행복했을 것이다. 한 사람은 성인과 같은 고매한 인격을 갖추었고, 한 사람은 그것을 꿰뚫어 보는 훌륭한 이지력을 지녔다. 아름다운 인연이 아닐 수 없다. 난 새삼스레 내 삶의 주위를 둘러보며 나에게도 그런 아름다운 인연이 있었으면 하고 욕심을 부려본다. 두 사람으로 인하여 며칠간 난 참으로 행복했다.

2008년 6월.

실타래처럼 얽혀 사사건건 문제를 일으키는 한일 양국의 감정의 골은 시간이 흐르며 풀리기는커녕 더 깊어만 가는 양상이다. 지금에 와서 역사의 뒤안길로 사라져가는 아사카와 다쿠미란 한 인물을 떠올리는 것은 그의 삶을 통해 서로에게 다가갈 수 있는 방법이 있지 않을까? 해서다. 서거 80주년을 즈음하여 세인의 큰 관심을 불러일으키지는 못했지만 뜻있는 사람들에 의해 몇몇 의미 있는 사업이 진행되었다. 2011년 9월에는 이틀간에 걸쳐 「한국을 사랑한 일본인- 부제 아사카와 다쿠미의 삶과 사랑」이란 주제로 양국의 전문 학자가 참여한 세미나가 서울에서 개최되었다. 그리고 2012년 4월, 망우리 있는 그의 묘소에서 서거 80주년 기념행사가 성대하게 치러졌음은 물론 『한국을 사랑한 일본인』(백조종 편저, 부코, 2011)」이 간행되었다. 이뿐 아니라 모금을 통해 제작비를 마련했던 그의 자전적 영화 <길(道)-백자의 사람>(타카하시 반메이 감독, 요시자와 히사시·배수빈 주연)도 완성되어 먼저 일본에서 개봉되었으며 5월, 국내에서도 상영되었다. 이런 일들이 밀알이 되어 한일 양국이 진정한 이웃으로 거듭나기를 기대해본다.

디아스포라와 아사카와 다쿠미 선생

황혜진
(㈜서광알미늄 대표이사)

망우리는 아버지가 몇 달에 한 번씩 서울 집에 왔다 강원도 군부대로 가며 넘던 고개로 알고 자랐다. 어릴 적 어머니와 아버지 근무지 관사로 갈 때 넘던 망우리고개는 무덤으로 가득 찼다. 친구들과 소풍 여행 그리고 결혼한 뒤 가족들과 넘어가던 망우리공동묘지가 점점 푸른 숲으로 변해 갔다.

결혼한 뒤 아들 하나 낳아 입시 경쟁에 뛰어든 학부모로 2000년 이후 10여 년은 정신없는 세월이었다. 특히 대학입시 준비는 전쟁이라 하여도 될 만큼 피를 말린 시간이었다. 비교과 영역을 대학입시에 반영하는 수시모집이 시작되었다. 자식을 위한 시간은 무엇을 하든 지극 정성이었다.

이제는 추억이 되어 버린 항목을 적어보면 다음과 같다.

학업 생활 모범상 및 교과우수상, 학교생활 충실, 이웃사랑 섬김 표창, 서울 G20 자원봉사자, 글로벌 창의적 인재 양성, 어린 보건복지부 직원, 동아리, 체력인증서, 한일경제 캠프, 문화유산 서포터즈 기자단, 학교생활 충실 등이다.

뜻이 맞은 학부모들과 정보를 교환하며 한 자라도 더 적어 넣으면 입시에 도움이 되지 않을까 생활기록부를 수시로 점검하며 학교 홈페이지를 들여다보았다. 겨울방학 방과후학교 모집에 <망우리공원 교과서 수록 유명인사 탐구 및 답사반>이 개설되었다. 망우리공원에 대해 알아보았다. 대학에서 요구하는 항목에 들어맞는 인물들이 많았다.

아이와 협의하여 수강 신청을 하였다. 누구나 같은 생각인지 수업을 받으려는 학생이 많아서 네(4) 반이 형성되었다. 몇몇 학생들은 학원을 가는 시간과 겹친다며 자료만 가져가고 학부모를 통해 출석을 인정해달라고 하였다.

학생들과 망우리공원을 답사를 함께했다. 망우리공원 인물들에 대한 개인적인 궁금증을 풀기 위해서였다. 어릴 때 불렀던 동요를 작사한 아동문학가 강소천, 세월이 가면 목마와 숙녀의 시인 박인환, 황소의 국민화가 이중섭, 탈출기와 홍염 그믐밤 등 빈궁문학 최고봉 최학송, 사법살인 당한 진보당 사건의 조봉암, 님의 침묵 시인 한용운, 어린이의 영원한 벗 소파 방정환, 간송 전형필의 멘토 서화가 오세창, 국어학자이며 종두법의 지석영, 한국을 사랑하여 한국의 흙이 된 아사카와 다쿠미 등 그리고 많은 독립지사와 문화예술인들의 비화를 정종배 선생님이 술술 얘기 꽃을 피워 추운 날씨였지만 집중하며 사색의 길을 걸었다.

박인환 유택에서 정종배 선생님은 세월이 가면 노래를 나직이 불렀다. 최학송 묘지관리와 묘지 관리인으로 등록하는 과정을 이야기하였다. 아사카와 다쿠미의 디아스포라 생애와 망우리에 이장과 다쿠미로 인해 인생이 바뀐 인물들을 소개하며 후일담을 이야기하였다.

"한국의 산과 공예와 사람을 사랑하다 한국 땅에 묻힌 일본인" 아사카와 다쿠미 80주기 추모문집인 『한국을 사랑한 일본인』(부코, 2011) 발간에 20여 명의 방과후학교 아이들의 원고를 수집 정리하기를 아들인 조호철이 주도적 역할을 하였으며 "한일관계를 이어주는 인류애에 빛나는 아사카와 다쿠미"라는 글을 수록하였습니다.

4월 2일 망우역사문화공원 다쿠미 유택 80주기 추모식에서 헌정식을 치렀다. 2011년 9월 아사카와 다쿠미 80주기 학술대회가 프레스센터에 열렸다. 주최는 서울국제친선협회 협찬 일본국제교류기금 재단법인 수림문화재단 후원 문화체육관광부 포천시 야마시현 호쿠토시 국립산림과학원 한국공예협동조합 연합회 한국 아사카와 현창회 일본 아사카와 형제추모회 해강고려청자연구소 등이었다.

특히 사진작가 후지모토 다쿠미 작명과 재일한국인으로 국내외 유명작가 그림 10,000여 점을 수집하여 고국에 기증하여 메세나를 실천한 하정웅 선생에 대해 자세히 알게 되었다.

–칸트 '인간의 가치는 진정 그 인간에게 있으며 그 이상도 그 이하도 아님을 증명하였다. 나는 진심으로 인간 아사카와 다쿠미 앞에 머리를 숙인다.' 아베 요시시게[安倍 能成]의 '인간의 가치'(1934 ~ 1947) – 고등학교 시절 이 문장을 읽은 것이 계기가 되어 아사카와 다쿠미의 인간미를 동경하게 되었고 이후 나의 삶의 방식은 재일한국인으로서 살아가는 데에 인생관을 배우고 청량한 생활을 하는 기초가 되었다고 말해도 과언이 아니다. 하정웅(메세나 정신) – 현 일본 청리은하숙 숙장. 광주시립 명예미술관장. 영암군 홍보대사. 전 영암 하정웅 명예미술관장. 전 한인문화교류협회장. 전 수림문화재단이사장)

일제강점기 식민지 시대 조선인들에게 항상 자신과 같은 눈높이로 대한 태도가 훌륭하다. – 다카사키 소지[高岐宗司] '조선의 흙이 된 일본인–아사카와 다쿠미의 삶'

아사카와 다쿠미 선생의 '인간의 가치' 실현 즉 디아스포라를 가슴에 담고 인류를 위해 무공해 및 재활용의 일회용 용기를 생산하며 삶을 살아간다.

2023. 7.

사월이 오면

조열래
(수필가)

사월이 오면 망우역사문화공원 사색의 길 언덕을 오른다. 아버지의 '타닥타닥'하는 지팡이 소리와 오래된 긴 그림자를 따라서 가쁜 숨을 고른다.

두 해 전 4월 2일, 병환 중인 아버지는 '아사카와 다쿠미의 서거 90주년 추모식'에 나를 대신 보내고 그해 여름 영면에 들었다.

생전에 아버지는 한·일 두 나라의 국교가 정상화되자 한일문화의 이해와 협력을 위하여 여러 방면으로 일을 하였다. 그때 아사카와 노리타카·다쿠미 형제를 알게 된 인연으로 양국을 오가며 자료를 수집하고 두 형제를 알리는 일에 힘을 쏟았다.

"다쿠미는 일본사람이지만 타국인 한국에 와서 훌륭한 일을 많이 했지, 너희들도 그가 이 땅에 나무를 심고 가꾸고 했던 업적을 알면 좋을 텐데." 아버지는 사월이 다가오면 늘 말씀했다. 그때는 얼굴도 모르는 한 일본인에 대해 아버지가 그렇게 말씀하는 이유를 잘 알지 못했다. 이제야 돌아가신 아버지의 뜻을 헤아리지 못한 죄송한 마음과 그리움으로 나는 망우역사문화공원 언덕을 오른다.

'지금 그 사람 이름은 잊었지만, 그 눈동자 내 가슴에 있네' 노래 한 소절을 흥얼거리면서 묘지 사이로 난 '사색의 길'을 걸었다. 걷다가 안내표지판을 유심히 살펴보았다. 시인 박인환, 화가 이중섭, 아동문학가 소파 방정환 등을 비롯하여 한용운, 지석영, 오세창, 조봉암 선생 등 역사적인 인물 사십여 명이 잠들어 계신다. 무덤과 비석이 우리나라 굴곡진 근현대사를 이야기해 주는 듯했다. '망우역사문화공원'이라는 새로운 명칭에 걸맞게, 알아보기 쉬운 이정표를 따라 크고 작은 유택이 잘 정돈되어 있다.

'탄신 132주년, 서거 92주년 아사카와 다쿠미 公 한·일 합동 추모식 2023년 4월 4일 서울 망우리공원 아사카와 다쿠미 묘역 아사카와 노리타카·다쿠미 형제 현창회' 묘소 위쪽 큼지막한 현수막이 눈에 들어왔다.

생전에 현창회 회장으로 추모와 기림 활동을 주도했던 아버지는 이 추모식을 중요하게 생각하셨다. 망백(望百)을 지나 상수(上壽)를 앞둔 걷기조차 힘드셨던 그해, "추모식에 내가 가야 하는데, 잔을 올려야지, 나도 꼭 데리고 가야 해."라고 말씀하시던 아버지의 간절한 표정이 눈에 선하다. '너'라도 가보라는 그 간곡함이 나를 망우리 언덕으로 오르게 했다.

아사카와 다쿠미 묘소 앞에 도착하니, 취재진과 산림청장 및 각계각층에서 보낸 화환과 참배객으로 주변이 붐볐다. 사색의 길에서 시작하여 쌓아 놓은 돌 계단을 몇 개 오르는데 돌 틈 사이 제비꽃 몇 송이가 보였다. 묘소의 주인이 마중이라도 나온 듯했다. 살짝 허리를 숙여 눈높이를 맞췄다. 아버지도 이 꽃잎들을 보셨겠지. 지팡이를 짚어 몸을 낮출 수는 없었겠지만, 제비꽃은 아버지를 반겨주었을 것이다. 가파른 계단을 오르다 보니 불편한 몸을 지팡이에 의지해 힘들게 오르셨던 아버지 모습이 떠올라, 내 눈에 이슬이 맺혔다.

다쿠미의 유택 안 혼유석과 그 옆에는 간단한 안내표지판과 둥그런 돌로 된 도자기 모양 묘표가 있다. 동생을 그리워하며 묘표라도 옆에 두고자 했던 형의 절절했던 마음이 다가와 가슴이 먹먹했다. 상석과 노리타카의 도자기 모양의 묘표를 닦았다. 오래전에 돌아가신 친정엄마 생각이 났다. 엄마 산소에는 몇 년에 한 번 가는데, 해마다 다쿠미 선생의 산소에 와서 상석을 닦는 나를 생각하니 묘한 감정이 일었다.

'한국의 산과 민예를 사랑하고, 한국인의 마음속에서 살다 간 일본인, 여기 한국의 흙이 되다.' 표지석에 새겨진 문구가 세월을 건너 나에게로 왔다. 그는 1914년 일제강점기 시절 조선으로 건너와 조선총독부 임업시험장에서 임업 고원과 기수로 일했다. 전국을 돌며 직접 조사하고 수집한 묘목에 나무의 명칭을 하나하나 한글로 붙이는 등 조선의 산림녹화를 위해 힘썼다.

십여 년 전에 아버지와 함께 아사카와 다쿠미의 일생을 그린 영화를 감상했다. 1931년 4월 2일 식목일을 앞두고 마흔 살의 나이로 그는 요절했다. 특히 장례식 장면은 눈물이 날 정도로 인상적이어서 지금까지도 뚜렷이 뇌리에 남아있다. 그는 '조선식 장례로 조선에 묻어달라'는 유언을 남기고 이문동 공동묘지에 묻혔다. 장례식에는 그를 추앙하던 조선사람들의 통곡처럼 장대비가 내렸다. 1942년 망우리공동묘지로 이장하여 오늘에 이르렀다. 2023년 4월 4일 오늘도 그가 사랑했던 산천초목을 촉촉이 적시는 단비가 내렸다.

아사카와 다쿠미는 일제강점기 시절 수많은 일본사람 중에 한국을 사랑하고 한국 사람으로부터 사랑을 받았던 단 한 사람이라고 여겨진다. 그가 한국의 흙이 되어 구십이 년이 지난 오늘 그를 추모하는 것도 뜻깊은 일이라 생각한다. 아버지가 걸었던 길 따라 빛바랜 한 조각의 기억까지 특별한 기록으로 남기고 싶다. 국경을 뛰어넘어 인류애를 실천한 디아스포라 세계인의 한 사람. 나는 얼마나 어떻게 기억하고 기록할 수 있을까? 지금 쓰고 있는 이 한 편의 부족한 글로나마 기록을 대신할 수 있을는지. 오늘 망우리 언덕 돌계단을 오르며 생각한다.

장사익 선생이 진혼곡을 불렀다. 나비 한 마리 날아들었다. 아사카와 다쿠미 봉분 위로 맴돌다 텅 빈 봄 하늘로 날아올랐다.

나에게는 해마다 사월이 오면 기억해야 하는 사람이 있다. 한국을 사랑하여 한국의 흙이 되어 역사와 함께 흐르는 '아사카와 다쿠미[淺川巧]' 그리고, 나의 아버지.

2023. 7.

잣나무와 아사카와 다쿠미

김완숙
(마을여행 콧바람)

초등학생들을 대상으로 학교 교정에 있는 나무를 관찰하는 수업을 하기로 했다. 내가 알고 있는 나무, 내가 좋아하는 나무를 찾아보고 적어보기로 하였다. 우리나라에 가장 많이 있다는 소나무, 그리고 소나무와 아주 비슷한 모습을 하고 있는 잣나무와의 구별하는 방법을 소개하였다. 가장 쉬운 방법은 솔잎이 2개, 3개, 잣나무 잎은 5개로 구분할 수 있다. 잣나무와 소나무의 자라는 나무의 모습을 비교해 보면 나무의 모습이 구불구불한 소나무에 비해 잣나무는 위로 길게 크게 자라는 모습이다.

잣나무와 소나무는 추사 김정희가 그린 '세한도' 속에서 나오기도 한다. 낙엽이 떨어지고 마는 계절인 겨울에는 소나무와 잣나무가 잘 보인다. 진정한 친구는 세한도 속의 잣나무와 소나무처럼 내 처지가 어려워지는 때에 내 곁을 지켜 주는 친구라 할 수 있다.

- 극락사 잣나무 숲

우리 동네 멋진 장소로 사람들에게 소개하는 곳이자 자주 찾는 곳은 중랑캠핑숲 안에 있는 극락사 내 우물 뒤편에 있는 수천 그루의 잣나무 숲이다. 주로 극락사 탐방을 갔다가 뒤쪽의 산으로 올라가면 대규모의 잣나무 숲이 나온다. 같이 탐방을 온 사람들과 함께 둥글게 서서 잣나무에서 나오는 음이온을 들이마시면서 기지개를 펴 보는 간단한 운동을 해 본다. 잣나무 숲을 보고 느끼는 것은 좋지만 이곳의 잣나무는 키워서 내다 팔 목적으로 키우는 것 같은 생각이 든다.

- 망우리 다쿠미 묘소

망우역사문화공원에 잠들어 있는 조선을 사랑한 일본인 아사카와 다쿠미가 우리나라를 푸르게 만들기 위해 직접 잣을 노천에 심어서 자라게 한 잣나무라고 한다.

중랑구 청소년 해설사들을 위한 교육으로 망우역사문화공원 망우공간에 도착을 한다. 순환로에서 왼쪽으로 가는 구리시 쪽 방향으로 30분 정도 걸어가다 보면 있는 것이 아사카와 다쿠미의 묘소이다. 멀리서도 잘 찾아볼 수 있는 아사카와 다쿠미 묘소는 불교식 부도 탑의 모양을 하고 있다. 주변에 묘소들이 이장을 해서인지 아사카와 다쿠미 묘소는 점점 넓어지고 있는 느낌이 든다.

다쿠미 묘소에는 잣나무가 5그루가 있는데 잣송이를 줍는 날은 정말로 득템하는 날이다. 중학생들에게 잣나무를 설명하기 위해 일부러 잣송이를 찾아보라고 했다. 학생이 들고 온 잣송이를 잘 관찰해보면 딱딱한 잣 알맹이들이 숨어 있다. 잣방울 속에서 딱딱한 잣을 하나씩 뽑아 보는 재미가 좋다. 잣송이 1개에 50개~200개 정도의 잣이 들어 있기 때문이다. 잣송이를 만지면 아주 끈적끈적해서 한번 만지고 나면 손가락이 쩍쩍 붙는다. 그래서 조선시대의 이 잣송이는 횃불을 대신하기도 했단다.

아사카와 다쿠미는 40세의 젊은 나이에 과로로 죽음을 맞게 되고 이문리 일본인 묘소에 묻혔다가 이곳 망우리로 옮겨오게 된다.

- 홍릉수목원(국립산림과학원) 방문

홍릉 숲의 공식 명칭은 국립산림과학원이다. 그러나 우리나라 근대 임업 발상지로 국립산림과학원이라는 명칭보다는 홍릉 숲으로 주로 불린다. 현재는 평일은 예약제로, 주말에는 자유 관람이 가능하다. 지역의 학교에서 주관하는 학생, 학부모, 주민과 같이 홍릉 숲 탐방을 할 기회가 생겼다.

홍릉 숲이라고 불리는 이유는 그 자리가 명성왕후의 왕릉이 있었기 때문이다. 또한 그 이전에는 연산군의 어머니였던 폐비 윤씨의 묘소가 회릉으로 있다가 다시 회묘로 강등되기도 했던 터였다. 명성왕후 홍릉은 1919년 고종황제와 같이 경기도 금곡으로 옮기면서 이곳은 1922년 임업시험소가 생겼다. 그곳에서 근무했던 아사카와 다쿠미와 많은 관련이 있던 곳이다.

- 경춘선 숲길의 잣나무 숲길

일제강점기 철원으로 강원도청이 옮겨지는 것에 반해 1939년 춘천 시민들이 직접 경춘선을 건설하게 된다. 중랑천 위 경춘 철교와 경춘선 방문자센터 사이에는 오른쪽에 잣나무 숲길이 나온다. 잣나무 숲길 길이는 약 800여 미터에 이른다. 이 숲길은 경춘선 열차가 다니던 시절에 조성된 것이다. 갑자기 나타나는 키가 큰 잣나무 숲길이 마치 산 속에 온 듯한 기분을 느끼게도 한다.

2023. 7.

잊지 말아야 할 형제, 다쿠미와 노리타카

김태완
(시인, 월간조선 기자)

아사카와 다쿠미[淺川巧](1891년 1월 15일 ~ 1931년 4월 2일)는 일제강점기 시절, 한국 문화와 한국인을 사랑한 인물이다.

그의 무덤 역시 한국에 있다.

기자는 지난 2021년 4월 고인의 90주기, 탄생 130주년 당시 망우리공원에서 열렸던 추모제를 보도한 일이 있다. 그리고 정종배(鄭鍾培) 선생님을 통해 아사카와 다쿠미의 일생을 접할 기회를 가졌었다.

아사카와 다쿠미는 이런 인물이었다.

'꿈에라도 조선인이 되고 싶었던 일본인. 그래서 끝내 돌아가지 않고 이 땅에 묻힌 사람. 죽어서 비로소 조선인의 꿈을 이룬, 이제 그 살과 뼈 썩어 한줌 흙이 된 사람. 평생의 화두가 조선의 아름다움(美)이었던 사람….'(서울대 김병종 명예교수)

'땅에 몸을 붙이고, 어두운 밤에도 제 몸에서 빛을 내어 주위를 밝게 하는 그런 사람'(와다 하루키 도쿄대 교수)

아사카와 다쿠미는 1891년 1월 15일 유복자로 일본 야마나시현(山梨縣)에서 태어나 고향 농림학교를 졸업했다.

형 아사카와 노리타카[淺川伯敎]는 1884년 8월 4일생이다. 아버지 아사카와 조사쿠[淺川如作]는 1890년 세상을 떠났다.

형 노리타카가 조선에 온 것은 1913년이다. '경성 독립문통 36번지'에 거주했다는 기록이 있다. 그 이듬해 동생이 경성에 건너와 형과 한집에 살게 되었다. 어머니는 이미 큰아들과 서울에서 살고 있었다고 한다.

그해(1914년) 동생 다쿠미는 조선총독부 농상공부 식산국 산림과에 근무하며 한국의 산과 민예(民藝) 미술에 빠져들기 시작했다.

형 노리타카는 경성 남대문심상소학교에서 근무하다 서대문공립고등소학교 교사로 전임을 갔다. 1914년의 일이다.

동생 다쿠미는 경성일보 주최 <조신도기에 대하여> 강연회에 참석해 <조선의 기물(器物) 및 용도>(1928)를 발표한 일도 있다.

그리고 『조선의 소반』(1929), 『조선도자명고』(1931) 등의 기념비적인 저서를 남겼다. 『조선도자명고』는 세상을 떠나기 직전에 탈고한 책이다.

생전 그는 "조선의 소반과 도자기를 보면 마치 조선의 민족사를 읽는 것 같고 옛사람과 사귀는 느낌이 든다"고 말하곤 했다.

『조선의 소반』은 한국인조차 주목하지 않던 것들이 많다. 예컨대 조선의 소반은 반제품 상태로 판다. 이를 백반(白盤)이라고 한다.

이를 집에 가져와 들기름을 바르거나 붉은 칠을 하고 옻칠을 해서 쓴다. 아사카와는 "조선의 소반은 세월이 흐르면서 윤기를 더해 사용자가 소반 미학의 완성자인 점이 특색"이라고 썼다.

'개다리밥상'에 대한 언급을 보자. '반판(盤板)에 다리를 접속하는데 구름과 연기, 안개 등이 끼어 있는 듯한 구름무늬 운각(雲刻)을 중간에 둔 그 조화로움과 풍부한 곡선미에 보는 사람은 감동을 받는다'고 썼다.

동생 다쿠미는 형의 친구이기도 했던 야나기 무네요시[柳宗悅](1889 ~ 1961)와 함께 경복궁 집경당에 <조선민족미술관>(1924년 개관)을 세웠다. 식민지 그 음험하던 시절, '조선'과 '민족'이란 이름이 들어간 미술관을 세운다는 게 얼마나 큰 용기와 열정이 필요했을까. 짐작하고 남는다. 야나기가 이들 형제로부터 영향을 받아 조선의 미를 연구하게 된 것은 익히 알려진 사실이다. 『조선의 소반』과 『조선도자명고』의 서문과 발문 모두 야나기가 썼다.

다쿠미는 17년간 조선에 살며 한글을 쓰고, 한국식 생활 주변인들과 어울리고 어려운 이들을 도와주는 디아스포라적 삶을 살았다. 그의 묘비명에는 이런 문구가 적혀 있다.

"한국의 산과 민예를 사랑하고 한국인의 마음 속에 살다간 일본인 여기 한국의 흙이 되다."

아사카와 다쿠미의 평전 『조선의 흙이 된 일본인: 아사카와 다쿠미의 생애』(1982, 1998)을 쓴 쓰다주크[津田塾]대학 다카사키 소지[高崎宗司] 교수는 "아사카와는 일본의 소위 문화정치가 조선 그 자체의 파괴가 되고 있음을 날카롭게 꿰뚫어 보았던 양심적 지식인이었다며 망우리로 이장하기 위해 무덤을 팠을 때 그는 단정히 조선옷을 입고 동그란 로이드안경을 낀, 묻힐 때의 모습 그대로였다"고 그를 기렸다.

망우리에 가면 아사카와 다쿠미를 만날 수 있다. 지금도 만날 수 있다! 조선의, 아니 한국의 어린아이를 사랑했고 우리의 도자기와 옹기, 소반을 사랑했던 위대한 인물을 만날 수 있다.

일본인이 아닌 한국인이 나서 그를 추모하고 기억하려 애쓴다. 그 정성이 그저 놀라울 정도다. 망우리에 있는 그 어떤 묘보다 더 정성스럽게 돌보고 있다.

아무리 생각해도 그는 세속적 의미의 '잘난' 사람이 아니었다. 심지어 종교인도 정객도 눈부신 예술가가 아니었다. 그래서 그를 더 추모하고 기억하려 한다. 한복에 흰 고무신 차림으로 살았기에 더 그를 기억한다.

동생만큼 형도 위대한 인물이다. 노리타카는 안정적인 교직생활을 정리하고 조각가의 길로 나섰다. 첫 번째 열린 조선미술전람회에 작품 <종다리>를 출품해 입선을 한 일도 있다. 동생과 함께, 혹은 혼자서 경상도 전라도 평안도 함경도 등 전국을 돌며 도자 가마터를 조사했을 정도다. 동생이 급서하자 형은 동생을 위해 백자 모따기 항아리형 묘비를 건립한다. 그 마음이 어땠을까. 동생이 떠난 뒤에도 형은 조선에 계속 머물렀다.

일본이 패망하자 1946년 조선민족미술관에 있던 소장품과 개인소장품 약 3,000점과 도편 30상자를 <국립민족박물관>(현 국립중앙박물관)에 모두 기증한 뒤 일본으로 돌아갔다. 그리고 노리타카는 1964년 향년 80세 나이로 세상을 떠났다.

2023. 7.

인간의 가치를 실현한 아사카와 다쿠미

임대균
(시인, 교육 기획자, 해양탐험가)

제대로 사과받지 못하고 청산도 하지 못한 식민지의 상흔이 정치, 경제, 사회, 문화 곳곳에 잔재로 남아 내려오는 한민족에게 일본인은 왜놈이라는 오랜 역사적 비하가 담긴 말이 의미하는 조롱의 대상이거나, 피의 혁명을 한 번도 경험해 보지 못하고 점령국에 의해 이식된 민주주의 속에 19세기 신민(臣民)들이 극우적 우익의 꼭두각시가 되어 살고 있는 듯한, 매뉴얼 안에 갇힌 가여운 시민들을 떠올리게 하는 연민의 대상이었다.

가르치는 학생들에게 '아사카와 다쿠미'라는 인물을 소개하는 일은 그래서 의미가 깊다. 한국인, 일본인이라는 국적을 떠나 아무도 거들떠보지 않았던 조선 민예의 깊은 가치를 알아본 심미안을 가진 사람. 한국인, 일본인을 구분하지 않고 모두 같은 '사람'으로 바라봤던 인류애를 가진 사람. 일제의 무분별한 개발과 수탈적 임업에 황폐해진 한반도의 산 곳곳에 나무를 심고 길렀던, 자연과 평화를 사랑한 사람. 조선인들에 대한 제도적, 직접적 폭력이 승했던 환경 속에서 스스로 발견한 아름다움에 이끌려 오히려 탄압받는 피지배국의 사람으로 죽고자 했던 자유인.

미학을 전공한 사람으로서 예술과 예술인을 '새로운 가치를 보임으로 사람들의 관점을 바꿔주는 창작품, 행위 또는 사람'이라 정의하고 있는데, 그런 의미에서 아사카와 다쿠미는 지독히도 예술가적 삶을 살았다. 그는 일본인, 한국인이라는 편견의 그물과 식민지 상황의 어두운 시대를 벗어나 열정적으로 조선의 자연을 사랑하고 민예의 아름다움을 감탄하며 살다간 세계인이자 자신의 삶으로 사람들의 관점을 바꿔주고 있는 예술가다. 1922년 조선총독부가 <조선신궁>을 세우고 광화문을 헐려고 하자 그 부당성을 주장하며 반대하고, 조선의 편에 선 것을 넘어 인류 문화의 보존에 힘썼던 그의 모습에선 국수주의를 넘어선 안중근 의사의 사해동포주의적 관점마저 느껴진다. 이런 멋진 인물의 삶을 학생들에게 소개하고 그의 삶을 톺아보는 일은 어찌 보면 당연한 일이다. 예술을 전공하고자 하는 학생들에게는 그가 사랑했던 조선 민예의 아름다움을 함께 학습하게 하고 정치학, 윤리학을 공부하고자 하는 학생들에겐 그의 생각을 모티프로 한 세계시민주의 사상 및 생명존중 사상을 탐구하게 한다. 산림, 원예를 전공하려 하는 학생에겐 그의 임업 기술에 대한 연구를 진행하도록 돕고 역사를 공부하고자 하는 학생에겐 아사카와 다쿠미를 둘러싼 한반도 정세와 세계정세를 함께 공부해왔다. 한 인물의 삶에서 이토록 다양한 주제들이 파생되는 일은 그리 흔치 않다. 레오나르도 다빈치나 조선이 낳은 천재 다산 정약용, 추사 김정희 정도 되어야 나올 주제의 다양성이다. 이 인물이 사람들에게 어떤 영향을 끼쳤는가는 아래 한 학생의 서울대 합격 자기소개서 일부에 담긴 글을 보면 알 수 있다.

…(재)수림문화재단에서 진행한 세계시민교육활동으로 폴 러쉬, 김희수, 하정웅, 아사카와 다쿠미 등의 인물들에 대해 배웠습니다. 그 중 아사카와 다쿠미라는 인물에 대해 관심이 생겼는데, 조선총독부의 말단관료이면서 한복을 입고 한국인처럼 생활을 하며 어려운 한국 사람들을 도와주었고 조선의 문화(잣나무, 민예)를 지키기 위해 연구한 점에 감동했습니다. 일제강점기의 일본인이면서 한국 고유의 전통을 보호하고 살리려 노력했던, 어찌 보면 모순된 캐릭터인 아사카와 다쿠미를 떠올리며 세계시민주의를 주창했던 안중근 의사가 떠올랐습니다. 국적을 넘은 인류와 생명에 대한 사랑은 사대주의나 국가주의를 넘어서 전 세계가 대면하고 있는 환경, 전쟁, 인권 등의 문제 해결에 꼭 필요한 정신이라는 생각이 들었고, 선생님의 추천으로 아사카와 다쿠미 추도식에 참석해 학생대표로 추도문을 낭독했습니다. 저 또한 한국인으로서의 정체성에 머물지 않고 더 넓은 관점에서 인류, 더 나아가 모든 생명을 존중하며 살아가는 삶의 자세를 배울 수 있었습니다.

어떻게 살 것인가? 무엇이 될 것인가? 죽어 무엇으로 남을 것인가? 라는 인생의 큰 질문들 앞에 좋은 본보기를 남겨 준 한 청년. 한국의 예술과 자연, 또 한국인들을 위해 자신의 삶을 헌신했던 한 청년을 기억한다.

2023년 여름. 요지경 같은 세상살이의 어려움으로 지쳐 있는 한국인들에게 그가 남기고 간 예언자적인 말들로 짧은 글을 마치고자 한다.

'피곤으로 지쳐 있는 조선이여, 다른 사람을 따라 흉내를 내기보다 갖고 있는 중요한 것을 잃지 않는다면, 멀지 않아 자신으로 찬 날이 올 것이다. 이는 공예로만 국한한 것이 아니다.'

2023. 7.

아사카와 다쿠미를 만나러 가는 길

조미선
(창경궁 궁궐지킴이·망우역사문화공원 구리시 해설사)

눈이 온다는 날씨 예보를 알고도 망우역사문화공원으로 향한다. 버스를 타는 순간부터 눈이 내린다. 설경의 산책이 될 것을 예상하면서 설레기 시작한다. 처음 만나는 안내판에는 수많은 독립운동가와 문화예술인 등 다양한 계층의 근현대사의 인물과 마주한다. 그런데 그중에 일본 분이 유독 눈에 들어온다.

그 이름은 아사카와 다쿠미. 어떻게 일본 분이 한국 땅 망우리 공동묘지에 잠들어 계실까? 의문이 든다. 다쿠미는 일본에서 농업학교를 졸업하고 먼저 형이 온 조선으로 오게 된다. 조선총독부 농공상부 산림과에 근무하였다. 주요 업무는 양묘였기에 종자를 채집하기 위해 조선의 여러 곳을 돌아다녔다. 조선 사람과 문물을 접하면서 도자기는 물론 민예품도 큰 관심을 두기도 했다.

아사카와 다쿠미는 일본의 무분별한 개발과 수탈적 임업 때문에 헐벗고 균형을 잃은 조선의 산을 매우 안타깝게 생각했다. 1917년에는 동료와 함께 「조선 당송(唐宋)의 양묘 성공보고」라는 글을 발표하기도 했다. 또한 『조선 거수 명목지』를 공동으로 저술하기도 했다. 자연이 일러준 방법만이 산과 숲을 키우는 길이라 여긴 다쿠미는 한국의 산과 문화를 사랑했다. 그는 죽은 뒤에는 유언에 따라 한국에 묻혔다. 그래서 그의 이름 앞에는 “죽어서도 조선의 흙이된 일본인”이라는 수식어가 붙는 분으로 <망우역사문화공원>의 묘소에 가면 먼저 반기는 것은 단비와 도자기 모양의 석물이 좌우로 지키고 있다. 단비에는 “한국의 산과 민예를 사랑하고 한국인의 마음속에 살다간 일본인 여기 한국의 흙이 되다“라고 앞면에 새겨져 있다. 뒷면에는 중심 이력인 잣나무 종자의 <노천매장법>, 『조선의 소반』, 『조선도자명고』 등 저술이 새겨 있다. 이것은 1984년에 임업시험장 직원들이 세운 것이다. 일제강점기 식민지 관료인 일본사람을 한국 사람들이 이렇게 단비를 세웠다니, 그 일본인이 어떤 영향으로 단비까지 세워주었을까? 생각하게 된다. 잘 다듬어진 묘소, 늘 탐방객이 많은 묘소 중 한 곳이다.

1901년 아키타 심상고등소학교에 입학하였다. 1906년 야마나시현립 농림학교에 진학하여 형과 자취생활을 한다. 이듬해에는 야마나시현에서 무차별한 남벌과 도벌에 의한 수해로 하천이 범람했다. 232명이 사망하는 참상을 목격하고 치수의 근원인 조림의 중요성을 통감하였다. 학교 졸업 후에 아키다현 오오다테영림서에서 국유림 벌채 사업을 5년간 종사하기도 했다.

조선총독부 산림청에 근무하면서 조선의 민둥산을 보고 안타까워하였다. 어떻게 하면 민둥산을 푸르게 푸르게 만들 수 있을까를 생각했다. 잣나무 종자의 노천 발아 촉진법을 개발했다.이 것은 잣나무는 2년간 길러야 양묘에 성공할 수 있는 것을 1년으로 단축할 수가 있어서 조선의 민둥산을 푸르게 하는데 많은 도움를 주었다. 그 영향으로 한국의 인공림의 37%에 잣나무가 차지하고 있다.

다쿠미 선생은 형의 도자기의 관심으로 이곳저곳 다니면서 도자기와 민예품에 큰 관심을 가졌다. 조선의 민예를 이론적으로 전파하는데 큰 족적을 남겼다. 특히 조선의 소반에 대해 특별한 애정이 있었고 조선말을 하고 조선옷을 입고 조선인을 이웃으로 살면서 조선의 마음으로 조선사람으로 살았던 인물이다. 무덤 앞의 상석에는 "삼가 유덕을 기리며 명복을 빕니다" 라고 쓰여 있다. 그리고 작은 비석에는 "공덕지묘"라고 되어 있는데 임업시험장 직원의 명의로 세웠으니 얼마나 많은 덕을 베풀었나를 알 수 있다, 오른쪽에는 도자기 모양의 석물이 서 있는데 다쿠미가 생전에 좋아하던 "청화백자추초문조각호"로 조각을 전공한 형인 노리타카가 동생의 1주기에 이문동공동묘지 동생 무덤 앞에 세운 작품이다. 처음에는 이문리 묘지에 묻혔으나 도로 건설로 이문리 묘지가 없어지면서 망우리로 오게 됐다. 다쿠미의 가족이 아직 경성에 머무르고 있었기에 가능했던 일이다.

다쿠미는 특히나 조선의 소반의 아름다움에 반하여 수집하고 연구하여 책을 썼다.

"지친 조선이여, 남의 흉내를 내는 것보다 갖고 있는 소중한 것을 잃지 않는다면 언젠가 자신에 가득 찬 날이 오리라"라고 이 글은 공예에 대한 말이기도 하지만 지금의 우리에게도 지침이 될 수 있는 말이기도 하다. 서문에도 "일상생활에서 가까이 지내면서 견문의 기회를 주고 물음에 친절하게 답해준 조선의 친구들과 많은 도움을 준 분들에게 이 기회를 빌려 고마움을 표하고 더욱 친해지기를 바라마지 않는다"라고 쓰여 있다.

다쿠미를 기억할 수 있는 곳이 있다. 바로 청량리 홍릉수목원 안으로 들어가면 국립산림과학원 정원에 1892년생 소나무가 크게 가지를 뻗어 반긴다, 이 나무는 1922년에 홍파초등학교에 있었던 나무를 옮겨심은 것이 지금껏 잘 자라서 많은 사람들의 그늘이 되어 주고 있다.

식목일 행사 준비를 열심히 하다가 폐렴으로 떠난 다쿠미는 영화 <백자의 사랑>으로 남아서 우리 곁에 머물고 있으며 청리은하숙 및 청리은하숙 세계시민학교 등 한일 문화교류 등 영원히 기억되는 죽어서도 흙이 된 일본인이다

함박눈이 오는 날 <망우역사문화공원> 다쿠미 선생의 묘소를 참배한다. 푸른 잣나무의 위에 쌓인 눈을 본다. 민둥산을 푸르게 푸르게 산림 조성을 실천했던, 조선을 사랑한 일본인의 마음을 되새겨 본다.

2023. 7.

조선백자를 사랑한 일본인, 아사카와 다쿠미[淺川巧] 공덕(公德)

김쌍규
(중랑구청 망우리공원 자문위원)

내가 망우공원 지금의 망우역사문화공원을 내 블로그(네이버, 산처럼 물처럼, 밥사랑)에 올린 첫째 날은 2016년 6월 21일 '망우공원 산책 01, 망우리 이야기'이다. 그날 이후 박인환, 서동일, 오재영, 이중섭, 최학송, 이병홍, 장덕수, 조봉암, 한용운, 서병호, 오세창, 문일평, 방정환, 오긍선, 박승빈, 문명훤, 유상규, 아사카와 다쿠미, 이인성, 지석영, 김상용 등의 인물과 묘지를 블로그에 올렸다. 마지막 김상용 시인을 올린 날이 2016년 10월 12일이다. 망우공원 산책 18. 돌아오는 길(시인 김상용의 무덤 그리고 산책 마무리)을 중심으로 망우산 산책을 마무리한 날이 2015년 12월 19일이었다. 망우공원 산책은 답사를 진행하는 해설사를 따라가는 일행과 함께였다.

2021년 3월 12일부터 망우역사문화공원을 본격적으로 나 홀로 답사하기 시작했다. 정년퇴직까지 근무하는 학교도 중랑구 신현고등학교로 옮겼다. 면목동으로 이사도 하였다. 2021년 3월 12일에 블로그에 올린 '망우공원 산책 19, 중앙일보 사장 이북의 가족 무덤'부터이다. 그 이후 일주일에 한두 번씩 답사를 꾸준히 진행하여 그날그날 블로그에 올렸다. 2023년 12월 31일 연말까지 245회이다. 지금도 이장한 무덤터에 흙에 묻힌 비석을 통해서 밝혀내야 할 인물들은 끝이 없다. 대한민국 근현대사의 박물관이다. 일단 묘지의 주인공과 후손들 이름과 사진을 중심으로 블로그에 올렸다. 그분들의 활동을 풀어내야 한다. 상당한 시간이 필요하다.

한국인보다 한국을 사랑하고 한국의 흙이 된 일본인 아사카와 다쿠미에 대해 맨 처음 접하고 올린 글을 소개하면 다음과 같다. '망우공원 산책 16, 조선백자를 사랑한 일본인, 아사카와 다쿠미(淺川巧公德)의 무덤'이란 제목으로 2016년 9월 22일 블로그에 올린 글을 옮겨 적는다.

특별한 무덤

유상규의 무덤으로 가는 길에 한 일본인의 무덤이 있습니다. 주인공은 아사카와 다쿠미(淺川巧公德 1891~1931)입니다. 그는 도대체 누구이기에 이곳에 누워 있을까? 조선의 백자를 사랑한 일본인이라는 가이드 선생의 말씀을 듣고 일단 무덤을 살펴보기로 합니다. 햇볕이 잘 드는 양지바른 곳에 아담한 무덤이 있습니다. 봉분을 중심으로 앞에는 상석이 있습니다. 무덤의 왼쪽에는 추모비가 있고, 오른쪽에는 비석과 묘탑이 세워져 있습니다. 일본인의 무덤에서 볼 수 있는 묘탑을 제외하면 우리의 무덤과 다를 바 없습니다. 추모비에는 다음과 같은 글이 새겨져 있습니다. '한국의 산과 민예를 사랑하고 한국인의 마음속에 살다 간 일본인, 여기 한국의 흙이 되다.' 이 추모비는 1984년에 임업시험장 직원 일동이 그를 기리기 위해 세운 것입니다. 그는 도대체 어떤 인물이기에 우리나라 임업시험장에서 이런 표석까지 세웠을까? 그에 대한 궁금증이 더욱 커집니다. 백자와 임업시험장은 그를 이해하는 중요한 키워드인 셈입니다.

민둥산과 잣나무

아사카와는 24세가 되던 1914년에 바다를 건너와 조선총독부 산림과(임업시험소)에서 근무합니다. 이때부터 조선의 민둥산을 녹화하기 위해 많은 노력을 기울입니다. 알맞은 수종을 고르기 위해 전국을 돌아다닙니다. 그가 한 일 가운데 유명한 것이 묘목을 기우는 방법(양묘법)으로 잣나무의 노천매장 방식을 개발한 것입니다. 이 방식은 자연 상태의 흙을 이용하여 잣나무(오엽송)의 종자를 싹 틔우는 것입니다. 이 기술로 잣나무를 1년 만에 길러낼 수 있게 됩니다. 우리나라의 인공림 가운데 37%가 이때 심은 잣나무이라고 합니다. 경기도의 광릉수목원도 그의 노력으로 탄생합니다. 비로소 임업시험장에서 그를 기리는 추모비를 세운 뜻을 이해하게 됩니다. 참고로 국립산림과학원의 정원에 있는 반송(1892)도 홍파초등학교에 있던 것을 그가 1922년에 옮겨 심은 것이라고 합니다.

조선의 공예를 사랑하다

그는 조선의 공예에 관심을 가집니다. '조선 도자기의 신'으로 평가받는 아사카와 노리타카(1884~1964)는 그의 친형입니다. 그는 조선 각지의 가마터에서 도자기를 구해 형에게 보냅니다. 형은 조선의 도자기를 연구하고 이를 일본에 소개합니다. 백자의 매력에 빠진 야나시 무네요시[柳宗悅]는 민예운동을 시작합니다. 아사카와 다쿠미 자신은 조선의 밥상(소반)에 관심을 갖고 연구를 시작합니다. 그 결과로 탄생한 것이 『조선의 소반』입니다. 이 책에서 그는 다음과 같이 말합니다. '피곤에 지쳐 있는 조선이여, 다른 사람 흉내를 내기보다 갖고 있는 중요한 것을 잃지 않으면 멀지 않아 자신에 찬 날이 올 것이다. 이것은 공예에만 국한된 것이 아니다.' 그는 도자기에 대한 연구도 병행합니다. 그 성과는 사후에 『조선도자명고』이라는 책명으로 출간됩니다. 두 책은 우리나라 공예와 도자사 연구에서 보물 같은 책으로 평가되고 있습니다. 두 형제는 야나시 무네요시와 함께 뜻을 모아 경복궁 안 집경당에 <조선민족미술관>을 건립합니다(1924). 처음에는 아사카와 다쿠미가 운영하다가 그가 죽은 이후에는 친형인 노리타카가 맡습니다.

조선 사람보다 더 조선을 사랑한 일본인

그는 조선에서 한복을 입고 조선인처럼 살아갑니다. 조선인 마을에서 바지와 저고리를 입고 망건을 쓰고 온돌방에서 생활합니다. 그러나 41세의 젊은 나이에 식목일 행사를 준비하다 '조선식 장례로 조선에 묻어 달라'는 유언을 남기고 세상을 떠납니다. 유언대로 자신이 살던 경기도 이문리(지금의 동대문구 이문동)에 묻혔다가 망우리 공원으로 이장됩니다. 조선의 산과 문화를 사랑한 그는 사후에도 오랫동안 높은 평가를 받고 있습니다. 그를 기리는 추모식이 해마다 이곳 묘역에서 거행됩니다. 2011년에는 '시대의 국경을 넘은 사랑: 아사카와 다쿠미의 임업과 한국민속공예에 관한 연구'를 주제로 서울에서 학술대회가 개최되기도 합니다. 2012년에는 그의 일생을 그린 에미야 다카유키의 소설 『백자의 사람 : 조선의 흙이 되다(일본어: 道〜白磁の人』이 영화로도 제작됩니다.

망우 공원의 일본인들망우리 공원에는 아사카와 다쿠미 말고도 두 명의 일본인 무덤이 있습니다. 한 사람은 아까 지나왔던 이중섭의 묘 근처에 있는 지전신지(池田信之)의 무덤이고, 또 한 사람은 사이토 오토사쿠(齋藤音作 1866~1936)입니다. 지전신지는 전혀 알려지지 않아 알 수 없는 인물입니다. 사이토는 우리에겐 생소한 사람이지만 기억할만한 인물입니다. 그분의 무덤은 조봉암 무덤 왼쪽에 있습니다. 한동안 소재지조차 몰라 방치되었다가 최근에야 그 존재가 알려집니다. 그는 아사카와 다쿠미보다 먼저 조선에 옵니다. 조선이 망하기 직전인 1910년에 대한제국의 농상공부 기사(임정과장)로 초빙된 뒤 조선총독부 산림과장, 영림청장을 지냅니다. 그는 홍릉 등 왕릉의 산림을 관리하고 우리나라에 포플러와 아카시아 나무를 처음으로 심는 등 산림녹화에 크게 이바지했다고 합니다.

2016, 9, 26.

영화 <길-백자의 사람>이 보여 준 것들

무라야마 도시오
(작가)

영화는 시대와 함께 호흡한다고 한다. 필자가 2011년에 처음으로 책으로 쓴 배우 안성기 씨의 평전 중에 그의 출연작품을 더듬어 가면서 느낀 것이기도 하다, <만다라>·<바람 불어 좋은 날>·<남부군>·<하얀 전쟁>·<부러진 화살>… 특히 "사회파 영화"에 많이 출연해 온 국민배우의 영화 인생은 한국 현대사를 영상으로 새겨놓은 소중한 이정표이기도 했다.

2012년에 상영된 <길-백자의 사람>은 스탭의 80%가 한국인, 촬영지의 90%가 한국인데도 일본인인 아사카와 다쿠미의 생애를 일본인 감독인 다카하시 반메이가 영상화한 일본 영화 중에서도 소수파격인 "사회파 영화"의 수작이었다.

아무래도 1955년 이후 70년 동안이나 거의 자민당의 단일 정권이 계속된 일본 사회의 곳곳에서 썩은 냄새가 풍기기 시작한 것을 감지하여 영화인들도 "시대의 요구"를 깨닫게 된 것일지도 모른다, 요 몇 년 사이에 아베 정권의 비리를 추궁한 <신문기자>(2019), 후쿠시마 원전 사고의 참상을 사실적으로 그려낸 드라마 <THE DAYS>(2023), 간토대지진 때 학살사건의 진상을 파고 들어가려고 하는 <후쿠다무라 사건=1923년 9월>(2023) 등 훌륭한 작품들이 잇따라 개봉되었다.

그런데 <백자의 사람>은 일본에서 "역사수정주의자"가 판을 치기 시작한 2012년, 동일본대지진에 의해 무너졌다고 말할 수 있는 민주당 정권에 대한 반동으로 등장한 제2차 아베 신조 정권의 발족 6개월 전에 개봉된 점에서 명백한 시대성을 지니고 있었다. 참고로 영화 포스터에 적힌 제목의 "길 도자"는 교토 기요미즈데라(청수사) 주지 스님인 모리 세이한 씨가 휘호한 것이지만 그분은 재일한국인의 문화운동이나 인권 수호 운동에 적극적으로 참여해 온 승려이기도 하다.

이 작품의 감독인 다카하시 반메이는 학생 시절에 와세다 대학에서 학생운동에 몸을 던져 대학을 제적당한 경력의 소유자이다. 그의 영화 인생을 결정적인 것으로 만들어준 와카마쓰 프로덕션은 영화 <적군-PFLP세계전쟁선언> 등의 감독으로 알려진 아다치 마사오를 비롯해 실제로 적군파로서 활동하고 있던 젊은이들이 모여 있던 아지트로서 유명했다. 다카하시 감독의 작품 중에는 산악지대에서 계속 동지들을 살해했던 처참한 "연합적군 사건"을 주제로 한 <빛의 비>와 2020년에 실제로 도쿄에서 일어난 노숙자 살인 사건을 다룬 <동틀 녘까지 버스정류장에서> 등 사회를 향해 날카로운 물음을 던지는 문제작도 적지 않다. 그 감독이 아시아 침략의 역사를 왜곡하여 다시 전쟁 국가로 나가려는 조짐을 보이기 시작할 무렵에 이 영화를 제작한 것은 주목할 만했다.

영화는 형의 뒤를 따라 아사카와 타쿠미가 임업시험장에서 만난 조선인 직원 “청림”과 맺은 돈독한 우정을 축으로 진행된다. 일본과 조선의 갈등과 화해에 이르는 모습을 오버 랩 시킨 설정으로 볼 수 있으나, 3.1독립운동의 과정에서 절친한 친구를 잃어버린 청림이 타쿠미에게 들이대는 식민 통치의 현실이 엄연히 타쿠미의 가슴에 꽂힌다. 청림의 말은 이랬다.

“당신은 아무것도 모릅니다. 다들 당신에게 미소를 보였지요. 조선인이 미소로 대한다고 그들에게 받아들여진 거라 생각했습니까? 그건 당신이 일본인이기 때문입니다. 일본인에겐 일단 웃는 얼굴로 대하지 않으면 무슨 일을 당할지 모르니까요?“

백자가 상징하는 조선 문화에 끌려 언어를 배우거나 한복을 입거나 하는 것은 본인의 자기만족에 지나지 않는다. 자신의 나라를 되찾기 위해 항거하는 사람들을 가차 없이 죽이고 짓밟아 버리는 일본의 식민 통치를 그대로 놔두고 있으면 어떠한 우호도 친선도 본질을 직시하는 것을 회피하며 감추려고 하는 기만책일 수밖에 없다고 지적하는 청림의 말을 계기로 두 사람의 우정은 보다 높은 단계로 나아가야 함을 시사한다. 그러나 청림이 독립운동에 눈을 뜬 아들 대신에 서대문 형무소에 투옥된 후 두 사람이 나아갈 길은 크게 달라질 수밖에 없었다. 이윽고 타쿠미는 불치병으로 쓰러져 뜻을 다 이루지 못하고 조선의 흙이 되고 말았다. 그 시절에 다쿠미의 활동보다 약간 늦게 두 일본인이 서대문 형무소에 수감 되는 일이 있었다. 한 사람은 교육자노조를 결성하려다가 치안유지법 위반으로 검거된 조코 요네타로[上甲米太郎], 또 한 사람은 조선 공산당 재건을 주도한 조선인 활동가를 숨겨준 경성제국대학 교수 미야케 시카노스케[三宅鹿之助]였다. 그들은 조선인의 친구로부터 이제 함께 싸워나가는 “동지”로서 조선을 살아가려고 했던 사람들이었다.

다카하시 감독은 직접적으로 이 사람들에 대해 언급하지는 않았지만, 일본인과 조선인의 “연대”가 어떻게 이루어지는가를 그려내는 작품의 배경에 이러한 역사적인 사실을 염두에 두고 있었음을 상상하기는 어렵지 않을 것이다.

그렇다면 실제 촬영 속에서 한일의 공동 작업은 어떻게 진행되었을까?

감독과 함께 제작 현장에 참가했던 김정민 프로듀서는 “모든 대화는 통역을 통하지 않으면 이루지 못했고 시간과 일손이 많이 들었기 때문에 저절로 스탭 간에 커뮤니케이션 문제가 일어나기 일수였습니다. 그리고 미묘한 차이와 우회적인 메시지와 같은 것은 확실하게 이해하기 어려워서 여러 가지로 오해가 생기곤 했습니다.” 라고 회고하고 있다. (한국영화진흥위원회 뉴스 2012. 9. 17. 이하 같은 인용 기사)

언어 문제를 해결하기 위해 일본에서 영화를 전공하는 한국인 학생이 스탭으로 지원했다. 한 사람은 다카하시 감독이 그 당시 교편을 쥐고 있던 교토조형예술대학(현재 교토예술대학)의 학생. 또 한 명은 훌륭한 영화감독과 배우를 배출해 온 일본영화학교(이마무라 쇼헤이 감독 설립)에서 참가한 젊은이였다. 게다가 한국에서 감독을 지망하며 한일 영화인의 가교역할을 20년 이상 맡아온 후지모토 신스케 씨(영화 <브로커>에서 고레에다 히로카즈 감독의 보조감독을 맡은 것으로 알려졌음)가 다카하시 감독 옆에 계속 붙어서 한일 스탭들의 의사 소통에 만전을 기했다고 한다.

감독 자신이 현장에서 느낀 것은 "통상적인 촬영 방법과 커뮤니케이션 전달 방법에 차이가 커서 처음에는 당황하고 놀라기도 했지만, 곧 우리는 이렇게 서로의 차이점이 많지만 그래도 모두가 영화에 대한 열정만큼은 함께 공유하고 있는 사실을 깨닫게 됐지요. 갑자기 상황이 바뀌고 어려운 문제가 발생했을 때도 한국인 스탭은 절대로 "안된다""못하겠다"는 말을 쓰지 않았습니다. 그들은 그저 "괜찮다"고만 하는데 그것이 매우 인상적이었습니다. 촬영 현장에서는 항상 전향적인 태도가 얼마나 중요한 일인가를 배웠습니다"고 말하기도 했다.

두 주연배우 역시 지금까지 몰랐던 '아사카와 타쿠미'라는 존재에 다가가기 위한 노력을 통해 "자신이 어느 나라나 장소에서 배우를 하고 있다는 것은 별로 관계가 없다는 것을 이 영화를 통해 확인할 수 있었다"(영화.com 2012. 6. 5. 중에서)고 청림 역할을 맡은 배수빈이 이야기한 것처럼 아사카와 타쿠미의 뜻이 한일 관계에만 국한된 것이 아니라, 보다 넓은 세계에서도 계속 살아 숨 쉬는 시대가 된 것을 보여주는 것 같았다. 아사카와 타쿠미가 전해 주려고 했던 것은 이렇게 다양한 영역에서 여러 사람의 입을 통해 이어지게 될 것이다.

다카하시 감독은 " 고락을 함께한 한일 혼합인 스탭과 배우들이 타쿠미가 바라던 것처럼 우정을 길러낸 것이 무엇보다 큰 성과였다"고 영화 제작 과정 자체에 큰 의미가 있었음을 우리에게 전해 주었다. 그리고 작품 속에 다시 되살아난 아사카와 타쿠미는 스탭들 뿐만 아니라 관객으로서 그의 삶을 목격한 모든 사람들의 기억 속에 지금도 계속 살아 있는 것이다.

무라야마 도시오 작가는 1953년에 태어났다. 혁명가 김산(장지락)의 삶을 그린 『아리랑』을 한국에 관심을 가지고 한국어를 공부하기 시작했다. 저서로 『청춘이 아니어도 좋다』, 『라면이 바다를 건넌 날』 등이 있다. 역서로 『지겹도록 고마운 사람들아』, 『한일이 함께 풀어야 할 역사, 관동대학살』 등이 있다. <시민모임 독립> 이사로 활동하고 있다.

아사카와 다쿠미 선생을 품고

미야우치 아키오
(시민모임 독립 회원)

저는 한국에 26년째 생활하고 있는 재한 일본인입니다. 경기도 구리시에 살고 있습니다. 서울에서 살아본 적도 있지만, 한국 생활 대부분을 한국인 남편의 외할아버지 할머니가 사시던 구리시에서 지냈습니다. 벌써 22년이 되어갑니다.

할아버지와 할머니는 이미 돌아가셨고, 남편마저 2년 전 사고로 이 세상을 떠났습니다. 이제는 일본에서 지낸 세월보다 한국에서 지낸 날들이 많아 직장과 친구들이 있습니다. 그리고 아이들을 생각하니 한국, 여기 구리시가 제집이자 제2의 고향입니다.

제가 구리시와 서울 중랑구 사이에 망우역사문화공원 속 아사카와 다쿠미 선생의 존재를 느끼게 된 것은, 아마도 역사를 공부하겠다며 마음먹었을 때였던 것 같습니다. 공부하러 온 한국에서 만난 남편과의 사이에 아들딸이 태어나고, 아이들이 자라면서 그렇게 심각한 건 아니었지만 정체성에 대한 고심을 했습니다. 일본 자조모임을 결성하여 아이들에게 일본 문화를 가르치는 활동을 했습니다.

그러다가 일본 출신 부모들에게 필요한 것은 한일 역사에 대한 이해라는 생각에 이르렀습니다. 일본 출신자들이 역사를 배우는 모임을 결성했습니다. 공부란 앉아서 하면 재미가 떨어지는 법. 문밖으로 나가, 걸으면서 배우자고 답사지로 선정한 곳이, 동구릉이나 대장간 마을 다음으로 망우역사문화공원 내 아사카와 다쿠미 선생 묘지였습니다.

물론 그전에도 아사카와 선생에 대해서 알고는 있었습니다. 사는 곳에 가까운 망우리에 잠들어 계시는 것도 알고 있었고, 산책 삼아 찾아갔던 적도 있었습니다.

그런데 막상 배움의 현장, 인물로 다가오니 관심은 높아가고 공부를 해야 하니 책을 찾아 읽기도 하며, 영화 <백자의 사람>도 감상하였습니다. 훌륭한 사람입니다. 여러 업적도 있고, 정말 존경할만한 분입니다.

그런데 제가 가장 아사카와 다쿠미 선생께 존경심을 느낀 건, 그 어려운 시절, 일본인들은 식민지 지배자로 살아가는 곳에서, 지배를 당하는 백성과 잘 지내려 했던 바로 그런 태도입니다. 한복을 즐겨 입고 한국말을 배우고, 이웃 사람들에게 베풀었으며 더불어 사셨던 겁니다.

지금이야 한국의 문화적 위상이 올라가 한국어를 배우기도 한국 문화를 즐기는 것도 당연하고 어렵지 않은 일입니다. 하지만 그 시대에 대부분의 일본인들은 조선인을 멸시하고, 착취의 대상으로만 보았을 겁니다. 그런 시대적 분위기 속에서도 선생님께서 어떤 마음으로 한복 소매를 여미고 거리를 걸었을까 싶습니다. 결코 마음이 평온하지는 못하였을 겁니다. 눈에 보이는 일본인 군인과 경찰의 횡포와 부조리함으로 가슴이 차고 쳤을 겁니다.

아사카와 다쿠미 선생께서 조선을 침략하고 식민지로 한 일본 정부 정책의 부당함에 소리 높여 분노를 표현하지는 않았습니다. 하지만 하루하루 살면서 몸으로 표현하였으며, 이런 사람을 칭해서 양심적이라 한답니다.

저도 양심적인 인간이고 싶고요 일본인이고 싶습니다. 그런데 저는 아사카와 선생이 살던 시대와 많이 달라진 세상을 살고 있습니다. 해방되고 민주화를 이루어낸 한국 사회에서, 더욱 심도 있은 민주화를 추구하고, 모든 사람이 존중을 받는 평화로운 사회를 꿈꾸는 곳에서 살고 있습니다.

그래서 저는 목소리를 낼 겁니다. 비록 작고 작은 소리지만, 역사를 외면하고 역사를 지워버리려는 이들에게 아니라고, 그러지 말라고 소리를 내며 살 것입니다. 가슴 속에 아사카와 다쿠미 선생의 굳건한 의지를 품고서 말입니다.

아사카와 노리타카·다쿠미 형제자료관을 다녀와서

전보삼
(철학박사, 만해기념관장)

한·일 간에는 가깝고도 먼 나라가 아니라, 가깝고도 가까운 나라가 되어야 함에도 먼 나라로 인식된다면 양국 모두의 큰 손실이다. 일제의 식민지 조선의 강탈은 비판받아야 마땅하다. 우리의 우국지사 독립운동가들도 일본의 제국주의, 침략주의 군국주의를 질타하였지, 일본 자체를 부정하지는 않았다. 일본이 진정한 자유의 나라가 될 때 일본의 행복이 그곳에 있고, 한국의 평화도 함께 할 것을 믿었다. 함께, 동반 성장하고 승화 발전적인 길을 모색하는 것이 양국의 우호에도 큰 진전을 이루는 길이다.

우리 역사에서 일본에 신문물을 전수하고 일본의 존경을 받는 분들이 많다. 신라의 화가 솔거 화상은 그림 실력이 뛰어났다. 일본의 호우류사 법당의 소나무 그림이 너무나 생생하여 새가 날아와 진짜인 것으로 착각해서 앉으려다 떨어졌다는 설화로 도래인으로 존경을 한 몸에 받았다. 일본인 아직기의 추천으로 일본에서 초빙하여 일본에 천자문과 논어를 전했다고 알려진 왕인 박사는 옛날에는 문자가 없었는데, 백제(百濟) 사람 왕인(王仁)이 서적(書籍)을 가지고 일본에 들어와 널리 퍼졌다는 이야기다. 지금도 우리나라 사람에 대하여 일동기유(日東記游) 제3권 / 학술(學術) 7칙에 무한히 감사하다는 뜻을 표시하고 있다. 조선 도공으로 조선에 있어서도 사 쓰마(薩摩燒) 15대 심수관(沈壽官), 아리타 자기의 이삼평(李参平) 모두는 일본의 도자기 신으로 존경을 받는다. 일본인들이 도래인에 의하여 문명국을 이룬 일본의 역사를 자랑스럽게 생각한다.

그렇다면 일본인으로 한국문화에 영향을 끼치고 자랑스러운 일본인이 누굴까. 그 누구보다도 한국을 사랑했고, 한국도자기의 미학과 편년을 집대성한 아사카와 노리타카(淺川伯敎, 1884~1964), 죽어서도 한국의 흙이 되기를 원했던 식민지 시대의 일본인 아사카와 다쿠미(淺川巧, 1891~1931)는 아사카와 노리타카의 친동생이다. 한국미의 특성과 그 절대적 찬미자였던 야나기 무네요시(柳宗悅, 1899~1961)의 삶을 반추하여 보면 그들의 한국사랑을 이해할 수 있다.

아사카와 노리타카는 조선의 도자기 연구가이다. 일본 야마나시현 호쿠토시 출신으로 1906년 야마나시 사범학교 졸업하고 1913년 한국으로 건너와 미술 선생을 하며 전국 700여 곳의 도요지를 탐방 연구한 학자다. 1924년 <조선민족미술관>을 경복궁 안에 설립하고 소장품을 모두 기증하여 이후 국립중앙박물관으로 계승시킨 인물이다. 그리고 그의 동생 아사카와 다쿠미는 일제강점기 한국에서 활동하던 일본인 산림학자요 도자기 미학의 개척자다. 일제강점기의 대표적인 친한파 인사였다. 아사카와 다쿠미는 죽어서도 한국의 흙이 되겠다고 망우리 공원묘지에 남아 있는 분이다. 삶과 죽음이라는 것은 같은 현상의 양쪽 끝에 있다는 즉 삶과 죽음은 같다는 역설을 설명하여주는 망우리 공원 묘역이다. 그리고 우리가 존중하여야 할 세 사람 중의 한 사람인 야나기 무네요시(柳宗悅)는 문예동인지 《시라카바(白樺)》의 동인으로 활동하며 민예운동을 일으켰고, <일본민예관>을 설립한 철학자이자 미학자이다. 1924년, 경복궁 집경당에 <조선민족미술관> 즉 현재의 국립중앙박물관을 설립하는데 앞장을 섰다. 그는 일찍이 우리 민예품의 아름다움을 간파하고 이의 학문적 토대를 세웠기에 우리에게 비교적 잘 알려진 인물이다. 수많은 저서 중 우리와 관련하여서는 『조선과 그 예술』, 『조선을 생각한다』가 있다. 1921년 총독부가 광화문을 철거하려 하자 「없어지는 한 조선건축물을 위하여」라는 글을 동아일보에 기고하여 여론을 일으켜 지켜낸 일은 유명하다.

야나기 무네요시[柳宗悅]는 다쿠미에 대해 조선을 속속들이 잘 알고, 어떤 경우에도 자신을 내세우지 않는 사람이라 평하며, 자기보다 더 훌륭하다고 말했다. 그는 다쿠미의 인간성에 반해 둘도 없는 친구가 되었다. 그가 아사카와 다쿠미를 애도하며 쓴 추도문을 소개하면 다음과 같다.

"아사카와 다쿠미가 우리 곁을 떠났다. 돌이킬 수 없는 손실이다. 아사카와 다쿠미만큼 조선을 속속들이 잘 알고 있는 일본인을 나는 달리 알지 못한다. 그는 진심으로 조선을 사랑하고 조선인을 사랑했다. 그리고 조선인에게 진심 어린 사랑을 받았다. 그의 죽음이 알려졌을 때, 조선인들이 슬퍼하는 모습은 유례를 찾기 힘들 정도였다. 시신은 자진해서 모여든 조선인들에게 운구되어 조선의 공동묘지에 묻혔다. 다쿠미는 나의 절친한 친구였다. 그가 없었더라면 조선과 관련된 일 가운데 절반도 이루지 못했을 것이다. '조선민족미술관'은 그의 노력 덕분에 설립될 수 있었고, 그곳에 소장된 많은 물건을 그가 수집한 것이 대부분이다. …(중략)… 나는 특히 다쿠미의 인간적인 면을 존경했다. 지금까지 그만큼 도덕적인 성실함을 지닌 사람을 본 적이 없다. 그는 명석한 두뇌와 따스한 눈빛의 소유자였지만 무엇보다 큰 매력은 그의 순결한 영혼이었다. 자신을 그만큼 내세우지 않고 또한 자신을 그만큼 철저히 버릴 수 있는 사람은 흔치 않다. 그의 도움으로 공부한 조선인들이 적지 않다는 사실이 이를 잘 보여준다. 나는 다쿠미의 행동에서 많은 것을 배웠다. 그가 내 친구라는 것을 명예롭게 생각한다. …(중략)… 내가 앞으로 몇 년을 더 살 수 있을지 모르지만, 남은 생애 동안 그의 뜻을 잇고 싶다. 그의 육신은 죽었지만 내 마음속에 살아 있는 그는 결코 죽지 않을 것이다."

또한, 다쿠미의 장례식이 치러진 당시의 상황을 야나기 무네요시는 다음과 같이 회고하였다.

"1931년 4월 4일에는 억수같이 비가 내렸다. 다쿠미가 숨을 거두었다는 소식이 이웃에 알려지자 사람들은 무리 지어 이별을 고하러 몰려들었다. 그의 시신을 보고 통곡한 조선인들이 얼마나 많았는지. 조선인과 일본인의 반목이 심하던 당시 조선이 상황에서는 상상조차 할 수 없는 장면이었다. 자진해서 나선 조선인들이 청량리에서 이문동 언덕까지 운구했는데, 자청한 사람들이 너무 많아 다 응하지 못할 지경이었다. 도중에 마을 사람들이 관을 멈추고 노제를 올리고 싶다고 애원하기도 하였다. 다쿠미는 자신이 사랑한 조선옷을 입은 채 조선인 공동묘지에 묻혔다."

철학자이자 수필가로 경성제국대학 교수와 2차 세계대전 이후 일본 중의원 및 문부성 대신을 역임한 아베 요시시게[阿倍能成]의 글에도 다쿠미의 죽음을 안타까워하는 내용이 있다.

"내가 사랑한 다쿠미는 예술 애호가이자 어디에도 구애받지 않는 자유로운 성격의 소유자로, 유한한 삶을 즐기는 방법을 이해하고 있었다. 또 정말 보기 드물게 풍부한 감성을 가진 사람이었고, 그러한 마음은 특히 조선인을 향해 나타났다."

다쿠미의 생애는 "인간의 가치를 실로 인간 그 자체이며, 그보다 많지도 적지도 않다."는 철학자 칸트의 말을 실제로 증명해 보이신 분이다. 나는 진심으로 인간 '아사카와 다쿠미'의 영전에 깊이 머리 숙인다고 말하였다.

야나기 무네요시가 이처럼 하루빨리 출판되기를 바라마지 않던 '조선도기명

휘' 원고는 아사카와 다쿠미 타계 5개월 후인 1931년 9월에 '조선도자명고'라는 제목으로 출간됐다. 이 책은 아사카와 다쿠미가 오랫동안 조선 도자기의 명칭, 형태와 기원을 조사해 정리한 독보적인 책이다.

2001년 야마나시현 호쿠토시에는 <아사카와 노리타카 다쿠미 형제자료관>이 건립됐다. 2012년 아사카와 다쿠미의 일생을 그린 일본 영화 <백자의 사람 : 조선의 흙이 되다(道～白磁の人)>가 개봉되었다. 에미야 다카유키의 소설 『백자의 사람』이 원작이다. 그리고 <백자의 노래>까지 일본인 이시노 유우코 가수에 의해 노래하고 있다니 놀라운 일이다.

망우리 사색의 길 성자로 빛나는 아사카와 다쿠미-80주기(2011년)를 정종배 시인은 그의 추도시를 다음과 같이 남겼다.

이곳 망우리 사색의 길 / 한 송이 성자로 빛나는 / 그대 향한 걸음걸음 / 물소리 금을 벗어날 수 없습니다. -중략- 내 사랑 아사카와 다쿠미 / 당신의 성스러운 땀방울 스며든 / 울창한 숲속의 오솔길 / 그 길섶의 꽃향기 / 어디 숨을 곳이 있나요 / 아직 한 번도 보지 못한 / 천길 벼랑 성자의 꽃향기가 / 숨는다고 숨을 수 있는가요 //
근심을 잊는다는 망우리 / 지금 여기 당신의 유택 앞에 선 / 우리는 서로를 / 사랑할 수밖에 없습니다.

세계가 혼란했던 격동의 시대에 슬픈 역사로 기록된 일제강점기 역사로부터 114년이 경과 됐습니다. 또 2차 대전 후 75년, 한·일국교정상화 50주년이 됨에 따라 아사카와 다쿠미가 이룩한 박애·호애의 정신을 소개하고, 한층 더 한·일 교류를 밀접하게 하기 위한 노력이 뒤따라야 한다.
그리고 아사카와 형제의 팬이 된 사람은 한 결같이 친절함과 따뜻함과 정열이 넘치는 분들이며, 한 사람과의 만남이 점점 넓어져, 이것이 매우 뜻깊은 신기한 만남이 될 수 있었다고 회고하는 사람들이 많고 필자 역시도 진하게 울림이 오는 표현임을 실감한다.

필자는 야마나시현 호쿠토시의 노리타카 다쿠미 형제자료관을 방문하기 위하여 지난 5월 27일 달항아리의 명인인 도공 양구(梁龜) 선생과 함께 동경에 도착하였다. 조선의 백자 특히 달항아리를 좋아한다는 일본인 스스키 도모 유끼(일·한 교류기금의 사무국장), 김창환(코리아 투데이 동경지국장), 이끼 소우

이치(일본 나이지리아 진흥협회 이사장), 이시노 유우코(조선백자의 노래를 부름)가수 등, 재일한국인 몇 분의 영접을 받으며 여장을 풀었다. 다음 날 아침 일찍 서둘러 노리타카 다쿠미 형제자료관이 있는 야마나시현 호쿠토시로 향하였다. 점심시간에 지역의 원로이시고 야마나시현과 호쿠토시 지도자로 노리타카, 다쿠미 형제 정신의 계승자인 오좌와 선생을 만나 점심 식사를 함께하고 노리타카 다쿠미 형제자료관을 방문하였다. 형제자료관에 도착하니 호쿠토시 가마무라 이지[上村英司] 호쿠토시 시장님이 반가이 우리 일행을 맞아주었다. 먼 길 방문을 환영하여 주셨고 양국 간에 노리다카 다쿠미 형제들의 국경을 초월한 인류의 박애정신에 대하여 환담을 나눴다. 노리타카 다쿠미 형제자료관 관장님, 요시유끼 학술과장님, 長谷川 誠 학예사의 안내에 따라 찬찬히 자료관을 살펴보았다. 다쿠미의 일기가 대한민국 국회 전문위원으로 있었던 김성진 선생에 의하여 전해져 노리타카 다쿠미 형제자료관이 본격 개관하게 된 경위며, 현대 한국 도자기의 큰 어른이신 해강 유근형(柳根瀅, 1894 ~ 1993)선생, 도암 지순택((池順鐸, 1912 ~ 1993)선생의 작품과의 관계도 새롭게 알게 되었다. 노리타카 다쿠미 형제자료관이 한·일 우호 증진에 상당히 기여하리라는 확신을 갖게 됐다. 그리고 노리타카 다쿠미 형제가 태어난 곳을 중심으로 동네도 살펴보았다. 아사카와 노리타카 선대의 무덤도 살펴보았다. 호쿠토시 시민들이 노리타카 다쿠미 형제에 대한 사랑이 넘치는 현장임을 확인할 수 있었다. 다음날 호쿠토시 시청으로 시장님을 다시 방문하여 양구(梁龜) 도공이 손수 빚은 다완(茶碗)을 시장님께 선물하니 시장님의 파한 미소가 새로웠다. 그리고 10월 중 재방문하여 노리타카 다쿠미 형제자료관에 보름달처럼 풍만하고 너그러운 달항아리를 따뜻한 나의 마음을 담아 기증하겠다고 양구(梁龜) 도공이 다시 약속하였다. 계획대로 이루어지면 노리타카 다쿠미 형제자료관은 한층 더 한·일 관계를 빛나게 할 것이다. 시장님께서는 내년에 한국 방문 시 양구 도공의 도자기연구소와 필자의 만해기념관을 꼭 방문하시겠다는 약속을 하였다. 한·일 우호관계가 죽어서도 한국의 흙이 된 다쿠미의 정신이 한국인과 일본인의 마음에 새롭게 조명되리라 믿는다.

2024. 6.

관동대지진 조선인 대학살 100년과 한국문학 및 망우역사문화공원

정종배
(시인, 『망우리공원 인물열전』 『1923 관동대학살 - 생존자의 증언』 저자)

망우역사문화공원에 대한 관리와 명칭은 지금까지 다음과 같은 변화를 거쳐 왔다. 1933년 경기도 경성부 부립공동묘지에서 1973년 서울시 시립 망우리공동묘지로 폐장되었다. 1991년 서울시 시설관리공단에서 관리하며 망우리묘지공원과 망우리공원으로 부르다, 2021년 서울시 시설관리공단으로부터 업무 일체를 위탁받아 중랑구청에서 관리하게 되었다. 조례는 그대로 서울시 관리로 두었다. 1973년 폐장된 이후에는 어떤 묘도 새로 쓸 수 없다. 2021년 중랑구청에서는 전국 지자체 처음으로 묘지관리 전담 과인 '망우리공원과'를 개설하고, 현재 <망우역사문화공원>으로 부르게 되었다. 2024년 1월 서울시 조례에 재이장은 가능하다고 개정하였다.

묘지대장의 기록에 의하면 많을 때는 4만 7천여 묘지였다. 실제는 5만기 넘었을 것으로 추측할 수 있다. 현재는 6천 5백여 기가 남았다. 2023년 음 2월 윤달에도 이장이 많았다.

망우역사문화공원에서 이장한 분들을 포함하여 교과서에 수록된 인물은 50여 명으로 인물을 소개하면 다음과 같다.

오세창(대통령장, 3·1운동)·한용운(대한민국장, 3·1운동)·나용환·박동완·이종일·홍병기·지석영·방정환(애국장, 문화운동)·유관순(대한민국장, 3·1운동)·조봉암·최학송·계용묵·김이석·김말봉·김상용·박인환·함세덕(친일, 연극)·강소천·김규진·김영기·이중섭·권진규·이인성·장덕수(친일, 교육학술)·설의식·문일평(독립장, 중국방면)·진영숙·전한승·조용수·국채표·장형두·박희도(3.1운동 민족대표, 친일 언론)·김호직·아사카와 다쿠미 등이다.

이장하신 분은 안창호(대한민국장, 임시정부)·송진우(독립장, 문화운동)·김활란(친일, 교육학술)·임숙재(친일, 교육학술)·박마리아(친일, 교육학술)·이기붕·안석영(친일, 영화)·김동명·김영랑(건국포장, 3·1운동)·채동선·송석하·함이영·나운규(애국장, 만주방면)·임방울·박길룡·차근호·이영민 등 50여 명이다. 그 외 150여명의 인물들은 대한민국 국가 지정 기념일에 거의 다 들어갈 만큼 대한민국 근현대사 역사문화 박물관으로 거듭나고 있다.

미 서훈 독립운동가는 김기만, 나우, 변성옥, 이병홍, 이영학, 허연, 박현식 등이다. 조봉암, 김찬두, 임용하, 김명신, 김분옥 등은 친일 관련으로 서훈을 받지 못했다.
그 외 인물로 박동훈, 이종량, 이윤식, 차중락, 이정애, 민병덕, 박승빈, 박은혜, 홍재설, 윤상필, 이영찬, 장석인, 노창성, 이옥경, 오긍성, 오한영, 이경숙, 설태희, 설원식. 안봉익, 최신복, 김기만, 나우, 김명신, 김분옥, 김중석, 김진애, 서광조, 서동일, 오재영, 유상규, 박현식, 이병홍, 이영학, 오기만, 허연, 차숙경, 신경진, 이영준, 김석영, 김현근, 명온공주, 변원규, 삼학병(박진동, 김명근, 김성익)노필, 신경진, 최경국, 사이토 오토사쿠 등이다.

다음에 소개하는 인물인 강학린, 이영민, 김병진, 김봉성, 김사국, 박원희, 김승민, 김정규, 김진성, 김춘배, 문명훤 박승룡, 박찬익, 백대진, 오기선, 명재 이탁, 이태건, 조종완, 서병호, 신명균, 임병철, 손창환, 곽영주, 이정재, 임화수, 장해윤, 최백근, 이양, 최익한, 현요한, 함대정 등은 이장했다.

망우리고개에 얽힌 얘기 주인공은 이성계와 무학대사의 망우리, 남재의 불망기, 박승직 두산 그룹 설립자 망우리고개에서 장사 봉사 터득 다짐, 왕산 허위 13도 창의군 군사장, 동우 이탁 27인 결사대 등이다.

망우역사문화공원 인물열전 가족 중 유명인을 소개하면
순조, 신립, 신완, 정운찬, 한명숙, 정일형, 이태영, 정대철, 김신환, 김수영, 박순녀, 김양하, 금수현, 이현우, 전인권, 백선엽, 김준엽, 피천득, 설정식, 김우창, 김보성, 김민형, 서경조, 서경석, 김규식, 이갑성, 이용희, 홍수환, 홍수철, 노라노, 이일래, 박성범, 신은경, 최순애, 이원수, 최영애, 배순훈, 이이화, 현오석, 나성돈, 나인숙, 지운영, 지홍창, 이봉래, 신복룡, 오천석, 금수현, 나봉한, 김현철, 김혜경, 허진, 허일, 허달, 국정련, 함천혜, 방우영, 임철순, 장혜경, 서대숙, 이은상, 윤주영, 부완혁, 차의과대학 설립자, LG그룹·율산그룹 창업자, 아사카와 노리타카 등이다.
김성수, 이희승, 전혜성, 허화평, 장준하, 현봉학, 강수지, 신카나리아, 김천애, 안병원, 박인수, 정원식, 박용구, 전두환, 이순자, 주요한, 김상협, 세종대학 설립자 등은 이장했다.

비문을 쓴 분은 송시열(신경진 신도비), 신완(신경진 묘비), 홍석주(명온공주 김현근), 정인보(설태희, 문일평), 이광수(안창호), 박종화(양천 허씨), 이은상(손창환), 윤보선(이영준), 이병도(국채표), 유달영(이경숙), 김활란(장덕수 박은혜), 주요한(오한영), 조완구 조지훈(박찬익), 박목월(강소천), 조병화(차중락), 김남조(임숙재), 이규태(문일평), 조재명(아사카와 다쿠미), 곽근(최학송 표지비) 김현철 정종배(김영랑) 등이다.

글씨를 새긴 이는 오세창(설태희 방정환 경서노고산천골취장비), 신익희(이병홍), 김충현(안석영 김영랑 조봉암 강소천), 김응현(한용운 오세창), 손재형(안창호 오세창 손창환), 김기승(안창호 장덕수), 배길기(김말봉 김이석), 정학남(김승민), 황재국(김준엽 모 최학송 문학비), 한묵(이중섭), 송지영(박인환) 김준태 여태명(김영랑) 등이다.

새천년이라 매스컴에서 떠들어 대 무슨 일이 일어날 것 같았던 2000년이었다. 필자는 그해 4월 1일 토요일부터 <망우역사문화공원> <사색의 길>을 오르내렸다. 그날 오후 <망우리공원> 유택에 올라 뵈온 아사카와 다쿠미 선생은 학다리중앙국민학교 5~6년 담임 류방현 선생님과 대학 입학 후 시인 구상 이후 내 삶의 지남차로 자리를 잡았다. 전날 밤 박문하 수필집 『잃어버린 동화』(범우에세이선52, 1982 2판)을 읽었다. 박문하 수필가는 조선의용대 총대장이자 의열단 의백 약산 김원봉 부인이며 대종교인 박차정 독립운동가 동생이다. 그는 부산에서 개업의이며 수필가로 활동했다. 그 수필집 『잃어버린 동화』 맨 마지막 꼭지 「한 권의 책」은 아사카와 다쿠미 선생의 명저인 『조선의 소반』(1929)에 관한 이야기였다. 수필을 읽은 다음 날 그 수필 속 주인공의 묘지에 올라 그를 뵙게 되었다. 그 인연으로 망우역사문화공원과 관련된 유명 인물에 대한 탐구 및 답사를 지금까지 이어왔다. 그 이후 기회 있을 때마다 망우역사문화공원과 그 안의 유명인들을 기리며 그들의 삶과 작품 등을 소개하고 있다.

2000년부터 2020년 8월 말 정년퇴직 때까지 학생들과 '봉사와 체험 및 동아리 활동·방과후학교'까지 망우역사문화공원과 인물에 관련하여 탐구 및 답사 활동을 하였다. 퇴직 이후에도 동창과 지인은 물론 그동안 근무했던 학교의 졸업생과 중랑구 주민들과 "마을 여행 - 망우" 답사도 이어가고 있다.

2013년 무연고 처리될 예정인 서해 최학송 소설가 유택의 관리인으로 북한에 있는 후손을 대신하여 등재했다. 1958년 미아리공동묘지에서 이장하며 서해 최학송 묘지 관리인으로 등재한 시인 김광섭 뒤를 이었다. 2010년 필자의 이름을 서울특별시 시설관리공단에서 관리 운영하는 팀원들의 추천으로 묘지대장에 올렸다. 2006년부터 2010년까지 서해의 무너진 봉분을 세 번이나 떼를 입혔다. 두 번은 아내 몰래 처음 만든 필자의 비밀통장을 깨 작업비를 댔었다. 마지막 세 번째 2010년에는 고등학교 동기인 제3한강유통 이호일 부회장이 봉급쟁이가 소리·소문 없이 좋은 일 한다며 작업 소요 경비를 보내주었다.

2000년 이후 서울교원문학회 및 서울초중등문학연구회 발행 《문학서울》과 서울시교육청 발행 《서울교육》 월간 《책과 인생》(범우사) 등에 망우리공원을 소개하고 인물과 작품 등을 밝히고 소개했다. 2011년 아사카와 다쿠미 선생의 80주기 때 『한국을 사랑한 일본인』(부코, 2011) 발간에 원고를 수집하고 편집을 맡았다. 2010년 청담고등학교 겨울방학 방과후학교 학생들 원고 20편을 『한국을 사랑한 일본인』에 정리 수록하였다.

2015년부터 2017년까지 (재)수림문화재단의 후원을 받아 (사)중랑문화연구소가 운영한 <청리은하숙 세계시민학교>의 숙장대행으로 3년 동안 운영하며 교재인 『청리학』을 발간했다. 2016년과 2017년 두 해에 걸쳐 학생 및 교사와 함께 아사카와 다쿠미 고향 호쿠토시 청리에서 거행되는 <청리은하숙> 행사에 참석하였다. 2016년 2월 동경 제10회 릿교대학 윤동주 시낭송회에도 참석하였다.

2018년 월간 《작은 책》 1월호부터 5월호까지 망우리공원에 대해 간략하게 연재했다. 연재물 원고를 쓰려고 자료를 찾으며 유관순 열사 기념사업회·유족회와 이화여고동창회 등에 이태원무연분묘합장묘에 유관순 유해가 합장되어 있다고 알렸다. <국군의 방송>에 출연하여 독립운동가 활동을 소개했다.
김태완 《월간 조선》 기자와 망우역사문화공원 인물열전 관련 가족 및 후손들과 연결했다. 김태완 기자가 글을 써 《월간 조선》 잡지에 수록하였다. 그동안 함께 했던 관련 인물들을 소개하면 다음과 같다.

6.25 한국전쟁 전후 남과 북 정치 아래 소설가로 활동한 김이석의 아내인 박순녀 소설가를 통해 분단의 아픈 가족사와 문단의 비화를 많이 알게 되었다. 개신 유학자 설태희 후손들의 빛나는 활동을 알 수 있었다. 손기정 선수 일장기 말소 사건 때 신동아 편집장이자 『난중일기』를 최초로 한글 번역하며 '충무광'으로 일컬은 설의식 동생인 설정식 시인의 둘째 셋째 아들 설희순 설희관 선생을 통해 머리 좋은 집안의 가족사를 통해 남과 북 이산의 아픔을 함께 느꼈다. 아동문학가 동요 작사가인 소천 강용율의 아들인 강현구를 통해 1950년대 이후 아동문학가들의 세교를 알았다. 세종 이래 최고 기상학자라 일컫고 2020년 과학기술유공자 명예의 전당 헌정 인물로 선정된 한국 최초 기상학 이학박사 한국기상학회 창립 초대회장이며 제2대 기상청장의 둘째 아들 국정련 재미동포를 통해 외국 이민으로 살아가는 한국인의 정체성 문제를 생각하였다. 미군정 하 초등학교 교과서에 최초 수록한 동요 <우리나라 꽃>의 작곡가 함이영의 맏딸인 함천혜 KBS교향악단 수석 바이올린연주자 집안은 4대 음악가로 그동안 알려지지 않은 사연이 밝혀졌다. 북한군 선무반으로 망우리공동묘지에 묻힌 극작가 함세덕의 조카 함인숙 목사를 통해 동생인 최성덕의 형님을 보살핀 형제애와 연좌제로 인한 아픈 가족사를 알게 되었다. 재림교회 급사로 시작하여 김규식 박사의 추천으로 미국 경제학 석사로 협성학교 교사와 중앙상업

학교를 운영한 미군정에 협력하지 않은 미서훈 독립운동가 허연의 맏딸과 둘째 셋째 아들인 허경숙과 허일 허달 선생 등을 만났다. 별산 나우 명산 김기만 선생 후손을 2024년 5월 말에 만나 서훈 문제 의견을 나눴다. 아사카와 다쿠미 선생을 기리는 청리은하숙을 2006년부터 2023년까지 21회 개최한 메세나 실천가 동강 하정웅 전 수림문화재단 이사장도 함께했다.

2023년 음력 윤달인 2월 강소천과 국채표 두 분의 이장을 막았다. 2023년 <강소천 동요제>와 2025년 용마폭포 가까운 곳에 준공 예정인 <중랑국채표기상천문대> 이름을 중랑구청에서 쓰기로 하였다. 함세덕 묘비의 서울 근교 '전사'에서 '전'자를 함세덕의 큰 조카가 묘비 세우는 날 뭉갰다는 사실을 알았다. 큰아버지 관련하여 연좌제로 육군사관학교를 신원조회에 걸려 입학이 취소된 트라우마에서 비롯됐다. 추담 허연 선생이 미국 유학 중 이기붕의 처인 박마리아와 선을 봤다는 사실도 후손이 아니면 알 수 없는 내용도 알았다. 사설 묘지 관리인을 통해 묘지의 주인공을 알게 된 경우는 한명숙 총리 부모님과 전인권 조부모 묘이다.

망우역사문화공원을 답사하며 후손을 만난 경우는 김말봉 유택과 나란히 묻힌 두 번째 남편 이종하의 증손자가 결혼할 여자친구와 참배를 하고 있었다. 오긍선 세브란스의전 제2대 교장의 증손자도 만났다. 오긍선 후손 중 40여 명이 의료인으로 대부분 외국에서 활동하고 있었다. 지금은 대한민국 최초 고아 사회복지 시설인 안양의 <좋은 집>만 직접 운영하고 있다.

페이스북을 통해 알게 된 경우는 김사국 박원희 외손자와 서동일 독립운동가 손자 등이다. 김사국 독립운동가 묘비 갓머리가 떨어지고 부인 박원희 독립운동가 묘비 앞에 묻힌 사연도 알았다. 직접 연락해온 경우는 황해도 서흥군 신막역 앞 순천의원 개업의로 세브란스의전 1학년 때 3.1만세운동에 가담하여 1년 넘게 서대문형무소 수형생활을 하였으나 공중보건의라는 직책으로 서훈을 받지 못한 김찬두 독립지사 며느리다.

대향 이중섭 화백의 평양종로보통학교 동기인 태경 김병기 화백과의 만남을 통해 김병기 화백의 생일인 4월 10일이 이중섭 생일로 잘못 알려진 사실을 알고서 서귀포 이중섭미술관 전은자 학예사에게 알려 9월 16일로 바로 잡았다. 김영랑 시인 셋째 아들인 김현철 칼럼니스트와 연락이 닿아 영랑 시인 부부의 묘지 이장 문제와 세기의 무용가 최승희와의 사랑에 얽힌 강진읍 생가 뒤안 동백나무 가지 등을 알고 협의했다.

2021년 8월호부터 2023년 2월호까지 월간 《창조문예》에 「망우리공원 문인열전」 19명의 문인을 20회에 걸쳐 연재했다. 2021년 10월 말 『망우리공원 인물열전』(지노 출판) 책을 내며 유명인사 130여명과 서민 50여명의 비문을 엮어냈다. 구상선생기념사업회에서 발간하는 계간 소식지 2022년 겨울호부터 「망우리공원 문인열전」을 연재하였다. 2023년 4월부터 중랑문화원 인문학 강좌 <중랑인문학 글쓰기반>을 운영하며 인물들의 삶과 작품 그리고 비문을 탐구하고 있다. 2023년 5월 문화유산국민신탁 <걸어서 역사 속으로> 강사로 망우역사문화공원을 세 부분으로 나누어 탐구 및 답사를 하였다. 망우산마을공동체 마을과 아이들 마을여행 매월 세 번째 토요일 오후 2시간 동안 망우역사문화공원을 찾아 걷고 참배하며 선인들의 가르침을 되새긴다.

2023년은 1923년 동경 일원인 관동대지진 조선인 대학살이 일어난 100년이다. 《창조문예》 2023년 6월호부터 특집 「관동대지진 조선인 대학살 100년과 한국문학」을 연재하고 있다. 2023년 8월 말에는 정종배 다큐시집 『1923 관동대학살 –생존자의 증언』(창조문예사)을 출간했다. 이 다큐시집은 관동대학살 제노사이드 당시 관동에 거주했던 약 7,500여 명 당시 동아·조선일보 등 신문에 이름을 올린 분 즉 살아 돌아오신 이들 가운데 약 200여 명을 분류하였다. 국내 최초라고 1차 사료적 가치는 인정을 받았다.

필자는 중랑구청 망우리공원과 망우역사문화공원 자문위원으로 활동하고 있다. 관동대학살 피해자를 기리는 일본 내에 시설물 26곳이 있다. 그 가운데 한국인들의 모금과 지원 재료 작업 등으로 세운 거의 유일한 관음사 보화종루 개보수 기획위원으로 활동하고 있다. 이 다큐시집 판매대금과 2023년 망우역사문화공원 답사를 안내하고 받은 강사료를 개보수 기금으로 기부하고 있다.

2011년 아사카와 다쿠미 선생의 80주기 때 『한국을 사랑한 일본인』(부코) 발간한 책을 다쿠미 선생의 90주기를 맞아, 가제는 『한국의 흙이 된 일본인』으로 코로나 사태로 늦었지만, 중랑문화원과 연계하여 재출간하기 위해 원고를 수집하고 편집을 마무리 짓고 있다.

국내외 다양한 주변 분들과 활동하면 할수록 망우역사문화공원과 그와 관련된 인물들에 대한 아쉬운 점은 다음과 같다.

첫째, <망우역사문화공원>에 묻혔던 50여명 독립운동가 중 현재 남아있는 20여명에 대한 국가 관리가 소홀한 점이다. 보훈부 서훈에 대한 기준이나 심사 그리고 사후 관리에 대한 민낯이 드러났다. 망우역사문화공원에 서훈을 받을 만한 독립운동가 몇 명의 무덤조차 방치되어 있다. 대부분 북쪽이 고향으로 6·25 한국전쟁 전후로 월남한 분들이다. 김기만·나우·변성옥·이영학·허연·박현식·이병홍 등이다.

둘째, 1923년 9월 2일부터 일주일 정도 기간에 일어난 관동대학살 제노사이드에 대한 우리 정부와 일본 정부와의 외교적 관계 설정이 미숙하다는 점이다.

일본 정부가 자연재해를 자국의 민심을 수습하려고 타국인을 집단 살해한 사례는 1923년 관동대지진 조선인 대학살이 근현대세계사에서 거의 유일하다. 지금도 같은 상황이면 똑같은 일이 벌어질 것이라며 재일한국인들은 트라우마 두려움 속에서 살고 있다. 1923년 9월 10일 상해 임시정부 조소앙 외교부장의 항의서 발송 이후 일본 정부 당국에 대한민국 역대 정부 차원의 공식적인 진상 파악이나 사과를 요구한 적이 한 번도 없다는 것이다. 희생자들을 추모하는 모임은 조국에서 1924년 딱 한 번으로 그쳤다. 그만큼 일제의 철저한 통제가 이뤄졌다. 일본에서는 유학생 중심으로 중국에서는 임시정부 주관으로 해방 전까지 추모식만은 치렀다. 그리고 사회적 문화적 정치적인 제 영향 등에 대해 자료를 찾고 연구하는 학문적 토대가 얕고 연구자는 소수에 불과하다. 관동대지진 조선인 대학살에 대한 연구 중, 문학은 다른 분야보다 많다지만 손으로 꼽을 만큼 연구자가 귀하다.

망우역사문화공원에 시문학파 민족시인 김영랑, 동요 <오빠 생각>의 오빠이며 아동문학가인 최신복, 진보당 사건으로 사법살인 당한 정치인 조봉암, 민속학의 선구자 송석하, 조선의 유일무이 천재 식물분류학자로 고문사 당한 장형두, 일본 한인교회 목사로 목숨 건 구조와 후원을 한 오기선 목사와 도산 안창호 조카사위인 독립운동가로 당시 유학생인 김봉성, 화가로서 해방 후 최초로 생명보험회사를 창립한 동경미술학교 학생인 강필상 등은 현장에서 참상을 목격하고 급거 귀국하거나 구조와 구원 활동을 하였다. 독립운동가 경성의전 의사 유상규는 오사카 노동자수용소에서 소식을 들었다. 독립운동가 나운규는 영화 <아리랑>, 계용묵은 소설 「인두지주」, 아사카와 다쿠미는 '일기' 등에서 관동대지진 관련 이야기를 하였다. 시인 김말봉의 동지사대학교, 김상용은 릿교대학교, 경성방송국의 방송인 제1호 노창성은 도쿄공업고등학교 재학 중이었다. 대향 이중섭의 오산학교 미술교사인 임용연 화가의 아내인 백남순도 당시 동경여자미술학교 유학생이었다.

셋째, 대종교인 10여만 명에 이르는 순국과 사회주의 독립운동가에 대한 자리매김이 되어 있지 않았다. 임시정부와 대한민국 1공화국의 주요 인사들은 대종교인이 주축이었다. 대종교인은 지석영, 문일평, 신명균, 채동선, 박찬익, 동우 이탁, 나운규 등이다. 사회주의 독립운동가는 홍병기, 김사국, 오기만, 조봉암, 장덕수, 최백근 등이다.

넷째, 친일에 대한 진상을 좀 더 명확하게 자료를 근거로 파악하면서 후손들과의 소통을 통해서 공과를 구분하여 밝히길 바란다. 일제강점기 독립운동을 하고 옥고를 치른 뒤 친일 문제로 서훈을 받지 못한 이는 조봉암·김찬두·임용하·김명신 등이다. 유관순과 3.1만세운동 6인 결사대로 알려진 김분옥 등은 후손과 관계 당국이 머리를 맞대 재검토를 촉구한다.

이화여전 교수를 역임하며 친일 행위로 친일인명사전 교육학술 부문에 등재된 월파 김상용에 대한 기념사업에 대하여 예를 들어 설명한다. 그의 후손은 시인이 태어난 연천군에 연고가 거의 없다. 손자도 미국에 이민을 가 연락이 끊겼다. 그의 사후 기념행사는 1991년 우리문학기림회(회장 이명재)에서 국방부가 관리한 이주 마을 공동창고 앞 왕림리 삼거리에 세운 표지비이다. 그 뒤를 이어 월파를 흠모한 이천 출신 '윤농원' 윤상협 이상윤 부부가 같은 장소에 월파의 시 「남으로 창을 내겠소」 시비를 세웠다.

월파 김상용 시인 탄생 111주기를 맞이한 2013년 월파의 기념사업회가 발족 되었다. 이후 연천문인협회가 주재하여 연천역 광장과 연천군립도서관 등에서 시낭송회와 음악회와 문학제 등을 개최하였다. 연천문인협회(회장 임상섭)에서 망우리공원 월파의 유택도 참배하였다. 그때 필자가 답사를 안내하였다.

윤상협 이상윤 부부의 노력과 열정으로 포병 제977대대 안 월파의 생가터에 표지비를 세우는 일도 군부대와 협의를 마쳤다. 또한, 월파 김상용 시 공원 조성과 시비를 월파의 고향 앞 지방도로 길섶에 세우려 공사를 시작하는 단계까지 이르렀다. 그 이후 연천군 군의회 군의원이 막무가내로 월파의 친일 문제를 앞세워 모든 관련 행사와 추모 사업은 중단 상태이다.

왕림리 삼거리에 세운 우리문학기림회의 표지비와 시비도 옮겨야 할 처지에 놓였다. 돌비를 세운 땅을 개인이 불하받아 옮겨달라 민원을 제기하였다. 이때 <윤농원> 윤상협 이상윤 부부가 노년을 보낼 <윤농원>에 '詩와 숲 시비 공원'을 마련하여 월파의 시비 7개 그의 동생 김오남 시조시인 시비 3개, 허형만, 임상섭 시인 등의 시비를 세웠다.

2022년 7월 29일 필자는 전 연천군문인협회 임상섭 시인과 포병대대 안 월파의 생가터와 '윤농원' 안 윤상협 독지가의 집을 방문했다. 윤상협 씨의 서재에는 월파와 관련된 많은 자료와 책 등이 정리되어 있었다. 부부의 월파에 대한 사랑을 읽을 수 있었다.

2024년 5월 김상용 시인의 시비를 비롯하여 교과서에 수록된 시 5편의 시비를 농원 안에 세울 계획이다. 또한 군남초등학교에서 교직을 시작한 「풀꽃」의 시인 나태주 시인의 시비를 군남초등학교 교정에 세울 예정이다.

<윤농원> 입구에 세운 <시와 숲> 안내문을 소개하면 다음과 같다.

"숲속에서 자연과 시를 즐기는 공간입니다. 2001년부터 황금메타쉐쿼이아 나무를 주종으로 숲을 가꾸고 있고 2021년부터 이 마을(연천군 군남면 왕림리 840, 이곳에서 서남방 1Km 지점 군부대 안)에서 태어나 자란 김상용 시인과 그의 누이동생 김오남 시조 작가를 비롯한 연천 관련 시인의 작품을 위주로

시비를 세우고 있습니다. 시심의 고향인 이 곳에서 많은 이들이 자연과 시를 즐기고 시심을 키워 가시면 고맙겠습니다. 개인의 노력으로 가꾸어 가는 공간인 만큼 부족함과 불편함을 양해하여 주시고 물질적으로는 '공수래 공수거'의 공력을 발휘에 주시기 바랍니다. 방문을 환영합니다"

관리자 윤상협 알림 / 경기도 연천군 군남면 왕림리 470 / (핸드폰 번호는 생략함)

2024년 1월 서울시 조례에 재이장은 가능하다고 개정하여, 5월 시인 김영랑 독립운동가 망우역사문화공원으로 재이장이 결정되었다. 1950년 9월 26일 신당동에서 포탄 파편을 맞아 9월 29일 오후 1시에 운명하여 한남동 산자락에 가매장되었다 1954년 11월 14일 망우리 공동묘지에 이장되었다. 1989년 부인 안귀련 여사가 사망하자 1990년 천주교용인추모공원 묘원으로 이장하였다. 2024년 7월 말까지 묘역 조성과 재이장이 마무리될 예정이다. 재이장까지 오세훈 서울시장, 류경기 중랑구청장, 전 이수연 김태희 부구청장, 중랑구 구 의회 의원, 담당과인 망우리공원과 이준희 과장, 양동식 중랑구 구청장 비서실장 및 관련 과장, 묘비와 시비의 글은 김현철·정종배 글씨는 시인 김준태·서예가 여태명 조각은 최진호·곽휘곤 등 여러분들의 관심과 사랑으로 이뤄졌다.

2023년은 관동대학살 100년이었다. 그에 맞춰 2023년 한 해 동안 국내외에서 발간한 책과 음악, 그림, 사진, 영화, 전시, 학술대회, 시사회, 강연회, 추모 행사 등 각종 행사를 소개하면 다음과 같다.(여기에 빠트린 행사나 관계자 분들께 양해를 구합니다. 제 고의가 아니고 능력이 미치지 못함을 탓하여 주시길 빕니다)

시집과 소설 및 참상을 소개하는 책과 북토크와 출판기념회, 강연회, 서평 공모전 등을 소개하면 다음과 같다.

『백년동안의 증언』(책읽는 고양이, 2023. 8.) – 김응교 교수

정종배다큐시집 『1923 관동대학살 –생존자의 증언』(창조문예사, 2023. 8.) – 정종배 시인

『백년을 건너온 약속』(다른, 2023. 9.) – 이진미 소설가

『1923 간토대학살 침묵을 깨라』(원더박스, 2023. 8.) – 민병래 기자

『엿장수 구학영』(기억의 서가, 2023. 7.) 전자책 – 김종수 목사

『엿장수 구학영』 – 영어번역자인 박옥경·린다모 외 3명

『다이쇼 시대의 조선인학살사건』 – 일어 번역자인 조현제 대학원생

『관동대학살』 - 유영승 지음, 무라야마 도시오 번역(푸른역사, 2023) 기획 시민모임 독립
『말 없는 자들의 목소리』 장편소설(래빗홀, 2023. 7.) - 황모과 작가
『관동대지진 학살 부정의 진상』(삼인, 2023. 8.) 와타나베 노부유키 아사이 신문 역사전문기자 지음 / 이규수 교수 옮김 등이다.
<간토학살을 주제로 한 공동출판기념회> 일시 : 8월 27일 오후 2시, 장소 : 기억과 평화를 위한 1923역사관 느티나무홀, 내용 : 민병래 작가 (1923간토대학살, 침묵을 깨라), 정종배 시인 (1923 관동대학살 생존자의 증언 - 다큐 시집), 이진미 작가 (백년을 건너온 약속 —동화작가), 조현재 번역 (다이쇼시대의 조선인학살 / 한국어), 린다모, 박옥경 등 공동 번역 (엿장수 구학영 영어), 주관 : 1923역사관
<와타나베 노부유키 기자 초청 북토크 "역사부정의 시대, 관동대지진 학살 100년을 묻는다> 일시 : 2023년 8월 18일 오후 4시, 장소 : 전태일기념관 2층, 후원 : 한국연구재단, 전태일기념관, 내용 : 기조강연 「램지어 논문이 나타내는 학살부정론의 구조와 정체」, 주최 : 도서출판 삼인, 성공회대 동아시아연구소, KIN(지구촌동포연대)
<간토학살 100주기 서평 공모전> 『관동대학살』 - 유영승 지음 무라야마 도시오 번역(푸른역사, 2023) 기획 시민모임 독립, 『백년동안의 증언』 김응교 교수, 정종배다큐시집 『관동대학살 –생존자의 증언』(창조문예사, 2023.8.) - 정종배 시인. 주최 : 시민모임 독립, 주관 : 독립 Y 기간 : 2023. 11. 16 ~ 12. 15.
<모리카와변호사, 구량옥 변호사 초청 강연회> *모리카와 변호사 - "간토대지진 조선인 *중국인학살의 계급적 본질", *구량옥 변호사– "간토대진재 조선인 학살의 국제법상 위법성", 일시 : 2023년 8월 26일 오후 4시 ~ 6시, 장소 : 기억과 평화를 위한 1923역사관 주최 : 1923한일재일시민연대
<간토100추도위 - 1923제노사이드연구소 학술좌담회> - "한국에서의 간토학술연구의 현황과 향후 과제", 일시 : 2023년 8월 26일(토) 오후 2시, 장소 : 1923제노사이드연구소, 좌장 : 김광열, 토론 : 성주현, 배영미, 니시무라나오토, 김강산, *일본의 역사연구 동향 : 니시무라 나오토(도시샤대학), *한국의 역사연구 동향 : 김강산(성균관대 사학과 박사졸업), *한국 문학분야 동향 : 성주현(천도교 본부), *미디어콘텐츠 분야 동향 : 배영미(독립기념관), 장소 : 기억과 평화를 위한 1923역사관

낭독극 방송 및 다큐 영화 등은 다음과 같다.

<평화인권 음악회 & 낭독극> 일시 : 2023년 8월 25일 저녁 5시 출연 : 나카가와고로, 사토유키에사이타마 고등학생 낭독극, 윤광호, 김창규 장소 : 기억과 평화를 위한 1923역사관
<간토다큐멘터리 영화 감독과의 대화> 다큐멘터리 [In – Mates]의 이이야마유키 감독과 대화, Rapper Huny의 랩 공연, 일시 : 2003년 8월 26일(토) 저녁 7시~ 9시, 장소 : 천안 아우내협동조합연수원 커뮤니티센터, *[다큐멘터리 1923] 김태영 감독과의 대화, 일시 : 2003년 8월 27일(일) 오전 11시, 장소 : 천안 아우내협동조합연수원 커뮤니티센터, 주관 : 1923역사관
2023년 9월 10일 민족문제연구소 48회 정종배다큐시집 1923 관동대학살 –생존자의 증언(창조문예사, 2023.8.) 『1923 간토대학살 침묵을 깨라』(원더박스, 2023. 8.) – 민병래 기자, 민족문제연구소 방학진 기획실장과 유튜브 새날 출연했다.
https://youtu.be/L1rx4JWfv2M?si=kTBTA33uzqTfgJhR
다큐멘터리 영화 <1923> – 김태영 최규석 감독 간토대지진 100주기 다큐 영화 시사회 2023년 12월 8일 인디스페이스에서 열렸다. 2024년 4월 개봉 예정이다.

관동대학살 관련 전시 및 미술전과 추도식 및 추도비 제막식 1인 시위 등 각종 행사 등은 다음과 같다.
2022년에 이어 2023년 8월 1일부터 31일까지 한 달간 "간토학살 진상 밝혀라" 구호를 쓴 피켓으로 일본대사관 앞 1인 시위를 하였다. <시민모임 '독립'>이 주도하여 일본 정부에 공식 사과 요구하고 현 정부에 진상규명 위한 특별법 제정 건의를 촉구하였다.
<간토(관동)대학살 100년 은폐된 학살, 기억하는 시민들> 주최 민족문제연구소, 식민지역사박물관 1층 돌모루홀, 일시 : 2023. 8. 1. ~ 2023. 10. 29.
기획 전시로 사진전 <묻엄> 천승환 사진작가 <문화공간 이육사> 8월 29일 ~ 9월 23일에 열렸다.
<간토대학살 통곡의 100년 아이고 展 –한국전–> 일시 : 2023. 9. 1(금). ~ 9.10(일), 장소 : 아름다운 청년 전태일 기념관 1 ~ 2층 / 월요일은 휴관 서울시 종로구 청계천로 105(을지로3가역 14번 출구)
<간토학살 100주기 추도비 제막식> 일시 : 2023년 8월 25일 오후 3시, 장소 : 기억과 평화를 위한 1923역사관, 주최 : 간토100 추도위 – 1923한일 재일시민연대, 기억과 평화, 간토100 추도위 – 1923한일재일 시민연대
<간토학살 유족들과 함께하는 사이타마 구학영 추도제> 일시 : 2023년 8월

30일 오전 10시, 장소 : 사이타마 正樹園(쇼쥬인) 묘지 학살터, 주최 : 간토 100추위추도사업위 추진위원회, 주관: 사단법인) 한국 국악협회 무속분과위원회

<한국 간토학살 100주기 추도문화제> 일시 : 2023. 8. 28(월) 저녁 6시, 장소 : 스페이스 살림(대방동), 내용: 조재현 연출가의 기획으로 문화예술인들과 유족들을 모시고 6천여 학살피해자를 위령하고, 일본의 국가책임을 추궁하는 문화제, 주관 : 간토학살 백주기 추도사업추진위원회

<간토학살 특별법 제정을 촉구하는 결의대회> 일시 : 2023년 8월 23일(수) 낮 12시, 장소 : 주한 일본대사관 앞 '평화로', 주관 : 시민모임 '독립'

<간토학살100주기추도예배> 일시 : 2023년 8월 25일 오후 2시, 장소: 기억과 평화를 위한 1923역사관, 주최 : 간토100추도위 - 1923한일재일시민연대, 협) 기억과 평화

씨알재단에서는 관동대학살 100주기를 맞이한 2023년 9월 3일에 일본 동경의 아라카와 둔치에서 <관동대학살 100주기 추도식>을 열었다. 민속학자 심우성 선생께서 일러주신 대로 함인숙 목사가 6,661장의 '넋전'을 만들어 관동대지진 당시 일본인에 의해 죽임을 당한 분들의 영혼을 위무했다. 그리고 일본의 산으로 들어가서 조용히 화장식까지 치렀다.

<재일동포의 역사를 조명하는 특별전> 이곳 특별전에 '관동대학살' 관련 홍보 신문 기사는 없다. 한국이민사박물관은 모국 공헌에 앞장섰던 재일한국인의 역사를 조명하는 특별전을 개최한다고 8월 30일 밝혔다. '역경을 딛고 우뚝 선 조선인, 자이니치(在日), 다시 재일동포'라는 주제로 12월 3일까지 열린다. 이번 전시는 재일한인역사자료관, 동농기념사업회 강덕상자료센터와 공동으로 개최한다.

9월 15일 오후 인천 소재 <한국이민사발물관>에서 진행된 「영화, 재일동포 역사를 기록하다」 주제의 토크콘서트. 초대손님으로 나온 재일동포 출신 김성웅 다큐멘터리 감독은 '차별과 전쟁을 반대하는 한 걸음 한 걸음을 착실하게 내딛어야 한다'며 과거사를 부정하는 일본에 대해 일침을 가했다. 김 감독은 전후 50년 역사를 재일동포의 시각으로 담아낸 오덕수 감독의 역작 「재일」(1997년 발표)의 조감독으로 시작해 「꽃할매」(2004), 「사쿠라모토」(2022) 등 작품을 연출했다.

이날 토크콘서트에는 「숨겨진 손톱자국」(1983), 「불하된 조선인」(1986), 「93년의 침묵」(2016) 등 간토대지진 조선인학살 문제를 40여년 간 파고든

재일한국인 출신 오충공 다큐멘터리 감독도 출연해 무게감을 더했다. 간토학살 60주기를 앞두고 영화학교 졸업작품으로 만든 「숨겨진 손톱자국」은 사진이나 영상자료 한 점 없던 당시 강덕상 히토츠바시대학 교수(2021년 작고)의 도움을 받아 제작한 간토대지진 조선인학살을 다룬 첫 영화로 사료적 가치가 매우 높다. 2017년 부산에서 처음으로 유족회를 만들고 올해 100주기 추도제에는 일본으로 유족들을 모셔가기도 했다. 출처 : 통일뉴스 (http://www.tongilnews.com)

<랑코리아10주년, 듀오아임25주년을 맞이하여 의미 있는 인문음악 공연>
https://www.youtube.com/watch?v=6pOerKzDXNs

항일저항시의 출발점이 된 관동대지진을 소재로 이상화, 설정식, 양주동, 윤극영, 최순애, 이윤옥, 정종배 시인의 노래시를 초연합니다. 에스페란티스토 미야자와 겐지의 <비에도 지지 않고>를 비롯하여 락발라드, 진혼곡, 국악풍, 포크송, 동요까지 등 다양한 장르로 공연됩니다. 망각의 100년, 관동대지진 희생자들을 기리는 진혼의 밤 2023 10월 26일 저녁 7시 성남아트리움

<9월의 기억-역사문제연구소 관동대지진 대학살 100주기 기획전> / 하전남_이순려 2인展 / 2023. 11. 29. ~ 12. 11.

<간토, 100년의 침묵> 12월 9일에 가천대학교 예음홀에서 평화의나무합창단 공연을 성황리에 마쳤다.

2023 아르코미술관 50주년전 ＜어디로 주름이 지나가는가＞/ 행사 일정 : 2023년 12월 8일(금)-2024년 3월 10일(일) / 행사 시간 : 11:00~19:00 / 행사 장소 : 아르코미술관 제1,2전시실, 공간열림 / 주제 : "어디로 주름이 지나가는가" / 작가: 신학철 X 김기라

한국 근현대사, 민중의 애환과 희망을 회화로 표현해온 신학철 작가는 1923년 일본군 주도로 벌어진 조선인학살을 다룬 대형 회화 작업을 선보인다. 김기라 작가는 신학철 작가의 작업에 대한 일종의 오마주로서, 시대 정신을 공유하는 인간의 고통을 심도 있게 사유할 수 있는 신작 영상을 선보인다.

관동대학살 100년 침묵 시 소설 동화 노래 음악 다큐 영화 그림 전시 출판기념회 등으로 기록의 힘을 드러낸다. 일본의 진상규명과 공식적인 사과를 전제하고 정부는 외교관계를 교류해야 한다. 9미터 대작 사진을 오브제로 참상을 밝혀내는 이미지로 예술혼을 불태운다. 미래를 향한 진실과 사과를 요구한다.

1923 간토 조선인 대학살 100주기를 맞이하여 「간토 대학살 진상규명 및 피해자 명예회복을 위한 특별법」 제정 촉구 기자회견을 2023년 12월 29일

국회에서 열렸다.

2023년 1월 초 페이스북을 통해 알게 된 광운대학 국제학부 김광열 명예교수가 제안을 해왔다. <'망우리공원 인물열전' 관련 페이스북 내용을 잘 보고 있는데, 올해가 관동대지진 조선인 대학살 100년이다. 1923년 9월 초 당시 도쿄에서 참상을 목격하고 이후에 유명인이 된 분들이 누구이며, 그와 관련하여 앞으로 어떤 조사작업이 필요한지에 대해, 김광열 교수가 주관하는 '1923 제노사이드 연구소 연구회'에서 한국문학에 있어서 관동대지진 관련 연구자들에게 문제를 제기해 달라는 것이다.> 그날부터 옛 신문과 논문·컴퓨터 등을 뒤졌다. 3월 11일 토요일 오후 2시부터 4시까지 '망우산마을공동체 마을과 아이들'에서 최성호 선생님과 박민숙 사무국장님 도움을 받아 '관동대지진 조선인 대학살과 한국문학 - 항일 저항시를 중심으로'라는 제목으로 줌 강의에서 질의와 응답 시간을 가졌다.

2023년 3월 17일 금요일 오전 10시부터 오후 6시까지 '간토대학살 100주년 특별기획 한일공동학술회의'가 국립대한민국임시정부기념관 의정홀에서 열렸다. 서울특별시 강북구·민족문제연구소가 주최하고 근현대사기념관이 주관하며 국립대한민국임시정부기념관이 후원하는 '일제시기 재일조선인 사회의 형성과 단체활동'을 주제로 열린 학술대회에 참석했다. 1895년부터 1945년 해방까지 일본에서 조직한 한국인 단체를 총망라한 『재일조선인 단체사전』(민족문제연구소, 2021)을 살펴보고 몇 명의 이름이 있어 거금 11,700원을 주고 샀다. 휴식 시간을 이용하여 담소를 나눈 민족문제연구소 연구자들도 유명인사가 당시 현장에 있었는지 없었는지 자료 정리가 되지 않았다며, 필자가 해주면 고맙다고 격려까지 받았다.

학술대회 자료집인 '일제시기 재일조선인 사회의 형성과 단체활동'과 『재일조선인 단체사전』 등 두 권을 집으로 모셨다. 컴퓨터 앞에 앉아 꼼꼼히 이름을 살펴서 관동대지진 관련된 인물을 찾았다. 관동대지진 조선인 대학살 참사 전후 기간에 일본에서 단체활동과 개인 활동 등이 확실하게 드러난 몇 명을 찾았다. 거금 들인 사전이 아깝지는 않았다.

선친은 함평과 무안 그리고 학다리 오일장에 과일전과 지물포를 열고서 물건을 싸주는 신문지를 팔았다. 필자는 국민학교 입학하여 한글을 깨우친 뒤부터 고향 집 광에 쌓아둔 신문지를 읽는 것이 취미였다. 한 갑자 뒤 망우역사문화공원 자료를 찾으려 컴퓨터를 통해 옛 신문을 뒤적이는 시간이 길어졌다. 선친은 35년 함평 무안 학다리 오일장의 외상 장부를 작성하고 자식과 손자들의 학비 및 용돈 가족들의 생활비를 꼼꼼하게 기록하였다. 1951년 돌아가신 할아버지 초상 소상 대상 때 쓴 부의록이 남아있다. 퇴직 후에는 더욱더 옛 추억을 더듬으며 시간을 즐겁게 보내고 있다.

2023년은 관동대학살이 일어난 지 100년이었다. 필자는 그에 맞춰 시집을 출간했다. 월간 《창조문예》 특집 관동대지진 100년 제노사이드 문학 "관동대지진 조선인 대학살 100년 한국문학"을 연재하고 있다. 또한 '(사)시민모임 독립' 등 관련 단체와 '새날 유튜브' 매체 등과 더불어 피해자를 추모하고 기리며, 관동대학살 제노사이드 사라진 역사를 알리는 활동을 하였다.

랑코리아 창단 10주년 기념공연, 인문음악회 '비에도 지지않고' 관동대학살 때 희생된 조선인을 위한 진혼의 밤 열렸다. 2023년 10월 26일 저녁 7시 성남아트리움 대극장에서 '가행(歌行), 비에도 지지 않고'라는 제목의 음악회였다. 단순한 음악회가 아니라 문학과 어우러진 '음악 • 문학'의 밤이었다. 필자의 시와 시인 이상화, 양주동, 설정식 등이 발표한 시들을 듀오아임 주세페김이 작곡한 노래를 포함 9곡이 공연하였다.

또한, 2023년 11월 25일 한일민족문제학회 '1923년 관동대진재의 기억과 기록' 학술대회 발표자로 참여했다. 필자가 발표한 주제는 "관동대지진 조선인 대학살 100년과 한국문학 및 망우역사문화공원"이었다. 이와 관련하여 행사 주제와 일시 대면 장소 및 비대면 주소를 소개하면 다음과 같다.
1923년 관동대진재의 기억과 기록 / 일시: 2023. 11.25.(토) 14:00 - 17:00 / 장소: 경북대학교 대학원동 214호 /비대면주소: Zoom(870 323 9326, https://us02web.zoom.us/j/8703239326 / 주최: 한일민족문제학회·경북대학교 사학과 인문학술원 산하 역사문화아카이브연구센터 / 일정: 14:00-14:10 개회사 / 14:10-14:40 1923 관동대학살 – 생존자의 증언 (정종배) / 14:40-14:50 휴식 / 14:50-15:20 관동대지진 조선인 희생자 명단의 생성 (西村直登) / 15:20-15:50 관동대진재의 유적조사와 전시 (천승환) / 15:50-16:05 1923년 관동대진재 기록의 출처 연구 (김경남) / 16:05-16:15 휴식 / 16:15-16:50 종합토론(김인덕 성주현 주혜정) / 16:50-17:00 폐회사

학술대회를 주최하는 경북대학교 <역사문화아카이브연구센터>에서 학술대회 자료집을 엮는다고 하였다. 그동안 시집을 준비하고, 원고를 쓰고 다듬으며 생각한 아쉬운 점을 얘기해야겠다고 정리하여 보았다. 필자는 관동대학살 관련 전문 연구자가 아니다. 전문적인 학술연구 논문이 아니라 시집을 발간하며, 느낀 점을 말하는 것을 혜량하여 주시기 바랍니다. 정종배 다큐시집 『1923 관동대학살 –생존자의 증언』을 출간하며, 1923년 관동대학살 조선인 생존자와 희생자들에 대한 연구 방향과 방법 및 연구자들에게 몇 가지 제안을 하고자

한다.

첫째, 항일 저항시의 근간은 관동조선인 대학살 제노사이드다. 국문학사를 재점검하여 학생들에게 올바른 문학과 역사를 가르쳐야 한다.

둘째, 관동대지진 조선인 대학살 제노사이드가 대한민국 전반(정치, 경제, 사회, 문화, 예술 등)에 걸쳐 끼친 영향을 정립하여 민족의 자존감을 높여야 한다.

셋째, 동아·조선일보에 명단이 나온 인물들에 대한 탐구를 통해 근현대사 인물들을 발굴하여 정리하고 학생들의 정체성 확립에 밑바탕을 깔아준다.

넷째, 두 신문에 나오는 수용소와 경찰서 등에 대한 탐구와 답사를 통해 일본 정부 문서를 분석하여 정확한 내용을 연구하여 교훈으로 삼아 다시는 똑같은 일이 재발하지 않도록 한다.

다섯째, 대한민국 정부가 공식적인 외교 절차를 밟아 일본 정부에 진상 규명과 사과를 요구하여야 한다.

<1923년 9월 1일 오전 11시 58분 리히터 규모 7.9의 대지진이 일본 도쿄와 간토[關東] 남부를 휩쓸었다. 진원은 사가미만[相模灣] 서북부(동경 139.3도, 북위 35.2도)로 계측되었다. 오다하라[小田原]와 네부카와[根府川] 방면이 가장 격렬했다. 도쿄와 요코하마에서는 지진으로 인한 화재가 겹쳐 최대 규모의 피해가 발생했다. 1부府, 6현縣에 걸친 넓은 지역에서 발생한 지진으로 인해 사망자는 9만 9,331명, 부상자 10만 3,733명, 행방불명자 4만 3,746명, 가옥 전파 12만 8,266호, 가옥 반파 12만 6,233호, 가옥 소실 44만 7,128호, 유실 가옥 868호이며, 이재민은 약 340만 명에 달했다.> 이는 일본에서 발행된 《국사대사전》의 기록이다.

지진은 점심 식사를 준비하던 시간에 돌발적으로 벌어졌다. 미처 난롯불도 끄지 못한 채 간신히 몸만 빠져나온 터라 피해는 걷잡을 수 없이 파국적이었다. 도쿄는 3일 아침까지 지진으로 인한 화재가 계속되었다.

리히터 규모 7 이상이면 건물이 완전히 파괴되는 격진激震으로 분류하는데, 6~7이면 수소폭탄의 폭발력에, 규모 8은 큰 수소폭탄 30개를 한번에 터뜨릴 때와 맞먹을 정도라고 하니 당시의 지진 피해를 능히 짐작할 수 있다.

조선인 희생자는 상해 대한민국임시정부 발행 《독립신문》에 6,661명이라 실렸다. 대체로 6천에서 많게는 2만여 명이라 한다. 일본의 군·경찰·자경단 등이 조선인 대학살에 관련 정부 문서 증언과 기사, 각계의 논평·논설 등 자료를 남겼는데, 아무래도 사건이 일어난 일본 쪽에 많은 자료가 있을 것이다. 자경단의 주축은 재향군인으로, 그들은 동학혁명·남한 폭도(전라도 의병) 대토벌

작전과 3·1운동·간도(경신)참변 때 조선에 들어와 조선인을 무차별 때려잡은 군인들이었다. 특히 동학과 의병을 토벌할 때는 동학군과 의병은 무조건 독립군이 될 것이라며 그들에게 무차별 만행을 저질렀다. 한국 쪽은 조선총독부 관보인 《경성일보》, 만주에서 발간된 《북만주 일신문》과 《신천지》 등의 보도와 논설, 해방 후 '재일선인단'의 문건을 제외하고는 《동아일보》와 《조선일보》 두 신문의 보도와 논설이 당시 조선 쪽 반응을 보여주는 자료의 전부라고 할 수 있다.

내무성 경무국장 고토 후미오[後藤文夫]는 동족 살육의 소식이 조선에 알려지는 것을 차단하기 위해 조선총독부 경무국장 앞으로 '조선인일본래항제한'을 요청하는 긴급 전문을 보냈다. 같은 취지로 조선총독부는 긴급칙령 「유언비어 취체령」을 9월 7일 발표 즉시 시행했다. 그해 9월 10월 두 달 사이 조선인 학살 사건과 관련된 불온 언동에 대한 훈방 1,156건 1,317명, 법규위반 검거 111건 122명에 이르렀다.

9월 1일부터 11월 11일까지 동아·조선 두 신문의 학살 사건에 관련된 기사 게재 금지 602건, 차압 조치 18회나 있었다. 1923년 9월 20일 동경 진재 관련 신문기사 게재 금지를 해제하였다. 한 달 뒤 10월 20일 조선인 학살에 대해 게재 금지를 해제하였지만 내무성이 조선총독부 경무국장에게 조선인 학살 사건에 관해서는 "단순히 관청에서 발표한 것으로 한정하고, 이외는 단호히 게재 금지토록 할 것"을 요청했다.

필자가 작년 11월 관동대지진 조선인 대학살 100년 추모문화제 및 일본 관음사에 건립한 위령의 종루 보수를 위한 추진위원회 사전 답사반과 방문한 일본 도쿄 료코쿠[兩國]에 1993년에 세운 에도[江戶] 도쿄박물관 '관동대진재' 코너에는 주로 일본인 피해 상황이 전시되어 있다. '관동대지진 유언비어'라는 부스에는 조선인들이 '유언비어'에 의해 학살되었다고 설명하고 있다. 컴퓨터 모니터에 '외국인 학살·조선인 학살'이라는 란을 누르면 자료와 설명이 비교적 자세히 나온다. 그러나 살해당한 조선인 숫자와 조직적인 국가 폭력 즉 제노사이드에 대해서는 나오지 않는다.

유언비어란 누군지가 불분명한 채 입에서 입으로 전해져 퍼지는 것이다. 그러나 당시 '조선인 방화'라는 거짓말은 일본 경시청이 의도적으로 퍼뜨렸다는 증거가 있으므로 유언비어라 할 수 없다.

9월 2일 궁성 옆 미야케사카[三宅坂] 참모본부 안에 관동계엄사령부가 차려졌다. 계엄령이 떨어지고 2~3일에 걸쳐 내무성의 경보국장은 각 지방장관에게 전보문을 발송했다.

"도쿄 부근의 진재를 이용하여 조센징[朝鮮人]은 각지에서 방화하고 불령不

逞의 목적을 수행하려 한다. 현재 도쿄 시내에서는 폭탄을 소지하고 석유를 뿌려 방화하는 자가 있다. 이미 도쿄부 일부에서는 계엄령을 시행하고 있기 때문에 각지에서는 면밀하게 시찰하여 조선인의 행동에 대해서는 엄밀하게 단속할 것"

조선총독부 대만총독부에도 타전되었다. 일본 정부의 삐라나 선전은 조직적인 학살의 불에 휘발유를 끼얹는 격이었다. 동시에 2일 오후 3시경 조선인 폭동에 대한 엄중한 단속 및 조선인 보호 수용 방침을 결정한다. 후테이센징[不逞鮮人]에 대한 '단속과 호보'라는 이중적인 지시는 사실상 '학살 명령'이나 다름이 없었다.

관동조선인 대학살의 피해자 수에 관해서는 2명(조선총독부 사이토 총독)에서부터 2만 3,058명(독일 외무성 보고)까지 편차가 크다. 여기서 거론한 6,661명이 나온 경과는 다음과 같다.

독립신문사 사장 김승학은 지진 당시 나고야에 있던 한세복을 지진 지역으로 보내 동포들의 피해에 대한 조사를 지시한다. 한편 재일조선 YMCA의 총무 최승만과 천도교 간부 박사직 등이 주도하여 '한인피해조사회'를 만들려 했으나 일본 경찰은 이를 허가하지 않았다. 최승만 등은 대안으로 '이재동포위문반'을 만들었고 여기에 조선유학생 학우회, 동아일보 특파원 이상협, 그리고 한세복 등이 참여했다. 일본 관헌이 피학살자의 시체를 암매장하거나 몰래 화장을 하는 등, 방해를 뚫고 조사보고서를 만들었다. 이 내용을 한세복이 김승학에게 편지 형식으로 보고했고 이것이 대한민국임시정부의 기관지였던 《독립신문》에 1923년 12월 5일 자 1면에 실렸다. 일본 정부가 진실을 은폐하고 조사를 방해하는 속에서 거둔 의미 있는 조사이고 지진 직후의 상황을 반영한 조사라는 점에서 가장 유력한 피해자 조사 중의 하나로 받아들여지고 있다.

일본 정부는 10월 20일 학살사건의 보도 금지를 해제하였으나 군대·관헌의 학살은 모두 은폐하고, 그 책임을 자경단으로 돌리는 데만 급급하였다.

관동대지진 조선인 대학살이 일어난 후 10월 8일까지 조선에 돌아온 자가 19,685명이고 일본으로 건너간 자가 2,544명이다.

관동대지진 조선인 대학살의 제노사이드가 대한민국 근현대문학사의 분기점이자 파스큘라(PASKYULA)와 카프(KAPE) 등 프롤레타리아 문학에 기폭제가 되었다. 약력에 기록되어 있거나 기록할 수 있는 문인과 현재까지 필자가 파악한 관동대지진 당시 일본에 거주했던 유명 인물은 다음과 같다.

·시인–김소월, 이상화(애족장, 문화운동), 김동환, 김영랑(건국포장, 국내 항일운동), 박용철, 유치환 유치상 형제, 장정심, 고한용,

·소설가-이기영, 채만식, 한설야, 정우홍, 이익상, 장지락(애국장, 중국방면) ·아동문학가-최신복 ·평론가-김문집 ·불문학자-손우성 ·비교문학-이하윤 ·극작가-유치진, 이서구, 조준기 ·수필가-이양하, 김소운 등이다.
·음악인으로 <봉선화>의 홍난파, 동요 작곡가-<반달>의 윤극영, <짝짜궁>의 정순철 그 외 음악인으로 일본 여성 성악가 요시즈 나오코[吉津直子]와 결혼하여 유명세를 얻은 조일朝日커플로 대한민국 최초의 바리톤 김문보, 철학박사 제금가 계정식 등이다.
또한 《씨울의 소리》 발행인 민중운동가 함석헌(건국포장, 국내 항일운동)과 정치인으로 사법살인 당한 조봉암, 재무부장관 및 3선 국회의원 인태식, 민속학의 선구자 송석하와 그의 동생 송석구, 대중 보건에 힘쓴 경성의전 의사 유상규(애족장, 중국 방면), 조선의 유일무이 천재 식물분류학자 장형두 등이다.
또한 '동경이재조선동포 위문반'이 동경에서 조직되었는데, 재무부원에는 동경기독교 연합회 목사 오기선과 천도교 도사 박사직, 사교부원에는 학우회 서무부장인 이동제, 도산 안창호 조카사위 독립운동가 김봉성(건국포장, 3·1운동), 화가이며 해방 후 최초 생명보험회사를 설립한 강필상, 위문부원 동경 YMCA 총무 교육자 최승만, 이철, 이창근, 김재문 등과 더불어 구조 및 조사요원으로 활동한 중앙대학생 민석현, 일본대학생 이근무 등이 있었다.
그리고 서울 상공을 최초로 비행한 비행사 안창남(애국장, 중국방면), 성균관대학 총장 교육자 변희용, 주불공사 한승인 그와 9월 6일 함께 귀국한 이주성, 최학주, 사회주의 경제학자 백남운, 영친왕과 이방자 여사 부부, 무정부주의 연구단체인 불령사不逞社 사건 불경사건에 연류된 인물 박열(대통령장, 일본방면), 가네코 후미코([金子文子], 애국장, 독립운동 지원), 홍진유(애족장, 국내항일), 최규종, 육홍균(애족장, 일본방면), 서동성(애국장, 국내항일), 정태성, 소천무[小川武], 김중한(애족장, 일본방면), 장상중, 서상경(애국장, 문화운동), 하세명, 야구품이[野口品二], 율원 일남[栗原 一男], 한현상 등 15명이다.
1922년 고학생과 노동자 상호부조 단체로 설립된 형설회의 서기 유동복(대통령 표창, 3·1운동)과 형설회 회원 이영수, 조선어학회 3년 옥고 월북 김일성대학 국문과 교수 대종교인 정열모, 복음교회 창시자 최태용 목사, 통도사 주지 신태호, 최초의 불교단체 유학생단체 발기인 신영균, 신현철, 주영방 등이다.
·화가-허백련, 김창섭, 도상봉(대통령표창, 3·1운동), 이한복. 인천이 낳은 위대한 미학자 우현 고유섭의 숙부이며 유명한 의사이며 해방 후 인천 최초 신문인 《대중일보》 초대 사장을 역임한 고주철 등이다.
·그 밖의 인물-거리를 점포 삼아 노천고서상 강흥규. 한성고 교장 이성구. 국회부의장 서민호(건국훈장, 애족장). 정치인 김성숙(건국포장, 국내 항일). 배

재고 교장 장용하(건국훈장, 애족장). 중앙학교 교장 현상윤의 동생으로 경찰서에 수용 중 정신 이상으로 병원에 입원한 현상면. 탁월한 식견가 실업가 김종호. '불교시보' 대은당 스님 김태흡. 무교회주의 종교인 교육자 김교신(건국포장, 국내 항일). 1925년 도쿄 상과대학(현 히토쓰바시대학) 졸업 대한민국 초대 한국은행 총재 구용서. 나운규의 영화 <아리랑>의 실제 모델 동경유학생 호남학생단장이었던 국악 계몽의 선구자 김낙기. 무정부주의자 독립운동가 효창공원 삼의사 백정기(독립장, 중국 방면). 사회주의 노동운동 독립투사 서진문(애족장, 일본방면). 독립운동가 이상쾌(대통령표장, 국내항일). 와세다대학 정경학부 30년 야구심판협회 창설하고 1946년 대한야구협회 회장을 역임한 야구인 서상국. 관동대지진 조선인 대학살을 증언해준-조인승, 전호암, 신창범, 동경대 상대 재학생이었던 강석천(1982년 증언 도중 사망). 서울미래유산인 국내 최초 한옥 형태의 혜화동주민센터(구 한소제가옥) 주인으로 한국걸스카우트의 전신인 대한소녀단을 창설한 여의사 한소제. 시인 홍사용의 동생이고 조선 왕족 외엔 육군대학을 유일하게 입학한 조선인이며 최고위 계급 일본군 육군 중장 포로학대살해 죄목으로 B급 전범으로 기소되어 사형당하여 친일인명사전에 등재한 홍사익과 그 가족. 이왕직 왕세자부 사무직으로 4대가 친일인명사전에 등재된 중추원 백작 고희경과 그 가족. 이왕직 왕세자부와 장흥·무안 군수 역임하여 친일인명사전에 등재된 김영수와 그 가족. 상애회 - 이기동(회장), 박춘금(부회장), 한종석(총무), 허방(외무부장) 등이다.

일본 한인 노동운동 지도자 김천해와 김태엽은 관동대지진 조선인 대학살 참상을 목격했다. 해방 후 김천해는 북으로 가 독립유공자가 되지 못했다. 김태엽은 이명을 김돌파金突破로 바꿔 쓰며 일본 한인 노동운동가로 활동했다. 2009년 독립유공자로 애족장 서훈을 받았다. 국립서울현충원에 안장됐다.

다음은 확인이 필요한 문인과 학자들이다.

김기림(1922년 경성고보 중퇴 후 릿쿄중학[立敎中學] 편입), 김말봉(1923년 동경 가카네여숙[高根女塾] 졸업), 김영진(1925년 도요대학 졸업), 김진섭(1920년 양정고보 졸업, 1927년 호세이대학 문학부 독문학과 졸업), 박승희(1923년 메이지대학[明治大學] 재학 중 김복진 김기진 형제와 토월회 조직), 손진태(1927년 와세다대학 사학과 졸업), 오일도(오희병, 1922년 제일고보 졸업, 1923년 도일, 1929년 릿쿄대학 철학부 졸업), 정지용(1923년 4월 교토 도지샤대학[同志社大學] 영문과 입학, 1927년까지 체류), 진장섭(동화동요 작가, 아오야마학원을 거쳐 1926년 도쿄고등사범[東京高等師範] 졸업), 최현배(1919년 히로시마고등사범[廣島高等師範] 문과 졸업 후 계속 일본 체류 1925년 귀국), 김상용(金尙鎔, 1922년 릿쿄대학 예과 입학 24년 영문과 입학,

1926년 10월 5일 동아일보에 시 「일어나거라」 발표, 1927년 영문과 졸업하고 귀국)

1923년 9월 10일자 《조선일보》 2면에 근고謹告 본회 회장 송병준 씨가 동경 여행 중 금반今般 진재에 무사하신 전신을 접하였기에 이에 근고하오니 회원 여러분은 경요敬要 <조선교풍회>朝鮮矯風會

같은 신문 3면에 근고 본인의 부친(백작 송병준 씨)이 동경 여행 중에 금반 미증유한 진재에 안전 무사히 경과하온 것은 일반 지인 친구 제씨의 권주眷注하옵신 혜념에 말미암은즉 이에 감격을 이기지 못하고 이 지면에 삼가 감사 인사를 올립니다 아들 '송종헌' 이름으로 광고가 실렸다. 뒤이어 다음 날 《조선일보》 2면에 <조선소작인 상조회 본부> 이름으로 본회 회장 송병준 씨의 같은 내용의 광고가 실렸다.

양주동·이장희·유엽 등은 방학 중 귀국하여 돌아가지 못하였다. 일본에서 기획했던 우리 근대문학사에 나타난 최초의 본격적 시 전문지였던 《금성金星》을 백기만·손진태·이상백 등과 함께 1923년 11월 10일에 창간했다.

구주대학교 농학부 학생인 조백현(전 서울대학교 농대학장), 정상호(전 대구농대 학장), 공학부 김대우(전 경남지사) 등은 하기방학으로 집에 와 있었다.

항일 저항시 문학의 뿌리는 관동대지진 조선인 대학살이라 하여도 지나치지 않을 만큼 이 사건과 관련된 시인과 작가들이 많다. 그 당시 참상을 목격하고 경험한 시인과 작가 중 시인은 김소월, 이상화, 김동환, 김영랑, 박용철, 유치환 유치상 형제, 장정심, 고한용이고, 소설가는 이기영, 채만식, 한설야, 정우홍, 이익상, 장지락 등이다.

김소월은 지진 이후 한 달 동안 연락이 두절 되어 가족들이 죽었다고 포기했다. 시인 구상의 맏형님인 구원준도 지진 이후 행방불명됐다. 윤동주 시인 아버지 윤영석도 당시 참상을 목격하고 명동촌에 무사하다는 전보를 보내고 급히 귀국했다. 신석정 시인의 형님인 신석갑과 사촌 매형 정우홍 이익상, 소설가 신석상의 아버지 신기형, 가수 신형원의 할아버지 신영연 등도 당시 동경 유학생이었다. 박재동 화백의 할아버지 박울봉은 부두 하역 노동자로 하숙집 주인의 보호로 살아 돌아왔다. 님 웨일즈의 『아리랑』의 주인공인 김산(장지락)은 일본에 유학 중이었다. 이육사 시인은 대학살 다음 해 4월부터 1925년 1월까지 도쿄에서 유학을 하였다.

요즘 언론에 드러나 충격을 준 관동대학살 당시 자경단이었던 우치무라 간조[内村鑑三]나 아쿠타가와 문학상의 아쿠타가와 류노스케[芥川龍之介]도 자경단에 가입했다 그 잔혹한 학살로 금방 탈퇴할 정도로 조선인이라는 이유로 제노사이드 당하였다.

1923년 관동대지진 조선인 대학살 관련 아사카와 다쿠미 일기

아사카와 다쿠미

아사카와 다쿠미 일기 1923. 9. 10.

9월 10일 밤 끊임없이 비가 내렸다. 그러나 왠지 차분한 밤이었다.

7월 23일부터 35일간의 홋카이도, 도호쿠 지방에서부터 고향까지 정신없을 정도로 바쁜 여행을 하고, 돌아오자마자 전라북도에 이미 약속된 임업 강습회의 강연을 하러 가고, 9월 2일 전주에서 도쿄 대지진의 뉴스를 보고 놀라서 그날 밤 야간열차로 경성에 돌아왔다. 도쿄에 관해서는 편지도 교통도 단절되었기 때문에 누님댁의 소식도 아직까지 알 수가 없다.

여행 때부터 오늘까지 일기를 쓸 기분이 아니었지만, 오늘 밤은 왠지 차분한 기분이어서 무엇인가 쓰고 싶다.

마사토시 군의 편지에 의하면 "도쿄 대지진의 참화는 실제 재해의 10분의 1에 지나지 않는다. 그 외에는 지진 때문이 아니라 불량조선인의 방화에 의한 화재 때문이라고 전해져서 도쿄 그 근교에 사는 일본인들이 격양해서 조선인만 보면 다 죽여버린다는 기세여서 선량한 조선인까지 대부분 목숨을 면하지 못하고 있다고 한다"고 쓰여져 있었다. 그 일은 어제 이마무라 씨에게도 들었다. 이마무라 씨는 경무국장과 친한 사이이기도 하고, 정보위원이기도 해서 아직 발표되지 않은 이야기라고 하면서 말했다.

조선인 중에서 누군가는 무분별하게 석유관을 들고 방화하고 돌아다녔다는 것, 피난하는 부녀자를 욕보였다는 것, 일본인의 격양이 극도로 달해서 조선인이라고 하면 그 인간이 범인인지 아니지를 판별할 여유도 없이 닥치는 대로 때려죽인다는 것, 일본인 중에서도 조선인과 용모가 닮은 자는 오해받아 살해된 자도 있다는 것, 도쿄 근교의 청년단들은 지금도 불량조선인이 역습한다고 소문을 퍼트려서 준비하고 대처하고 있는 자들도 많다고 한다. 이상의 일은 아무런 근거가 없는 일이라고는 생각할 수 없다. 그러나 사실이라고 생각하기에는 불안하고 씁쓸한 일이다.

아무리 조선인이 일본에 반감을 품고 있다 하더라도 이러한 갑작스러운 재해를 틈타서 방화를 하다니 너무 잔인하다. 조선인 중에서 어리석은 자를 선동해서 그렇게 시킨 못된 일본인이 있을 것이라고 생각한다. 그 화재만 일어나지 않았더라면, 사상사들은 실제의 10분의 1 이하였을 것이라고 생각된다. 그것을 생각하면, 방화한 놈들의 죄는 가볍지 않다. 시민의 경악도 무리가 아니다.

군중이 흥분했을 때여서 제압할 수 없었을 것이라고 생각한다. 그러나 단지 조선인이라는 것만으로 조선인을 보면 살려두지 않는다는 것도 난폭한 일이다. 도대체 일본인과 조선인이 융화되어 있지 않기 때문에 이러한 일이 생기는 것이다. 일본의 시골 신문에는 조선인 전체가 마치 불량배인 것처럼 쓰여져 있다. 조선인의 신문에서도 또한 이와 같은 재해를 인류의 사건으로서 넓은 마음으로 받아들이는 것에 다소 소홀하다는 생각이 든다. 앞으로도 사건이 생길 때마다 일본인과 조선인이 서로 따로따로가 되어 버린다면 얼마나 슬픈 결과를 초래할 것인가, 악마는 두 민족의 사이를 갈라놓으려고 기다리고 있다.

나는 믿는다. 조선인만이 이번의 뜻밖의 천변의 기회를 이용해서 방화하려고 계획을 했던 것이 아니라고, 오히려 일본인의 사회주의자들이 주모해서 아무것도 모르는 조선인이 막벌이 일꾼들을 앞잡이로 이용했다고 생각한다. 도대체 일본인은 조선인을 인간 취급을 하지 않는 나쁜 습관이 있다. 조선인에 대한 이해도가 너무나도 부족하다. 조선인이라고 하면 누구라도 똑같다고 생각하고 있다. 하얀 옷만 입고 있으면 모두 똑같은 조선인이라고 생각하고 있다. 조선인 중에서 유식자들도 조선옷을 입고 일본인 동네를 걸으면 무시무시한 모욕을 당한다고 한다. 우리 집의 김 군들도 어제 미술관의 짐 정리를 도와주다가 미술관의 수위 마누라에게 모욕을 당해 분개하고 있다. 시시한 일로 시작된 것 같은데 결과는 커졌다. 사실은 이렇다. 김 군이 일을 마치고 손을 씻기 위해 수돗가에 갔다. 거기서 수위 마누라가 있어서 가능한 공손하게 인사하고 세숫대야를 빌려달라고 부탁했다. 그 여자는 확실하게 거절하지도 않았지만, 대답도 하지 않았다. 처음에는 두서너 말만 거만한 태도로 응답했지만, 그 후에는 입을 다문 채였고, 그 태도가 너무나 꼴보기 싫었다고 했다.

김 군은 일본어도 잘 한다. 김 군이 실례되는 말을 할 염려도 없는데, 일본 여성에게 가끔씩 모욕을 당한다고 한다. 대체 여자들이랄 생각이 얕다. 마음이 좁고 깨끗하지도 않으면서 노골적으로 그것을 나타낸다. 우리 어머니도 조선인에 대한 생각에는 좋지 않은 점이 많다. 그리고 일본인끼리라면 내색하지 않을 정도의 일이라도 금방 나타낸다. 어머니는 우리 형제들의 생각도 아주 잘 이해하고 있어도 그러한데, 하물며 다른 일본 여자들은 더 심할 것이라고 생각한다.

경성의 혼마치 근처의 상인들은 더 심하다. 나도 조선옷을 입었을 때에는 때때로 모욕을 당해서, 불쾌한 기분이 들 때가 많다.

이러한 일은 사소한 일 같지만, 등한시할 수 없는 일이다. 평상시의 증오를 유사시에 잊을 수 있는 인간은 적을 것이다. 인류라든지, 신이라든지 하는 문제를 판단할 수 있는 인간이라면 처음부터 증오 따위는 느끼지 않을 것이다.

평상시에 인간을 대상으로 해서 증오를 느끼고 있는 자도, 때로는 신이라든지, 인류라든지 하는 큰 문제 앞에 머리를 굴려서 생각을 바꿀 수 있다면 좋을 것이다.
교회에서는 일본인도, 조선인도, 그 어느 쪽도 이러한 점을 고려하고 있는 것 같지 않다.

우리들은 이러한 일을 위해서 기도해야만 한다. 누군가를 저주한다는 것은 신 앞에서도 증오를 느낀다는 것이다. 이것은 두 민족 모두 은총을 받을 수 없는 일이다.
나는 도저히 믿을 수가 없다. 도쿄에 있는 조선인들 대다수가 곤란에 처한 일본인과 그 집이 타버리는 것을 원하고 있다고는.

그렇게 조선인이 나쁜 놈이라고 믿고 있는 일본인도 근성이 아주 나쁘다고 할 수 있다.

정말로 저주받은 인간들이다. 나는 그들 앞에 조선인의 변호를 하기 위해서 가고 싶다고 절실히 느낀다.

이번 도쿄의 참해 대부분을 조선인의 방화에 의한 것이라고 역사에 남긴다는 것은 견딜 수 없이 괴로운 일이다. 일본인에게도, 조선인에게도, 너무나도 두려운 일이다.
그러한 사실이 존재한다면 어쩔 수 없지만, 적어도 내가 아는 한, 조선인이 그렇게 어리석은 자들만 있는 것이 아니라는 것은 확실하게 말할 수 있다. 그것은 시간이 증명해 줄 것이다.

이러한 사변에 대해서 아쉽게 생각되는 것은 교회의 태도이다. 얼마 안 되는 기부금을 모으고, 일본과 연락을 취하는 통신에만 몰두하고 있다. 돈은 관청에서도 그 외의 단체에서도 모은다. 통신정보는 요즘 관청이 훨씬 자세하고 신속하고 요령 있게 처리한다. 교회에는 다른 사명이 있을 것이다. 그것은 이와 같은 천변이 알리고 있는 신의 소리를 듣는 일과 일본과 조선, 두 민족 사이에서 일어나는 많은 문제들에 대해서 기도하고 또 최선을 다하지 않으면 안 되는 것이다. 관청이나 다른 세속적인 단체의 흉내를 내기보다는 오히려 그들을 정신적으로 이끌어 가지 않으면 안 된다. 등대가 되어야만 한다. 예수는 예루살렘 궁의 장대함도 아무 흔적 없이 없앨 수 있다고 경고하고 있다. 일본은 대도쿄를 내세우고, 군비를 뽐내고, 만세일계萬世一系를 자랑하는 것을 삼가야만 한다고 생각한다.

인류 공통의 보물을 하늘에 쌓는 것이 영원한 세상에서 사는 길인 것을 교회는 세상에 역설해야만 한다.

아사카와 다쿠미 일기, 1923. 9. 11.

9월 11일 어젯밤부터 계속 내리는 비는 오늘도 하루종일 부슬부슬 내리고 있다.

장장실에서 불러서 가 보니, 장장이 이야기가 있었다. 그것은 "이번 도쿄의 재해에 관해서 어떤 조선인이 취한 태도는 동정의 여지가 절대로 없다. 결코 사소한 동정심을 보여서는 안 될 것이다. 그들 조선인들의 반성을 촉구하기 위해서 엄격하게 질책해야만 한다." 이러한 이야기는 본부에서 각국 고등관을 모아서 국장이 직접 훈시한 이야기라고 한다.

천재를 빙자해서 방화, 살인, 강도, 강간을 서슴지 않게 한다는 이 무서운 일은 인간에게는 상상도 할 수 없는 악행인 것은 두말할 필요도 없다. 그러나 소수의 악당 때문에 조선인 전체가 궁지에 빠질 것을 생각하면 동정하지 않을 수가 없다. 사회주의자나 불량배들은 일본에도 많이 있다. 이번이 악행도 조선인만의 소행은 아니라고 생각한다. 단지, 조선인이라는 이름하에 일괄해서 논하는 것에 대해서는 나는 찬성할 수 없다. 일본인은 대체로 배타적인 점에 있어서는 조선인 이상인지도 모른다. 조선인에 대한 이해가 너무나도 없다. 일본 시골에서는 아기가 울면 "언제까지 울고 있으면 조선인이 온다."라고 겁주는 말조차 나오기 시작했다. 그 때문에 조선인에 대해서 저속하고 기분 나쁘고 잔인한 악인이라고 생각하고 있는 경향이 있다.

일반적으로 일본에 있는 조선인을 보면, 일본의 자연과도, 인정과도, 조화되진 못하고, 비참한 나날을 보내고 있는 것 같다. 이렇게 된 것은 양쪽에 결점이 있다고 보는 것이 정당하다고 생각한다. 조선인이 일본에 가서 토목공사장이 막벌이 일꾼 무리에 들어간다. 거의 정다운 말 한마디 들지 못하고, 혹사당하고, 멸시당한다. 그러한 상황에 처해 있을 때, 사람은 항상 할 수가 없는 것이다. 더욱더 야성을 발휘할 뿐이다.

조선에 있었을 때도 한 번도 해 보지 않을 짓을 아무렇지도 않게 하게 된다.

거기서 조선인은 바보다, 악당이다라는 정평이 나게 되는 것이다.

고슈(甲州, 지금의 야마나시현)에서는 농업화나 현청이 장려해서 조선의 소를 농경에 쓰기 위해서 들여왔다. 처음에 조선인 교사를 초빙해서 전했더니, 아주 평판이 좋았다. 사용해 보아도 과연 성적이 좋았다. 조선의 소는 얌전하고, 힘도 세고, 변변치 않은 사료에도 잘 견딘다. 점점 더 평판도 좋아졌지만, 얼마 안 되어서 악화되어 성질과 행동이 거칠고 난폭해져서 다루기가 어려워졌다고, 최근에는 평판이 땅에 떨어져서 조선의 소를 구입한 자는 손해를 보았다는 이야기다.

이 일에 관해서도 조선에 있어서의 소의 사육, 일을 시키면서 다루는 정신적 의향에 대해서 잘 이해하고 임하지 않으면 안된다. 자기 가족처럼 인간과 같은 지붕 아래에서 키워지고, 넓은 논밭에서 유유히 일했던 소가 갑자기 성미가 급한 일본인에 의해서 매를 맞고 혹사당하면, 비뚤어지는 것도 당연하다고 생각한다.

이런 경우에도 소에게는 조심할 여지가 없다. 다루는 입장에 있는 인간에게는 자성의 여유가 주어져 있다. 일본인과 조선인 사이에서도 많은 점에서 강자인 일본인이 조금 삼간다면 수습은 빨라질 것이다. 또한 그것이 우세한 측이 취해야만 하는 태도이다.

이번 사건에 의해서 일본인과 조선인은 더욱더 사이가 멀어질 뿐이다. 게다가 가까스로 자라기 시작한 조선인의 새싹을 꺾는 것이라고 생각되어 동정하지 않을 수 없다.

이런 경우에 무엇이 주의 뜻에 맞는 가장 올바른 길인지 계시받기 위해서 기도할 것이다.

내 힘으로 할 수 있는 일이라면 무엇이든 도움이 되고 싶다.

조선인에 대해서 '도대체 요즘 정부가 약간 응석을 받아주고 있는 것 같다. 이번에야말로 원래대로 엄격하게 단속해서 다루지 않으면 안 된다. 조선인은 이번 사건으로 세계의 동정도 받지 못하게 될 것이다. 두 번 다시 고개를 들 수 없도록 탄압을 받아도 할 말이 없을 것이다. 조금 매운 맛을 보여주겠다는.'라는 의견이 많은 것 같지만, 이러한 것에는 동의할 수가 없다.

- 아사카와 다쿠미 일기와 서간(다카사키 소지 편저, 김순희·이상진 번역, 야마나시현 호쿠토시, 2014)

간토대학살에 대한 국제사법재판소의 권고적 의견이 갖는 의의와 캠페인 방법론 -세계시민운동으로의 발전 가능성

김원호
(씨알재단 이사장 / 에코피스 아시아 이사장)

(Ⅰ) 시작하는 글

1923년 9월 1일 정오에 일본에서 관동대지진이란 엄청난 자연재해가 일어났습니다. 도쿄를 중심으로 한 관동지방에서 진도 7.9급의 초강력 지진이 발생한 겁니다. 지진의 여파는 곧바로 대화 재로 이어졌고, 도쿄, 요코하마를 비롯한 관동 지역 일대가 궤멸하다시피 초유의 피해가 발생했습니다. 그로 인한 사망자와 행방불명자가 14만 명이나 되었고, 이재민은 무려 340만 명에 달했습니다. 그러한 사상 초유의 지진으로 인한 피해뿐만 아니라 더욱 잔혹한 일은 그다음에 발생했습니다. 그것은 일본 정부가 관동대지진으로 절규하던 국민의 원망과 시선을 돌리기 위해 재일조선인을 희생양으로 급조했다는 점입니다. 재난의 주범이 재일조선인이라는 유언비어를 퍼뜨려 관동대지진을 '관동대학살'로 몰아간 것입니다. 일본 정부가 조선인들이 불을 지르고, 우물에 독을 타며, 일본인들을 몰살시키려 한다는 유언비어를 고의로 퍼뜨렸습니다. 그와 동시에 계엄령을 선포했습니다. 그렇게 날조된 소문이 삽시간에 퍼지면서 재일조선인 6,661명이 일본 군경과 자경단에 의해 무참히 살해당하는 일이 일어났습니다. 이것이 관동대학살의 실체적인 진실입니다.

1923년에 학살이 있었다는 사실보다 더 고약한 것은 그 실체적인 진실을 숨기기 위한 술수와 책략이 지난 100년 동안 계속되었다는 것입니다. 1948년에 세워진 대한민국 정부와 이승만 대통령도 관동대학살의 진상을 규명하기 위한 노력을 하지 않았고, 일본 정부는 늘 그렇듯이 '모르쇠'로 일관해 왔습니다. 최근 들어 학살의 증거가 여기저기서 구체적으로 드러나니까 그 규모를 축소하고자 애쓰고 있습니다. 이승만 정부가 관동대학살의 진상을 규명하기 위해 조금만 노력했다면 오늘날의 한일관계는 훨씬 더 건강해졌을 것입니다.

그렇게 보는 이유는 관동대학살을 목격한 일본인들이 살아있던 1950년대는 일본이 세계 2차대전에 패하면서 정상 국가로 발돋움하려는 기운이 조금은 있었기 때문입니다. 다시 말하자면, 천황이 자신과 일본 국민 간의 유대가 전설에 기초한 것이 아니며, 신이 인간으로 현현한 천황이 세계를 지배한다는 사상이 허구라는 점을 스스로 인정한 지 10년이 지나지 않았던 때이므로 새로운 일본으로 발전할 가능성을 지금보다는 더 갖고 있었다는 뜻입니다.

그러나 그 당시 우리나라의 정치지도자들은 관동대학살을 자연재해에서 비롯한 어쩔 수 없는 사고 정도로 여기는 경향이 없지 않았습니다. 그다음 정부인 박정희 정부는 한일 협정을 통해 일본의 자금을 끌어들여 경제 발전을 꾀함을 최우선으로 했으므로 관동대학살은 안중에도 없었습니다.

거기다가 재일본조선인총연합회라고 부르는 조총련이 관동대학살 당시 희생자들을 추모하는 행사를 매년 해오던 때였으니 1960년대와 1970년대는 더욱더 관동대학살은 문제 밖이었지요. 관동대학살이 보편적인 인권 차원에서 우리나라에서 거론되기 시작한 것은 1990년 말 내지는 2000년대 초반부터가 아닐까 싶습니다. 지난 12월에 일본을 방문한 김진표 국회의장이 기시다 후미오 일본 총리를 만나 관동대지진 당시 조선인 학살에 대한 진상 규명을 촉구했다니 그나마 다행이라 하겠습니다.

여기서 잠시 한 번 숨을 돌려 생각해 봅시다. 관동대학살의 진상이 정말로 감쪽같이 숨겨질 수 있었을까요? 단언컨대 그것은 불가능했습니다. 그 첫 번째 이유는 1923년 당시의 일본이 세계 1차 대전의 승전국으로 국제사회에서 새로운 강대국으로 주목받는 시기였다는 것이고, 두 번째 이유는 그 당시 일본의 경제가 발전하면서 도시 중간층이 증대되었고, 교육의 기회가 확대되면서 교육받은 청년층과 지식인층의 저변이 넓어졌기 때문입니다. 그로 인해 각종 언론 매체에서는 민주주의 사조 및 민주 정치체제에 대한 소개와 토론이 활발하게 이루어지기 시작했고, 특권적 사회 질서와 체제를 타파하고 근대적 시민사회를 기초로 하는 국가를 만들려는 경향이 뚜렷했습니다.

이 시기를 학자들은 다이쇼 데모크라시 시대라고 부릅니다. 그러므로 관동대학살을 감쪽같이 숨길 수는 없었다고 봅니다.

(II) 이어지는 글

그렇다면 왜 관동대학살이 일어났을까요? 그 기저에는 일본의 상층부, 더 구체적으로 말한다면 일본 군부가 조선인을 두려워하는 공포심이 깔려 있었다고 하겠습니다. 1919년의 3·1 만세운동과 청산리전투에서의 패배 등으로 인해 일본 군부는 대지진이 일어난 시점에서 일본 내의 조선인들이 폭동을 일으키면 일본제국이 위험할지도 모른다고 생각했습니다.

당시 일본에는 1917년 러시아혁명의 영향을 받은 젊은이들이 천황 체제를 거부하는 경향을 보이기도 했으니까요. 관동대학살은 일본이 청산리 전투에서 패배한 이후에 일어난 간도참변의 연장선 위에 놓여 있다고 해도 과언이 아닙니다. 간도참변은 1920년 10월에 시작하여 1921년 4월까지 계속되었는데 『독립신문』에 따르면 조선인 3,700여 명이 피살되었다고 합니다. 공식적으로 집계된 관동대학살의 희생자 숫자가 6,661명인 점을 감안하면, 1919년 3·1운동부터 1923년 관동대학살 사이에 얼마나 많은 조선인이 일본의 국가폭력에 의해 목숨을 잃었는지 알 수가 있습니다. 끔찍합니다. 당시 일본 정부는 조선인에게 내선일체를 강조하면서도 다른 한편으로는 2등 신민인 조선인을 죽이는 데 혈안이 되어 있었습니다. 종합적으로 역사를 바라보건대, 당시에 일어났던 모든 일이 혐오스럽기 그지없습니다.

저희 씨알재단에서는 관동대학살 100주기를 맞이한 2023년 9월 3일에 일본 동경의 아라카와 둔치에서 관동대학살 100주기 추도식을 열었습니다. 민속학자 심우성 선생께서 일러주신 대로 함인숙 목사가 6,661장의 넋전을 만들어 관동대지진 당시 일본인에 의해 죽임을 당한 분들의 영혼을 위무했습니다. 그리고 일본의 산으로 들어가서 조용히 화장식까지 치렀습니다. 관련 영상을 보시겠습니다.

저는 아라카와 둔치에 있을 때나 화장식을 할 때나 마음이 몹시 무거웠습니다. 그러면서도 관동대학살 문제를 한일 간의 문제로만 국한해 생각할 일이 아니라는 사실을 깨달았습니다. 그 이유는 관동대학살이 제노사이드라면 세계 인류의 보편적 인권의 관점에서 그 방지책을 마련할 필요가 있다는 생각이 들었기 때문입니다. 그 방지책이란 관동대학살을 국제사법재판소에서 제노사이드로 인정받아, 관동대학살이 무고한 양민을 학살한 역사적 사실임을 확인하고 그 책임이 일본 정부에 있었음을 확증하는 데서 이루어진다고 생각합니다.

씨알재단이 시민모임 독립 그리고 YMCA 전국연맹과 연대하여 관동대학살 문제를 유엔 인권이 사회, 나아가서는 국제사법재판소로 가져가겠다는 뜻을 밝히자 많은 사람이, 100년 전의 일을 끄집어내 좋을 게 뭐 있느냐고 하셨습니다. 한일 정부 모두 껄끄러워할 것이니 차라리 하지 않는 게 좋겠다고 하신 분도 있었습니다. 그러나 저는 생각을 조금 달리합니다. 그것은 관동대학살을 단순히 한일 간의 문제로만 국한하지 말고 세계 인류의 보편적인 인권 문제로 바라봐야 한다고 보기 때문입니다. 그것은 한국 국민이나 일본 국민이나 주권자로 깨어나 존엄성을 가진 존재로 대우받는 사회를 만들어야 한다는 책임성과 연결된다고 할 수도 있습니다.

왜 100년 전의 일을 끄집어내느냐? 언제까지 그럴 것이냐? 고 묻는 분들을 위해 현재 진행되고 있는 우크라이나와 러시아의 전쟁으로 잠시 시선을 돌려봅니다. 러시아가 우크라이나를 침공했다가 키이우에서 남쪽으로 후퇴하면서 민간인 1만 명 이상을 죽인 것으로 집계됐습니다. 미국 CNN 방송의 보도에 따르면 사망자 가운데는 499명의 어린이가 포함되어 있었다고 하지요. 영국 BBC 방송은 러시아가 점령했던 수용소에서는 여성에 대한 성폭력과 고문이 만연했다고 보도했습니다.

이런 지옥이 관동대학살 당시에는 일어나지 않았을까요? 죽창에 의해 배가 갈린 채 죽은 임신부의 사진이 있습니다. 그때와 지금이 뭐가 다를까요?
인간의 존엄성을 짓밟는 범죄행위인 것은 똑같습니다. 전쟁이니까 좀 다르다고요? 그렇지 않습니다. 1929년에 만들어지고 1949년에 개정된 제네바 조약 제4협약에 따르면 전시라도 민간인을 보호해야 합니다. 그런데 푸틴은 왜 우크라이나의 민간인 거주지에 미사일을 쏘고 여성들을 성폭행하고 어린아이들을 무자비하게 죽이는 걸까요? 제네바 협약이 있다는 걸 몰라서 그랬을까요?

아닙니다. 그것은 우크라이나 국민의 전쟁 수행 의지를 꺾겠다는 생각에서 비롯된 고의성 짙은 범죄에서 비롯된 행위입니다. 전쟁을 완전히 없앨 수는 없겠지만 민간인을 학살하고, 민간인이 거주하는 지역에 미사일과 포탄을 쏟아부어서는 안 됩니다. 그렇게 하지 못하도록 더 강력한 국제협약이 필요하다고 생각합니다. 관동대학살 사건을 유엔 인권이사회, 나아가 국제사법재판소로 가져가는 과정을 디딤돌로 삼아 유엔 회원국 모두에게, 특히 러시아와 같은 강대국에게, 제네바 제4협 약은 그 어떤 조약보다 더 잘 지켜야 한다고 호소하고자 합니다. 그 내용을 국제사법재판소가 공식적으로 선언하도록 하고 싶습니다. 나아가 민간인을 학살하는 어떤 행위에 대해서도 국제사회가 공동으로 강력하게 대응할 수 있는 제네바 제5협약이 만들어지길 희망해 봅니다.

(III) 관점을 바꾸는 글

저희 씨알재단에서 관동대학살 문제를 유엔 인권이사회나 국제사법재판소로 가져가는 캠페인을 시작하겠다고 말하니까 많은 사람들이 한국에서의 서명만으로는 유엔 근처에도 가지 못할 것이라고 걱정하면서, 유엔 인권이사회를 통해서 국제사법재판소로 가려면 최소한 유엔 회원국 129개국의 찬성표를 얻어야 하는데, 그게 가능하겠냐고 반문했습니다. 그 질문에 유튜브와 인스타그램 등을 비롯한 SNS를 활용하면 모든 세계 시민들의 참여와 지지 그리고 격려를 끌어낼 수 있지 않겠느냐고 되물었습니다.

씨알재단에선 관동대학살을 유엔 인권이사회에 제소하는 데 필요한 청원서를 세계시민이 다운로드 받을 수 있도록 영어로 된 전용 홈페이지를 만들어서 운용할 계획입니다. 그리고 각종 컨텐츠도 수시로 업로드할 생각입니다. 그렇지만 처음부터 국제 캠페인의 세계시민 운동으로 나갈 수는 없을 겁니다. 처음에는 국내 캠페인으로 시작해서 차근차근 기초를 다진 다음에 2026년도부터 국제 캠페인으로 발전시켜 나가려고 합니다. 방금 말했듯이 다양한 컨텐츠를 업로드해서 캠페인을 즐겁고 흥미롭게 전개하고자 합니다. 이를 위해 다양한 문화행사를 시민모임 독립 및 YMCA 전국연맹과 함께 기획하고 실행해 나갈 생각입니다. 최재형 선생의 일대기를 다룬 뮤지컬 <페치카>를 기획하고 감독한 주세페 김과 힘을 합쳐서 관동대학살을 소재로 하는 뮤지컬도 만들어 보려 합니다.

그와 동시에 네덜란드 암스테르담 국제 다큐멘터리 영화제에 출품할 다큐멘터리도 제작해 볼 생각입니다. 지난 12월 9일에 가천대학교 예음홀에서 '간토, 100년의 침묵'이란 멋진 공연을 성황리에 마친 평화의나무 합창단에게도 연대의 손길을 내밀어 봅니다. 정기적으로 제노사이드와 국가폭력에 대한 학술 세미나도 개최하고 촬영해서 유튜브로 방영할 생각입니다. 일본 정부에 사과와 사죄를 강요하기보단 지난 100년 동안 침묵했던 우리 자신들을 먼저 반성하면서 지구촌에 반(反) 제노사이드에 대한 공감대를 넓혀 가려 합니다. 그리하여 인간 존엄성의 가치를 마음속 깊이 옹골차게 새겨넣는 씨알의 세계 시민운동으로 발전시켜 나가겠습니다.

저는 인간의 존엄성을 높이고 참평화를 이루는 인류의 염원을 믿습니다. 홈페이지를 잘 만들고 전국을 순회하는 서명운동을 시작하게 되면 훌륭한 동지와 좋은 후원자가 나타나리라 믿습니다.

그렇게 마중물의 역할을 다할 때까지 씨알재단, 시민모임 독립, YMCA 전국연맹이 마음을 합치고 뜻을 모으겠습니다.

이와 같은 노력에도 불구하고 우리나라뿐만 아니라 세계 시민들의 호응과 지지 나아가 참여가 뒤따르지 않는다면 하는 수 없이 내려놓겠습니다. 그러나 저는 관동대학살 진상 규명 캠페인이 성공을 거두리라 봅니다. 실패하지 않으리라 믿습니다. 그 첫 번째 이유는 역사적 당위성을 내세워 일본 정부에 사과와 사죄를 강요하는 소의를 내세우지 않을 것이기 때문입니다. 일본정부에게 역사적 사실을 사실로 직시하는 용기를 갖자고 진심으로 호소하려 합니다. 두 번째 이유는 캠페인을 밝고 재미있는 놀이처럼 만들어 각계 시민의 참여와 동참을 늘려나갈 것이기 때문입니다. 평화가 가져다주는 소중함에 감사하는 마음을 갖자고 진정으로 호소하려 합니다. 세 번째 이유는 이 일이 손에 손을 맞잡고 소망을 담아 힘찬 내일을 향해 나가는 진정한 평화의 원동력이 될 수 있다고 믿기 때문입니다.

그렇다면 유엔 인권이사회나 국제사법재판소를 통해 관동대학살이 제노사이드로 자리매김 된다면 어떤 실질적인 결과가 나타날까요?

우선 일본 정부가 관동대학살이 없었던 일이라고 '모르쇠'로 나올 수는 없다고 봅니다. 그렇게 되면 일본 국민들도 관동대학살이 언제 어떻게 일어난 사건이라는 것을 정확히 알게 되리라 봅니다.

일본 정부가 일본 국민에게 한국과 일본의 역사를 제대로 가르치지 않아 한일 양국민의 관계를 소원하게 만드는 경향이 있는데, 그런 경향성이 줄어든다면 양 국민 간에 충돌할 가능성도 낮아지리라 봅니다. 관동대학살의 역사적 사실이 한일 양국의 청소년들에게 인지되리라 믿습니다.

그로써 한국과 일본이 진정한 이웃이 될 수 있는 길이 열리겠지요. 한 걸음 더 나가 한반도의 평화와 통일로 이어지고, 동북아시아에 찬란한 화합을 꽃피우게 되리라 믿습니다.

(III) 끝맺는 글

저는 관동대학살이 유엔 인권이사회 나아가 국제사법재판소를 통해 제노사이드로 자리매김하는 운동이 성공하기를 염원하고 있습니다. 관동대학살이 100년 전의 일본 정부에 의해 일어난 제노사이드였다고 자리매김 되는 것이 지금의 일본 정부와 일본 국민에게 수치스럽거나 창피한 일이 아닙니다. 그렇게 될 수도 없고 되어서도 안 됩니다. 그것을 위해 많은 사람이 지난 인류사에서 일어났던 제노사이드의 원인에 대해 정확히 알아야만 합니다. 국가라는 이름으로 씨알에게 폭력을 휘두르지 말라는 정신을 함양시키는 교육만으로도 이번 캠페인이 세계시민운동사에 한 획을 긋는 일이 될 것이며, 그 의의는 크다고 하겠습니다. 이를 통해 억울하게 학살당한 6,661 영령이 원한을 풀게 되어 울분을 내리고 평화의 안식을 취할 수 있기를 먼저 바랍니다. 둘째로 일본이 저지른 업을 인정하여 우리나라와 일본이 상생의 길을 함께 가게 되길 바랍니다. 감사합니다.

2024. 01. 25.

간토대학살에 대한 국제사법재판소의 권고적 의견이 갖는 의의와 캠페인 방법론 -세계시민운동으로의 발전 가능성

민병래
(『1923간토대학살 침묵을 깨라』 저자)

I. 세계시민운동으로 나아가기 위해 먼저 짚어야 할 사항들

가. 씨알재단 발제의 의미

1. 간토조선인대학살을 제노사이드로 정의하고 세계시민운동으로 캠페인을 전개하자는 구상 2. SNS와 인터넷을 통한 연대의 방안을 제시 3. 문화와 놀이로 예로써 평화의나무합창단, 뮤지컬, 다큐멘터리에 대한 기획

나. 왜 지금, 간토조선인대학살이란 제노사이드를 문제 삼는가?

1. 100년이 지나도 해결이 안 된 우리 역사가 해결해야 할 중요한 숙제다.
2. 일본의 군국주의와 배외주의, 침략주의가 부활했다.
 1) 한미일군사동맹을 통해 동북아의 군사적 맹주로 자리를 잡음
 2) 중국과는 대만해협, 한국과는 독도, 러시아와는 사할린 쿠릴열도 등 동북아 모든 방면에서 영토분쟁을 기도해 침략주의를 드러냄
 3) 조선학교 문제에서 보듯 차별과 배외주의가 공공연히 문부성 정책으로 나타나고 최고재판소마저 이를 승인하면서 문화적 제노사이드에 합법성을 부여함.
 4) 일본군 위안부 및 강제동원 재판에서 패소했음에도 불구하고 이를 받아들이지 않는 반동적 태도를 공공연히 드러냄
 5) 아소 다로 전 수상은 한반도 유사시에 난민이 일본으로 건너올 경우, 사살이 답이라고 답하는 데서 볼 수 있듯 자민당의 극우주의는 멈춤이 없는 상태
 6) 이처럼 간토조선인대학살의 뿌리였던 인종주의, 차별과 배제가 일본사회에서 만연한 상태.
그렇기에 관동조선인대학살은 현재도 진행형의 문제
3. 한반도에서도 언제든 남북 양쪽 주민과 남북 간에 제노사이드가 발생할 가

능성이 높음

1) 윤석열정권의 반북대결자세로 한반도에 그 어느 때보다도 전운이 고조되어 있는 상태

2) 한반도가 전란에 휩싸일 경우 4·3이나 보도연맹 사건이 일어나지 않으리란 보장이 없음

4. 이런 면에서 간토조선인대학살은 결코 100년 전의 우리 동포가 겪었던 과거의 문제가 아니라 오늘 우리 곁에서 일어날 수 있는 문제로 인식하는 자세가 중요함

다. 우리는 간토조선인대학살을 국제사법재판소에 제소할 자격이 있는가?

1. 1923년 상해임시정부의 항의 공문과 피해조사가 정부 차원의 마지막 움직임이었다.

•이승만정부에서 1953년 요시다 시게루의 정상회담을 위한 준비 차원에서 피살자명부를 작성한 바 있음 (1952년 12월 15일 제109회 국무회의에서 간토진재희생자 명부작성을 내무부에 지시)

•김대중, 노무현, 문재인으로 이어지는 민주당정부에서도 외면

•이런 현실을 바로잡지 않고 국제사법재판소로 갔을 때 "당신은 100년 동안 무엇을 했어?"라는 질문과 비아냥을 받을 가능성

2. 위 1)을 고려할 때 현재 계류되어 있는 '간토특별법'의 통과가 긴요함. 이렇게 될 때 비로소 "한국은 한국 내에서 법적 노력을 할 터이니 국제사법재판소에서도 반인도적 범죄에 제대로 된 권고의견을 내달라"라고 호소할 수 있음

3. 우리나라에서 제노사이드협약 비준에 따른 국내법을 제정해야 한다.

1) 1951년 1월 12일 발효, 그러나 국내법으로 구체화 되어 있지 않은 실정

2) 제주4·3사건 진상규명 및 희생자 명예회복에 관한 특별법, 12·12군사반란 및 5·18광주민주화운동 관련 특별법은 우리 역사에서 양민학살, 반인도적 범죄에 대한 의미 있는 입법이며 우리 민주화 운동의 소중한 결실

3) 제노사이드 국내입법을 통해서 민족 내부에서 벌어진 일련의 양민학살을 전인류의 인도주의 관점에서 재조명할 필요.

4. 국제사법재판소로 가는 길은 국내에서 '간토학살특별법'의 제정 및 '제노사이드 국내입법' 과정과 같이 가야만 명분도 있고 실리도 있음

II. 어떻게 전략적 접근을 할 것인가?

가. 국내에서 유족을 중심으로 일본정부를 국내법정에 세우는 전략과 함께 갈 필요

1. 우리나라 법정은 일본군 위안부소송에서 주권국가 일본을 피고인으로 세워서 판결을 함.
2. 강제동원노동자 손해배상소송에서도 '반인도적' 범죄임을 고려, 한일청구권협정을 인정하더 라도 개인손해배상소송이 가능하고 피해자의 손을 들어준 진보적 판결을 함
3. 위 1.2에 비추어볼 때 간토대학살의 유족이 일본국가를 한국의 법정에 세우는 작업이 긴요 4. 유족 3세 권재익은 군마현 후지오카 경찰서에서 자경단에게 숨진 남성규의 외손자로서 입증 자료가 풍부함. (학살 당시 피해 상황을 조사한 '이재조선동포위문반'의 일원인 최승만이 남긴 『극웅필경』에 학살의 정황이 상세하게 묘사. 아울러 군마현 죠도지의 추도비에 남성규의 이름이 선명히 기록되어 있음)

나. 학살 피해자인 중국인 유족과 연대할 필요성

1. 중국인 노동자도 간토대지진 당시 약 750명이 살해됨, 당시 중국정부 차원의 노력보다는 재일 노동자공제회 왕조징의 조사를 통해 피해 상황, 가해자 목격자 등이 자세하게 담긴 피해자명단이 만들어짐
2. 중국정부는 이 명단을 토대로 일본정부와 협상, 20만엔의 배상금을 받는 것으로 합의를 함
3. 니키 후미코 등 일본인의 노력으로 '중국인 노역문제사고회'의 린보야오 등이 노력, 2013년 '간토대지진 피해중국인 노동자 유족연합회'가 발족.
4. 코로나 전까지 중국의 유족연합회는 해마다 9월 1일을 전후해서 일본을 건너가 국회와 외무성을 방문
 1) 사실을 인정하고 사죄할 것
 2) 1924년 일본내각의 배상방침을 현행 국제관행과 물가수준, 희생자 수에 따라 수정 후 배상할 것
 3) 학살 현장에 기념비 및 중국인과 한국인 희생자기념관을 설립할 것
 4) 일본의 역사교과서에 이를 기록하여 일본의 젊은 세대가 배우게 할 것
5. 이번 100주년에서도 독자적인 행사를 함. 중국과 연대해 중국의 민사법정에서 한편 한국과 중국이 연대해 일본법정에서 소송을 진행할 필요.

6. 2003년 7월에 발표된 일본변호사협회의 '간토대진재 인권구제청구사건 조사보고서'에서 "조사 결과 조선인과 중국인이 일본 군대에 의해 학살된 것은 사실로 밝혀졌다."며 "일본 정부는 그 진상을 발표하고 책임에 대해 사죄하라."고 고이즈미 준이치로 총리에게 권고했다. 일본변호사협회는 당시 정부 문서, 재판소의 판결문 등 여러 문서를 4년여에 걸쳐서 조사한 끝에 결론을 내림. 이렇게 볼 때 한국과 일본, 중국의 양심적인 법조가 연대할 가능성과 필요성이 있음.

다. 준비과정으로서 시민법정

위 가)와 나)는 물론 국제사법재판소로 가기 위해 한반도 주민의 큰 관심과 대중적 참여의 계기가 필요함.
1. 한국, 중국의 유족과 한국·일본·중국의 시민사회가 함께 하는 한·중·일 시민법정의 필요성.
2. 한국군의 베트남 양민학살의 판결 전 시민법정이 여론을 환기하고 진실을 알리는 데 중요한 기여를 함.
3. 시민법정을 통해, 관심과 열기를 끌어올리고 국민소송단과 모금으로 대중이 참여할 수 있는 기회를 만들어야 함.
4. 이 민간법정은 씨알재단 김원호 이사장이 제안한 세계시민운동의 한 축이 될 수 있고 뮤지컬이나 합창과 어우러져 효과를 드높일 수 있음.
5. 이 민간법정에서 한·중·일의 연구자, 한·중·일의 추도사업실행위원회, 각 시민단체가 머리를 맞대 '조사보고서'를 발행하고 역사에 남는 '공소장'을 작성할 수 있으리라 보임.

2024. 01. 25.

제3장

청리은하숙 세계시민학교 (재단법인 수림문화재단, 2016)

김희수 이사장의 생각 : 박전열(청리은하숙 세계시민학교 교장, 중앙대 일어일문과 명예교수)
청리은하숙 세계시민학교 자료집 및 2015 청리은하숙 세계시민학교 제1기 활동 보고서
청리은하숙 세계시민학교 개교식 인사말씀 : 박전열(청리은하숙 세계시민학교 교장)
인물소개 : 아사카와 다쿠미, 폴 러쉬, 김희수, 하정웅
청리은하숙과 하정웅 : 오자와 류이치(청리은하숙 숙장 대행)
단단한 씨앗 아사카와 다쿠미 선생 : 정종배(시인, 청리은하숙 세계시민학교 숙장대행)
청리은하숙 세계시민학교 교직원 : 교장 박전열(중앙대학교 명예교수) 외
청리은하숙 세계시민학교의 개교를 앞두고 : 하정웅(재단법인 수림문화재단 이사장)
양심적인 일본인과 일본법이 한국에 미친 영향 : 정한중(한국외국어대학교 법학전문대학원 교수, 변호사)
조선의 백자 : 윤용이(명지대학교 미술사학과 교수)
대입 학생부전형 합격 전략 – 어떻게 준비할까? : 임대균(대학인 입시연구소 소장, 시인)
참가학생 명단 :
청리은하숙 세계시민학교 _ 제3기 개교 프로그램 평가 및 2017년 3기 프로그램 계획안
청리은하숙 세계시민학교 개교식 : 박전열(청리은하숙 세계시민학교 교장·중앙대학교 일어일문학과 명예교수)
청리은하숙 세계시민학교 개교식을 열다 : 정종배(시인, 청리은하숙 세계시민학교 숙장대행)
행복한 분들과 즐거운 배움의 길 : 정종배(시인, 청리은하숙 세계시민학교 숙장대행)
홍림원 다쿠미 소나무 아래에서 : 박상인(시인, 생태해설가, 궁궐 지킴이)
청리은하숙 세계 시민학교가 나에게 주는 의미 : 김영만(서울 보인고등학교 교사, 청리은하숙 세계시민학교 교사)
청리은하숙 세계시민학교 1기 일본연수를 다녀와서 : 김영만(서울 보인고등학교 교사, 청리은하숙 세계시민학교 교사)
청리은하숙 세계시민학교 1기 학생들의 소감문 :
나와 다쿠미의 백자 : 남우성(배문고등학교)
조선과 아사카와 다쿠미 : 박형근(보인고등학교)
Ice cream, I scream : 이상연(보인고등학교)
역사를 마주하고 : 정민섭(보인고등학교)
백자 순백의 깊이 : 박재우(삼각산고등학교)
청리와 망우리 사이 : 김범준(청량고등학교)
진실 속에 나를 찾다 : 이용우(청량고등학교)
날마다 일보전진의 마음 : 민진하(청량고등학교)
일어청수 : 박종우(태릉고등학교)
비밀의 묘지공원 : 서인화(태릉고등학교)
그 마음이 닿기를 : 이윤서(휘경여고)

김희수 이사장의 생각 '인간도처유청산'

- 넓은 시야에 일은 항상 반듯하게 -

박전열
(청리은하숙 세계시민학교 교장, 중앙대학교 명예교수)

수림문화재단 청리은하숙 세계시민학교 여러분

중앙대학교 방문을 환영합니다.

인간도처유청산(人間到處有靑山)이란 사람 살 곳은 골골마다 있다. 아무리 어려운 때라도 도와주는 사람이 어디나 있다는 말이다. 인간이 뼈를 묻을 곳은 이 세상 어디나 있다는 뜻으로, 고향을 떠나 어디든지 진출하여 큰 뜻을 펼치라는 말이다. 소식(蘇軾)이 1079년에 지은 시구 「이곳 청산이야말로 뼈를 묻을 만한 곳이라네(是處青山可埋骨)」라는 구절을 바탕에 두고 다시 지은 시구이다.

한국을 떠나 타국 일본에 살면서, 어디에서 살던지 넓은 시야로 반듯하게 살아가야 하며, 그런 뜻을 대학 교육으로 실천하려던 동교 김희수 당시 중앙대학교 이사장이 2007년에 쓴 글을 재음미해본다.

조선백자의 색채와 양감의 미학

보는 이의 기분을 온화하게 해주는 조선시대의 소박한 도자기. 일본인인 야나기 무네요시[柳宗悦]가 주도한 민예운동도 맑고 부드러운 백자와의 만남으로부터 시작되었다. 이것은 나 김희수에게는 경이로운 새로운 미의 발견이었다.

한국은 아시아의 중부에 위치하여 대륙과 태평양 사이에 놓인 작은 나라로서 지형은 반도를 이루고 있다. 하지만 한국은 주변대국에게 뒤지지 않는 유구한 역사와 문화를 가지고 있다. 또한 고유의 문화예술과 독자적인 문자를 가지고 있는 나라이기도 하다. 오랜 역사 가운데에는 침략과 점령으로 독립을 빼앗겼던 비참한 시기도 있었다. 그러나 인간이 지켜야만 하는 도덕 윤리는 정연하게 지켜왔다. 때문에 세계 각국에서는 한국을 동방예의지국이라고 칭하고 있다. 오히려 민주주의를 표방하는 오늘날의 사회보다도 그 시절의 질서가 더 정연하였을 것이라 생각된다. 무질서하고 사회윤리와 도덕이 무시되고 있는 지금과는 비교가 되지 않는다고 생각한다. 현재는 무질서라고 할까? 무법이라고 할까? 문명이라는 미명 아래에서 인간으로서 살아가기 위한 기본조차 알지 못하는 사람들이 여기저기 횡행하고 있다. 게다가 불순한 기후가 찾아 들어 이 세상의 말기라는 조짐조차 매우 강하게 느껴진다.

조선 백자의 아름다움을 세상에 소개한 사람은 야나기 소에쓰였다. 해군 소장이던 아버지 아래서 자라나 학습원(學習院) 중등과 졸업 후 시가 나오야[志賀直哉] 등과 교류하여 동인지 《시라카바[白樺]》를 발행하며, 종교철학과 예술론의 저술하였다. 1914년 조선으로부터 아사카와 노리타카[淺川伯敎](1884 ~ 1964)라는 조각가를 지망하는 초등학교 교사가 야나기에게 로댕의 작품을 보여달라고 찾아왔다.

아사카와는 가을 풀모양이 그려진 백자 단지(染め付秋草文面取壺)를 선물로 들고 왔다. 이 백자가 야나기의 마음을 사로잡았다. 야나기는 《시라카바》에 「이것은 자기(磁器)에 나타난 형상미이다. 조선의 자기로부터 받은 새로운 놀라움이다. 차가운 토기에서 인간의 따듯함, 고귀함, 장엄함을 읽을 수 있으리라고는 어제까지 꿈에서도 생각하지 못했다.」라고 감격을 표현했다. 당시 조선 현지의 일반인들은 이른바 「조선의 것」은 거들떠보지도 않았다. 야나기는 자신의 심미안으로 실용적인 도기에서 새로운 미를 발견한 것이다. 이러한 만남으로부터 2년 후 야나기는 처음으로 한국을 방문한다. 노리타카의 남동생, 다쿠미[巧]의 집에 머무르며 다쿠미가 수집한 도자기나 공예품을 보며 조선 민예의 깊이에 매료되었다.

그리고 「나는 조선의 예술보다 더 인간적인 미를 풍기는 작품 이외에는 알지 못한다. 그것은 사람이 가진 정(情)의 아름다움이 낳은 예술이다.」라고 표현하기에 이른다. 그러나 1910년 한일합방이 일어나 많은 희생자가 생겼다. 이러한 불행한 사건 때문에 야나기는 펜을 들어 「조선인을 생각한다(朝鮮人を想ふ)」를 신문에 연재하게 된다. 이 글에서 「조선인들이여」라고 호소하며 「나는 당신들의 고국의 예술을 사랑하고, 인정을 사랑하며 조선의 역사가 겪은 마음 아픈 경험에 대해 형언할 수 없는 동정심을 가지고 있는 사람입니다. 이렇듯 일본이 올바른 인도(人道)를 밟지 않고 있다고 반성하는 사람이 일본인 가운데에서도 있다는 것을 알아주십시오.」라고 당시로서는 반정부적인 태도를 취한 대담한 언사를 발표하였다. 더욱이 야나기는 일본의 식민정책을 추진하던 조선총독부가 경복궁의 정문인 광화문을 파괴하려는 방침을 반대하였다. 야나기는 평생에 20회 정도 한국을 방문했다. 「조선과 예술」라는 글에서 「나는 현재로서는 조선민족의 운명과 직접적인 관련시키지 않고 사물을 보는 방식에는 흥미가 없다. 중국의 예술은 의지의 예술이며, 일본의 예술은 정취의 예술이었다. 그러나 두 예술 사이에서 홀로 비애의 운명을 짊어져야 한 것이 조선의 예술이다.」라고 백자의 백색과 선에서 비애의 미를 읽어내었다.

한국인의 사회의 빛과 그림자

나 김희수가 생각하기에 세계에서 가장 경제적 합리성이 있다고 하는 현명한 유태인도 한국인에게는 적수가 못 된다. 전세계에 널리 퍼져 사는 유태인조차도 정착할 수 없을 정도로, 한국은 폐쇄적이며 국민들은 냉혹한 것 같다. 미국인은 한국에서 온 이민자들을 근면하고 노력형 인간으로서 평가하고 있다.

미국으로 이민하여 30년 동안 한국인 이민자의 크고 어두운 사건을 지켜보아온 사람의 애환에 대해 말하고 있다.

첫째로 고집이 세고 지는 것을 인정하지 않는다. 사람에 따라서는 끝까지 굳건한 의지를 관철시켜 최후까지 근면성과 성공하려는 의욕을 유지한다. 문제는 자신에 대한 완고함은 성공을 얻을 수 있겠지만 타인에 대한 완고함은 큰 마찰과 대립 분쟁 등을 발생하게 한다는 것이다. 미국으로 이민한 한국인이 고수입을 얻을 수 있는 일로서 「사이딩(siding)」이란 일이 있는데, 건물에 장식품을 붙이는 직업이다. 이러한 일은 월급제는 아니라 「보합제(歩合制)」로서, 대가를 얻기 위해 미국인이 일주일 걸려서 하는 일을 한국인들은 3일 정도에 끝낸다. 그 때문에 하루 15 ~ 18시간(야간 포함) 일해야만 한다. 고수입이기는 하지만 그들의 수명은 평균보다 상당히 짧다.

둘째로 한국인은 「허례허식」이 매우 많다는 것이다. 한국인은 세계적인 브랜드를 모두 가지고 있다고 하는데 브랜드를 소유하는 것을 좋아한다. 한국에는 가짜가 많다. 한국인에게 있어서 「그는 무슨 일을 하고 있는가」라는 것이 가장 중요하다. 교수인지, 국회의원인지, 사장인지, 회장인가를 묻는다. 이것이 사람을 평가하는 기준이 된다. 미국인에게 중요한 것은 「그는 어떻게 살고 있는가.」이다. 링컨 대통령이 최고로 위대한 인물로서 존경받는 것은 위대한 삶을 살았기 때문이다.

셋째로 성격이 급한 사람이 많다. 남의 장사를 흉내 내지만 얼마 가지 않아 망하게 된다.

넷째로 '정직해라'라고 충고하고 싶다. 인간으로서 결정적인 큰 문제이다. 재미 한국인의 갈등은 부모와 아이 사이의 문제이다. 매우 사소한 일로 갈등은 시작된다. 어디선가 온 전화를 아이가 받아서 아버지에게 바꿔주려 하면, 빈번히 "아버지는 지금 집에 안 계세요"라고 하라고 시킨다. 아이들은 이 한마디로 고민하고 우울해한다. 고매한 인격을 갖추고 있어야 할 성직자들에게조차 이러한 일이 많다. 영어를 할 수 없는 동포가 재판을 받게 되어 30년 동안 도와주었다. 자신을 도와주는 변호사에게조차 거짓말을 하여 자신의 정당성을 주장하는 사람도 있다. 그런 사람의 대부분 99%는 재판에서 진다. 상대의 변호사와 대면하면 당연히 모순점이 나타나기 때문이다.

마지막으로 말이 많다는 것이다. 외국 생활에서 쌓인 스트레스를 같은 민족이 모여 떠드는 것으로 해소한다면 바람직하겠지만, 남을 깎아내리는 일에 열중하고, 아무 근거도 없는 소문만을 뿌리는 「네거티브·토크」가 극단적으로 많은 것도 사실이다.

한국인이 고치지 않으면 안 되는 점이 100이 있다고 한다면 좋은 점은 101 있다고 확신하고 있다. 한 걸음 한 걸음 발전시켜 나가야 한다. 하지만 고쳐야 할 점은 곧바로 고치지 않는다면 존경받는 한국인이 될 수가 없다. 유교는 윤리로서 숭앙 되고 있다. 충효의 정신도 상당히 퇴색되고 있지만, 아직은 60세 이상 노령자들의 의식 구석구석에 잔재하고 있다.

어떤 일을 시작하여 성공 또는 실패를 한다고 해도, 모든 일에는 사필귀정이 있다는 것을 알아야 한다. 옳고 그르다고 하더라도 올바름으로 돌아간다는 것을 잊어서는 안 된다. 이러한 도리는 당장 눈앞에서 사소하다고 여겨지더라도 바로 경험할 수 있게 된다. 진인사대천명(盡人事待天命)이란 말도 잊어서는 안 되는 말이다. 인간도처유청산(人間到處有靑山) 이러한 말은 오래전부터 전해 내려온 명언으로, 자주 음미하며 사업을 하는 사람, 스승의 길을 걷는 사람들이 명심해야 할 말이다.

동교 김희수 전 중앙대학교 이사장의 신념

김희수 이사장은 1924년 경상남도 창원에서 출생하여, 1938년 진동공립보통학교를 졸업하고 일본에 가서 어려운 여건에도 굴하지 않고, 도쿄전기학교 고등공업과에 진학하여 학업에 임하며 이후 여러 가지 사업을 전개하였다. 제2차 세계대전에 패전한 일본의 경제가 어려운 가운데서도 '금정기업주식회사'를 설립한 이래, 성실과 신용을 신조로 사업을 발전시켜 대성공을 거두었다. 이후 1987년에 중앙대학교 이사장에 취임하여 일본에서 체험한 민족의 한을 극복하기 위해서는 오로지 교육사업에 매진하기로 하여 중앙대학교는 비약적인 발전을 거두기에 이른다. 1986년에 일본유학을 마치고 중앙대학교에 부임했던 나는 이런 과정을 가까이서 보고 느끼며, 김희수 이사장의 큰 뜻과 덕을 보다 많은 사람에게 전하는 일에 사명감을 가지고 있다.

2017년 8월 11일

청리은하숙 세계시민학교

2015년

(재)수림문화재단

주최 : (재)수림문화재단,

주관 : (사)중랑문화연구소, 후원 : 국립산림과학원

일시 : 2015년 10월 17일 10시~17시, 10월 24일 토요일 09시~17시

장소 : 국립산림과학원, 한국외국어대학교, 망우묘지공원

청리은하숙 세계시민학교 개교식 인사 말씀

교장 박전열
(문학박사, 중앙대학교 명예교수, 한일문화교류회의 위원)

오늘날 우리는 이전 시대와 달리 민족이나 국경에 얽매인 좁은 시야로는 살아갈 수 없는 세계에서 살아가고 있습니다. 이전과 같은 공간과 시간이라 해도 문명의 발달과 더불어 국가간의 거리는 더욱 가까워지고 더욱 빠른 시간에 왕래가 가능하게 되며, 그만큼 이웃에 대한 이해와 사랑이 절실히 요구되고 있습니다.

우리 민족은 물론 세계의 미래를 짊어지고 나가야 할 젊은이들에게는 보다 넓은 세계관을 지니고 다양한 사람들과 의견을 나누며, 민족과 국경을 초월하는 사랑을 실천해야 한다는 시대적 사명이 있습니다.

오늘 개교하는 '청리은하숙 세계시민학교'는 여러분과 더불어 이러한 시대적 배경과 사명을 재확인하려 합니다.

한국이 일본에게 어려움을 당하던 시기에 한국의 산과 민예에 대한 사랑을 한국인에 대한 진심 어린 사랑으로 승화시키며 죽어서도 한국에 묻힌 아사카와 다쿠미 선생은 진정한 세계인으로 살다 가신 고귀한 분입니다. 상대에 대한 깊은 애정과 배려라는 선생의 고귀한 정신은 오늘날에도 많은 한국인과 일본인에게 삶의 좌표를 얻고 용기를 얻어 그를 기리는 행렬이 이어지고 있습니다.

우리학교 명칭의 청리에는 매우 깊은 뜻이 있습니다. 교수이자 목사인 미국인 폴 러쉬는 일본의 산간지방인 청리 즉 기요사토에 낙농과 채소재배법을 헌신적으로 지도하며 일생을 일본에서 생을 마감하며 사후에도 이곳에 묻혀 지금도 널리 일본인의 추앙을 받고 있습니다.

민족이나 국경을 초월하여 자신이 지닌 능력과 사랑을 베푸는 삶보다 더 고귀한 것은 없다고 생각합니다.

우리학교의 모체인 수림문화재단은 일본에서 사업을 일으켜 대성하신 후에 모국에서 중앙대학교의 이사장으로 헌신하신 김희수 선생을 기념하며 한국의 문화발전에 기여하고 있습니다. 한국의 후학양성과 문화발전을 위하여 모든 것을 아낌없이 바치신 귀한 뜻이 우리학교를 통하여 새로운 열매를 거두리라 기대합니다.

수림문화재단의 이사장으로 청리은하숙 하정웅 숙장의 일본에서의 역경 극복

과정과 한국에서의 헌신적인 봉사활동은 이제 세계시민학교의 이상적인 운영과 인류 사랑의 실천으로 새로운 단계에 접어들게 되리라 생각합니다.
이제 한국의 젊은이들에게 보다 넓은 시야과 커다란 꿈을 지니는 능력, 실천하는 능력을 길러주기 위하여 노력하는 청리은하숙 세계시민학교에 끊임없는 관심과 격려를 부탁드립니다.

인물소개

아사카와 다쿠미

"결혼이나 제사 등
제례용으로 사용하던 제기들도
거의가 백자였다.
즉,
신선함과 간소화를 기본으로 하는 용기에
청정무구한 색으로서
'백색'
을 선택한 것이야.
그것은
조선 민족의 뿌리이며
'티 없이 깨끗한 색'
이지."

1890. 7　부친 사망
1991. 1　야마나시현 기타고마군 가부토촌(현 호쿠토시 다카네정)에서 다쿠미 출생
1907. 4　야마나시 현립 농림학교 입학
6　고후감리교 교회에서 세례를 받음
1910. 8　아카타현 오오다테 영림서(秋田縣大館營林署)에 취직
1913. 5　노리타카 한국에 옴
1914. 5　다쿠미 한국에 옴
9　조선총독부 산림과 고원(雇員)으로 취직.
1915. 12 노리타카와 함께 아비코(我孫子)의 야나기를 방문
1916. 2　아사카와 미쓰에와 결혼
9　야나기가 한국에 와 다쿠미 집에 머뭄
1917. 3　장녀 소노에 출생
6　「조선잎갈나무의 양묘 성공을 보고함」 발표
8　『수묘양성지침(樹苗養成指針) 제1집』 출판
1919. 3　3.1운동
4　『조선노거수노수명목지(朝鮮老巨樹老樹名木誌)』 출판
1920. 5　야나기가 한국으로 와서 청화백자 진사 연꽃무늬항아리와 만남
6　인도인 싱이 방문
12　조선민족미술관 설립운동 시작
1921. 9　미쓰에 사망. 장녀 소노에를 고향의 처남 아사카와 마사토시에게 맡김
11　야나기와 서양회화 전람회 개최
1922. 1　일기를 쓰기 시작. 사방식재를 둘러싼 장장(場長)과 대립(일기)
야나기와 관악산 가마터 조사. 「브레이크 전람회」 개최. 야나기와 남궁벽 성묘
2　청량리로 이사
6　조선신궁(중앙청) 건설. 광화문 철거 비판(일기)
8　고원(雇員)에서 기수(技手)로 승진. 오우지(王子) 제지를 비판(일기)
9　「가마터 순례의 하루」 발표. 야나기와 분원 가마터 조사
10　「조선도자기전람회」 개최
1923. 9　관동대지진. 도쿄 등 계엄령. 조선인학살을 비판(일기)
12　창작소설 「숭」 집필
1924. 2　창작소설 「뇌산소과(雷山小過)」 집필

3 「묘포 담당의 벗에게 보내다」 발표
노천매장법 발견
4 조선민족미술관 설립(경복궁 집경당)
12 계룡산 강진 가마터 조사
1925. 3 「싸리나무의 종류」 발표
4 모쿠지키불상 사진전 개최
5 「가마터 순례 여행을 마치고」 발표
7 단바의 모쿠지키불상 조사. 오키타 사쿠와 재혼
1926. 6 「주요 임목 종자의 발아 촉진에 관한 실험」 발표
10 「조선산 주요 수목 분포 및 적지(適地)」 「묘포 비료로서 퇴비에 관해서」 발표
11 차녀 태어났으나 곧 사망
1927. 4 분원가마터 조사
7 「민둥산의 이용 문제에 관해서」 발표
12 「분원 가마터 고찰」 발표
1928. 7 「조선의 그릇 및 그 용도」에 관한 강연. 다쿠미 집에서 『새로운 마을』 회원 모집
8 계룡산 가마터 조사
1929. 3 『조선의 소반』 출판
4 야나기와 마지막으로 만남
1930. 2 「조선의 선반과 장롱류에 관해서」 발표
이 무렵 「조선 고가마터 조사 경과보고」 집필
12 조선공예회 개최
1931. 4 다쿠미 사망/장례식/ 유고 「조선 고가마터 조사경과보고」
아베 요시시게 「아사카와 다쿠미를 애도하다」 발표
5 유고 「조선다완」 발표
야나기가 「편자부기」 「편집여록」에서 아사카와 다쿠미를 추도(『공예』)
7 유고 「조선 요업 진흥에 관한 의견」 발표
9 유저 『조선도자명고』 출판
1932. 3 유저 『주요 수묘에 관한 비료 3요소 실험』 출판
1934. 3 『공예』 아사카와 다쿠미 기념호 발행. 유고 「김해」 「조선의 절임(김치 등)」 발표
8 아베 요시시게 「인간의 가치」가 교과서에 게재

1937. 8 모친 케이 씨 사망
1945. 9 노리타카 다쿠미의 일기 김성진 씨에게 맡김
12 사쿠와 소노에 일본으로 귀국
1946. 11 노리타카 일본으로 귀국
1947. 3 사쿠와 소노에가 일본민예관에 취직
1961. 5 야나기 무네요시 사망
1964. 1 노리타카 사망
1966. 6 「아사카와 다쿠미 공덕비」 건립(망우리 묘지)
1976. 10 사쿠 사망
11 소노에 사망
1977. 3 야마나시현 다카네정(현 호쿠토시 다카네정)에 묘지 건립
1982. 7 다카사키 소지가 평전 『조선의 흙이 된 일본인』(소후칸) 출판
1984. 8 한국임업시험장 유지(홍림회)들이 망우리 다쿠미 묘지 앞에 기념비 설립
1991. 3 다카네정(현 호쿠토시시 다카네정)에 「탄생의 땅」 비석을 세움
1994. 5 망우리 산소 기념비를 새로 세움
1994. 10 「백자의 나라에 살다」(박종균, 고려출판사)
1996. 2 김성진 씨가 다쿠미 일기를 다카네정(현 호쿠토시 다카네정)에 기증
6 「아사카와 노리타카 다쿠미 형제를 그리는 모임」 결성
11 『아사카와 다쿠미 전집』(소후칸) 출판
1997. 5 『예술신조(藝術新潮)에 아사카와 형제 특집
11 아사카와 다쿠미 한일합동추모제 개최
2001. 7 야마나시현 다카네정(현 호쿠토시시 다카네정)에 아사카와 노리타가 다쿠미 형제자료관 개관
2003. 7 아사카와 다쿠미 저 다카사키 소지 편 『조선민예론집』(이와나미문고) 출판
2005. 11 『아사카와 다쿠미 평전- 조선의 흙이 되다』 다카사키 소지 저 | 김순희 역 한국어판 출판
2011. 9 아사카와 다쿠미 80주기 학술대회 개최
『한국을 사랑한 일본인』(부코) 출판
2012. 7 영화 『백자의 사람-한국의 흙이 되다』 상영
2014. 3 『아사카와 다쿠미 일기와 서간』 한국어판 출판
2014. 10 아사카와 다쿠미 묘 재정비
2015. 4. 2. 아사카와 다쿠미 84주기 추모제

폴 러쉬 (Paul Rusch)

1897 미국에서 태어남

1925 도쿄와 요코하마의 YMCA회관 재건을 위해 일본 첫 방문

1926 릿교대학 교수로서 잔류

1927 일본 성도 안데레 동포회(BSA ;The Brotherhood of St. Andrew)

1927 일본 성루카국제병원 건설을 위해 미국에서 모금활동

1934 일본에 아메리칸 풋볼 소개

1938 일미협회의 청년활동 및 BSA 지도자 훈련장으로서 세이센료를 건설

1942 일미개전으로 인하여 미국으로 강제 송환

1945 GHQ 장교로서 일본 재방문

1946 기요사토농촌센터(킵)건설 개시

1948 기요사토 성안데레 교회 완성

1949 고랭지 실험농장 개시

1950 기요사토 성루카 진료소 개설

1957 세이센료 재건 기요사토 성요하네보육원 개설

1963 기요사토 농업학교 개설

1979 12월12일 성루카국제병원에서 서거

동교(東喬) 김희수(金熙秀) 선생

1924. 01 경상남도 창원시 진동면 출생

1953 일본 전기대학 전기공학과 졸업

1988 ~ 2008 일본 학교법인 금정학원 명예이사장

1987 ~ 2008 중앙대학교 이사장

1987. 12 체육훈장 청룡장 수상

1994. 03 국민훈장 모란장 수상

2001 러시아 게르첸대학 명예교육학 박사수여

2008. 06 ~ 2012. 01 중앙대학교 명예이사장

2009. 06 ~ 2011. 06 수림문화재단 이사장

2011. 07 ~ 2012. 01 수림문화재단 명예이사장

동강(東江) 하정웅(河正雄) 선생

1939. 11. 03 부 하헌식과 모 김윤금 사이의 장남으로 일본 오사카에서 출생
1959. 02. 아키타 공업 고등학교 졸업
1989. 04. 20 제9회 한국장애자의 날, 국무총리상 표창
1990. 10 15 제11회 한국맹인복지의 날, 제1호 맹인복지공로상 수상
1993. 광주시립미술관에 미술작품 212점 기증
광주시립미술관 하정웅컬렉션 상설전시관 개관
1994. 국민훈장 동백장 수훈
1999. 광주시립미술관에 미술작품 471점 제2차 기증
2001. 광주시립미술관 명예관장으로 위촉
2003. 광주시립미술관에 미술작품 1,182점 제3차 기증
조선대학교 미술학 명예박사학위 수여
2008. 영암군(727점), 조선대학교(72점), 도갑사(42점)에 미술작품 등 기증
전북도립미술관에 미술작품 122점 기증
이방자(李方子)여사 유품 684점 국립중앙박물관에 기증
2009. 전라북도 도립미술관에 미술작품 124점 제2차 기증
대전시립미술관에 미술작품 208점기증
부산시립미술관에 미술작품 제2차(120점)/3차(196점) 기증
2010 광주시립미술관에 미술작품 357점 제4차 기증(1~4차 총2,222점)
2011. 포항시립미술관에 317점 기증
2012. 부산시립미술관 하정웅 조각상 제막
대한민국 정부 보관문화훈장 수여
(재) 수림문화재단 이사장 취임
광주광역시 중외공원 내 '하정웅 명예도로' 명명
전남 영암군 군립 '하미술관' 개관 (총 3,300여점 기증)
숙명여자대학교에 무용가 최승희 관련 자료 900여점 기증
2013. 전라남도 영암군 군서면 '하정웅 路' 명명
- 1992년 이래로 대한민국 국공립 미술관에 미술 작품 7천7백여 점, 유물과 자료 2천 여 점 등 총 1만여 점을 기증한 메세나 정신을 바탕으로 사회봉사 실현

<기증 작품 소개>

- 광주시립미술관에 기증한 작품 2,300 여 점 중 대표작

1) 이우환 화백의 작품 35 점 / 영암 하미술관에도 이우환 화백의 작품 6점
2) 피카소의 작품(판화)
3) 샤갈의 작품(판화)
4) 미로(Miro)의 작품(판화)
5) 엔디 워홀의 작품
6) 재일교포 조양규의 작품 (일본의 대표적인 현대 화가/월북해서 잊혀짐)

5면 : 설립 취지 연혁(경과보고)

설립취지:

'한국의 산과 민예를 사랑하고 한국인의 마음속에 살다 간 일본인'인 아사카와 다쿠미(1881~1931)의 조선의 예술과 미에 대한 사랑과 인류보편의 정신을 기리고 후대의 학생들에게 정신과 마음을 교육하기 위해

□ 종합적 사고력을 배양하며 (Building the Power of intergrated Thinking)
□ 인간사회를 성찰적으로 탐구하고 (Understanding Human Nature and Societies)
□ 대안사회를 실천적으로 모색하며 (Pursuit of Practical Methods to Construct a New World Order)
□ 평화 지향적 인성을 함양하며 (Nurturing Peace-oriented Human Nature)
□ 세계시민 육성합니다. (Building Global Citizens)

연혁 및 경과보고

2006년 청리은하숙 설립(일본-숙장 하정웅)
2013년 아사카와 다쿠미 현창회 부회장 백조종 청리은하숙 서울학교 설립 제안
2014년 설립 준비위원회 구성
2015년 5월 청리은하숙 12회 진행(일본-숙장 하정웅)
2015년 6월 청리은하숙 개교 준비위원회 구성
2015년 10월 17일 청리은하숙세계시민학교 설립 및 개교

청리은하숙(清里銀河塾)과 하정웅(河正雄)

(아사카와 다쿠미와 폴 러쉬 박사의 정신을 계승하는 숙장대행)

오자와 류이치(小澤 龍一)
(청리은하숙 숙장 대행)

청리은하숙은 2006년 기요사토[清里]의 세이센료[清泉寮]를 회장(會場)으로, 아사카와 다쿠미[浅川巧]·폴 러쉬(Paul Rusch) 박사의 업적을 후생(後生)들이 배워 「국제인」으로서 자질을 배우고 실천하는 삶을 목표로 출발하였다. 더욱 혼탁해지는 시대에도 한일간의 교량 역할이나 디아스포라의 운명을 떠맡은 사람들에 대해 차별 없는 세계로 「씨뿌리기」를 목표로 삼았다.

이 청리은하숙은 재일교포 2세 하정웅 씨의 오랜 구상을 토대로 사숙(私塾)으로 설립되었다.

그러므로 주최자 하정웅 씨의 가족들이 모두 나와 준비한 큰 솥에 많은 요리 재료를 마련하여, 세이센료의 회장은 큰 솥과 같은 가정적인 분위기의 열기에 휩싸여 있었다. 고원의 드높은 밤하늘에 빛나는 별빛 아래 심야까지 전국에서 모여든 사람들은 교류하며, 미래에 희망을 걸고 의논(議論)에 도취하였다.

내가 하 씨를 알게 된 것은 한·일 ·「재일교포」 삼위일체로 아사카와 다쿠미를 주인공으로 한 「길～백자의 사람」 영화제작을 실현하려고 동분서주하기 시작한 무렵이었다. 하 씨의 전화를 받고, 그의 별장을 방문하였다. 문패에는 「은하장(銀河莊)」이라고 표기되어 있었다. 낙엽송의 새싹이 싹트기 시작한 상쾌한 계절이었다. 첫 대면이라고는 할 수 없는 만남이었다. 하정웅 씨는 1939년생, 나는 1940년생, 쑥대밭이 된 전후를 아는 세대이다. 미래에 희망을 걸려면 과거의 잘못을 진지하게 성찰하여야 한다.

나는 그렇기 때문에 중국과 일본이 국교 회복을 하기 일 년 전에 중국을 방문하였다. 그것을 계기로 일본·조선·중국의 관계사를 하나부터 공부하기 시작했다. 공부하면 할수록 현해탄을 건너 한국을 방문하는 것에 속죄감으로 마음에 가책을 받았다. 그 죄의식을 승화하여야 이웃 나라와의 우의가 보장(保障)된다.

「재일교포」로서 살아가는 하정웅 씨의 인생과 「일본인」으로서 살아가는 나의 마음에 싹튼 속죄감. 긍지를 되찾기 위한 길에 대한 확신. 우리 두 사람은 패권(霸權)이 낳은 부조리의 겉과 안의 관계를 의논하며 충실한 대화로 시간 가는 줄도 모르고 이야기를 진지하게 나누었다. 한일 월드컵이 한때의 안식을 주고, 일본에 한류 붐이 일어났을지언정 한일관계는 정치·국가 간에 알력(軋轢)소리를 일으키고 있었다. 이 알력소리를 불협화음이라고 느끼며, 불안정한 위치에 있는 것이 「재일교포」였다. 한편 알력소리를 이용하고 불신을 증폭, 놀려대고 불협화음을 들썩이는 세력이 현존하는 것도 사실이었다. 상대방의 입장을 비난하여 스스로를 반성하지 않는 패권에 찬 세력은 민중의 목소리에 소홀하게 되고 권력 보존과 유지에 분주하다. 그 패권에 찬 힘에 대치하기 위해서는 민간교류를 통하여 아래로부터 상호 교류를 성심(誠心)으로 쌓고, 초석을 다져야 한다. 그것 없이 알력소리가 일으키는 불협화음 상태로는 개방(開放)할 수는 없다. 그런 소원이 우리 두 사람을 연결하였다.

한일의 많은 사람들에게 아사카와 다쿠미의 업적을 이어가는 사업과 그것을 통해 전전의 잘못과 한반도와 불가분한 일본의 역사를 의논하는 의의는 인생을 거는 것에 어울린다.
이것을 계기로 한·일·「재일교포」 삼자로 아사카와 다쿠미를 주인공으로 하여 「길～백자의 사람」 영화제작실행위원회의 상담역으로 하정웅 씨가 취임을 하였다.

여기서 아사카와 다쿠미·폴러쉬 박사·하정웅 씨의 관계에 대해 정리해 보자. 한일 간에는 한 인물을 두고 그 평가는 상반된다. 진실이 두 개 있다는 것은 진리나 과학적 실증 면에서도 있을 수 없다. 더구나 실증 없이 양쪽이 주장을 반복하면 내셔널리즘(nationalism)이 일어나는 계기를 만들게 된다. 예를 들면 이토 히로부미[伊藤博文]는 초대 조선총독이며 일본 국회의사당의 첨탑에 모시고 있다.

이토 히로부미를 하얼빈역 구내에서 저격한 안중근(安重根)은 일본에서는 테러리스트라고 일컫고 있다.

한편 한국에서는 의사로서 영웅시하고 있다. 1909년 10월 27일, 이토 히로부미를 살해한 안중근을 여순형무소에 호송하는 것을 명령받은 군인은 육군헌병 지바 토오시치[千葉十七]이었다. 지바 토오시치는 호송 후, 안중근의 간수로 임명되었다. 지바 토오시치는 안중근의 모습에 접하기까지는 엄한 적개심을 품고 있었다. 호송에서 엿보이는 예의 바른 모습에 적개심이 줄어들어 갔다.

이후 법정 신문에 안중근은 태연하게 임하며 당당하게 대답했다. 겸허하면서 예사롭지 않은 교양 있는 인물이었다. 1905년, 대한민국은 일본에 외교권을 빼앗긴 그해 안중근이 의병에 투신한 시점에서는 독립국이었다. 청나라 영토 내에서 러시아 군대 열병 중에 일어난 사건이다. 그로 인해 러시아·청나라가 함께 재판권을 가지고 있었다. 그렇기 때문에 청나라에 살고있는 한국인의 요청을 받아들여 영국인 변호사의 접견도 인정되었다. 안중근은 접견에도 겁내지도 않고 「동양의 평화와 한국 독립을 위해서는 그것을 거부하는 이토를 넘어뜨려야 했다」고 주장하였다. 날마다 안중근을 접하는 지바 토오시치는 유년기부터 배운 덕목이나 삶에 의의와 염원을 억제하기 어려울 정도로 그에 대한 흠모의 정이 싹트기 시작하였다. 「한일 서로의 시비를 둘러싼 논점」 어느 쪽에 진실이 있는지를 소박하게 묻기까지 하였다. 일본은 국제법을 무시하며 안중근을 일본의 법에 따라 사형판결을 내렸다. 요즈음의 오키나와와 마찬가지다. 오키나와에는 일본 국토의 1%의 토지에 미군기지가 74% 집중되었다. 미군 병사에 의한 사건도 「지위 협정」을 방패로 삼아 재판권이나 조사권도 허용받지 못하고 있다. 일본은 러시아나 청나라의 재판권을 무시한 판결을 내렸다. 당시의 국제사회에서도 일본의 행동에 비판이 집중됐다. 간수인 시바 토오시치의 귀에도 그 목소리는 전해오고 군 내부도 동요가 심했다. 그동안 시바 토오시치는 간수로서 직립부동으로 감방 앞에 서서 경의의 태도를 보여줬다. 형장으로 향하기 직전, 안중근은 「지바 씨, 당신에게 부탁받은 일필을 지금 씁시다.」라고 말을 걸었다. 지바는 비단천과 벼루와 붓을 마련하였다. 「위국헌신군인본분(爲國獻身軍人本分) 대한국인 안중근 드림」의 유묵을 지바 씨 손에 놓았다. 유묵은 미야기현[宮城縣]의 지바 토오시치의 불당에 모셔져, 나날이 향을 바쳐 안중근 사후 100년을 맞아 한국으로 귀국하였다, 한일 간의 인물 평가는 식민지지배 쪽에 서는지 식민지지배를 받는 쪽에 서는지에 의해 다르다. 그 점에서 식민지 지배하의 조선에 있어서도 아사카와 다쿠미의 평가는 한일 모두 틀림없다. 아사카와 다쿠미는 산림의 황폐로 전 국토가 벌거벗은 조선에 풍부한 푸르름을 되찾기 위해 분투하였다. 더군다나 조선민중이 만들어낸 일상용 도구 속에 민중의 소박한 전통미가 식민지 지배에 의해 잃어가는 것을 걱정하여 「조선민족미술관」 건설과 보존에 진력했다.

폴 러쉬 박사의 인생도 특별하다. 1923년 간토[關東]대지진에 의해 게이힌[京浜] 일대는 초토화되었다. 이 간토대지진에서는 6천명 이상의 조선에서 징용당한 노동자가 유언비어를 근거로 학살당했다. 폴 러쉬 박사는 지진의 참상을 알게 되어 일본을 방문, YMCA의 재건과 성루카국제병원의 건설에 헌신하였다. 그 이후 릿교[立教]대학에서 교편을 잡고 후지산이 보이는 야쓰가타케[八個岳] 남록에서 선교 활동을 꿈꿔, 기요사토에 세이센료를 건설한다. 그러나 태평양전쟁 전, 강제 송환 당하였다. 전후 연합군 최고사령관 맥아더의 고문으로 일본에 다시 와, 그 임무는 전범의 처리였다.

또한 천왕제의 문제로 천왕제와 천왕 개인에 대한 숭배를 엄격하게 구별하여 달라고 맥아더에 제언하였다. 도쿄재판은 폴 러쉬 박사 등의 헌신한 자료가 기초가 되었다.

전후 처리 후, 그는 기요사토의 세이센료를 중심으로 전후 부흥에 진력하였다. 부흥은 농촌부터 농촌청년단 활동에 전념, 건강하고 밝은 농촌운동을 호소하였다. 그러나 맥아더 최고사령관의 고문까지 올라온 폴 러쉬 박사의 만년은 고독하였다.

그가 애쓴 A급 전범 등의 사면도 전후의 국제 세력에 농락당하여 왜곡되어 갔다. 폴 러쉬 박사가 그린 농촌청년단으로의 희망도 전후 복귀와 함께 농촌의 젊은이들은 노동력으로서 도시에 흡수되어 젊은이들이 사라져갔다.

그 이상에 고독의 문턱에서 헤매고 있었던 청년이 기요사토라는 지명을 동경(憧憬)하여 세이센료에 다다랐다. 하정웅 씨 스무 살 때였다. 하정웅 씨는 지금이야 이름을 얻었으나 그 걸음은 미답(未踏)의 험로였다.

그의 아버지는 전라남도 영암군 출신, 중일전쟁은 전력증산과 궤를 같이하였다. 그리고 식민지 한반도는 식량증산, 전비조달, 병참과 인재 공급기지가 되어 갔다. 일본에서 최고 깊은 423미터의 다자와[田澤] 호에 댐이 건설되었다. 주위의 산을 깎아 모으게 된 PH1.5의 고농도의 산성수가 도수관 공사로 인해 다자와 호에 유입, 500년 이상을 걸쳐 길러오던 세상에서 드문 고유 어종 「쿠니마스(송어)」는 절멸되었다. 어종의 절멸은 민족의 절멸과도 상관이 있다. 다자와 호 주변에 수력발전소 건설이 1937년 개시되었다.

하정웅 씨의 아버지는 이 땅에서 땀을 흘렸다. 아니 이 아키타현[秋田縣]의 땅은 보고(寶庫)였다. 광산개발에도 도일노동자가 징용령으로 인해 동원되었다. 하정웅 씨의 소원은 이 다자와 호반에 「기도의 미술관」을 짓는 것이었다. 이 땅은 중국 동북부에서 강제연행·한반도에서의 징용령·강제 연행으로 인해 많은 사람들이 땅속에서 강제노동을 강요당하여 많은 사람들이 무주고혼이 되었다. 전후 하정웅 씨는 이 땅에서 극빈 생활 가운데 초등학교·중학교를 보냈다. 성적이 우수하였기 때문에 선생님의 후원으로 아키타공업고등학교에 진학하였다. 중학교·고등학교에서 미술부를 창설. 미술의 세계에는 차별이 없다고 화가를 꿈꿔 졸업하였다. 그러나 현실의 세계는 취업차별이 가득 차 있었다. 도쿄에 있는 전기배선기구 제조업자에 취업하는 한편 일본디자인스쿨에서 배워, 화가의 세계를 추구하였다. 스무 살을 맞아 과로와 영양실조로 인해 실명 상태로 빠졌다. 더구나 직장도 파산 상태에 있었다. 꿈도 희망도 끊겨 「기요사토」라는 지명을 동경하여 역에 내려서, 「아사카와 상점」 등의 간판을 보고 혹시 조선의 산야를 초록색으로 되찾은 아사카와 다쿠미의 고향이 아닐까 싶어서 마을 골목을 방황하였다. 휘청거리면서 세이센료에 당도하여 기요사토의 아버지라고 부르는, 국제인으로서 이국의 땅에서 분투하는 폴 러쉬 박사의 프런티어 정신을 알게 되었다. 그 이후 하정웅 씨 인생은 일변하게 된다. 파산 직전의 전업사를 물려받아, 자는 시간도 없을 정도로 계속 일을 했다. 때는 마침 도쿄 올림픽 전야였다. 전기 제품이 불티나게 팔렸다. 최선을 다하여 번 돈을 부동산에 투자하였다. 그는 소년 시대의 꿈을 잊지 않고 있었다. 거부가 된 하 씨는 극빈 생활 속에서도 화필을 놓지 않는 재일교포 화가들을 지원하기 시작하였다. 화폭에 담겨 있는 「恨」을 넘은, 어둠 속에 한줄기의 광명을 추구하는 많은 작품과 만났다. 유랑민의 빛을 보내고 기도를 드리는 지원을 거듭하였다.

그것은 한일 간 가로막는 부조리를 극복하여 현해탄에 무지개를 잇는 기도에 가까운 정념이었다.

대하(大河)도 한 방울의 빗물로부터 시작된다. 빗물은 빛을 보내지 못하는 칠흑의 땅속을 걸쳐 용수가 되어 강이 된다. 이윽고 사행(蛇行)을 반복하여 대하가 되어 바다로 이어진다. 한반도 사람들도 고대부터 자연에 거스르며 살지 못한다는 것을 배웠다.

그러므로 고대부터 산이나 바다에 기도를 들여왔다. 자연을 정복의 대상으로 하는 구미의 생각과 반대로 동남아, 동아시아에 가로 놓인 생각은 자연을 경외하여 길을 걷는 모습이었다.

이 경외의 생각을 소중히 여겨 「청리은하숙」은 바다보다 깊이, 산보다 높은 정신으로 한일을 연결하는 것을 목표로 삼았다. 그 목표 이루기 위해서는 과거를 진지하게 배워 부채의식에 젖어 있는 역사 인식을 해결하여 그것을 갖고 다음 세대에 대한 은혜의 한 방울의 빗물을 보내는 전승 사업이다. 「청리은하숙」은 그래서 국적도 국경도 없다. 사람 사이의 교류를 제일로, 다양한 삶을 서로 인정하며, 다양한 풍토와 문화를 존중한다. 그리고 선인이 남긴 업적을 양식으로 하여 「온고지신」을 느껴, 다양한 사람들의 자립의 지원을 하고 있다. 자연과의 공생을 소중하게 하는 숙이다. 하정웅씨가 「은하숙」이라고 이름 붙이는 것도 우주에서 본 인간의 존재나 「하느님이 보고 있다」고 들으면서 성장한 한일에 공통되는 유년기의 가르침이 실려 있다.

「청리은하숙」 마지막 매듭짓는 일은 일본에서 최대 천문대 「노베야마 천문대」 견학이다. 우주 수준으로 넓게 세계를 전망하는 시야를 바라고 있다.

우주에는 국경도 없고 밤하늘에 빛나는 별의 탄생과 함께 생명 탄생의 숨겨진 높고 넓은 하늘이다.

인간의 마음을 정화하는 넓고 높은 하늘에서 인간의 이상적인 자세를 되묻는 것도 필요할 것이다.

이번에 수림문화재단 주최로 서울에도 「청리은하숙 세계시민학교」가 개교한다. 다음 세대에 잇는 역사·문화·민속 등등 선인이 쌓아 남긴 재산은 일·중·한에는 역사를 넘어 지혜의 보고가 잠들어 있다. 잠든 지적재산부터 배우면 시대를 개척할 열쇠를 얻을 수 있을 것이다. 고대에서 현대까지 패권이나 허식에 찬 역사를 자세히 조사하여 진지하게 역사를 받아들이면 양국의 안녕과 화해로의 도리가 된다. 이웃 나라와 화해 없이 세계평화를 건설하는 것은 도의가 없다.

위선을 물리치고 도와 의를 따르고 진지하게 역사인식을 양식으로 양국의 발전과 동아시아의 우의를 바라며 「청리은하숙」 숙장대행으로서 새로운 출발 개교를 진심으로 축하합니다.

「청리은하숙」 숙장대행 오자와 류이치[小澤 龍一] 올림

단단한 씨앗 아사카와 다쿠미 선생

정종배
(청리은하숙 세계시민학교 숙장대행)

한 알의 씨가 마침내 우주로 거듭났습니다
당신은 인류애의 꽃을 피우기 위해
봄볕 아래 낱낱의 우주를 탐험하고
한여름 땡볕과 비바람 폭풍우에도
새로운 꽃밭을 아름답게 가꾸며
한겨울 눈보라 혹한도 거뜬히 이겨내
굳건히 자리 잡은 씨앗입니다

한국의 민예와 도자기
산과 사람을 사랑하다
망우리묘지공원에 끝내 잠든
당신이 꽃봉오리를 닦고 닦아
세계 어디에서나 마음을 다하여
곳곳의 힘겨운 삶의 창에
향기로운 거울로 내걸어
당신의 유택 앞 저 한강의 강물처럼
우리는 쉼 없이 낮은 곳을 향해
한 걸음 한 걸음 똑바로 걸어가며
당신이 뿌리신 단단한 씨앗을
온 누리에 아름답게 꽃 피우렵니다

청리은하숙 세계시민학교 교직원

숙장: 하정웅(수림문화재단 이사장)
숙장대행: 정종배(시인, 교사)
교장: 박전열(중앙대 일어일문학과 명예교수)
교감: 이수종((사)중랑문화연구소 상임이사)

교사: 박상인(고등학교장 역임), 오병학(사진작가),
김영식('그와 나 사이를 걷다' 저자'), 문광명(변호사),
박훈정(교사), 최원일(푸른역사 아카데미 운영위원장),
서일호(방송기자), 조성호(전국지리교사모임 회장), 김도형(변리사),
양맹모(교사), 권순효(의사), 김규진(치과의사), 임채훈(한의사),
김영만(보인고등학교 교사), 홍희문(회계사),
임대균(대학입시연구소 소장), 김기현(관광산업연구원),
김만수(사진작가), 우수이 나미코(대학생)

<청리은하숙 세계시민학교>의 개교를 앞두고

하정웅
(재단법인 수림문화재단 이사장)

- 사람을 만드는 것이 제일의 도리 -

한국과 일본 양국의 중학교 교과서에 유일하게 소개되어 있는 일본인'아사카와 다쿠미' 그러나 양국의 국민들에게는 널리 알려져 있지 않은 인물이다. 특히 한국에서는 공적에 비해 지명도가 낮아 그 점이 늘 유감스럽다. 그러나 그의 삶을 통해서 배울 점은 참으로 많다. 그의 삶에는 오늘을 사는 우리에게 주는 보편적인 가르침이 있으며, 한일 양국의 사람들이 공히 배워야 할 것들이 있다고 늘 생각해 왔다. 2015년 10월 17일, 예전부터 염원해 왔던 <청리은하숙 세계시민학교>가 재단법인 수림문화재단의 주요 사업의 하나로 개교하게 되었다. 그에 앞서 우선 재단법인 수림문화재단의 설립자이신 고故 동교 김희수 선생에 대하여 얘기하지 않을 수 없다.

김희수 선생은 무지 때문에 나라를 잃은 역사를 통해 망국의 한, 빈곤의 한, 문맹의 한을 품었다고 했다. 나라와 민족의 앞날을 걱정하며, 배우고 살아야 한다는 의지를 품었던 인물이다. 선생은 "이 세상을 비추는 밝은 등불이 되지 못하더라도 어두운 구석을 밝히는 사람이 되어라. 최선을 다해 노력한다면 이 같은 작은 불씨가 모여 우리 민족을 일으키는 빛이 된다"라고 말씀하셨다. 또한 "노벨상을 수상하는 한국인을 만들겠다."는 꿈을 가지고, 계산적이지 않은 태도로 사업을 전개해 나가셨으며 내 삶에도 공감되는 지론을 남기셨다. 그는 가족에게도 많은 것을 말하는 사람이 아니었고, 때론 무언의 무서움을 느끼게 한 적도 있었다. 하지만 엄격하기만 한 분은 아니었다. 권위를 내세우거나 뽐내는 것을 싫어했고, 부드러운 인품과 강한 참을성을 지닌 분이었다.

사업을 전개해 나가는 데 수많은 장벽이 있었지만 어떠한 압력에도 굴하지 않고, 긍지를 잃지 않은 채 가시밭길을 나아가셨다. 이러한 과정에서 당연히 적도 생겼는데, 그 때문에 힘들다고 말씀하신 적도 있었다. 또한 김희수 선생은 사람을 만드는 것이 제일의 도리라는 생각으로 교육의 힘을 통해 조국인 한국 중흥의 꿈을 품고 계셨다. "세상은 넓고 크다. 아이들을 가르치며 동시에 아이들에게서 배운다. 아이들을 즐겁게 해주자. 함께 좋은 꿈을 꾸자."라고 말씀 하시며 교육을 통해 함께 성장해 나아가길 바라셨다.

그는 당장 자신의 이익이 아닌 국가의 미래를 내다보며, 시대를 선점해 나아갈 큰 뜻을 품고 있었으며 이를 향해 묵묵히 나아갔다.

- 무상의 마음 -

김희수 선생은 투쟁과 인내의 사람이었지만 융화의 정신은 넬슨 만델라와도 같았다. "어려움 앞에 좌절하는 사람이 있는 반면에, 어려움 속에서 성장하는 사람도 있다. 마지막 순간까지 희망이라는 무기를 내세워 도전을 계속하며 싸우는 영혼은 어떠한 날카로운 칼날로도 잘라낼 수 없다. 또한 정의란 그저 보기 좋고 멋진 것만은 아니다. 정의는 스스로가 상처받는 일을 각오하지 않는다면 관철될 수 없다"라고 말씀하셨다. 이와 더불어 마사키 히로시(正木ひろし)의 말 또한 함께 마음에 새기고 계셨다. "나눔으로써 인색함을 이겨낸다. 선한 일로써 나쁜 일을 이겨낸다. 화내지 않음으로써 분노를 이겨낸다." 김희수 선생은 사리사욕이 아닌 무상無償의 마음으로 교육의 지평을 개척하며 인생을 바친 사람으로서, 작은 체구와는 달리 그 그릇은 어마어마하게 컸다.

김희수 선생의 주변 상황과 현실은 가혹했고 혼란의 역사 속에서 억압받아 왔지만, 선생은 호사스러운 세계에서는 경시되는 사랑과 성실을 가르치셨다. 그리고 자주성을 중요시하여, 자유를 지향하는 올바른 지식과 지혜를 늘려갈 수 있도록 하는 것이 아이들의 미래를 위한 것이라고 생각하셨다. 살아가는 지혜를 배우고 교육을 받음으로써 행복해질 것이라는 교육자로서의 확고한 신념을 갖고 계셨다. 개인은 자신을 위해서는 한 푼도 남기지 않아야 하고 사후에 넓은 묏자리를 바라는 것도 사치라고 말씀하셨다. 결국 명예 추구도 자기 현시욕도 지니지 않은 채, 노블리스 오블리주(주 : 높은 사회적 신분에 상응하는 도덕적 의무)의 정신에 기반한 고독한 묘비로 남았다.

- 아사카와학([浅川]学)에의 신념 -

개교에 즈음하여, 2006년에 처음 기요사토에 은하숙이 개최되어 올해 12번째 개최에 이르기까지의 경위와 나의 생각을 말하고자 한다. 이 글에 있어 '남'을 '나'로, '일본'을 '한국'으로 주체를 바꿔서 이해한다면 뜻이 통할 것이라 생각한다.

1991년 야마나시현 호쿠토시에 '아사카와 노리타카· 타쿠미형제 자료관'이 건립되었다. 하지만 이미 한해 앞서 시(구 다카네마치)로부터 작품과 자료의 기증요청이 있었다. 나의 컬렉션에 소속된 무형문화재 유해강과 지순탁의 청자, 백자를 포함 한국 민속예술품 67점을 기증했다. 그때는 기증 작품을 전시하는 것만으로는 끝나지 않을 그 사업에, 그것들을 활용했으면 한다. 자료관은 공적 박물관으로써의 역할을 다하는 연구기관이어야 한다. 여러 분야의 선구자를 키운 야마나시의 풍토와 역사, 문화를 배우는 '아사카와학'의 학술연구성과를 사회에 환원하였으면 한다.

시민 교육, 특히 다음 세대의 청소년 교육 프로그램으로 한일간의 상호이해, 우호친선 교류를 촉진하고 국제 친선에 기여하지 않으면 안 된다고 건의했다. 한일간의 상호 불신을 해소하기 위해서는 사람과 사람의 살아있는 만남과 마음의 교류에 혼신을 다해야 한다는 신념 때문이다. 그 뒤, 내가 할 수 있는 일, 도움이 되는 일은 무엇일까 라고 고민한 끝에 다다른 생각은 바로 사숙인 '청리은하숙'의 설립이었다. 비록 10년간의 암중모색과 우여곡절을 겪어 왔었으나 호쿠토시를 비롯한 많은 관계자들의 협력을 받아 한 걸음 한 걸음 계속해서 이어온 마음이 이번에 한국에 닿은 일은 참으로 행복한 기쁨이다.

재단법인 수림문화재단의 창립자이며 재일교포 1세인 故 김희수 선생께서 평생을 바치신 청소년 교육에 대한 열정의 등불을 지키고, 인간의 가치 그리고 인격을 높이는 '아사카와학'을 통해 배우는 것들의 의미와 의의를 공유하고 싶다.

- 전후 70년 아베 담화 -

말과 행동이라는 것은 인격의 완성을 지향하는 사람에게 가장 소중한 것이다.

'언행은 군자의 중요한 요소'라는 말이 있다. 정치인은 권력으로, 경제인은 돈의 힘으로, 언론인은 말의 힘으로, 각각의 입장을 이용하여 우격다짐으로 행하여지는 언행들이 여러 문제를 일으키는 원인임을 깨닫지 않으면 안 된다. 자신의 입장보다는 상대방의 입장을 생각하며 자신의 마음을 알아주길 바라기 전에 상대의 마음을 이해하고자 노력해야 한다. 자신의 힘을 휘두르지 않고 힘을 빼고 관용의 마음을 가지고 언행에 주의해야 할 필요가 있다.

아베신조 총리의 전후 70년 담화에 대해서, 박근혜 대통령은 한국의 기대에 반하여'많이 부족함에 애석하게 생각한다'라고 말했다. 요컨대 반성과 사과가 없었다는 것이다. 자신의 말이 아닌 미사여구를 늘어놓고도 성실함과 진실함이 결여되어 있는 말이었기 때문이라고 생각한다. 담화에는'전쟁과 무관한 자식 세대나 손자 세대에게 사과를 계속하게 하는 숙명을 짊어지게 해서는 안 된다' 라고 했다. 전쟁에 좋고 나쁨은 없다. 모든 것이 살인인 것이다. 젊은 사람이 자신에게 관계가 있든 없든 현실 역사의 발자취를 받아들이고, 과거 역사에 관심을 가져야 한다. 이 세상에서 함께 살아가기 위해서는 서로의 생각을 주고받으면서, 과거의 세대가 저지른 잘못을 어떻게 조치해야 하는지 젊은 세대가 검증하고 새로운 기반을 만들지 않으면 안 된다.

담화는 아베 정권의 문제라기보다 정치가를 뽑은 국민의 책임이다. 반면교사로 우리나라에 문제가 있다고도 말 할 수 있을 것이다. 특정 인종이나 민족 차별을 부추기는 헤이트 스피치를 금지하는 법안은 유엔의 권고에도 불구하고, 표현의 자유와의 양립 속에서 시행이 미뤄지고 있으며 이러한 것이 지금도 반복되고 있다. 표현의 자유를 남용하여 인권을 유린하듯 협박처럼 민족 차별을 부추겨, 죄 없는 재일 교포가 표적이 되는 것은 불합리하기 짝이 없는, 용서할 수 없는 일이다. 선진국 일본에 대한 경애와 신뢰의 마음이 일부 사람들의 악의로 흔들리는 것은 안타까운 일이다. 전후 70년, 칠순의 나이까지 일본에서 살아온 나에게는 이러한 일본의 사회현상에 한탄스럽고 배신감 마저 든다. 그러나 낙담하는 한편, 지금 이상으로 일본의 가교가 되어 한일 우호 및 친선 교류와 상호이해, 평화와 행복을 찾는 기원의 뜻을 강하게 실천하고 있는 요즘이다.

- 기의 흐름 -

처음 야츠가다케 산기슭에 위치한 기요사토에 내려온 나는 그 웅대한 자연의 신비를 느끼고 몸이 떨렸다. 그것이 기요사토와의 시작이었다. 사숙, 기요사토 은하숙에서 인사는 항상, 이 위대한 자연의 대기에서 배울 것이 있다고 강조했다. 그 집착의 이유는 기요사토에 내려섰을 때의 감동과 영감이 지금도 선명하게 살아 있으며 지속되고 있기 때문이다. 나의 호는'동강'이다. 히말라야에 내린 눈이나 비가 물이 되어 흐르고 큰 하천이 된다. 그 하천이 강이 되어 바다로 흘러 나간다. 해류는 동쪽의 나라 일본에 흘러가고, 그 흐름은 기류가 되어 하늘에서 정화된다. 유구하게 반복되는 자연의 섭리는 히말라야에 다시 쏟아지고 순환한다. 고등학교 졸업 때 여럿이 함께 쓴 한 장의 종이에 '큰 강물처럼' 살다 라고 쓴 것도 우주의 섭리에 순응하며 살고 있는 나의 철학을 나타낸 것이다. 일본(동쪽)의 큰 하천(강)이 된다는 재일교포의 기개이기도 하다.

나는 부모님의 고향인 영암의 왕인사당(전라남도 기념물 제20호)에 서서 서쪽으로 펼쳐진 웅대한 하늘을 우러러본다. 어느 때는 느긋하게, 어느 때는 대륙에서 밀려 들어오는 무수한 구름의 움직임을 바라본다. 이 대기의 흐름 끝에 내가 태어나 살고 있는 일본열도가 있다는 것이 감개무량하다. 또 벚꽃의 계절은 내가 사는 카와구치시의 수호신 지역에 벚꽃이 피는 시기와 왕인묘의 벚꽃 가로수와 시기와 같은 것에서, 벚꽃을 즐기는 봄은 일본과 한국의 거리를 잊게 하는 일의대수(一衣帯水, 주: 가까운 거리)임을 확인하게 된다. 또 영암의 국립공원인 월출산은 기의 산으로 불리고 있다. 히말라야에서의 기류가 고비사막과 한반도를 남하하여 월출산에 흘러 들어오기 때문이라는 것이다. 영암 사람은, 그 기를 강하게 받고 있다고 자주 듣는다. 나에게도 그 기가 흐르고 있다고 생각하는 것이 자연스러운 생각이다.

- 키요사토 기행 -

잊을 수 없는 1960년 5월 5일의 일, 내가 스무 살 때의 이야기이다. 초여름 신주쿠 교엔에서 놀다 신주쿠역에서 중앙선을 탔다. 코부치자와 역에서 SL을 발견하고 갑자기 타고 싶어 플랫폼에 내려왔다. 코모로[小諸]로 가는 코우메선[小梅線] 기차라고 한다. 칙칙폭폭 숨차게 산록을 달려간다. 뒤로는 미나미알프스 산괴가 있고 눈앞에 나타나는 야츠가다케의 모습, 참으로 훌륭한 풍격을 갖춘 3,000미터급 봉우리들에 가슴은 요동쳤다.

'기요사토'라는 역에 도착했다. '깨끗한 마을' 얼마나 로맨틱한 역명이란 말인가. 나는 급히 열차에서 내렸다. 내리자마자 몸을 찌르는 듯한 냉기에 벌벌 떨었다. 그곳은 해발 1,275미터 고원에 자리한 역, 눈앞에 새까만 산악이 다가오고 있었다. 야츠가타케의 주봉 아카다케였다. 나는 정처 없이 기요사토역에 내려선 것이었다. 외양간 같은 역사, 내린 사람은 나 혼자, 무어라 말할 수 없는 적막함이 감도는 여정을 곰곰이 생각했다. 산의 일몰은 빠르다. 석양에 물든 야츠가타케의 늠름함, 멀리 남쪽에 후지산이 보이고, 웅대한 산악의 아름다움에 숨을 들이켰다. 역 근처 여관에서 묵고 이튿날 아침, 역 앞을 산책했다. 여기가 야마나시현 옛 기요사토 마을임을 알았다. 걷다 보면 이상하게 집집마다 '아사카와'라는 간판과 문패가 보인다. 어쩌면 이곳은 아사카와 타쿠미의 고향은 아닐까? 라는 생각에 내 가슴은 춤을 췄다. 나는 "아사카와 다쿠미를 모르시나요?"라고 한 집 한 집 물어보며 걸었다. 하지만 누구 하나 대답해 주는 사람은 없었다. "음, 그런 이름은 들어 본 적이 없습니다"라는 무정한 대답이 돌아올 뿐이었다. 하지만 그것이 나의 착각이었다고 지레짐작한 것이 아사카와 타쿠미와 키요사토와의 접점을 찾는 일이 늦어진 이유인데, 그때는 알아차릴 여유도 없었다.

– 과감한 프런티어 정신 –

"어디 갈 만한 곳이 있습니까?"라고 여관 주인에게 물었더니 "세이센료에 가보세요"라고 가르쳐 주었다. 그로 인해 나는 뜻밖의 위대한 인물을 알게 되었다. 폴 러쉬(1897년~1979년), 1923년 관동대지진으로 파괴된 도쿄와 요코하마의 YMCA재건으로 일본을 방문(1925년, 28세)했던 인디애나주(州) 출신의 선교사였다. '예수는 병든 사람을 위로하고 낫게 하지 않았던가? 굶주리는 사람들에게 식사를 주지 않았던가? 예수는 종종 사람을 모아 유익한 대화의 시간을 갖지 않았던가? 아기를 축복하며 일하는 희망을 주지 않았던가 말이다.' 1948년 폴 러쉬는 기요사토에 농촌 전도 및 농촌에 대한 봉사활동과 교육실험계획, 그리고 전후 일본의 민주적인 농·산촌 부흥 모델을 만드는 것과 실천적인 청소년 교육을 목적으로 하는 '키프'를 창설했다. 병원, 농장, 학교, 보육원, 세이센료를 건설하고 식량. 보건. 신앙. 청년에의 희망이라는 4개의 이상을 내

걸고 기요사토를 민주주의에 기초한 일본 재생의 거점으로 삼았다. 기요사토 발전의 기초를 쌓은 것이 바로 폴 러쉬이다. '키요사토의 아버지'·'축구의 아버지'로 사랑 받고 있는 그의 프런티어 스피릿(개척정신) 없이 기요사토를 말할 수 없다. 숭고한 봉사 정신과 과감한 프런티어 정신'미국과 일본은 좋은 친구가 될 수 있다'라는 국경과 민족을 넘어선 사심 없는 봉사와 박애 그리고 인도주의 사상, 이방인이 하물며 일본의 적대국가 국민인 미국인이 전전(戰前)과 전후를 통해 일본에서 봉사를 실천하는 원대한 인류애의 로망을 보여준 그와 '최선을 다해라 또한, 최고가 되어라'라는 그의 말, 그리고 기독교적 가르침에 대해서 관심과 감화를 받았다. 나는 기요사토에 내린 것을 더없는 행복이라 생각했다.

- 폴 러쉬와 만남 -

나는 혼자 세이센료를 찾았다. 그리고 응접실이 있는 홀에 들어서자 맨틀피스의 소파에서 작은 백인이 혼자 생각에 잠겨있었다. 뺨과 코가 붉게 물들어 반들반들 빛나고 있었다. 그는 내가 들어온 것을 알고 일어서며'어서 앉으세요'라고 말을 건냈다. 이 사람이 바로 폴 러쉬 박사였다. 일본어는 그다지 유창하지 않았지만 대화는 이어졌다.

"왜 여기에 그리고 어디서 오셨습니까?" "맨틀피스 위에 걸린 그림에 끌려 이곳까지 왔습니다" "스다 히사시(1906년~2005년 입궤회 창립회원)의 '소를 파는 사람'이라는 그림입니다. 일본에 처음으로 저지종을 미국에서 들여 와 이곳 키요사토 에서 실험적으로 사육한 소를 모티브로 한 그림입니다. 이 그림은 세이센료 준공 선물로 작가가 주신 것입니다" "나는 스다 히사시의 석류 그림을 매우 좋아해서 화집을 가지고 있습니다" "그 화집을 한번 보고 싶네요" 그림이 맺어 준 인연으로 둘이서 1시간은 대화를 나누었던 것 같다. "여기까지 오시려면 몹시 힘들었을 텐데요"라고 묻는 나의 말에 폴 러쉬의 얼굴이 순간 어두워졌다. "자신의 이상과 로망의 차이에서 괴로워했습니다. 현지인들에게 이해받지 못한 것도 고민이었습니다. 사실 지금도 그 일로 골똘히 생각하고 있었습니다." 타향에서 이방인으로서 봉사하는 일이 쉬운 일이라고는 생각하지 않지만 폴 러쉬의 고독과 외로움을 바라보는 모습은 재일한국인인 나에게는 공감으로 메아리쳤다. 1979년 폴 러쉬는 기요사토에 큰 빛을 남기고 사람들에게 아쉬움을 남기며 떠나갔다. 나와의 재회도 이루어지지 않고 스다 히사시의 화집을 보여주는 일도 결국 이루어지지 못한 것이 애석하다.

- 도래인의 마을 -

몇 년이 지나고 기요사토의 넨바가하라에 부지를 구입하고 작은 서당 '은하숙'을 세웠다. 이 일대는 카시와마에노마키로서, 예로부터 명마의 산지로 유명하고 '카이의 쿠로코마'로서 명성을 날렸던 사실이 '일본서기' 등 여러 책에 전해져 있다. 이 지방은 코마군이라 불리지만, 옛날엔 '고려군'이었다. 이 일대는 고구려에서 온 도래 기마인이 정착한 곳이라고 일컬어졌다. 사이타마현 히다카시의 코마 신사의 유래 중 '속일본기' 3권에 따르면 716년 스루가, 사가미, 카즈사, 시모후사, 히타치, 시모츠케 일곱 국에 사는 고구려인 1,779명을 이 땅에 모아 열었다.'라고 쓰여있다. 나는 이 넨바가하라에 있던 고구려인도 히다카 지방의 고려향에 이주한 것으로 인식하게 되었다. 니라사키시에는 일본에 천자문과 논어를 전달한 왕인 박사에서 유래한 '왕인묘의 벚꽃'이라는 명소가 있고, 츠카네의 산중에는 '해안사'가 있다. 왕인 박사의 후손인 행기보살에 의해 717년에 개창되었다고 전한다. 사람이 살아갈 길을 조용히 생각할 수 있는 절이다. 스타마의 마을에는 카이겐지의 시라기사부로 요시미츠의 보제사, 정각사가 있다. 이 지방에는 옛날부터 고구려, 백제, 신라사람과 인연 깊은 역사가 있다.

나는 이 '은하숙'에서 가족과 함께 여가를 보내고 마음을 키우고, 때로는 지친 몸과 마음을 치유한다. 수많은 별과 역사에 생각을 기울이고 먼 옛날의 낭만을 그린다.

- 아사카와 형제 탄생의 땅 -

'사람은 태어나면서 자유롭고 평등하다. 「세계인권선언」에서'라는 간판을 다카네 마을 사무소 입구에서 발견했다. 거기에서 1킬로미터쯤 떨어진 곳에, 갑천(카부토가와)을 눈앞에 둔 공원 입구에'사적 아사카와 노리타카, 다쿠미 형제 탄생의 땅'의 비석이 세워져 있다. 갑천을 마주하는 강변, 눈과 코앞이 탄생의 땅이다. 비석에는 다음의 비문이 새겨져 있다.

사적비음기

가을비가 내려, 비가 샐 듯한 곳에 살고 있지만

마음만은 하늘도 내 것이고 바다도 내 것이다.

백

아사카와 노리타카(1884년~1964년), 다쿠미(1891.1.15~1931.4.2)는 옛 카부토무라고쵸다, 아사카와 죠사쿠, 케이의 자식으로 태어났다. 부계, 부안6세 오비시유, 모계, 국학자 치노 마미치 손자이다. 아버지를 일찍 여의고 어머니와 할아버지의 사랑으로 자라 성장함과 동시에 조선으로 건너갔다. 두 형제의 활동은 인도주의적으로 일관하며 조선의 미美의 연구에 몰두했다. 민예 운동의 선구자로서도 사람들에게 깊은 감명을 주었다. 노리타카는 조선 도자기의 조사, 연구에 일생을 바쳤다. 특히 고려, 조선시대의 연구는 지금도 찬란히 빛나고 뛰어난 업적을 남겼다. 그리하여 '조선 도자기의 신神'으로 불리고 있다. 다쿠미는 인간애에 입각하여 조선을 좋아하고 조선사람들을 사랑하며 조선의 산과 민예에 생애를 바친 사람으로서 존경과 사랑을 받고 있다.
평성 3년 3월 길일건지 타카네쵸
- 아사카와 다쿠미의 묘 -

그 사적에서 수백 미터 거리에 아사카와 다쿠미의 묘비가 있었다. 1977(쇼와 52년) 봄의 오히간에, 아사카와 친족 일동에 의해서 건립된 것이다.
아사카와 다쿠미 문덕원천교도지거사 소화6년 4월 2일 향년 41세

무암육세사우옹의 손자, 할아버지가 돌아가신 후에 인자한 어머니의 손에 사랑으로 키워져 성인이 되고, 조선 임업시험장 기사, 한반도 녹지화에 매진, 조선 미술공예 연구에도 몰두, 마침내 형 노리타카와 협력하여 조선 왕궁인 집경당에 조선 민예 미술관 창설, 저서 '조선 도자기 명호'·'조선의 선' 등을 펴낸다. 또한 사비를 털어 많은 조선인 아이들을 양육하고, 그 사람됨은 국정 중등 국어교과서 안의 '인간의 가치'라는 한 문장으로 말할 수 있으며, 참으로 지식과 사랑 그 자체이다. 일가를 받들어 민예에 바친다. 합장
보제사 조동종천룡사

묘비에는 십자의 인이 새겨지고 일본식의 계명이 쓰여 있지만, 유골은 들어있지 않다. 조상 대대로가 가까이 있는 묘역을 보면 태어난 땅에 친족과 함께 있는 묘석이 자연의 모습처럼 보여 마음이 훈훈해진다.
- 아사카와 형제의 발자취-

아사카와 다쿠미의 출생지, 옛 카부토무라(현 호쿠토시)는 동쪽으로 치치부, 남쪽으로 남 알프스, 서쪽에 야츠가타케 봉우리를 접하는 해발 724미터의 산촌이다. 아버지, 오비 죠사쿠(후에 아사카와가의 양자가 된다)는 다쿠미가 태어나기 반년 전에 돌아가셨다. 할아버지 오비 덴에이몬 (배명, 카부라안 시유)로부터 마츠오 바쇼의 전통을 받아들인, 한자, 도자기 제작을 배우며 자랐다. 형 노리타카는 고향의 초등학교를 거쳐 야마나시 사범학교에 진학하여, 졸업 후에 같은 사범학교 부속 초등학교에서 교편을 잡았다. 다쿠미는 야마나시현립 농림 학교에 입학하여 졸업 후 1909년 아키타현 대관영림서에 부임. 국유림 벌채 및 식림에 종사하고 있었다. 형제는 학생 시절에 메지스트교회에 들어가 독실한 크리스트교 신자로서 지내게 된다.

노리타카는 1913년 조선 미술에 끌려 집과 땅 논밭을 정리하여 조선에 건너가 서울의 남대문 공립 초등학교의 훈도로서 근무한다. 다쿠미는 형을 따라 1914년 조선으로 건너간다. 조선총독부에 고용되어 양묘 실험이나 조림 일에 종사, 조선에서 소나무의 양묘에 성공한다. 다쿠미는 조선말을 배우고 즐기며 조선인의 생활에 녹아들어 1916년에는 니라사키 출신의 아내 미츠에와 결혼,

딸 소노에를 낳지만 미츠에는 1921년에 사망한다. 노리타카는 조선 왕가의 미술관에 자주 드나들며 조선 도자기의 미와 만난다. 1915년 아비코의 야나기 무네요시를 형제가 찾아간 일이 야나기의 조선행으로 이어져, 다쿠미와 야나기는 평생의 벗이 된다.

다쿠미가 조선의 미술에 눈을 뜬 것에 의해, 야나기는 민예뿐만 아니라 다쿠미와 조선인의 관계에서 일본인과 조선인과의 관계에도 눈을 떴다고 말할 수 있다. 두 사람은 '조선민족미술관'의 설립계획 구현과 동시에, 조선의 가마터를 상세히 조사하여 채집한 도자기 파편을 미술관에 수장하고 노리타카는 '조선 도자 가마터 일람표'를 썼다. 다쿠미는 1922년 농림기수에 승진하고 거처를 청량리로 옮겼다. 양묘의 강습, 임목 종자의 채집을 위해 각지를 돌아다니며 조선의 민둥산의 식재에는 개오동나무가 적당하다며 녹지화에 공헌한다. 다쿠미는 조선의 미술, 공예, 임업에 관한 여러 논문을 남겼다. 논문을 수집한 '조선의 선'은 조선 민족 미술관에 수장되었으며, 저서의 가치가 높다고 할 수 있다. 또 조선의 선반과 장롱, 찻잔, 나물 등의 다방면에 걸친 논문은 지금도 귀중한 자료이다.

— 한국의 흙이 되다 —

다쿠미는 40세의 젊은 나이에 급성폐렴으로 죽었다. 그의 죽음은 한국 사람들에게도 아쉬움을 남겼다. 현재 서울 근교 구리시 망우리에는'공덕의 묘'와 다쿠미의 형 '노리타카'가 디자인 한 백자의 공양탑이 건립되고 있다. 옆의 표지비에는 '한국의 산과 민예를 사랑하고 한국인이 마음속에 살다 간 일본인, 여기 한국의 흙이 되다'라고 새겨져 있다. 다쿠미가 살았던 시대는 일본이 조선을 식민 지배하던 때였기 때문에, 일본인이 조선인에게 사랑받는다는 것은 매우 드문 일이었다. 그런 상황에서도 고독과 외로움을 버티며 휴머니즘에 살고 도의와 정의에 살아온 조선인을 위한 다쿠미의 삶이 이 묘에 있다고 생각한다. 일본의 식민지였지만 조선을 얕보지 않았던 다쿠미의 겸손함, 신앙심 등이 엿보인다. 폴 러쉬와 아사카와 다쿠미 두 사람 모두 시대와 환경은 다르지만, 이들의 삶에 대해 생각해 보면 재일교포라는 입장의 나로서 공감하고 배우는 바가 크다.

- 인간의 가치 -

칸트 학파이며 자유주의자인 아베 요시시게는 그의 저서 『청구잡기(1932년, 이와나미 출판)』에 '아사카와 다쿠미를 아낀다'라는 제목으로 글을 썼지만, 1934년 중학교 교과서에는 『국어 육』, 그리고 『동성초(1947년)』에는 '인간의 가치'란 제목으로 수록되어 사람들에게 널리 알려지게 되었다. 나 역시 고교 시절 아키타에서 읽은 글을 통해 아사카와 다쿠미와 인연이 되고 그

것이 기요사토 라이프의 토대가 됐다고 해도 과언이 아니다. 다쿠미와 같이 올바르고 의무를 중히 여기는 사람은 벼슬, 학력, 권세, 부귀에 따라 달라지지 아니하고, 자신의 힘에 의해 노당당(주: 무엇 하나 숨기지 않고 당당하게 나타나는 모습)하게 살아간다. 떠받치는 사람은 좋은 사람인 것만 아니라 훌륭한 사람이다. 인간의 생활을 믿음직하게 한다. '인류에 있어서 인간의 길을 바르고 용감하게 걸어간 사람의 손실만큼 진정한 손실은 없다' '아베 요시시게'를 통해 들었을 정도로 아사카와 다쿠미는 내 마음에 보편의 가치로써 살아 있다.

"나는 돈을 모으지 않겠다고 신에게 맹세했다"라고 한다. 일종의 종교적 안도를 얻음으로써 자신을 위하여 행하여지고 그 외의 목적을 위하여 또는 보수를 위하여 행하여지는 것을 극히 꺼려하는 것으로 생각한다. 도덕적 순결에서 나온 것이다"다쿠미는 약자를 간과하지 않는 청빈의 인격으로 오른손이 한 선행을 왼손이 모르게 하였고, 항상 조선사람들의 마음에 녹아들고자 하였다. 그의 인격이 시키는 대로였다. '악한 자, 무능한 자, 나태한 자, 비열한 자의 상당수는 향락 생활을 즐기며 많은 수입을 얻었으나 다쿠미 같은 사람은 비록 박봉이며 낮은 신분이었지만, 그 직마저 고귀하게 하는 힘이 있는 사람이었다. 본인의 위치에서 자신의 고귀함과 강함을 마음껏 발휘한 다쿠미의 삶은 인간의 가치가 점점 상품화되어가는 이 시점에 있어 얼마나 되돌아볼 가치가 있는가. 나는 다쿠미를 위해, 또한 이 세상을 위해 그의 삶의 업적을 기리고 싶다'

"다쿠미는 조선의 산을 푸르게 하기 위해, 씨앗을 뿌려 나무를 길렀다. 다쿠미는 '씨를 뿌리는 사람'이었다. 또한 조선인의 생활에 친숙해져 조선의 문화를 연구하기도 하였다. 한국에 온 지 12년 이래, 야나기 무네요시와 노리타카가 협력하여 조선 민예 미술관을 세운 것은 참으로 헌신적인 업적이다. 본국이 아닌 다른 나라의 문화와 사람들을 사랑하는 것은 한층 더 힘든 일이다. 감상적인 인도주의자도, 추상적인 자유주의자도, 그렇게 하기가 쉽지 않다. 하지만 다쿠미의 생애는 칸트가 말한 것처럼 인간의 가치가 실로 인간에 있고, 그것보다 많지도, 적지도 않음을 실증했다. 나는 진심으로 인간 아사카와 다쿠미 앞에 머리를 숙인다."

그리고 나는'아사카와 다쿠미를 아낀다'라는 글처럼 이렇게 뼈저리게 진실한 마음을 토로한 글을 다른 곳에서는 본 적이 없다. 이 글이 전쟁 후 왜 교과서에서 사라진 것인지가 의문스럽다. 정치나 경제가 바뀌면 '인간의 가치' 자체까지 변한다고 생각하기 때문인가? 아니면 가치는 그대로지만 인간이 변하여 세상 역시 바뀌었다고 생각하는 것인가? 나는 어떤 시대에도 인간의 가치는 변하지 않는다고 생각하고, 오늘날까지 아사카와 다쿠미를 줄곧 사모하며 재일동포로서 살아왔다.

– 생전의 유언 –

카와바타 하루오 선생(문학박사, 철학박사, 시바우라공업대학교 명예교수)으로부터 2003년 1월 25일 자 편지가 도착했다.

"저는 한일연합대학 같은 고등교육을 꿈꿔 왔습니다. 제 말에 누구도 귀를 기울이지 않았던 꿈 이야기를 이제 포기해야 할 나이에 이르렀습니다. 그러나 귀하의 인격(아직 두 번밖에 뵙지는 못했지만)에 저의 꿈을 맡기고 싶은......." 이라고 쓰여 있었다. 그때까지 선생님은 만나 뵐 때마다 현대 사회가 놓치고 있는 인재 양성이라는 사업의 중요성을 나에게 열변하셨다. 나아가서 한일 문제, 특히 양국의 청소년 교류 문제에 관심을 가지고 계셨다. 한, 일이 가까워지고, 새로운 관계를 쌓는 데는 지금의 젊은이들이 교류의 책임자로 서는 것이 급선무이다. 불행한 시대를 딛고 일어나 사람과 사람이 나라와 나라의 관계를 이해하고, 인간적인 정을 쌓는 것으로 국제 관계를 재정립하고 생각을 공유하는 새로운 관계 형성을 이어 가지 않으면 안 된다.

폭력과 증오로는 아무것도 이루어지지 않는 것이다. '걸어서 나아 갈 때, 그곳이 길이 된다'라고 믿고 행동함으로써 희망은 생기는 것이다. 카와바타 선생님은 "유언이라고 생각해 주길 바란다."고 말씀하시며 사숙의 개설을 원하셨다.

- 풍토는 사람을 만든다-

나에게 맡겨진 카와바타 선생님의 유언은 어쩔 도리 없는 먼 길처럼 느껴졌다. 또 나에 대한 기대도 빗나가지 않을까 생각하던 가운데 3년의 세월이 흘러갔다. 학식이 얕고 인생 경험도 일천하며 한일 양국을 걱정, 양국의 청소년을 위해서 발 벗고 나서 주기를 부탁받고도 그러한 일을 감당 할 그릇의 사람이 아니라서 막연한 이야기에 불안한 심경이었다. 그러나 이 삼 년간 그 유언은 틀림없이 나의 마음에 새겨졌다. 20대부터 기요사토의 땅에서 여가를 보내게 되고 이 지역 풍토에 길러지고 인생을 보내왔다. 이 땅에 내가 동경하고 존경하는 위인이 있는 것과 무관하지 않는 것이다.

일제강점기하에 한국에 건너가 한국인의 경애를 받은 아사카와 노리타카, 타쿠미 형제와 전쟁 전후의 미일 간의 격동기를 변함없는 우정과 청소년 교육에 일신을 바친 폴 러시이다. 한 명의 인간으로서 진실의 길을 개척해 간 선현의 발자취는 기요사토의 풍토에 기요사토의 풍토에 살아 있기 때문이다. 현대를 살아가는 사람의 마음의 저변에 일본의 풍토, 한국의 풍토, 미국의 풍토를 거듭 나타나는 것이 이 지역에 존재하고 있다.

사람을 형성하는 것은'사람의 진실'이라고 생각한다. '사람의 진실'이 자랑스럽고 구도적이면 풍토도 사람도 이에 준한다. 그러나 사람의 마음이 혼란스럽고 황폐해지면 풍토도 사람도 이에 빠지는 것이 아닐까? 야츠가타케의 산록과 기요사토의 지역 풍토 속에서 태어난 정신, 아사카와 형제, 폴 러시의 삶에서 배우는 것의 의의와 의미를 나는 찾고 싶어졌다.

- 무엇을 배울 것인가 -

기요사토 은하숙에서 무엇을 배울 것인가? 배우는 의미, 배우는 재미는 사는 것 자체이므로 그 기본이 되는 '평생 학습'에 대해서 생각해 본다.

일반인(주민)은 자신을 위해서 또는 지역발전에 기여하기 위해 공부한다. 직장인은 직업수준 향상을 목적으로 공부한다. 평생을 건강하게 살기 위해, 세대를 넘어 몸과 마음을 기르기 위해 공부할 것이다. 호기심을 가지고 자신을 갈고닦으며 죽을 때까지 성장해 나아가고 싶은 그러한 배움의 본능은 누구에게나 있다고 생각한다. 배움이 성숙해지면서 진정한 자신을 확인하고 자신의 존엄을 발견하는 것이며 자신을 사랑하고 아끼게 된다. 또한 그것으로부터 상대방을 인정하는 인간관계를 형성할 수 있게 될 것이며 사람을 사랑할 수 있게 되고 그러한 사람들이 만들어가는 성숙한 사회를 이루어가고 싶다. 서로 배우며 서로 돕고 함께 살아감으로써 서로를 높이고 자기 연마를 했으면 한다. 다양한 가치관 속에서 스스로 배우고 함께 배운다는 것은 자신이 결정하는 것이기에 평생 학습은 곧 자기 교육이다. 배우는 즐거움을 하나의 문화로 이어가고자 한다.

- 배움의 여행, 은하로의 여행 -

국제이해와 우호친선을 목적으로 한일 청소년 교류를 촉진하는 건전한 청년활동가 양성이라고는 하지만 기요사토 은하숙은 '울려 퍼지는 마음-아사카와 형제, 폴 러쉬의 정신'를 캐치프레이즈로 하여 젊은이들로 하여금 앞으로의 삶을 '즐기고', '전하고', '심화하고','창조하다','연출하다'로 분류하고 마음이 통하는 강좌를 진행하고 싶다. 에도 시대에 서민의 왕성한 탐구심에서 보급된 서당과 같은 개념의 사숙인 '기요사토 은하숙'에서 발현되는 이 메시지가 한일은 물론 세상을 연결하는 다리가 되는 것을 꿈꾼다. 구체적으로는 아사카와 형제와 폴 러시가 살던 시대의 정신과 철학, 그리고 그 배경에 있는 역사를 배우고, 애향의 자긍심을 높이고 싶다. 대자연 속에서 선구자를 키운 풍토의 '기'를 느끼게 하고 다음 세대를 짊어지고 나아갈 청소년의 건전한 육성으로 그들에게 자부심과 자신감을 느끼게 해주고 싶다. 키요사토부터 후지산을 바라보며 일본을 생각하고 사랑하는 각각의 마음과 자신들의 고향을 다시금 생각하고 이러한 세상이 되기를 희망한다. 자연을 즐기고 우리가 사는 환경을 생각한다. 그 대기 속에서 오감을 소생시킨다. 교육이 가지는 의미와 의의, 인격과 인간의 가치를 배우며 지역 공헌과 국제 교류를 촉진시킨다. 그것을 지원하며 성원을 보내고자 한다. 사숙 '기요사토 은하숙'에서 만나고 함께 배우며 사는 기쁨과 마음, 의문을 공유하고 한층 더 높은 곳을 목표로 하고자 한다. '배움의 여행 — 은하로의 여행'에 복음을 기원한다.

- 새로운 고향-

우리는 산을 본다: 하늘에 해와 별을 본다. 그리고 흘러가는 구름, 귀에는 들리지 않는 허공의 소리를 느낀다.

숲을 본다: 나무와 꽃과 풀을 본다. 거기에 살아가는 많은 생물의 생과 사를 아쉬워한다.

집을 본다: 생활과 역사, 문화를 본다. 그리고 풍토와 지역의 자부심을, 태고의 기원을 배운다.

형태를 본다: 아름다움과 신기함을 본다.

물을 마신다: 맛있다. 기분이 좋았다. 하늘의 혜택을 누리고 있다.

우주를, 지구를, 지질을, 과학을, 풍속을, 전통을 본다. 형태로 나타나지 않은 본질적인 현상을 파고드는 많은 사실과 현상을 본다. 그리고 감촉을 맛본다. 빛을 쬐고 흙을 만지고 바람을 느끼고 각각으로 변화해 가는 자연으로부터 오감에 자극을 준다. 자연을 느끼는 것으로 신에 대한 경애심을 되살리고, 대기 속에서 살아있는 것에 대한 감사, 부드러운 인간으로 소생하는 감동을 우리는 사숙 '기요사토 은하숙'에서 체감하고 체험한다. 그리고 나고 자란 고향을 애정을 가진다는 것은 참으로 다행스러운 일이다. 그러나 고향을 떠나(또는 고향을 잃어버린) 사람은 그러한 애정을 나누어 행복을 추구하며 산다. 폴 러쉬와 아사카와 형제는 새 고향(세상)을 만들고 그 땅에 사랑을 바쳤다. 기요사토로부터 후지산을 바라보며 각자의 고향을 다시 보자. 거기에는 세계(새 고향)를 원하고 현재를 살아가는 의미와 의의 사이에 새로운 고향이 있을 것이다. 배움의 수확은 사람과의 화합과 유대가 얼마나 아름다워지는가를 느끼게 될 것이다. 아름다운 정원이 간단히 만들어진다는 것은 얕은 생각이다. '울려 퍼지는 마음'을 주제로 국경도 민족도 뛰어넘는 정신을 배우며 그리고 마음을 갈고 닦는 사숙으로써 모두가 함께 걸어가기를 나는 바란다.

양심적인 일본인과 일본법이 한국에 미친 영향

정한중
(한국외국어대학교 법학전문대학원 교수, 변호사)

일본과 한국 비교

가. 세계에서 거의 유일하게 일본을 무시하는 한국민들

1) 노벨상 수상자 현실은 어떤가?

일본에서 노벨상을 수상한 사람은 이제 총 24명(미국 국적 취득자 2명 포함)입니다 1)

일본인 수상자 명단 [역대 노벨상]

연도	이름	분야	연도	이름	분야
1949	유카와 히데키	물리학상	2000	시라카와 히데키	화학상
1965	도모나가 신이치로	물리학상	2001	노요리 료지	화학상
1968	가와바타 야스나리	문학상	2002	다나카 고이치	화학상
1973	에사키 레오나	물리학상	2002	고시바 마사토시	물리학상
1974	사토 에이사쿠	평화상	2008	시모무라 오사무	화학상
1981	후쿠이 겐이치	화학상	2008	닌보 요이치료 외 2	물리학상
1987	도네가와 스스무	생리 의학상	2010	네기시 에이치 외1	화학상
1994	오에 겐자부로	문학상	2012	야마나카 신야	생리 의학상
			2014	아카사키 아사무 외2	물리학상

학문 수준 차이? 국내파 위주 수상자

일본 -

과학 분야 노벨상 수상자의 출신 대학(학부)은 도쿄(東京)대(4명)2)와 교토(京都)대(6명)가 나고야(名古屋)대(3명)가 조금 많다.

그러나 홋카이도(北海道)대(이하 1명), 도쿄공업대, 도호쿠(東北)대, 고베(神戶)대, 도쿠시마(德島)대, 야마나시(山梨)대, 사이타마(埼玉)대, 나가사키(長崎)

---

1) 1위: 미국363, 2위: 영국326, 3위: 독일81, 4위: 프랑스56, 5위: 스웨덴31, 6위: 스위스 27, **7위: 일본 22,** 8위: 러시아20

2) 평화상 1명, 문학상 2명 배출

의과대(현 나가사키대)도 수상자를 배출하는 등 특정 학교가 '독식'하지 않고 여러 대학에 고루 분포해있다.

2008년 노벨 물리학상을 받은 일본인 3명 가운데 고바야시 마코토(小林誠), 마스카와 도시히데(益川敏英)는 유학 경험이 없는 국내파였다. 유카와 히데키 포함하여 나머지 수상자도 미국 등 외국 박사학위 가진 사람이 거의 없고, 교수하면서 외국 대학 방문학자 경험 등이다.

\- 우리나라 -

학벌 위주인 권위주의적 연구 문화도 걸림돌이다. 유학을 다녀오거나 명문대를 나와야 대접 받고, 젊은 연구자들은 학계에서 권력을 쥔 교수들에게 복종해야 한다. 반면 일본은 박사 학위나 명문대 졸업장이 없어도 연구에 매진할 수 있다. 2002년 노벨 화학상을 수상한 다나카 고이치는 학사 학위밖에 없다

나. 독서하는 일본국민(2015년 기준)

우리나라 월간 평균 1인당 독서량 - 0.8 권(수험서 포함)(세계 168위)

일본인 월간 평균 1인당 독서량 - 6.1권

최근 일본도 스마트폰 등으로 종이 책 독서량이 줄였다고 우려하는 사람들이 늘었다고 함

최근 한 조사에서는 전자 책 비중이 조금씩 늘고 있음

젊은 층이 일반 책 보다 만화, 잡지 등 가벼운 책만 읽는 경향 우려

일본은 독서가 '일상' 우리는 '필요성'이다

일본인의 독서가 패전국에서 단기간에 일어선 힘이라고 생각한다.

단행본을 읽어라

다. 공중도덕

라. 번역과 일본의 근대화

일본의 경우 서양과의 교류가 지속적이었다. 즉 일본의 서양식 근대화는 어느 날 갑자기 나타난 것이 아니라 15세기 후반에서 부터 쌓여온 서양과의 교류와 일본에 적용한 것이 1868년 메이지 유신을 통해 결실을 맺은 것이다.

현재 한국인들이 일상생활에 사용하는 상당수의 주요 한자(漢字) 단어는 일본인들이 번역한 것이 대부분이다.

대표적으로 '사회(社會)'란 단어는 일본인이 외국어를 漢字로 번역(飜譯)하는 과정에서 만든 번역어(飜譯語)다.

신문기자 복지원일랑(福地源一郞, 후쿠치 겐이치로)이 1875년 매일(每日, 마이니치)신문에 사용하면서 서양 개념인 'society'에 해당하는 동양 한자권의 언어로 정착됐다.

'철학(哲學)'도 마찬가지다. 네덜란드에서 공부한 계몽가 서주(西周, 니시 아마네)가 메이지시대(1868~1912년) '백일신론(百一新論)'에서 서양 개념인 'philosophy'를 '철학'으로 번역한 것이다.

이처럼 일본의 선각자(先覺者)들이 일생을 걸고 주력한 것은 서양의 근대적 개념을 국어로 대체하는 일이었다. 西周와 森有禮(모리 아리노리)는 福澤諭吉(후쿠자와 유키치) 등 당대의 석학들과 함께 1873년 명육사(明六社, 메이로큐샤)란 학술 결사를 결성, 한국을 비롯한 동양의 근대 의식에 결정적 영향을 미친 언어들을 만들어냈다.

현대적 의미의 '자유'(自由)라는 단어도 명치유신(明治維新) 이후 일본인들이 서양서적을 번역하는 과정에서 만든 번역어(飜譯語)다. 영어의 liberty, free-dom을 번역하는 과정에서 이전부터 사용되고 있던 '自由'를 근대적 의미로 전용한 것이다

이 이해한 것 안으로 들어가게 된다. 일본은 이런 작업을 위해 수많은 노력을 기울였다. 수도 없이 주석을 달고, 새로이 참고문헌을 추가하여 책을 풍부하게 해서 일본어로써 그 책이 이해될 수 있도록, 일본 안에서도 그 의미가 생겨나도록 도왔다. 번역에는 단순한 해석 이상의 의미가 있다는 것을 일본인들은 알았던 듯하다.

2. 역지사지

역지사지[易地思之] 라는거. 처지[處地]를 바꾸어 생각해보라는 말 모르는 사람은 없을 것이다.

가. 적대의 시작

한국과 일본은 어떻게 서로를 적대(敵對)하게 되었나!

한국의 경상도와 전라도 지방에서는 아이를 으를 때 "이비~", 혹은 "에비~"라는 말을 한다. 이 말의 어원은 이비(耳鼻) 즉, 왜란 때 일본군들이 귀와 코를 베어간 데서 유래한 것으로 한국인의 의식에 박혀있는 일본에 대한 잔혹함을 상징한다.

한편 일본 이끼섬에는 '무쿠리 고쿠리'라는 인형이 있다. 예부터 우는 아이에게 "무쿠리고쿠리가온다"고 하면 울음을 그칠 정도로 세내불문 공포의 대상이었던 무쿠리고쿠리. 여기서 무쿠리는 몽고, 고쿠리는 고려를 의미한다.

나, 우리나라 입장

다. 일본 입장

3. 양심적인 일본인

가. 식민지배 반성

얼마 전 SNS를 통해 하토야마 전 일본총리가 서대문 형무소 추모비에 큰절을 올리며 일제 식민통치에 대한 사과의 뜻을 밝히고 화환 등 자신을 위해 쓴 비용(봉투)까지 내밀었다.

나. 독도는 한국 땅

KBS 2015.2.27. '일본인의 양심선언 독도는 한국 땅이다'방송된 내용을 보면 일본의 일부 시민, 사회운동가, 교수 등이 1904년 일본이 한국의 외교권을 박탈한 후 독도를 빼앗은 뒤 독도 편입은 부당하다고 주장함. 생명의 위협과 매국노 소리를 들으면서 유인물 배포를 하고 있는 장면 나옴

다. 안보법 반대

안보법안은 자위대의 활동 범위를 전세계로 확산시키는 내용을 담고 있다.

"죽기 전에 마지막으로 할 일은 저의 참혹한 전쟁 경험을 알려 일본이 다시는 전쟁에 나서지 못하도록 하는 것입니다"
2차 대전 때 일본의 자살특공대 전투기 '제로센' 조종사로 적 항공기 19대를 격추한 하라다 가나메(99세) 씨의 '죽기 전 마지막 소명'입니다. 하라다 씨는 1942년 교전 중 전투기가 격추됐지만 운 좋게 살아남은 생존자다

정치인 반대운동

교수 등 150명 반대 선언 운동 확산되었음

라. 관동대지진 진상규명 운동

-1994년 노벨문학상 수상작가 (오에겐자브로)
"아베총리는 과거 일본이 얼마나 무서운 범죄를 저질렀는지 상상조차 못하고 있다"
고 밝혔다.

4. 한 일 인물 비교

가. 조선인을 위해 일생을 바친 후세 다츠지(布施辰治)변호사(1980~1953)
이 일본인은 2004년 10월 일본인으로 우리나라 정부로부터 '건국훈장 애국장'을 받은 인물이다.

1880년 11월 13일, 일본 미야기현 이시노마키시에서 태어난 그는 어릴 적 묵자의 겸애사상 등을 접하면서 지식과 정의, 사랑에 대한 인간적인 관심을 가지게 되면서 성장하게 된다. 1902년 메이지[明治] 법률학교를 졸업하고, 이듬해 판사·검사 등용 시험에 합격하여 판사에 임용되었으나 그는 톨스토이의 휴머니즘에 깊이 심취했고, 후세는 40세를 맞이하던 1920년 스스로 출세의 길을 끊고 본인이 출간한 잡지인 『법정에서 사회로』에 자기 혁명의 고백을 남김.

후세는 일본 내의 노동운동과 무산정당운동, 수평운동 등에 적극적으로 관여하였고 시사 강연회와 약자를 위한 무료 법률 상담을 지속적으로 실시했습니다. '2 · 8 독립 선언 사건'에서는 조선인을 최초로 변호하며 조선 독립의 정당성을 옹호하였고, 이후 수차례 조선을 방문하여 시국 강연회를 실시하고 토지 회수 운동을 돕는 등 조선 민족의 독립운동에 힘을 실었습니다. 즉 3.1운동 이후 후세는 조선으로 건너와 김시열을 필두로 한 의열단원의 변호하고, 김해에서 열린 백정 철폐 운동인 형평사 창립기념 행사에 참여하고, 조선인 유학생 사상단체인 북성회가 개최한 하계 순회 강연의 변사를 맡는 등 활발한 활동을 하게 된다. 그런 후세의 활동에 조선에서는 그가 조선에 올 때마다 열렬한 환대로 그를 맞이한다. 패전 직후에는 조선의 독립을 기대하는 마음에서 외국인으로서 독립투사 박열과 함께 조선 독립헌법 초안을 작성하기도 하였으며, 해방 이후에는 재일 조선인과 관련된 사건의 변호를 거의 전담하여 맡았다. 비록 후세도 사회 운동의 최전선에서 변호사로서의 한계를 절실히 느꼈지만 스스로를 변호사 적임자라고 믿고 변호사업을 본인의 소명으로 여기면서 민중과 함께하는 삶을 살았다.

나. 악질 친일분자 박춘금

박춘금이란 인물이 우리의 언론에 등장한 것은 1924년 4월 2일자 동아일보 사설이 발단이 되어 생긴 '식도원 사건'이었다.

'식도원 사건'은 3.1일 운동 후 문화통치의 영향으로 한국인 들의 소극적 문화적 저항운동이 일어나자 친일단체들이 연합하여 '각파유지연맹'을 조직하자 고하 송진우와 인촌 김성수가 동아일보 사설에서 친일각파유지연맹을 비난하는 사설을 싣자 친일파와 친일 폭력배 박춘금이 고하 송진우를 감금하여 폭행한 사건을 말한다.

박춘금은 일본에서 불량배 생활을 하다가 1923년 9월에 일어난 관동대지진 때 한밑천 잡은 주먹패에 불과했다. 우리 교표가 5-6천 명 무참히 학살되었을 때 박춘금은 동경경시청을 방문하여 -이 소동이 가라앉을 무렵 그는 조선인 노무자 300명으로 노동봉사대를 결성하고, 경시총감 아카치[赤池濃]와의 연락 아래 시체처리와 조선인 노무자 색출 및 수용 등의 작업에 종사하였다- 더러운 쓰레기 같은 조선인 시체처리를 맡겠다고 자원하여 수용소에 있는 조선인들을 동원하여 시체를 처리하고 거기서 얻은 노임을 착복해서 축재한 뒤(이후 1,000여 명을 동원하고 현재의 돈으로 수백억 원을 축재했던 자) 폭력깡패로 자리를 굳혔다. 조선총독부는 그의 이용 가치에 주목하여 그를 국내에 불러들여 여러 가지 협박 사건에 개입하게 한다. 그 대표적인 사건이 식도원 사건으로서 그는 단도와 권총으로 고하 송진우를 폭행 협박했던 것이다. 이러한 폭력의 경력 위에서 1932년 동경 제4구에 입후보하여 일본 중의원 의원에 당선되고, 이후에도 몇 차례 재당선되었다. 조선으로 드나들면서 춘만광산(春滿鑛山) 등 이권 사업을 경영하였으며, 중일전쟁 이후 '동양 평화를 위하여' 등의 황민화 시국 강연을 하였다. 그는 그 뒤 일본 제국의회 대의사(오늘날 중의원)으로 당선되어 대의당을 조직한 일급 친일민족 반역자로 활동한다.

5. 일본법이 한국에 미친 영향

가. 메이지 유신

민주적인 근대적 법률로 알려져 있다. 메이지유신의 산물인 <대일본제국헌법>은 이토 히로부미[伊藤博文]가 중심이 되어 독일헌법을 연구하여 만든 아시아 최초의 근대헌법이다.

<대일본제국헌법>은 중세 일본을 개혁하고 유신하여 근대국가로 나아가는 메이지유신의 핵심이다. 이 헌법은 메이지천황이 총리대신에게 하사한 형식으로 발표되었는데 이것은 위로부터의 개혁을 상징한다. 그 25년에 걸친 일본사회의 총체적 개혁은 비서구 국가에서는 유례가 없이 성공하여 일본은 단기간에 근대 자본주의 국가로 변화했다. 이처럼 메이지유신은 입헌군주제와 의회제도를 도입하여 민주주의의 기반을 마련한 계기인 반면 천황절대주의와 전체주의 및 군국주의와 제국주의로 나가는 시발점이기도 하다.

나. 헌법

현행 일본 헌법은 1947년부터 시행됨, 우리 헌법과 순서가 거의 동일하지만 일본은 의원내각제임 위헌법률심판제도 차이 등

다. 형사법

형법은 일본과 매우 유사, 형사소송법 최근 우리나라 많이 개정됨 일본 형사소송법 1882년 시행(프랑스 영향) 구형사소송법 독일 영향으로 1924년 시행, 연합군 총사령부 영향 아래 현행 형사소송법 19491.1. 시행됨- 미국법 영향받음

라. 민사법

1896년 독일민법을 참고하여 제정됨 물권이 우리와 차이 즉 의사주의, 등기는 대항요건 우리는 형식주의, 성립요건 주의
1890년 회사법은 독일 영향, 현행 회사법 미국 영향받아 1950년 대개정됨

라. 로스쿨 도입

6. 나가는 말

바둑에서 우주류 창시한 다케미야 마사키[武宮正樹·64] 9단이다. 그의 바둑은 천원(天元·바둑판 한가운데 점)을 향한다. 대부분의 기사가 귀나 변에서 실리를 찾고 있을 때 그는 이에 연연하지 않고 중앙을 아우르는 세력을 쌓는다. 마치 지구를 떠나 우주를 향하듯 그의 바둑은 중앙을 거점으로 장대하게 펼쳐진다. 사람들은 이러한 그의 바둑을 '우주류(宇宙流)'라고 부른다.

다케미야는 어느 누구도 상상하지 못했던 기풍으로 1980~90년대 초반 일본 바둑계를 평정한다. 당시 라이벌은 철저한 실리바둑으로 이른바 '지하철 바둑'을 구사했던 고바야시 고이치[小林光一] 9단. 2006년 통산 1,000승 달성. 이들은 정반대의 기풍으로 일본 바둑의 양대 산맥을 구축하며 한 시대를 풍미했다.

고바야시의 말 "바둑같이 서로 다름을 존중하는 세상이 되는 것이다."·"바둑은 100명이 두면 100판 모두 다른 바둑이 나온다. 또 서로 다른 기풍이 만났을 때 더 재미있는 판이 벌어진다. 사람 사는 세상도 마찬가지다. 모두 다른 게 당연한 것이고, 다름이 만나야 조화와 시너지가 생긴다."

세상은 그렇지 않다는 뜻인가? 라는 기자의 질문에"그렇다. 현실에서는 일부 사람이 다름을 정치적으로 악용해 권력을 취하고 이익을 얻는다. 일본에서는 아베 정권이 군국주의를 추구하면서 이를 반대하는 시위가 연일 벌어지고 있다. 너무 안타까운 상황이다. 세상도 바둑처럼 인간의 다름이 자연스럽게 어우러질 수 있었으면 한다."

조선백자의 세계

윤용이
(명지대학교 미술사학과 교수)

조선 초기는 1392년부터 약 550년까지의 시기로 분청자와 상감백자, 초기청화백자로 대표될 수 있다.

15세기 전반은 태종, 세종의 시기로 태종은 고려의 체제를 개혁하여 조선적인 체제로 바꾸어 정치, 사회적인 기반을 확고히 하였고, 세종은 집현전을 중심으로 체제를 더욱 정비하여 민족문화를 꽃피우고, 한글을 창제하며, 문화의 황금기를 이룩하여 고려적인 문화를 조선적인 문화로 바꾸는 기틀을 마련한다.

15세기 전반에는 고려 후기의 상감청자의 뒤를 이은 상감분청자와 인화분청자가 주로 제작되었으며, 백자는 극히 일부 지역에서 약간씩만이 제작되고 있었을 뿐이어서 백자는 분청자에 양적으로 비교 대상이 되지 못하였다.

이 시기의 백자 자료로는 남아있는 예가 없으나, 문헌 기록으로는 『세종실록』 권27, 세종7년(1425), 명 인종(仁宗)의 요구에 의해 10탁 분의 백자기명을 광주지방의 요에서 정세 번조하여 바친 기록과 1445년에 고령지방에 들른 도순사 김종서를 위해 차려진 술상에 놓인 백자를 보고 찬탄하여 쓴 글 (『점필재집』 권8)과 성현의 『용재총화』에 「세종조 어기는 백자를 전용하였다」는 기록으로 보아 광주, 고령 등에서 백자를 제작 사용하였음을 알 수 있다. 현재 광주 중부면 번천리 군둑골과 내곡에 소재한 요지 출토의 상감백자편으로 담청회백색의 백자로 연당초문, 초문 등을 간략하게 흑상감한 백자들이다.

한편 백자는 1467년 전후에 왕실과 관청용 백자를 제작하는 관영백자제조장으로서 사옹원에 소속된 「분원」의 설치를 기점으로 획기적인 변화를 가져온다.

그 당시 도자는 전국의 도자소에서 제작되어, 공물로 국가에 수납되어 사용되는 체제에서 국가가 필요로 하는 자기를 광주에 설치된 분원에서 직접 제작하여 사용하도록 하는 체제로의 변화는 백자의 발달을 가져온 반면, 분청자의 관, 어용기명에서 일반 민간용 기명으로의 전환과 분청자의 백자화 그리고 분청자의 쇠퇴를 가져온 중요한 내적 요인의 하나가 되었다.

현존하는 백자의 편년 자료로는 1466년의 <백자상감성화병술년진양영인정씨묘지와 편병, 탁잔>, 1476년의 <백자태항>, 1481년의 <백자태항>, 1489년의 <백자청화송죽문홍치2년명호>, 1495년의 <백자태항>등이 있다.

이로 보면, 1450년대, 1460년대에는 회백색의 상감백자들이. 1470년대, 1480년대에는 회백색의 백자태항과 양질의 청화백자의 제작이 이루어졌다.

1481년의 『동국여지승람』의 기록과 1500년경의 『용재총화』의 기록에 사옹원의 관리가 광주에 화원, 서리를 이끌고가 어기를 제작하였음을 알려주고 있어 본격적인 양질의 백자, 청화백자의 제작이 1480년대, 1490년대에 이루어졌음을 말하고 있다.

16세기 전반에 있어 백자의 발달을 더욱 촉진되며, 양질의 백자, 청화백자의 제작이 더욱 활발해진다. 광주에 설치된 분원으로 도마리분원의 뒤를 이어 무갑리, 우산리, 번천리 등의 지역에서 활발하게 제작활동을 벌여간다.

이들 요지에서는 공통적으로 「천(天)」, 「지(地)」, 「현(玄)」, 「황(黃)」명의 백자사발, 접시들과 조선청자, 약간의 청화백자전접시, 사발편, 가는 모래받침의 순백자들이 감발편과 함께 발견되고 있다.

현존하는 <백자청화운용문병>, <백자청화매조문호>, <백자반합>, <백자병>, <백자잔>, <백자전접시>등 뛰어난 백자, 청화백자의 수많은 작품들이 이 시기의 것으로 추정되며, 1505년 전후의 광주 도마리요지, 1542년 전후의 우산리 9호요지, 1552년 전후의 번천리요지 출토의 청화백자, 백자편들이 이를 뒷받침해 준다. 이들은 가는 모래받침을 받쳐 구운 굽다리에 대접이나 접시의 경우 구부가 넓게 벌어졌고, 내저에 넓은 원각이 깎였으며, 유색을 담청을 머금은 백색이며, 기형은 풍만한 양감을 지녔다.

17세기는 임진왜란, 병자호란으로 인한 어려운 시기였으며 이러한 시기의 모습이 백자에 반영된다. 특히 17세기의 백자는 연대가 확실한 간지명(干支銘)이 출토되어 가마의 제작시기·제작장소 등을 보다 확실히 알 수 있는데 이들 간지가 출토되는 가마는 광해군 ·인조 ·효종 연간에 제작된 것으로 확인된다.

17세기 백자로서 회백색의 철화백자를 들 수 있으며 현존하는 수많은 철화백자의 매죽문 ·초문 ·운룡문 ·국화문 등이 이 시기의 것이다. 처음에는 사실적인 매화 ·대나무 ·운룡문이 많다가 후반에 간략화된 초화문 ·운룡문 등이 자유분방하게 그려지며 철화의 인물, 말 등의 명기류(明器類)가 많이 남아있다.

조선 후기는 1700년부터 1910년까지의 210년간의 자기로 유백색과 청백색의 백자와 청화백자로 대표될 수 있다.

18세기 전반은 숙종(肅宗), 영조(英祖)의 시기로 조선시대 후기문화의 전성기였다. 실학의 발전이 두드러졌으며 농업생산력의 발달과 상품, 화폐 경제의 발전이 이루어졌던 시기였다. 이러한 시대적 바탕을 배경으로 조선시대 백자에 있어서 고전적인 유백색 또는 설백색의 백자 제작이 이루어졌으며 그 제작의 중심이 광주 일대의 금사리(金沙里)였다.

1710년대의 궁평리요지(宮坪里窯址)와 1717년에서 1720년까지의 오향리요지(五香里窯址), 그리고 1721년부터 1725년까지 관음리요지, 1726년부터 1751년까지의 금사리요지에서 제작활동을 하였던 것으로 추정되며, 흔히 금사리요산(金沙里窯産)의 백자로 특징짓는 유백색, 설백색의 견치한 백자가 이미 1700년 전후부터 제작되고 있었음을 알 수 있다.

또한 1710년대의 궁평리요지에서 발견된 철화백자편, 1724년경의 <백자철화진상다병명병(白瓷鐵畵進上茶甁銘甁)>의 존재, 금사리요지에서 발견된 철화백자편의 존재로 보아 1720년, 1730년대까지 철화백자의 제작이 계속되었음을 알 수 있다. 현존하는 <백자철화포도문대호>가 이 시기에 제작되었을 가능성이 많으며 이는 항아리 유색이 유백색인 점과 항아리의 구부가 직립되고 장신형인 점을 들 수 있다.

금사리요에서는 유백색, 설백색의 백자를 바탕으로 풍만하게 이루어진 둥근 달항아리를 비롯한 다양한 항아리들과 굽이 높아진 각종 제기의 등장, 그리고 각과 면을 다듬은 병, 호의 등장과 청화로 간결하게 매화, 죽, 패랭이, 난초, 들국화 등이 시문된 청화백자의 제작이 이루어지고 있었다.

18세기 후반은 영조, 정조에 의해 다스려지던 조선 후기문화의 황금기였다. 시조, 판소리, 서민문학, 진경산수화, 풍속화의 유행을 들 수 있다.

백자에 있어 광주 분원리에 관영자기공장을 옮기고 제작활동에 들어간다.

분원을 교통이 편리한 곳에 고정시켜 10년마다 분원을 옮기는 낭비와 어려움을 극복하고자 17세기 말부터 주장해오던 사옹원관의 요청에 따라 한강가에 벌목을 실어 오기에 편할 뿐 아니라 백토를 옮기기에도 알맞은 분원리에 가마가 고정 설치된 것이다. 백자에 있어 유백색의 백자와 청화백자의 제작이 활발해진다.

이 시기의 백자 편년자료로는 1754년의 『영조실록』권82, 영조30년 7월의 「옛날에는 자기의 그림은 석간주였는데 요즈음 들으니 청화로 그린다고 하니 매우 사치스러운 풍조이다. 그런즉 이후에는 용준 외에는 일체 엄금한다」는 기록과 1764년의 <백자철화권대림묘지>, 1776년의 <백자청화산수문병신명각

병>, 1794년의 『일성록』권475책, 정조18년 11월 16일조의 기록에 「기묘한 형태의 그릇제조를 일체 엄금하라」, 이 시기 전후의 기록으로 이규경의 『오주연문장전산고』(상), 고금자요변증설에 「정조조에 화채번조를 금한 뒤로는 백자 위에 화훼를 양각으로 불룩하게 구워내더니 오래지 않아 다시 청채를 사용하게 되었다」는 내용이 있다.
이 시기에 있어 청화백자의 활발한 제작으로 다양한 문양의 기명이 제작되며, 항아리의 경우 어깨부분과 저부에 여의두문대나 당초문대, 연판문대 등이 장식되기 시작하고 무늬의 주제도 산수문, 매조문, 인물문, 동식물문 등의 회화적인 필치와 각병, 각호, 각접시 등의 기명과 필가, 필통, 연적 등의 문방구류의 제작이 활발해진다.

특히 청백색의 백자 제작이 1780년대에 시작되어 양각, 음각, 투각, 상형의 깔끔하고 청초한 조선 후기백자가 만들어진다. 또한 산화동을 안료로 한 동화백자의 제작이 분원과 영흥 등의 지방에서 제작이 개성 있게 이루어졌다.

19세기 전반은 순조, 헌종 연간으로 안동 김씨의 세도정치가 시작된 시기로 왕권의 약화와 양반 정치의 혼란, 삼정의 문란으로 농촌사회의 피폐를 가져왔으며 한편에서는 실사구시학파의 활동이 전개된 시기였다.
이 시기 자기에 있어서는 분원리요에서 제작 활동이 더욱 활발하게 전개되었으며 청화백자를 중심으로 음각, 양각, 투각, 상형의 순백자 제작이 다양하게 이루어졌다. 특히 청백색의 백자가 분원리요의 특색으로 만들어지기 시작해 갓 맑고 청초한 청백색의 백자유의 전개가 펼쳐진다.

기형에 있어서 수많은 상형의 연적이 제작된 점을 들 수 있는데, 개구리, 두꺼비, 해태, 사자, 토끼, 잉어, 닭, 복숭아, 금강산, 무릎, 사각, 팔각, 두부 등의 다양하고 아름다운 형태가 만들어졌으며 필통에 있어서 십자형, 연환형, 격자형, 파초, 포도, 연화 등의 투각필통의 제작 그리고 제기접시의 방형, 원형의 크고 작은 모습과 합, 벼루, 필가, 필세, 묵호, 유병, 잔, 주배 등의 생활용기가 다양한 형태로 제작, 사용되어 한국적인 세계를 보여준 백자의 전성기였다.

문양에 있어서도 한국적인 세계를 보여주는 십장생의 사슴과 불로초, 운학과 거북, 소나무와 바위, 해와 달의 멋드러진 모습과 운룡의 힘찬 필치, 운봉의 활달한 모습과 분원 앞 한강과 그 앞의 삼산을 보여주는 산수문의 정취, 그리고 연화, 잉어, 모란 등의 간결하고 활달한 모양이 다양한 기형과 잘 어울리고 있다.

19세기 후반에서 20세기 초는 철종, 고종 연간의 시기로 근대사회로 들어가는 격동의 전환기였다. 조선사회의 정치, 경제의 문란은 수많은 민란으로 이어졌고 대원군의 쇄국정치와 그 이후 일본, 서구열강의 침투로 인한 조선사회의 격심한 변화는 드디어 일제의 침략으로 식민지 지배를 당하는 국가로 전락하게 된다.

이 시기는 자기에 있어서도 격심한 변화를 가져온 시기로 그 전의 백자의 전통을 계속 답습하게 된다. 이 시기 분원의 운영은 1883년 관영자기공장으로서 분원이 민영화되어 12명의 물주가 운영하는 체제로 바뀌어 주체가 민간으로 넘어오고, 그에 따라 누구든지 갖고 싶은 것을 가질 수 있는 민간경영체제가 이룩된 점을 들 수 있다. 다른 하나는 1876년 이후 일본의 산업화된 자기들이 공장에서 다량 생산되어, 왜사기들이 조선사회에 조선백자 대신 침투하기 시작하였으며 분원자기는 점차 그 경쟁에서 뒤떨어지게 된다.

특히 20세기 초인 1900년대에 들어서서 조선 왕실의 몰락으로 분원백자의 주공급원이 사라지게 되고, 점차 값싼 왜사기로 대체되면서 분원백자의 몰락으로 이어진다. 결국 분원은 문을 닫게 되고 사기장들은 전국으로 흩어졌으며 전국의 사기점에서 제작되던 투박한 조선백자는 왜사기와의 경쟁에서 견딜 수 없게 되었고 이러한 외부의 변화와 충격으로 오랜 조선백자의 전통은 단절의 큰 위기에 처하게 된다.

<상감백자(象嵌白瓷)>

기면 위에 나타내고자 하는 무늬를 새기고 그 자리에 자토를 메꾸어 넣고 초벌구이를 한 후에 그 위에 백자 유약을 씌워서 구우면 문양이 검은색이 나타나는 백자이다. 고려 후기의 상감백자에 기원을 둔 것으로 15세기에 경기도 광주 일대의 초기 백자의 요지에서 주로 제작되었다. 문양으로는 연화문, 모란문, 연당초문, 보상화문, 초화문, 어문, 추상문 등 자유롭게 시문된 예들이 많다.

<청화백자(靑畵白瓷)>

순백의 기면 위에 코발트계의 청료를 안료로 그림을 그린 후 백자 유약을 씌워 번조한 백자로 청료를 기면 전체에 칠한 것은 청채백자라고 부른다. 청화백자는 15세기 후반 세조 연간부터 제작되기 시작하였으며, 청료의 부족으로 우리나라산의 토청을 사용하여 청화백자를 제작하였다.

초기에는 중국산청료를 수입해서 썼으므로 적게 만들어졌으며, 연판문 등의 문양대가 있는 매죽문 등이 시문되었다. 중기에는 산수문, 운용문, 초화문, 송죽문 등이 그려진 청화백자가 드물게 제작되었으며, 후기인 18, 19세기에 들어 간결하게 시문된 초화문, 매죽문, 운학문, 장생문 등의 회화적인 문양과 다양한 기형의 청화백자가 만들어져 전성기를 구가한다.

19세기에는 기면 전체에 청료로 칠하는 청채의 주전자, 호, 문방구의 제작도 특색을 이룬다. 19세기 말 청대의 영향과 청료의 유입이 쉽게 되자 과다의 사용으로 조잡해져 간다. 여백을 살린 회화적인 청화의 문양과 맑은 백색의 기면이 잘 어울려 조선적인 멋을 한껏 자아내는, 청화백자의 작품들이 많다.

<철화백자(鐵畵白瓷)>

기면 위에 산화철 안료로 문양을 그리고 그 위에 백자 유약을 입혀 구운 것으로 철색, 흙갈색의 문양이 나타나는 백자이다. 15세기 후반부터 철화백자가 제작되었으며, 17세기에 들어 청화안료의 부족으로 대용의 철화백자가 많이 제작되었다. 18, 19세기에는 청화와 함께 일부 문양으로 사용된 예가 많다. 문양으로는 운용문, 매죽문, 초화문, 추상문 등 자유롭고 대범하게 생략을 자유자재로 한 활달하고 익살스러운 문양의 백자가 많으며, 정돈된 청화백자와는 달리 자유롭게 소박한 작품의 예가 많이 남아 있다.

<동화백자(銅畵白瓷)>

백토로 초벌한 기면 위에 산화동료로 그림을 그리고 백자유를 시유한 후 구우면 환원상태에서 문양이 붉은색으로 나타나는 백자를 말한다. 17세기 후반경에 동료로 지문이 쓰여진 접시가 있으며, 18세기 후반에 들어 연화문, 포도문, 산수문, 호문, 인물문 등이 개성 있게 그려진 동화백자의 뛰어난 작품들이 제작되었다. 19세기에는 청화나 철화의 백자에 일부 사용되어 특색을 강조한 작품도 남아있다. 기면 위에 동료를 모두 칠한 후 백자 유약을 입히어 굽게 되면 전면이 붉게 나타나는데 이러한 백자를 '동채백자'라고 한다.

특강 4

대입 학생부전형 합격 전략 - 어떻게 준비할까?

임대균
(대학인 입시연구소 소장)

1. 수시 선발인원의 증가추세, 이 중 학생부 종합전형(이하 학종전) 기반의 선발인원은 전체 수시 선발인원(243,748명, 2016년 기준)의 20%가 넘는 72,101명이 된다(2015년 67,631명). 2011년 3.4만에 불과했던 선발 인원에 비해 학생부 종합전형 선발인원은 5년 만에 두 배 이상 증가했다. 대학선발인원의 점진적인 감소추세를 반영하면, 대학들의 학생부 종합전형에 대한 애정?과 그 활용 의지를 충분히 느낄 수 있는 대목이다.
2. 특히 인서울권은 학생부 종합전형이 점점 늘어나고 있고 지방과 국공립대학은 학생부교과전형 선발 인원이 많은 편이지만, 교과와 종합의 구분이 점점 모호해 지는 추세에 있다.
3. 생활기록부의 교과 성적(내신)을 위주로 선발하는 학생부 교과전형과 전공적합성, 발전가능성 등 소위 활동 스펙 위주, 즉 생기부와 자기소개서를 위주로 선발하는 학생부 종합전형의 인원이 정·수시 선발인원 전체의 60%(213,393명, 2017년 기준)에 육박하고 있는 추세로 볼 때, 생활기록부 및 자기소개서는 수시 평가기준의 핵심요소로 더욱 크게 작용할 것이다.
4. 생활기록부 뜯어보기

생활기록부의 주요 평가요소는 기본 인적, 학적사항 외에 수상경력, 진로희망사항, 자격증 인증 상황, 창의적 체험활동 상황(자율, 동아리, 봉사, 진로활동 등), 교과학습발달상황(내신), 세부능력 및 특기사항, 독서활동상황 등으로 나뉜다. 하지만 대학에서 일반적으로 높이 평가하는 순서대로 이를 다시 정리했을 땐 1. 내신 2. 수상경력 3. 동아리 활동, 4. 봉사, 진로활동, 세부능력 및 특기사항, 독서활동으로 정리할 수 있겠다.

내신과 수상경력(순서상으로 생활기록부의 맨 앞 장에 위치, 학생의 첫 인상을 결정하는 부분)을 보면 해당 학생의 우수성을 한 눈에 짐작할 수 있기 때문에 이 두 사항은 가장 기본이 되면서도 중요한 영역이다. 그래서 학생부 수시전형을 준비하는 학생들은 이 두 항목을 잘 만드는 데 가장 많은 에너지와 시간을 들이고 있다. 하지만 실제 대학에 지원을 할 땐 각 대학 학과들에 실질적으로 비슷한 내신과 비슷한 수상 경력 등을 가지고 있는 지원자들이 원서를 쓰는 경향이 있기 때문에, 학생의 특장점을 분명히 드러낼 수 있는 영역은 실질적으로 3번의 동아리 활동이다.

5. 입시의 성패를 좌우하는 동아리 활동의 다양성과 중요성

동아리는 크게 정식 동아리와 자율 동아리로 나뉘는데, 동아리의 종류와 개수, 자율 동아리 허용의 정도 및 분위기는 학교간의 편차가 심하다. 자사고인 하나고등학교와 같은 경우 한 학년 약 2백 여 명의 학생들이 있지만 학교에 약 100여개의 동아리가 존재하고 있고, 이 중 70여 개의 동아리가 활발하게 운영되고 있다. 하지만 일반고의 경우엔 20여 개의 동아리 정도가 유야무야 존재하고 있는 것이 현실이다. 또 일반 고등학교의 동아리 운영이 파행적으로 이루어지고 있는 경우가 많아서(동아리 시간에 자습하기, 책 읽기 등 실제 동아리 활동과 관계없는 활동) 입시 전략적인 관점에서 학생부종합전형에 특목고와 자사고, 일반고의 동아리 활용도는 편차가 많이 나는 편이다.

6. 학생부전형의 성공 전략: 지루하지 않고 진부하지 않게.

비슷한 포맷과 비슷한 표현들로 기록되어 있는 생활기록부는 한 달 반 남짓한 기간에 많게는 수 천 편의 자소서와 생기부를 평가해 모든 지원 학생들의 점수를 매겨야 하는 입학사정관들의 입장에서는 다루기에 여간 곤혹스러운 일이 아니다. 실제 한 학생의 자소서를 평가하는데 주어지는 시간은 20~25분 남짓. 그래서 대부분의 입학사정관들은 학생의 강점이 한 눈에 드러나 평가에 용이한 자기소개서를 먼저 읽고, 대다수의 대학에서도 이를 매뉴얼로 권장하고 있다. 입학사정관제가 서서히 정착되어 가면서 일선 고등학교들은 타 학교의 좋은 교육 콘텐츠와 프로그램을 모방해 비슷한 프로그램을 만들고, 새로운 기획 아이디어를 통한 선의의 경쟁을 벌이고 있다. 그래서 몇몇 특색있는 자사고와 특목고를 제외하고 학생부 전형을 어느 정도 준비한 학교들의 프로그램들은 이름만 다를 뿐 서로 비슷한 포맷을 가진 경우가 많다. 이에 반해 학교의 기획력이나 예산이 뒷받침되지 않을 경우 그럴싸하게 프로그램 이름을 내걸고, 활동 내역은 평범하게 진행하는 경우도 심심찮게 등장하고 있는데, 예를 들면 이름은 '글로벌 리더십 활동'인데 활동은 '논술 프로그램'을 진행하고 있는 경우다(강남 A고).

이런 이유들로 실제 학생들이 가져오는 자기소개서를 읽어보면 스토리들이 비슷하게 진부하거나 지루한 경우들이 많다. 같은 질문들에 대해 지원자의 80%는 비슷한 포맷과 이야기들로 자기소개서를 작성한다고 보면 된다. 이유는 두 가지인데 모든 고등학교엔 영자신문부, 독서반, 경영경제 동아리 등 다

른 학교들에 있는 비슷한 동아리들이 존재하고 그 동아리들은 서로 비슷한 기획과 활동들을 진행하고 있기 때문이다. 또 하나의 이유는 상상, 아이디어, 기획의 부족이다. 확산적 사고보다 주어지는 문제를 해결하는 수렴적 사고에 익숙한 한국의 고등학생들은 동아리 활동들도 기존의 활동들을 답습하거나 학교의 방침 등에 막혀 활동을 지역사회나 새로운 영역으로 확장시키는 등의 기획들을 진행시키기 어려운 경우가 많다. 이와 같은 활동 소스의 결핍은 곧바로 자기소개서, 생활기록부의 결핍으로 연결된다.

이와 같은 이유들로 학생들의 자발적인 활동들을 학교 자체에서 권장하거나 지원하는 학교들, 혹은 학교 자체별로 체계화된 동아리 프로그램을 지원하는 학교들은 새로운 입시의 강자로 떠오른다. 하나고, 보인고, 현대청운고 등의 자사고가 대표적인 경우인데, 이는 구체적으로 동아리와 자율동아리를 최대한으로 활용한 형태로 이루어지거나 일부 학교 선생님들의 좋은 프로그램을 만들기 위한 노력으로 이루어지는 경우가 많다.

7. 대입 학생부 전형의 성공적인 준비방법.

'도전정신, 교훈, 인간적 성숙, 모범, 자기주도성' 등은 입학사정관이 좋아하는 특성이지만, 자신에게 도전정신이 있다는 말을 백 번 쓰는 것보다 도전정신을 가졌다는 것을 판단할 수 있는 사례를 제시하는 것이 바람직하다. - 중앙대 입학사정관 인터뷰 중.

목표는 고등학교 1,2학년 과정을 통해 평가받을 소스들부터 잘 구성하는 것, 즉 진부하지 않은 의미있는 좋은 동아리 기획 활동 등을 만들어 프로그램을 진행하고, 이를 통해 '지루하지 않고 진부하지 않은 생활기록부와 자기소개서를 만드는 일'이다. 이런 활동 속에서 지원자의 여러 장점을 드러내기 위한 기획은 연간 활동들이 비교적 정형화되어 있고 덩치가 커 움직이기 힘든 기존 동아리보다 차라리 자율동아리 등을 잘 활용하는 방법들이 더 손쉽다.

8. 동아리 프로그램 기획의 다각화.

1년에 대략 200여 편의 생활기록부와 자기소개서를 보고 분석하는 필자의 경우에도 학생들이 가져온 생활기록부에 남다른 활동들이 기재되어 있는 모습, 독특한 기획, 진로직업 활동 등으로 의미있는 결과를 맺어온 자기소개서를 보면, 그 자체로 컨설팅을 받는 학생이 달라 보이고 반갑기까지 하다. 인지상정이다. 업무량이 과다한 고된 전형 스케줄 속에서 대부분의 진부하고 지루한 스토리의 자기소개서를 보다가, 독특한 개성과 활동, 진정성이 묻어나는 자기소개서가 보이면 뇌에 솟아오르는 엔돌핀과 다른 학생들에 비해 상대적으로 좋은 점수를 줄 수 밖에 없는 것이다.

기존의 동아리 활동을 그만두고, 독특한 동아리를 만들고 특이한 활동을 만들려 노력하라는 이야기가 아니다. 그 흔한 영자신문부 활동이라 할지라도 보다 의미있게, 남들과 다르게 하면 된다.

각 사례들 1) 강의에서 제시

9. 서울대, 홍익대의 '실기 미포함 전형'

서울대, 홍익대 등의 미대 입학 전형에서 실기를 보지 않는 전형도 생겨나, 그 인원이 증가하고 있는 추세다. 홍익대학교 미대 입시 전형에는 미술활동보고서와 같이 활동내용과 교과내용, 자기평가의견 등을 적도록 되어 있다. 똑같은 모방을 할 수 있는 능력이 아니라 창의적 능력을 가진 인재를 선발하겠다는 의지가 엿보이는 대목이다. 마찬가지로 상명대(서울)의 조형예술학과나 생활예술학과처럼 서류와 서류와 면접만으로 학생들을 선발하고 있는 전형도 늘어나고 있어, 비교과활동의 중요성이 어느 때보다 강조되고 있는 추세를 반영하고 있다.

학생명단

송지수	경기여고	2
안소현	경기여고	2
양혜선	경기여고	2
정성아	경기여고	2
이범현	경동고	1
남동혁	고대사대부고	1
김일수	누원고	1
유기석	동대부고	2
남우성	배문고	2
송재영	배운고	2
유지영	보성여고	2
정혜빈	보성여고	2
김대덕	보인고	1
김동혁	보인고	1
박민혁	보인고	1
박형근	보인고	1
배현규	보인고	1
신지원	보인고	1
이상연	보인고	1
이재원	보인고	1
이주영	보인고	1
임준	보인고	1

전재혁	보인고	1
정민섭	보인고	1
한상윤	보인고	1
문성우	보인고	2
조승완	보인고	2
강미경	불암고	1
박재우	삼각산고	1
이은솔	상명고	2
신애리	석관고	2
조영빈	석관고	2
황은진	성수고	2
이승환	송곡고	1
황유승	염광고	2
송현진	영신고	1
임이솔	영파여자고	1
최정원	용화여고	2
강희주	원묵고	1
김가윤	원묵고	1
김기환	청량고	2
김명하	청량고	2
김민아	청량고	1
김민지	청량고	1
김범준	청량고	2
김병호	청량고	2
김인기	청량고	2
김정인	청량고	2
노승우	청량고	2
민진하	청량고	1
배석현	청량고	2
백동우	청량고	2
변수한	청량고	1
손예리	청량고	1
송세준	청량고	2
송희연	청량고	1
신유림	청량고	1
신혜림	청량고	1
안정현	청량고	2
양준석	청량고	2
염예은	청량고	1
유수연	청량고	1
이규진	청량고	2
이상수	청량고	2
이용우	청량고	2
이혜섭	청량고	2
장재형	청량고	2
전우혁	청량고	2

정민수	청량고	2
정원준	청량고	2
조경은	청량고	2
최고은	청량고	1
한별	청량고	1
박종우	태릉고	2
서인화	태릉고	2
조혜령	한대부고	2
소은하	해성여고	2
김다빛	휘경여자고	2
윤여진	휘경여자고	2
이윤서	휘경여자고	2

수림문화재단 소개 및 지도(학교)

수림문화재단 Soorim Cultural Foundation

수림문화재단(이사장: 하정웅)은 20여 년간 중앙대학교 이사장을 역임하셨던 故 동교(東喬) 김희수선생께서 문화입국의 기치 아래 지난 2009년 고국의 문화예술발전을 위해 설립한 재단입니다. 문화예술 기반의 확대 강화, 사회계층 간의 문화격차해소, 다문화 갈등의 해소와 소통 등을 목표로 다양한 문화예술 관련 지원 사업을 전개하고 있습니다.

주요사업
2012~2014 북촌뮤직페스티벌
수림문화예술 대학생 아이디어 공모전 및 해외탐방
수림문학상 (장편소설 공모)
수림문화상 (전통예술 아티스트 창작 지원)
사진공모전2012 구석 구석 섬 이야기
전통예술단체 역량강화 해외투어 프로젝트 (미국: 소나기프로젝트, 몽골/베트남: A.M.E_Asian Music Ensemble)
우리음악 氣살리기_전통음악관련 심포지움 개최
2013코리아스포츠아트: 인간의 무브먼트 파리전 등

2015 청리은하숙 세계시민학교 프로그램 관련 안전지도 계획

한국의 산과 민예를 사랑하고 한국인의 마음속에 살다 간 일본인' 아사카와 다쿠미(1891~1931)의 조선의 예술과 미에 대한 사랑과 인류보편의 정신을 기리고 학생들에게 그 정신과 마음을 교육하기 위해 설립하는 청리은하숙 세계시민학교 프로그램과 관련하여 다음과 같이 학생 안전 지도계획을 수립하여 실시하고자 합니다.

1. 일시 및 장소 : 2015년 10월 17일(토), 10월 24일(토), 세부 일정과 장소는 아래 일정표를 참조함.

□ 세부 일정

<table>
<tr><th>일자</th><th>프로그램</th><th>시간</th><th>장소</th></tr>
<tr><td rowspan="7">10월
17일
(토)</td><td>오리엔엔테이션
청리은하숙 세계시민학교 개교식</td><td>10:00~11:00</td><td rowspan="2">국립
산림과학원
회의실</td></tr>
<tr><td>특강 '디아스포라의 삶'(수림문화재단 하정웅이사장)</td><td>11:00~12:00</td></tr>
<tr><td>점심식사</td><td>12:00~13:00</td><td>한국외대
인문관 식당</td></tr>
<tr><td>특강 글로벌리더십 주제 토론 및 발표
(외국어대 법학전문대학원 정한중 교수)</td><td>13:00~14:20</td><td rowspan="4">국립
산림과학원
회의실</td></tr>
<tr><td>휴식</td><td>14:20~14:40</td></tr>
<tr><td>특강 청소년의 진로 설계 및 대입 진학 특강
(대학인연구소 소장 임대균)</td><td>14:40~15:20</td></tr>
<tr><td>프로그램 설문조사 및 마무리, 기념촬영, 해산</td><td>15:20~16:00</td></tr>
</table>

일자	프로그램	시간	장소
10월 24일 (토)	영화 <백자의 사람> 관람 및 소감 발표	09:00~11:00	국립 산림과학원 회의실
	특강 '조선백자와 아사카와 다쿠미' (명지대 윤용이 석좌교수)	11:00~12:00	
	점심식사	12:00~13:00	열려라 참깨 (중화동)
	망우묘지공원 아사카와 다쿠미 묘역 답사	13:00~15:00	망우리 묘역
	망우 인문학 강의	15:00~15:30	
	프로그램 설문조사 및 마무리, 기념촬영, 해산	15:30~16:00	

2. 참여 인원 : 학생 35명, 행사 담당자 5명, 학생 인솔 및 지도 멘토(대학생) 10명

3. 안전지도 계획

1) 인솔 및 안전 지도 업무 분장

업무 분장	담당 교사	업무 내용
안전지도 총괄	이수종, 정종배	인솔 및 안전 지도 총괄
활동 간 안전지도	교사 김영만, 수림문화재단 담당자 4 멘토 대학생 10명	체험활동 간 안전지도
인원현황 체크		집합, 이동 시 인원 현황 체크 및 관리
교통 안전 지도		버스 승하차 안전지도, 이동시 교통안전 지도

2) 교통 안전지도

가) 버스 내에서는 운전기사 및 안전지도교사에 지시에 적극적으로 따른다.

나) 차량 승하차시 질서를 반드시 지키며 차량번호를 확인한다.

다) 버스에서는 안전벨트를 꼭 하며 자리를 이동하지 않고 공중도덕을 잘 지킨다.

라) 손을 차창 밖으로 내놓지 않도록 하고, 창밖으로 오물을 버리지 않는다.

마) 멀미하는 학생은 미리 약을 복용하고, 휴지나 오물은 반드시 휴지통에 버린다.
바) 개인에게 배정된 차량이외의 차량으로 임의 이동하지 않도록 한다.

3) 체험활동 간 안전지도
가) 지정된 활동 지역 외에 출입금지구역 안 들어가기
나) 체험 활동 관련하여 정해진 절차나 범위를 벗어나 과도한 행위나 위험한 행동을 하지 않도록 지도한다.
다) 정숙하게 대열을 유지하고 개인행동 하지 않기
라) 안전지도 교사의 지시에 따라 신속하게 행동하며 대열에서 이탈할 경우 선생님 허락 받기
마) 모든 종류의 음식을 먹으며 다니지 않기

4) 안전 안전지도교사 유의사항
가) 학생들의 교육활동이므로 철저한 사전 계획 아래 지도한다.
나) 체험 활동 관련하여 정해진 절차나 범위를 벗어나 과도한 행위나 위험한 행동을 하지 않도록 지도한다.
다) 집단 조직 체제를 확립하고 개별 행동은 삼간다.
라) 출발 전과 도착 후에는 반드시 인원 및 소지품을 점검한다.
마) 버스 생활 등에서 지켜야 할 교양 교육을 충분히 실시한다.
바) 체험활동이나 이동 중 안전지도에 만전을 기하고 교통안전 규칙을 준수한다.

5) 안전사고 발생 시 대처 요령
가) 사고 발생 시 인솔책임자에게 보고한다.
나) 인솔책임자 및 안전지도 교사는 돌발적인 재난 및 교통사고를 비롯한 안전사고 시 응급처치와 안전지대로의 대피 등 신속한 조치를 한다.
다) 인솔책임자 및 안전지도교사는 학교장과 119 구급대 및 인근 경찰서 등에 신속히 연락하여 구조를 요청한다.
라) 안전지도 총괄책임자는 사고 수습 대책을 강구하고, 지체없이 교육청에 사고발생 상황과 수습 방안을 보고한다.

□ 안전지도 세부 메뉴얼

장소	올바른 행동지침	잘못된 행동
버스 안	* 반드시 차례대로 타고 내린다. * 지정된 좌석에 앉는다. * 안내 수칙을 꼭 지킨다. * 버스 안에서 물건을 꼭 잘 간수한다. * 떠들거나 장난하지 않는다. * 쓰레기는 자기 비닐봉투 꼭 담는다.	* 순서를 지키지 않고 먼저 타거나 내린다. * 마구 돌아다니며 떠든다. * 안내 수칙을 귀담아 듣지 않는다. * 바닥에 물건을 던지거나 발로 찬다. * 교사의 허락 없이 돌아다닌다. * 쓰레기를 마음대로 버린다.
프로그램 활동	* 교사의 지시를 반드시 따른다. * 교사 동행 없는 위험 장소 접근 금지 * 단체행동을 하며, 개인행동을 하지 않는다	* 영웅심에 따라 개인행동 한다 * 규칙을 준수하지 않는다. * 교사의 지시를 따르지 않는다.

청리은하숙 세계시민학교 _ 제3기 개교 프로그램 평가 및 2017년 3기 프로그램 계획안

기요사토 긴가쥬꾸(청리은하숙 세계시민학교)

1. 청리은하숙 세계시민학교 개교 취지

'한국의 산과 민예를 사랑하고 한국인의 마음속에 살다 간 일본인' 아사카와 다쿠미(1891~1931)의 조선의 예술과 미에 대한 사랑과 인류보편의 정신을 기리고 학생, 시민들에게 그 정신과 마음을 교육하기 위해 아래와 같은 교육 이념, 교육 목표, 실천 방향에 입각하여 청리은하숙 세계시민학교를 개교하고, 지속적으로 운영하고자 함

1) 교육 이념

□ 종합적 사고력을 배양(Building the Power of intergrated Thinking)
□ 인간사회를 성찰적으로 탐구(Understanding Human Nature and Societies)
□ 대안사회를 실천적으로 모색(Pursuit of Practical Methods to Construct a New World Order)
□ 평화 지향적 인성을 함양(Nurturing Peace-oriented Human Nature)
□ 세계시민 육성(Building Global Citizens)

2) 교육 목표

01. 모든 사람을 위한 교육 Education for All
02. 지속가능발전교육 Education for Sustainable Development
03. 교육 네트워크 구축 Establishing Education Networks
04. 세계시민협력학교 Diaspora Coop School

3) 실천 방향

평화롭고 지속가능한 미래를 이끌 청소년 세계시민 육성

- 평화, 인권, 역사, 문화예술 등에 대한 청소년의 자발적 지역사회 프로젝트 지원
- 공동 프로젝트 및 워크숍 시행 등을 통한 한,일 학생·교사 간 협력 도모
- 세계시민협력학교 학생 및 교사의 주도적인 프로젝트 실천·운영 장려

■ 교육 활동 주요 키워드 7가지

평화	인권	역사	환경	문화예술	NGO	과학

2. 수림문화재단 소개

수림문화재단

Soorim Cultural Foundation

수림문화재단(이사장: 하정웅)은 20여 년간 중앙대학교 이사장을 역임하셨던 故 동교(東喬) 김희수선생께서 문화입국의 기치 아래 지난 2009년 고국의 문화예술발전을 위해 설립한 재단입니다. 문화예술 기반의 확대 강화, 사회계층 간의 문화격차해소, 다문화 갈등의 해소와 소통 등을 목표로 다양한 문화예술 관련 지원 사업을 전개하고 있습니다.

● 주요사업

· 2012~2014 : 북촌뮤직페스티벌
· 수림문화예술 대학생 아이디어 공모전 및 해외탐방
· 수림문학상 (장편소설 공모)
· 수림문화상 (전통예술 아티스트 창작 지원)
· 사진공모전2012 구석구석 섬 이야기
· 전통예술단체 역량강화 해외투어 프로젝트 (미국: 소나기프로젝트, 몽골/베트남: A.M.E_Asian Music Ensemble)
· 우리음악 氣살리기_전통음악 관련 심포지움 개최
· 2013코리아스포츠아트: 인간의 무브먼트 파리전 등

3. 청리은하숙 세계시민학교 조직 및 구성

구분	이름	비고	구분	이름	비고
숙장	하정웅	수림문화재단 이사장	**교장**	박전열	중앙대 일어일문학과 명예교수
숙장대행	정종배	시인, 교사	**교감**	이수종	(사) 중랑문화연구소 상임이사
교사	박상인	궁궐지킴이, 생태해설가	**교사**	유시경	성공회 신부님
	문광명	변호사		김영식	작가(저서 '그와 나 사이를 걷다')
	최원일	푸른역사아카데미 운영위원장		박훈정	교사
	조성호	교사, 전국지리교사 회장		서일호	기자
	정우영	한의사		김도형	변리사
	양맹모	교사		권순효	의사
	김규진	치과의사		임채훈	한의사
	김영만	교사		홍희문	공인회계사
	임대균	대학인 대표		김기현	관광산업연구원
	김만수	사진작가		한철수	시인
	김용덕	화가		서인석	공예가
	배연식	푸레도기 옹기장인		그 외 다수의 전문가 및 대학 멘토	

4. 청리은하숙 세계시민학교 제2기(2016) 평가

1) 일시 : 2016년 3월 26일부터 11월 5일(토)까지 총 12차시 실시
2) 참여 인원

청량고 학생 김범준 외 총 400여 명, 청리은하숙 교장 박전열, 청리은하숙 숙장대행 정종배, 중랑문화연구소 상임이사 이수종, 지도교사 김영만 외 2명

3) 세부 일정

연번	일시	프로그램
1	3월 26일 (토) 10:00~12:00	2기 개교식 및 전국 청소년 동아리 <모의 유엔 개발회의>
2	4월 2일 (토)	아사카와 다쿠미 추도식
3	4월 16일 (토) 10:00~12:00	글로벌리더십 세계시민교육 (1차)
		청소년 진로_진학 멘토링 (1차)
4	5월 12일 (목)	김희수기념 수림아트센터 개관식
5	5월 21일 (토)	하정웅 이사장, 최열 특강/ 이중섭, 김병기 탄생100주년 미술대회 (수림아트센터 및 망우리묘지공원)
6	6월 24일~27일	일본방문 (교사 4명, 학생 5명)
7	7월 9일 (토)	최학송 추모제
8	7월 23일 (토) 10:00~12:00	<인문학특강>(1차) '리더십과 세계시민' 강사 홍윤기 교수
9	7월 30일 (토) 10:00~12:00	<인문학특강>(2차) '폴러쉬의 디아스포라', 강사 유시경 신부
10	9월 6일~16일	이중섭 김병기 탄생100주년 서거 60주년 기념 행사
11	10월 22일(토) 10:00~12:00	윤동주 시 낭송 대회 (장소 수림문화재단) 윤동주 특강 (강사 유시경 신부)
	10월 22일 (토) 14:00~17:00	청리은하숙 세계시민학교 이수증 수여식(장소 수림문화재단) 망우 묘지 공원 인문학, 생태 투어
12	11월 5일(토) 10:00~13:00	아사카와 다쿠미 영화 관람 <백자의 사람> 특강 <청리학이란> (박전열 교수님), 장소 서울 시민청

4) 프로그램 관련 평가 및 피드백

(1) (참여현황) 총 12차시의 청리은하숙 세계시민학교 프로그램에 약 400여명의 학생들이 참여하였으며, 프로그램의 종류나 성격에 따라서 학생들의 참여도, 흥미도는 다소 편차가 있었으나 대체로 프로그램 참여도 및 흥미와 관심은 매우 높았음.

(2) (청소년 동아리) 모의 유엔 개발회의

세계시민학교는 학생들이 세계시민으로서의 자세와 책임의식을 가지고 지구상에서 일어나는 문제의 현상을 비판적으로 분석하고 그 대안을 모색하며, 민족, 종교, 문화의 차이와 다양성을 존중하며, 책임감 있는 행동 통해 지구 공동체에 참여하도록 지도하고 있음. 모의 유엔개발회의 프로그램은 청소년 스스로 청소년위원회를 만들어 모집하고, 전국의 학교에서 자발적으로 참여한 학생들이 국제 문제에 대한 의제를 설정하고 이에 대한 회의를 실시함으로써 국내 최초로 청소년 모의 유엔 개발회의를 성공적으로 정착하였음.

(3) (미술대회)

이중섭 김병기 탄생 100주년 미술대회에 서울시내 미술영재 고등학생 100명이 참가하여 이중섭의 작품세계의 특강과 그림 대회를 가졌다. 심사위원으로 양정무 한국예술종합학교 교수, 양성모 한국미술협회 정무이사, 김희옥 대한민국 미술대전 심사위원 등의 심사로 12명의 우수작을 선정함.

(4) (특강) 최열 미술평론가

일제강점기 및 해방기에 위대한 화가였던 이중섭은 한국 전쟁을 겪으며 세상을 바라볼 줄 아는 시대정신의 소유자로 거듭났으나, 살륙과 부도덕함과 가난함에 맞서는 인본주의야말로 당대 현실에서 가장 앞서야 할 인간의 가치를 자신의 그림 작품을 통해서 표현하고자 함. 이중섭은 세상과 가족 안에서 인문학적 가치를 발견하였고, 1950년대 <소> 연작들은 민족사와 개인사 사이에 자리 잡은 역사와 시대의 산물이라고 평가 받음. 이중섭 탄생 100주년 기념 미술대회에 참석한 학생들은 이중섭 특강을 통해 이중섭의 작품 세계를 이해하고, 자신의 그림에서 어떤 가치를 표현할 지를 고민해 봄.

(5) (특강) 홍윤기 교수

동국대 철학과 교수님인 홍윤지 교수님의 <청소년은 현 시대에서 어떻게 살아야 하는가> 주제의 특강을 통해서 현대인, 그리고 청소년들이 앞으로 닥칠

기술변화의 시대, 새로운 패러다임이 도래하는 미래에 어떤 철학과 생각을 가져야 하는가에 대해서 좋은 말씀을 하셨음. 학생들은 자신의 꿈과 진로, 삶의 철학을 진지하게 고민해 본 소중한 시간이었음.

(6) (특강) 유시경 신부

"밀알 하나가 땅에 떨어져 죽지 않으면 한 알 그대로 남아 있고 죽으면 많은 열매를 맺는다."(신약성서 요한복음 12:24). 윤동주 시인의 삶과 시가 역사이며, 자신들의 삶 또한 역사라는 사실을 인식하는 시간이었다는 특강을 통해서 일제강점기 시인, 독립운동가로서의 윤동주의 삶을 이해하고, 학생들은 스스로에게 부끄럽지 않고, 역사에 당당한 삶을 살아야겠다고 다짐함.

(7) (특강) 박전열 교장

청리은하숙 세계시민학교는 세계시민이 추구하는 행복한 개인 삶과 서로가 화합하는 사회를 만들기 위한 모델과 룰을 배우는 곳으로, 이를 위해서 '청리학'이라는 학문적 이론의 정립과 이를 구체적으로 실현하기 위한 체계적인 프로그램의 구상과 실천을 위해 노력하며, 보다 이상적인 청리은하숙 세계시민학교를 추구하는 실천적 과정이 곧 청리학이라고 할 수 있음.

(8) (프로그램 구성과 일정)

현재 12차시에 걸쳐 약 40 여시간에 걸쳐 진행된 다양한 프로그램은 학생들에게 아사카와 다쿠미, 김희수 총장님, 폴 러쉬, 하정웅 이사장님의 업적과 성과에 대해서 널리 알리고, 그 분들이 몸소 실천하신 보편적 사랑의 실천과 봉사, 디아스포라에 기반한 세계시민정신 및 글로벌 리더십을 학생들이 배우고 실천하는 많이 도움이 된다고 판단됨. 이번 청리은하숙 세계시민학교 2기는 크게 일본 청리은하숙 탐방, 미술대회, 시 낭송대회, 인문 특강, 망우묘지공원 체험 및 봉사활동으로 구성되었는데, 이런 기본적인 형식과 콘텐츠는 그대로 유지하되, 차년 청리은하숙 3기는 이 외에 전남 영암 하정웅 미술관 관람, 경희대학교, 한국종합예술대학교 등 인근대학과 연계하여 청리학, 문화예술 특강 프로그램을 추가하면 좋을 것으로 판단됨.

5) 청리은하숙 2기 활동사진

삼균학회 대한독립선언 기념식(2.1)	삼균학회 대한독립선언 기념식(2.1)	모의유엔개발회의 (3.26)
모의유엔개발회의 (3.26)	김희수기념 수림아트센터 개관(5.12)	이중섭 김병기 탄생 100주년 기념 미술대회(2017.5.21)
일본 청리은하숙 방문 (6.24~25)	일본 청리은하숙 방문 (6.24~25)	일본 청리은하숙 방문 (6.24~25)
일본 청리은하숙 방문 (6.24~25)	일본 청리은하숙 방문 (6.24~25)	일본 청리은하숙 방문 (6.24~25)
최학송 추모제 (7.9)	홍윤기 교수님 인문예술 특강 (7.23)	류시경 신부님 인문예술 특강 (7.30)

청리은하숙 세계시민학교 개교식(2015.10.17.)	수림문화재단 최승희 특별전 관람(10.22)	망우리공원 인문학, 생태투어(10.22)
윤동주 탄생 100주년 시 낭송대회(2017.10.22)	윤동주 탄생 100주년 시 낭송대회(2017.10.22)	윤동주 시 노래 공연(2017.2.13)
릿쿄대 연계 윤동주 추모제 및 시 낭송회 (2018.2.18.~20)	릿쿄대 연계 윤동주 추모제 및 시 낭송회 (2018.2.18.~20)	릿쿄대 연계 윤동주 추모제 및 시 낭송회 (2018.2.18.~20)

5. 청리은하숙 세계시민학교 제2기 프로그램(2017) 계획안

1) 청리은하숙 세계시민학교 기본 어젠다

<청리학(淸里學)>의 학문적 확립과 심화, 그리고 학생, 시민 대상으로 저변 확대>

□ 인간의 가치 발견 ▷ 아사카와 다쿠미의 삶과 철학, 업적을 중심으로

□ 디아스포라적(Diaspora) 사랑과 인류애 ▷ 폴 러쉬의 삶과 철학, 업적을 중심으로

□ 극복의 미학 추구 ▷ 김희수 전 중앙대 이사장의 삶과 철학, 업적을 중심으로

□ 메세나(Mecena)와 봉사 정신 ▷ 하정웅 수림문화재단 이사장의 삶과 철

학, 업적을 중심으로

2) 2017년 프로그램 운영 세부 방향

□ 청리은하숙 세계시민학교 주요 연간 행사 및 사업

구분	프로그램	장소
세계시민학교 3기 개학식 및 수료식	청리은학숙 세계시민학교 3기 개교식	수림사옥
청리학 교재 발간	'청리학' 세계시민학교 교재 발간	
청리학 세계시민교육	글로벌 리더십, 망우 인문학, 생태학 특강	망우묘지공원
일본 청리학 연수	2016년 2기 우수학생 청리은하숙 일본 연수	일본
한, 일 문화교류	'시인 윤동주 기념 릿쿄 모임' 시 낭송회 참가	일본
영암 하정웅 미술관 견학	하정웅미술관 전시 관람	영암하정웅미술관
중앙대학교 탐방	김희수 수림문화재단 설립자 발자취 탐방	중앙대학교

☆ 청리은하숙 세계시민학교 3기 세부 일정(예정)

연번	일시	프로그램	장소
1	2월 1일(수)	제98주년 대한독립선언기념식	수운회관
2	2월18일~20일	윤동주 탄생 100주기 기념 릿교대시낭송회 행사(교사2, 학생2)	일본 도교
3	3월 25일(토)	청리학 세계시민학교 교재 발간	
4	4월 2일(일)	**청리은하숙 세계시민학교 3기 개교식 및 아사카와 다쿠미 86주기 추모제**	수림문화재단 망우묘지공원

연번	일시	프로그램	장소
5	4월 11일(화)	글로벌리더십 시니어 프로그램(신현중 자유학기제, 총 9개반) 망우리공원 역사인물 알기 모둠 탐구활동	망우묘지공원
6	4월 16일(일)	청리학 세계시민교육①_청리학 특강(박전열, 정종배, 이수종, 김영식)	경희대
7	5월 5일(금)	망우리공원 인문학-역사학교①인물 연구(문학) 방정환 문학제 및 동요 경시대회	망우묘지공원
8	5월 21일(일)	청리학 세계시민교육②_영화 <백자의 사랑> 김홍표 아주대 교수 특강	경희대/성공회
9	6월 11일(일)	인문학-문화예술 탐방(책 울터) 성북동(심우장,최순우 옛집) 또는 서촌(이상, 윤동주, 정선)	서울 시내
10	7월 16일(일)	망우리공원 인문학-역사학교②_인물 연구(문학) 최학송 문학제(추모제)	망우묘지공원
11	7월 25일(화)	영암 하정웅 미술관 견학	영암
12	8월 8일(화)	청리학 세계시민교육③_김희수 선생 연구 중앙대 탐방	중앙대
13	8월 27일(일)	망우리공원 인문학-역사학교②_인물 연구(독립운동, 예술)	망우묘지공원
14	9월 9일(토)	윤동주 시 낭송 대회 및 3기 수료식	수림문화재단

※ 세부 프로그램 및 일정 등은 주관 기관의 일정, 강사 섭외, 기타 상황에 따라 일부 변동될 수 있음.

※ 봉사활동시 봉사 시간 부여함

※ 초등, 중등, 고등학생, 일반인이 같이 참여하는 프로그램 임.

※ 초등학생에게는 인문학과 예술에 대한 이해, 역사 바로 알기에 도움이 되고, 중학생은 글로벌 리더십, 진로진학 탐색, 자유학기제 프로그램과 관련되어 많은 도움이 될 것임. 또한 고등학생은 지역주민 들과 연계하여 지역 문화 역사와 인물 탐구 및 답사 보고서와 해설을 통해 글로벌 리더십 함양, 진로, 전공 탐색뿐만 아니라, 대입 학생부종합 전형, 생기부 반영 및 자기 소개서 작성에 많은 도움이 되므로 학생들의 많은 관심과 적극적인 참여가 예상됨

3) 참가 대상 : 서울 송파구 보인고등학교, 영등포 장훈고등학교, 강동구 배재

고등학교, 은평구 숭실고등학교, 중랑구 신현고등학교, 경기도 구리시 광주시 초등, 중학교 학생, 그 외 서울시 중랑구 동대문구 관내 학교 학생, 관심 있는 일반인(신내동 데시앙아파트 작은도서관 책울터 해설사 교육 및 봉사활동) 등

4) 청리은하숙 세계시민학교 참여자 혜택 (학생, 일반 시민)

- 청리은하숙 세계시민학교 <청리학> 우수자

 미술, 시 낭송, 일본어 전문가 멘토(1:1)지원 및 진로안내, 장학금 지급, 일본 야마나시현 체험 제공, 일본 교환학생으로 학기 중 학비, 체류비 제공(단, 방학은 자비) 등의 지원

- 청리은하숙 세계시민학교 <청리학> 회의 초청
- 청리은하숙 세계시민학교 <청리학> 관련 자료 우선 제공

참여 프로그램 내역, <청리학 포럼> 논문 및 보고서 포트폴리오의 체계적 관리

☆ <청리은하숙 세계시민학교> 개별 포트폴리오 관리 포털 시스템

6. 청리은하숙 세계시민학교 3기(2017) 예산 계획

1) 청리은하숙 세계시민학교 3기 예산

프로그램 사업	내용	필요 예산	비고
2017년 청리은하숙세계시민학교	기획비, 식대, 자료집 제작 및 인쇄비, 현수막 등 기타(상장,수료증) 물품비	600만원	기획비400만원 기타 200만원
청리은하숙세계시민학교 일본방문 (윤동주 시 낭송회 포함)	아사카와 다쿠미, 윤동주 시 낭송회 탐방 / 교통비, 보험료 등	14명*50만원 = 700만원	학생 및 교사 약 14명
청리학 특강 및 프로그램	청리학 특강, 멘토링 등 강사비, 촬영비, 프로그램 준비 비용	10회*30만원 = 300만원	회당. 성인 및 학생 30명
영암 군립 하정웅 미술관 탐방	버스, 숙박, 식대, 관람비(구림마을 투어), 보험료 등(1박 2일이면 영암군지원)	300만원	학생 및 교사 70명
기타 행사비	아사카와 다쿠미, 최학송 추모제, 시낭송회, 중앙대학교 탐방, 기타 예비비등	100만원	담당교사 10명
청리은하숙 교재 제작비	교재 편집, 인쇄 및 제본	2만원*500권 =1,000만원	편집비500만원 출판비500만원
총액		**3,000만원**	

첨부자료1] 2017 청리은학숙 세계시민학교 개교식 및 아사카와 다쿠미 추모식

2017 세계시민학교 개교식

1) 일시 및 장소 : 2017년 4월 2일(일), 10시~11시, 수림문화재단 김희수 아트홀

2) 참여 인원 : 김희수 (수림문화재단 이사장 및 청리은하숙 숙장), 박전열 (청리은하숙 교장), 정종배(청리은하숙 숙장 대행), 이현배 (중랑구 시의원), 청리은하숙 지도교사 3명, 세계시민학교 참여 학생 30~40명

3) 식순

연번	시간	내용	비고
1	09:30~10:00	2017 청리은하숙 세계시민학교 참가자 등록	수림문화재단
2	10:00	2017 청리은하숙 세계시민학교 개교 선언	수림문화재단
3	10:05	청리은하숙 내외빈 소개 (하정웅 이사장님, 박전열 교장 선생님, 정종배 숙장대행님, 이현배 중랑구 시의원님, 박상인 선생님. 수림문화재단 관계자)	수림문화재단
4	10:10	청리은하숙 세계시민학교 경과 보고	수림문화재단
5	10:15	축사 (하정웅 이사장님, 박전열 교장 선생님, 정종배 숙장대행님, 이현배 중랑구 시의원님)	수림문화재단
6	10:25	청리은하숙 세계시민학교 우수 학생 보고서 발표 (보인고 2학년 박제용 학생)	수림문화재단
7	10:30	개교식 마무리 및 기념사진 촬영	수림문화재단
8	10:40	망우리공원 아사카와 다쿠미 묘역으로 이동	25인승 버스
9	11:10	아사카와 다쿠미 추모 행사	망우리공원
10	11:20	추모사 (하정웅 이사장님, 박전열 교장 선생님, 정종배 숙장대행님)	망우리공원
11	11:35	추모 공연 (<당신은 사랑받기 위해 태어난 사람>, 기타 연주 및 노래)	망우리공원

12	11:45	추모식 마무리 및 기념사진 촬영	망우리공원
13	11:55	점심식사 장소로 이동	25인승 버스
14	12:20~13:00	점심 식사 및 마무리	

참고자료[2] 2016 청리은하숙 세계시민학교 _ 청리학 교재 연구 보고서

1. 보인고 1학년 최대건

<아사카와 다쿠미_내용 요약>

아사카와 다쿠미 씨는 일본에 있을 적부터 삼림에 관하여 관심이 많았으며, 아버지와 같은 형을 따라 조선으로 넘어오게 된다. 때는 일제강점기로 임업시험소라는 곳에서 묘목을 기르는 일 등을 하게 되었다. 또한 조선의 산들이 민둥산이 되어 있는 걸 보고 이 산들을 녹색으로 바꾸는데, 한평생을 바치고자 다짐하기도 한다. 또한 직업 특징상 식물의 씨 채집을 위해서 한반도 전반을 돌아다니며 조선인들의 삶에 대해서 현실적인 인식을 가지고 있었음을 알 수 있다. 또한 조선의 민예에 관하여서도 눈을 떠 있었다. 그리고 독립운동이 일어났을 때도 이들의 독립운동을 이해한다는 태도를 보였다. 이 두 가지가 모여 야나기와 함께 <조선민족미술관>을 설립하기도 하였다. 이러한 다쿠미 씨는 조선의 산천과 문화를 사랑하다 조선과 조선의 사람들과도 사랑에 빠져버린 것이다. 이러한 점은 한국어를 사용하고 조선의 의식주를 받아들인 점에서 엿볼 수 있다.

<아사카와 다쿠미_배우고 느낀 점>

이분에 대해서는 '백자의 사람'이라는 영화를 통하여서 처음으로 알게 되었는데, 일제강점기 시절에 조선에 와서 한국어를 쓰며, 한국의 의식주를 따르고, 한국의 문화를 사랑한다는 점이 신기하게 다가왔다. 그리고 한국인의 삶을 보면서 이들의 실황을 파악하고 있었으며, 독립운동에 대해서도 이해한다는 태도를 보이는 등 정말로 일본인 같지 않은 일본인이다. 하지만 이것이 가식이 아닌 진실된 그의 모습이라는 것을 그의 삶이 증명하기에 한국인으로서가 아닌 한 사람의 인간으로서 그에게 존경심을 가지게 된다.

<아사카와 다쿠미_생각해 볼 문제>

아사카와 다쿠미 씨는 조선을 사랑하였다. 정확히는 조선의 산천, 문화를 사랑하면서 조선 그 자체와 그 사람들도 사랑하게 되었다. 당시 시대상으로 볼 때 그의 사상과 행동은 놀랄 만한 것으로 이것에 대해서 의구심을 가지게 되기도 하지만 그의 삶이 그것이 진실임을 증명한다. 과연 그 같은 사람이야말로

진정으로 조선에 받아들여진 게 아닌가 싶다.

<폴 러쉬_내용 요약>

폴 러쉬는 선교사로서 가장 먼저 교육에 관심을 가져 YMCA회관을 재건하는데 힘썼다. 그 후엔 릿교대학 교수로 취임하여 '성안드레동포회'라는 청년 조직의 형성도 추진하였다. 지진으로 파괴된 병동의 재건에도 동참하여 성 루가 국제병원의 건설자금 모금 활동에 참여하였으며, 세이센료라는 시설을 통해 청년 교육 훈련 계획을 추진하였다. 그 후 전쟁 발발로 한번 자국에 귀환했다가 전쟁이 끝남과 거의 동시에 돌아와 전범 처리 및 전후 청산을 맡았으며, 그 이후엔 키요사토 프로젝트를 통하여 농촌센터 건설이나 성안데레교회, 성루카진료소, 그리고 농업학교 등 다양한 시설을 세웠고, 세이센료도 재건하고 보육원 시설 등도 운영하였다. 이러한 것을 통해 그의 인류애가 느껴진다.

<폴 러쉬_배우고 느낀 점>

폴 러쉬는 처음 일본에서 지진이 일어난 뒤 다양한 복지를 위해 노력하였고, 전쟁 후에도 일본을 도왔다. 폴 러쉬는 적국이던 일본을 왜 도와주냐는 차가운 시선에도 불구하고 사랑과 포용으로 그들은 안은 것이다. 무엇보다 일본이라는 그 나라 자체가 아닌 그 나라 안에서 살아가는 사람들을 바라볼 수 있었기에 "원수를 사랑하라"라는 말을 가장 잘 지킬 수 있지 않았나 싶고, 그 본질을 보았다고 하여도 적국이라는 사실은 변하지 않는데 자신의 신념에 따라 모든 이를 사랑으로 감싸 안은 그의 모습은 존경스럽다.

<폴 러쉬_생각해 볼 문제>

폴 러쉬는 적국이었던 일본마저도 자신의 신념에 따라 사랑과 포용의 시선으로 감싸 안았다. 애초에 인류애를 가지는 것부터가 힘들지만 인류애의 실천으로까지 이끌어낸 그의 신념과 행동력에 대해서 감탄을 느낌과 동시에 그 내용에 대해서도 생각해 볼 만하다고 느낀다.

<김희수_내용 요약>

열약한 어린 시절 속에서 아버지와 할아버지와 이백순 선생님과 같은 분들의 가르침으로 바르게 성장했고, 후에 금정양품점을 시작으로 첫 사업을 시작한다. 그 후엔 부동산 사업을 시작하였는데, 처음엔 힘들었지만 '절약, 내실, 합리, 신용'을 내세워 꾸준히 운영해 나간 끝에 성공하였다. 재벌이 되었음에도 그의 생활은 검소하였고, 부자들은 더욱 근검절약하며 겸손하고 소박히 살아야 한다고 주장하였다. 또한 돈은 수단이 아니라 목적이라 생각하였고, 후에는 중앙대 이사장직을 맡거나 수림외국어전문학교를 세우는 등 인재 양성에

대한 꿈을 키웠다.

<김희수_배우고 느낀 점>

개인적으로도 사업을 통해 성공하고 싶은 꿈이 있기때문에 한국에서 좋지 않게 보여지는 여느 재벌들과 달리 이분이 주장하신 행동 방침이나 노력 등으로 볼 때 멋있다는 생각이 가장 먼저 든다. 무엇보다 사람들을 행복하게 하려고 노력하면 자연히 돈은 따라오는 것이라 말한 것과 재벌이 되어서도 검소한 삶을 지켰다는 점에서 감명을 받았다.

<김희수_생각해 볼 문제>

단순히 돈을 벌려고 사업을 하는 것이 아닌 사람들을 생각해가며 사업을 한 점, 재벌이 되었음에도 여전히 절약하며 검소한 삶을 유지한 점, 그리고 스스로도 배움을 추구하고, 교육을 통한 인재 양성에 대한 힘을 쓴 점 등 이러한 것에 대하여서 개인적으로 그의 삶에 있어 존경을 느끼는데 그런 그의 삶을 한 번 되새겨볼 필요가 있다고 생각한다.

<하정웅_내용 요약>

하정웅 씨는 전화황 선생님이나 이우환 화백 등을 만남을 통하여 그들의 작품을 수집하기도 하였고, 그들의 작품 이전에 사람이 일류라 말하기도 하였다. 그리고 조선인 강제 징용의 역사를 닮은 히메관음상의 비밀을 풀었으며, '좋은 마음의 비'를 세워 역사를 바로잡고 후세의 거울로 삼고자 하였다. 미술 작품 기증 및 청년 작가의 육성에 힘쓰기도 하였고, 광주 시각 장애인 복지회를 세우는 등 메세나 정신의 실천을 이루어냈다.

<하정웅_배우고 느낀 점>

다른 무엇보다도 그림이 무척이나 사랑하신 분이라는 점을 느낄 수 있었으며, 히메관음상이라는 것의 비밀을 풀어 조선인 강제 징용의 역사에 대해서 밝힌 것으로 끝이 아닌 '좋은 마음의 비'를 세워 후세에 대한 생각도 이끌어낸 점이 존경스럽고 또한 미술 작품 기증, 청년 작가 육성 추진, 그리고 광주 시각 장애인 복지회 설립 등 메세나 정신의 실천으로 이끌어간 점이 대단하다고 느껴진다.

<하정웅_생각해 볼 문제>

조선인 강제 징용의 역사를 닮은 히메관음상의 비밀을 밝힌 것이나 미술 작품 기증 등 다양한 분야에서 메세나 정신을 실천하고 디아포라스적 삶을 산 점도 대단하지만 그의 삶을 볼 때 결국 화가가 될 수는 없었지만, 그의 그림을 향한 열정과 사랑은 그 누구보다 컸을 것이라 생각된다. 그리고 이것이 지금의 그를 만들어 내지 않았을까 싶다.

<청리은하숙 세계시민학교_본인 참여 활동 내용>

세계시민이란 무엇인지 그리고 UN이 더 나은 세상을 위해서 지금 SDGS 등을 진행 시키고 있다는 점 등에 대해서 교육받았으며, 이중섭 미술전 진행을 돕거나 한용운 시인의 묘를 찾아가 백일장을 벌이는 것 등을 포함하여 다양한 봉사활동을 진행하였습니다. 또한 직접 SDGS에 대해서 홍보하기 위해서 올림픽공원으로 나가 캠페인을 벌이기도 하였습니다. 최근에는 한국을 사랑한 일본인이라 일컫는 아사카와 다쿠미의 삶을 다룬 <백자의 사람>이라는 영화도 보았습니다.

<청리은하숙 세계시민학교_배우고 느낀 점>

세계시민학교란 말이 처음에는 다소 생소하기도 하였고, 무슨 일을 하는지도 솔직히 잘 몰랐다. 하지만 세계시민에 대해서 배우면서 나 스스로가 세계시민의 한 사람이라고 인식하였고, 특히 SDGS에 대해서 홍보한 것을 통해서 학생의 신분으로 일찍이 사회에 공헌한 것 같아 뭔가 뿌듯한 기분도 들었다. 그리고 무엇보다도 세계시민이라는 자각을 가지고 행동하는 것으로 자부심을 갖게 되었다.

2. 보인고 1학년 정권우

<아사카와 다쿠미_내용 요약>

일본사람인 아사카와 다쿠미는 조선의 문화의 독자성을 인정하고 조선의 문화의 예술성과 아름다움에 관심을 갖게 되어 당시의 우리나라 사람들보다 더욱 우리의 문화를 보존하려고 애쓴 인물이다. 그리고 조선의 도자기의 가치를 알리기 위해 골동품점을 돌아다니며 조선백자를 수집하여 지킨 인물이다. 이 덕분에 훗날 <조선민족미술관>에서 이용되어 우리의 문화재를 지킬 수 있었다. 그리고 조선의 산림이 거의 없는 주변 환경을 보고 안타까움을 느끼며 산림을 푸르게 만들기도 하였다. 그 밖에도 우리의 문화뿐만 아니라 오랫동안 머무르면서 조선의 생활방식이나 한국어, 전통 민속, 역사까지도 애정을 갖고 있었다. 하지만 이 때문에 일본인들의 비난을 받기도 했지만 자신의 사랑때문에 이렇게 행동 할 수 있었다. 이런 아사카와 다쿠미의 행동에 감동 받은 사람들은 추모식을 매년마다 하고 있다. 나는 85주기 추모식에 참가했었다. 굉장히 엄숙한 분위기 속에 일본인이지만 한국에 생활하면서 다른 나라의 문화에 대해 존중해주는 태도에 감동했다.

<아사카와 다쿠미_배우고 느낀 점>

나는 다른 나라의 문화의 아름다움에 애정을 느끼고 생활 모습까지 조선에 맞추려 하는 모습을 보고 진정한 예술가라는 생각이 들었고 자신을 희생하면서 한 나라의 문화재들을 보존한 것이 정말 대단하다고 생각한다. 85주기 추모식에 참가했을 때 굉장히 엄숙한 분위기 속에 일본인이지만 한국에 생활하면서 다른 나라의 문화에 대해 존중해주는 태도에 감동했다.

<아사카와 다쿠미_생각해 볼 문제>

자신의 나라를 잊은 채 다른 나라의 문화에 애정을 느끼고 지낸 것이 옳은 것인지는 모르겠다. 자신의 자유이고 다른 나라의 문화를 위해 희생한 것이니 옳다고 보지만 일본의 시민으로서 다른 나라를 위해 하는 행위는 옳다고 보기 어렵다고 생각한다. 아사카와 다쿠미로 인해 우리나라의 산림과 문화재가 많이 보존되었는데 우리는 일본인이라고 단순히 배제해서는 안된다고 생각한다.

<폴 러쉬_내용 요약>

전쟁으로 피해받은 일본을 위해 모금 활동과 지원을 하였다. 일본으로 가 릿쿄대학 교수로 남게 되었다. 일본 학생들을 위해 학생들을 가르쳤다. 대학생들을 중심으로 청년 조직형성을 추진하였다. 이를 통해 폴 러쉬는 일본 사회의 발전에 기여했다. 폴은 지진으로 파괴된 병원을 미국 성공회와 적십자사 등의 지원을 받아 성 루가 국제병원을 건설에 모금하였다. 이후 혼혈 전쟁고아시설인 엘리자베스 선더스 홈을 설립했다. 그리고 폴은 동경 학생끼리 미식축구 연맹을 하고 일본의 미식축구의 아버지라고도 불리기도 한다.

<폴 러쉬_배우고 느낀 점>

당시 전쟁으로 싸웠던 일본을 단순히 가난한 나라라고 하여 지원해주는 태도에 신기했다. 자신도 현재의 세계의 상황들에 대해 알고 있을 것임에도 불구하고 이런 일을 하는 것은 단지 큰 봉사 정신과 자신의 끈기가 없으면 일어나지 않는 것이다. 그리고 폴 러쉬 덕에 일본의 학생들도 제대로 된 교육을 받게 되니 폴 러쉬는 정당한 당시의 상황만을 보는 공평한 사람이라 생각한다. 나도 사람을 대할 때 과거의 나와 겪은 안 좋은 일을 떠올리곤 하는데 그 점은 본받을 만하다. 학생들의 인재가 사회의 문제인데 나도 사회적으로 좋은 인재가 되어 도움을 주어야겠다.

<폴 러쉬_생각해 볼 문제>

미국의 여론은 일본지원에 반대 의견을 내는데 단지 자신만의 행동으로 일본을 도와준다면 옳은 일인가?

하지만 일본은 지원 중임에도 독일과 손잡아 세계대전을 일으켰다. 그 행동으로 미국의 피해도 있을 텐데 단지 일본의 피해만 보고 도와주는 것은 어리

석은 행동 같다. 그래도 도와주는 태도는 본받을 만하다

<김희수_내용 요약>

수림문화재단의 설립자인 김희수는 일제강점기 시절에 태어나 가난한 어린 시절의 할아버지로부터 글을 배우면서 공부의 즐거움을 심어 주었고 학생 시절 이백순 선생님으로부터 배움의 중요성에 대해 알게 된다. 가난한 상황에서도 직장과 공부를 병행하면서까지 공부에 대해 집착하였다. 이후 계속되는 실패 속에 포기하지 않고 다양한 일을 하여 결국 많은 돈을 벌었다. 그리고 사람들이 부자라 부르는 정도의 돈을 벌었다. 보통 부자들은 자신의 돈을 더 불릴 생각을 하며 이기적으로 행동하는 반면, 김희수는 돈을 가볍게 여기지 않고 최대한 절약하면서 사회의 문제들을 해결하고자 노력하였다. 나는 여기서 김희수가 자식들을 위해 그동안의 가르침들을 읽고 부모가 가장 중요한 선생이라는 점을 느꼈다. 첫째 자식들에게 끝없는 공부하는 사람이 되라고 가르쳤다. 둘째 자녀들에게 부지런히 노력하는 사람이 되라고 가르쳤다. 셋째 그는 자녀들에게 절대 다른 사람에게 신세를 지거나 피해를 끼치며 살아서는 안 된다고 가르쳤다. 그래서 그는 자식들에게 사치하고 낭비하지 않고 자신의 일을 할 수 있도록 이끌었다. 그리고 자신의 자식들만 뿐만아니라 사회적인 면에서도 자신처럼 가난하여 공부하기 어려운 학생들을 위해 수림재단을 설립하고 인재들을 양성하였다. 이후 김희수는 돈은 목적이 아닌 목표를 향한 수단이고 이를 통해 다양한 결과를 창출할 수 있다고 하였다.

<김희수_배우고 느낀 점>

김희수는 자신의 사리사욕을 포기하고 사회를 위해 헌신하면서 일본에서 끊임없이 공부하면서 성공한 사람이 된 것에 감동하였고 일본에서 부를 쌓고 한국을 잊지 않고 한국으로 돌아와 인재 등용과 참된 가르침을 주는 것이 뛰어난 사람이라는 것을 깨닫게 되었고 지금 하는 공부들은 모두 오직 나를 위해서 일 수도 있겠지만 세계를 위해 헌신할 수 있는 사람이 되도록 노력해야겠다는 다짐을 했다. 지금 우리가 할 수 있는 것들을 찾고 김희수의 가르침처럼 끊임없이 공부하면서 남들에게 도움이 되는 인재가 되어야 될 것이다.

<김희수_생각해 볼 문제>

교육을 통해 끊임없는 교육을 하면 성공할 수 있는가? 교육이란 배우는 과정이지 그것을 발휘할 줄 알아야 한다고 본다. 그리고 어린 시절 공부를 하지 않으면 커서 아무리 공부한다고 하여도 성공하지 못할 것이다, 따라서 교육을 통해 성공하는 데는 옳지 않고 결론적으로 적당한 운이 따르고 남들을 불러들일 수 있는 능력이 중요한 것 같다.

<하정웅_내용 요약>

하정웅은 고난과 시련의 순간에도 자신의 신념을 지키면서 기다림의 미학을 알고, 인내심을 가지고 직접 실천 하는 사람이다. 이 사람은 한 그림의 무척 빠지게 되어 그 그림의 작가인 전화황을 만나고 그는 이후 1만 점을 미술관들을 위해 기증한 사람이다. 비록 화가는 되지 못했지만, 자신의 예술가 혼을 수집으로 해결하여 사회를 위해 공헌한 인물이다. 히메관음사의 역사적 아픔을 우리의 역사를 위해 당당히 밝힘

<하정웅_배우고 느낀 점>

그는 자신의 생각이 뚜렷한 인물이었다. 그런 그는 그림을 만장을 기부했는데 이는 쉬운 일이 아니다. 다른 사람을 위해서 자신이 지금까지 힘들게 모아온 그림들을 기증하기는 남들을 위한 희생정신이 있기 때문이다. 이런 정신은 우리 사회의 발전이나 자신의 발전에도 도움이 될수 있다. 나도 이런 점을 알고 집단을 위해 헌신할 줄도 알아야 한다는 생각을 했다.

<하정웅_생각해 볼 문제>

과연 잘한 일인지는 잘 모르겠다. 자신이 모은 그림을 기증한 것은 다른 사람들에 비에 잘한 일이지만 특정 사람들을 위한 일일 뿐 사회적인 공헌이라 보기는 어렵고 자신의 만족으로 생각된다.

<청리은하숙 세계시민학교_본인 참여 활동 내용>

85회 아사카와 다쿠미의 추모식에 참가하였고

김희수와 폴 러쉬 강의를 수림문화재단에 가서 듣고 왔다.

<청리은하숙 세계시민학교_배우고 느낀 점>

세계시민이란 자신의 주변에서 자유를 얻는 행위도 될 수 있지만, 이 사람들을 통해 나는 남을 위해, 사회를 위해 노력할 수도 있어야 한다고 생각한다. 그러기 위해서 우리는 이런 사람들을 단지 위인으로 여기는 것이 아닌 자신의 태도를 먼저 바꾸고 지금 우리가 할 수 있는 것들을 찾고 김희수의 가르침처럼 끊임없이 공부하면서 남들에게 도움이 되는 인재가 돼야될 것이다.

3. 보인고 1학년 박제용

<아사카와 다쿠미_내용 요약>

아사카와 다쿠미는 어린 시절부터 나무를 좋아해 농업고등학교에 진학하였다. 그곳에서 수해의 참상을 보고 조림의 중요성을 깨달았다고 한다. 졸업 후

그 성격답게 아키타현에서 국유림의 벌채나 식목을 하였다. 그러던 1914년 조선에 온 다쿠미는 황폐화 된 조선의 산림을 보며 처참한 산 색깔에 그 산들을 다시 녹색으로 바꾸는데, 한평생을 바치겠다고 다짐한다. 그의 다짐대로 그는 평생 조선 임업에 종사하며 여러 적을 남겼고 출세를 바라지 않으며 자신이 원하던 양묘를 하는 일생을 보냈다. 임업뿐만 아니라 다쿠미는 식민지의 지배와 피지배 관계, 귀천을 넘어 보편적 인간애를 실천했다. 평탄치 않은 개인사를 가졌지만 다른 사람들을 대할 때만큼은 모두가 극찬하고 존경할 만큼의 위인이었다.

<아사카와 다쿠미_배우고 느낀 점>

우선 아사카와 다쿠미로부터 겸손함을 배웠다. 당시 대부분의 일본인이 조선인을 얕잡아 보던 것과 다르게 그는 모든 사람을 자신과 동등하게 보았다. 넉넉하지 않았던 상황이었음에도 불구하고 가난한 사람들에게 먹을 것과 돈을 나누어주었다. 또한 출세를 바라지 않고 자신이 원하는 양묘를 하며 살아갔다. 만약 나였다면 승진하기 위해 발버둥 쳤을 것이고 나보다 신분이 낮은 사람이 출세를 가로막는 걸림돌이 된다면 무시했을 것이다. 다쿠미의 일생을 읽고 이런 나의 모습을 반성했고 공무원을 장래 희망으로 갖는 학생답게 생각하고 행동해야겠다고 다짐했다.

<아사카와 다쿠미_생각해 볼 문제>

산업과 기술이 점점 발전해가고 인구가 급격히 늘어나고 있는 이 시점, 특히 개발도상국같은 경우에는 환경을 보호할 겨를이 없다. 선진국들도 겉으로는 환경보호를 외치지만 실제로 그것을 행하고 있는 국가들은 손에 꼽을 만하다. 최근 사회시간에 환경보호국으로 유명한 호주가 석탄 개발 때문에 탄소배출량이 많다는 것을 배웠다. 이처럼 아직까지 환경보호를 적극적으로 실천하고 있는 경우는 드물다. 아마 다쿠미가 살아있었다면 아마존의 밀림이 빠른 속도로 없어져 가고 예전과 다름없이 인간이 자연을 무참히 짓밟는 모습을 본다면 참담한 심정일 것이다. 따라서 아직 환경보호에 무지한 개발도상국들은 지속 가능한 개발을 어떻게 실천할지 진지하게 고려해볼 필요성이 있다.

<폴 러쉬_내용 요약>

일본 최악의 자연재해였던 관동 대지진 이후 일본에 대한 세계의 반응은 뜨거웠다. 많은 나라에서 지원을 해줬고 당시 우방국이었던 미국은 눈물겨울 정도의 도움을 주었다고 한다. 하지만 2차 세계대전 당시 일제는 이러한 원조를 무시한 채 이탈리아, 독일과 손잡고 미국과 세계 곳곳을 공격하는데 앞장 섰다. 이후 패전국가가 된 일본은 또다시 심각한 위기 상태에 빠지고 말았다. 이

때 대부분의 미국인들은 배신한 일본을 무시하자고 한목소리를 냈지만 폴 러쉬만은 달랐다. 그는 적극적으로 미국인들에게 요청하고 특히 교육 분야에 적극적으로 관여했다. 폴은 일본을 하나의 적국으로 바라보지 않고 그 안에 살아가는 사람들을 보았다. 그렇기에 그는 숭고한 인류애, 디아스포라적 사랑을 실천할 수 있었다.

<폴 러쉬_배우고 느낀 점>

폴 러쉬는 도움을 배신한 원수의 국가에 무조건적인 사랑을 베풀었다. 또한 원에 그치지 않고 그들이 계속 안정된 삶을 살 수 있도록 학교를 세워 교육 분야에 힘쓰고 병원을 짓는 등 전후 복구사업에 적극적이었다. 이는 현대 사회에 꼭 필요한 정신이라고 생각한다. 세계 곳곳에서 수많은 분쟁이 일어나고 있는 지금, 원수에게 받은 만큼 똑같이 갚아주는 게 아니라 분쟁 내면에 고통받는 사람들을 생각하며 그들에게 사랑을 베푸는 사람이 있다면, 보다 살기 좋은 세상이 될 것이다.

<폴 러쉬_생각해 볼 문제>

*디아스포라적 사랑의 실천이 잘못된다면

우리나라는 김대중 대통령이 당시 북한 주민들의 굶주림을 면하기 위해서 많은 쌀을 원조했다. 불과 50년 전까지만 해도 치열한 전쟁을 했던 국가였지만 폴 러쉬처럼 적국으로 보지 않고 고통받는 북한의 주민들을 위해 도움을 주었다. 그러나 정작 주민들에게는 가지 않고 핵 개발사업에 쓰이는 등 한국에게 위협이 되고 있다. 이 사례를 통해 디아스포라적인 사랑이 제대로 실천되지 못한다면 오히려 주었던 사랑이 위협이 되어 돌아올 수도 있다. 따라서 이 사랑이 언제나 옳은 것인가 생각해 볼 필요가 있다.

<김희수_내용 요약>

힘들고 열악했던 환경 속에서도 그만의 철학을 고수한 끝에 성공적인 기업을 경영했고 우리나라 교육을 위해 중앙대학교를 인수하는 등 많은 노력을 했다. 특히 그는 절약, 내실, 합리, 신용을 최우선으로 생각하였고 이를 실천하기 위해 윤리적인 생활을 중시하였다.

<김희수_배우고 느낀 점>

'공수래공수거' 정신을 배울만 하다. 이 김희수의 좌우명은 '인생무상'과 다르게 덧없는 인생이 아니라 자신이 가진 것을 사회에 환원하는 것을 의미한다. 그는 22년간 중앙대학교의 이사장으로서 나라를 위해 일할 수 있는, 애국심을 가진 인재 양성에 힘쓰는 것이 자신의 소명이라고 생각하여 자신의 재산을 투자하고 결국 죽을 때 그가 원하는 죽음을 할 수 있었다. 김희수처럼 만약 많은

재산을 갖게 된다면 사회에 환원하여 죽을 때 빈손이지만 많은 사람들의 존경을 받을 수 있는 삶을 살도록 노력해야겠다.

<김희수_생각해 볼 문제>

*윤리를 무시한 현대인

'지구를 구하는 불교경제학'이라는 책에서 본 내용인데, 애덤 스미스가 자신의 이익을 위해 최선을 다하는 것이 집단의 이익을 최대로 할 수 있다는 말이 윤리를 무시해도 된다는 말은 아니라고 한다. 애덤 스미스는 국부론을 쓰기 전 도덕감정론이라는 책을 통해 사람들은 기본적으로 윤리의식을 가져야 한다고 보고 있다. 하지만 현대인들은 윤리를 무시한 채 자신만 잘 사면 된다는 이기심에 사로잡혀 있다. 이는 집단의 이익이 아니라 갈등을 초래할 수도 있기 때문에 김희수처럼 윤리의식을 많은 사람들이 중요시할 필요가 있다.

<하정웅_내용 요약>

하정웅은 스물다섯에 화랑에 있던 전화황 선생의 그림을 보고 그의 인생은 바뀌었다고 한다. 전화황 선생이 재일교포라는 이유 때문에 당시 그의 그림이 우리나라에는 잘 알려지지 못했다. 이에 하정웅은 그의 전시회를 여럿 개최해 그의 작품을 널리 알렸고 이우환 화백의 그림도 널리 알렸다. 또한 그는 조선인의 강제 징용에 대해 계속 알아보고 히메관음상의 진실을 밝혀내는 등 예술에 대한 사랑을 넘어 우리나라에 대한 사랑을 실천했다.

<하정웅_배우고 느낀 점>

부모님의 반대에 하정웅은 화가의 꿈을 포기했지만 그림에 대한 열정을 버리지 않고 재일교포의 그림 작품들을 우리나라에 소개하는 등 많은 일을 실천해왔다. 단지 기다림의 인내에 그치지 않고 직접 실천했다는 점에 그의 메세나 정신을 배웠다. 그는 개인들도 메세나를 실천할 수 있다고 했다. 특히 물질적 기부로 보지 않고 마음으로도 충분히 메세나를 실천할 수 있다고 한 점이 배울만 하다.

<하정웅_생각해 볼 문제>

*최근 현대인은 '빠름'만을 추구하고, 기다림의 자세를 잃어가고 있음

물론 지나치게 빠름을 추구하는 것은 맞지만 경쟁에 뒤처지지 않도록 열심히 노력하는 것은 나쁘지 않다고 본다. 하지만 계속 일한다고 효율이 높아지는 게 아니므로 적절한 기다림과 여유가 필요하다고 생각한다.

<청리은하숙 세계시민학교_본인 참여 활동 내용>

세계 곳곳에 있는 도움이 필요한 사람들에 대한 강의를 들었으며 끝으로 '무

역게임'을 하였다. '무역게임'은 선진국과 개발도상국 간의 차이를 고려하여 자본과 자원을 다르게 시작한다. 중앙에서 계속 관리를 하지만 결과는 역시 시작이 풍부했던 조가 압도적인 승리를 하였다.

<청리은하숙 세계시민학교_배우고 느낀 점>

기업의 독과점구조에 대해 생각해 보았다. 6·70년대 우리나라가 후진국이었을 당시 정부는 기업들을 키우기 위해 특정 산업의 기업들에게 엄청난 특혜를 주었다. 덕분에 후진국 기업이었음에도 불구하고 그 기업 중 몇 곳이 크게 성장하여 우리나라 경제 성장에 도움을 주었다. 하지만 이 때문에 우리나라에 독과점구조가 생겼고 중소기업의 형편이 매우 나빠졌다. 이번 '무역게임'을 통해서 우리나라에도 공정한 무역의 필요성을 느꼈다. 앞으로 송도국제신도시를 방문했던 '사이언스 컬쳐로드 '활동과 연계해 인천자유경제구역에서의 공정무역에 대해 알아보기로 다짐했다.

4. 보인고 1학년 최정호

<아사카와 다쿠미_내용 요약>

아사카와 다쿠미는 일제강점기 시절 조선총독부 농상공부 산림과 임업시험소의 직원으로 일한 일본인이다.

그가 맡은 역할은 조선의 나무와 수입된 나무의 묘목을 기르는 임업 관련 업무였고, 여러 식물의 씨를 채집하기 위하여 한반도 각지를 답사하게 된다. 하지만 그 도중 일제의 수탈과 과거 조선 정부의 부패로 불법 벌목이 행해져 돌만 남은 민둥산을 보게 되고 일본인에 대한 조선인의 불만을 직접 느끼게 된다. 이에 아사카와 다쿠미는 조선인과 조선의 문화에 큰 관심을 가지게 된다.

먼저, 그가 개발한 노천매장법은 잣나무의 양묘 기간을 절반이나 줄일 수 있었고, 그뿐만 아니라 여러 양묘법에 대한 보고서를 작성함으로써 조선의 산들은 녹색을 어느 정도 회복할 수 있었다.

게다가 그는 일본인이면서도 조선의 산을 지켜야 한다고 생각한 사람이다. 조선의 산을 보며 조림 철학, 산은 지금 그대로 자연에 맡겨야 한다는 조림 철학은 그의 인생관이면서도 지속 가능한 발전을 인식하고 있다.

다쿠미는 산뿐만이 아니라 조선의 예술을 사랑했다. 다른 일본인들도 관심을 많이 가지던 고려청자와는 달리 조선의 백자는 조선인들에게조차 천대받으며 사라져갔다. 하지만 다쿠미는 조선백자의 가치를 알아보고 골동품점에서 백자를 사들이고 그 도자기에 대한 예술의 혼을 부활시키기 위해 노력하였다. 다쿠미뿐만이 아니라 형인 노리타카, 도자기에 깊은 관심을 가지던 야나기 이 3명의 노력이 <조선민족미술관>을 만들었고 그 덕분에 조선의 도자기를 지금도 볼 수 있는 것이다.

다쿠미가 사랑받는 이유는 바로 조선을 사랑했기 때문일 것이다. 다른 일본인 동료에게 조롱의 대상이 되고, 헌병의 괴롭힘에도 굴하지 않고 그는 한국어를 배우고, 조선의 옷을 입고 출근하는 등 조선 땅에서는 조선인처럼 살기 위해 노력했다. 그뿐만이 아니라 아이들에게 과자를 사고, 팔리지 않는 채소를 더 비싼 가격에 사는 등 조선인에 대한 사랑은 그를 미워하는 일본인, 의심의 눈초리를 보내는 한국인에 굴하지 않고 계속되었다. 그는 사람을 볼 때 조선인, 일본인이라는 옷을 입히지 않고 사람 그 자체를 존중하고 사랑하는 코스모폴리터즘을 실현하였다. 40세의 이른 나이에 급성폐렴으로 세상을 떠났지만, 그 순간도 가족을 제외한 조선인과 함께했고 하얀 바지저고리를 입고 떠난 조선을 조선인보다도 사랑한 일본인이었다.

<아사카와 다쿠미_배우고 느낀 점>

'당신은 남을 위해 살아가는 이타적인 삶을 세상을 떠나기 전까지 살아갈 수 있나요?' 이런 질문을 받았을 때 나는 물론이라고 대답하던 사람이었다. 남을 위해 사는 삶은 그냥 돈을 조금 기부하기만 하면 된다고 생각했지만 아사카와 다쿠미의 삶을 보고 그 생각은 완전히 바뀌었다. 솔직히 이 정도의 삶을 살 수 있는 사람은 매우 적다고 생각한다. 하지만 그는 생각한 신념을 행동으로 실천하는 반면에 우리 대부분은 그저 돈을 조금 기부하고 막상 학교에서 봉사활동을 하러 갈 때는 귀찮은 마음과 강제적으로 하고 봉사활동도 그저 점수를 위해 하는 경우가 대부분이다. 하지만 이제라도 늦지 않았으니 학교에서 하는 봉사활동만 하더라도 그 순간만큼은 사랑을 아낌없이 나누고 베푸는 시간을 가질 수 있다면 아사카와 다쿠미의 마음을 조금이라도 이해할 수 있을 것이라 생각하고 코스모폴리터니즘을 작은 곳에서 제대로 실천할 수 있다면 그것으로도 충분히 의미가 있을 것이라 본다. 그런 그의 이타적인 삶뿐만 아니라 자연을 사랑하는 태도에도 깊은 감명을 받았다. 자연은 인간을 위해 사용되어야 한다는 기술중심주의에서 벗어나 인간과 자연은 공생하는 존재라고 생각하는 생태 중심주의를 몸소 실현하는 모습은 당시의 가치관을 깬 것이기 때문이다. 일제가 임업 업무를 준 것은 군수 물자에 동원하기 위해서였지만 다쿠미는 그저 자연에 나무를 되돌려주기 위해 노천매장법을 개발한 것이었다. 그것을 보고 사람의 목적이 인간과 자연 모두를 위한 것이라면 그 과정이 힘들더라도 결과는 좋게 나타날 것이라는 생각을 하게 되었다. 지금 한국의 가리왕산 활강 경기장을 보면 인간의 이익을 위해 산을 무차별적으로 파괴한 모습을 볼 수 있

다. 이번 사건은 계기로 삼아서 다음에 이러한 일이 또 일어날 가능성이 보인다면 아사카와 다쿠미를 떠올리며 그의 조림 철학을 직접 실천에 옮기고 최대한 환경의 파괴를 피하는 방안을 생각해 보도록 노력해야 할 것이다.

우리 모두는 각자의 가치관을 가지고 살아간다. 그 가치관은 사람마다 다른 것은 당연하고 그 가치관에는 우열이 없다. 여러 가치관을 융합하여 모두를 만족시킬 수 있는 방안을 내놓는 것은 쉽지 않은 일이다. 하지만 아사카와 다쿠미처럼 모든 사람을 차별 없이 소중히 대하고 우리가 살아가는 환경을 지키고 가꾸어나가는 노력이 있다면 모두와 사이좋게 지내고 싸움이 없는 세상을 만들어나갈 수 있을 것이다.

마지막으로 그 세상을 만들었을 때 다쿠미가 우리 모두에게 보이지 않는 미소를 지었으면 좋겠다고 생각한다.

<아사카와 다쿠미_생각해 볼 문제>

Q. 아사카와 다쿠미가 한민족에 대한 이해와 사랑을 넘어서 일제의 조선 지배 정책에 적극적으로 항거하고 정면으로 대항했다면 조선의 독립이 더 빨리 되지 않았을까 하는 아쉬움이 있다.

A. 개인적인 입장으로는 아사카와 다쿠미에게 어떠한 아쉬움의 말을 남기면 안 된다고 생각한다. 그 당시는 일본 제국주의가 전 세계를 대상으로 전쟁을 하고 있었고 한국 안에서는 문화통치라는 가면 아래 한민족의 민족성을 말살하려 하고 있었다. 그는 그런 일제의 정책에 맞서 조선의 문화를 수집하고 사랑하였으며 결국 그 노력이 <조선민족미술관>을 만들었고 그 문화재를 우리는 지금 보고 있다. 또한 아사카와 다쿠미는 승진에 대한 욕심이 없었기에 지위도 그다지 높지 않았다. 그런 그가 조선총독부에 직접적으로 대항했다면 그는 목숨을 잃거나 강제 징용되어 그 순간부터 조선의 문화재를 수집할 수 없었을 것이고 지금도 남아있지 않을 것이다. 거기다가 일본 제국주의에 협력했던 이광수, 최린 등 많은 한국인이 있었다. 그런 한국인들도 있는 상황에 일본인임에도 조선을 사랑하고 조선의 혼을 지키려고 노력했던 아사카와 다쿠미.

우리는 그에게 아쉬움의 말을 과연 할 수 있을까? 우리는 윤동주 시인이 총을 들지 않았다고 아쉬움을 털어놓지 않는다. 아쉬움의 말을 할 시간이 있으면 그 시간에 묵념하러 가는 편이 더 낫지 않을까 하고 생각한다.

Q. 아사카와 다쿠미의 조림철학과 현대사회의 환경 개발에 대한 문제의식을 말해보자.

A. 현대 사회에서 종종 원시시대 수준으로 돌아가자는 지나친 생태 중심주의의 태도를 보여주고 있다.

하지만 그렇게 된다면 인류가 쌓아온 눈부신 과학기술은 모두 쓸모가 없게 될 것이다. 종이를 만들기 위해서는 나무가 필요한데 나무를 베지 않으면 어떻게 종이를 만들 것인가? 다쿠미는 나무를 자를 때 땅이 황폐해지지 않을 방법을 찾고 산림을 조성해야 한다고 생각했다. 따라서 우리는 인간의 이익을 위한 골프장 건설 등은 기피하더라도 인간의 생활에 필요한 환경개발과 과학기술의 개발은 이루어지게 노력해야 한다.

그를 위해서는 환경피해를 최소화시키면서 최대로 활용할 수 있는 방안을 논의해 보아야 할 것이다.

<폴 러쉬_내용 요약>

폴 러쉬는 일본 역대 최악의 지진 중 하나인 관동대지진 이후에 YMCA회관을 재건축하기 위해 일본에 처음 방문하게 된다. 폴은 YMCA회관 재건축뿐만 아니라 미래 일본을 이끌어나갈 인재를 교육하는 것 또한 중요하다고 생각했다. 그에 따라 릿교 대학 교수로 취임하여 기독교 정신(기도와 봉사)를 모토로 삼아 대학생들을 교육하였다. 1936년 BSA 설립 10주년을 맞이하여 청소년지도자 양성을 위한 훈련시설 세이렌료를 건설하였다. 그러나 그러한 근대적인 일보의 모습을 만들기 위해 노력하던 폴의 노력과는 달리 일본은 한 발 한 발 전쟁을 준비하고 있었다. 미국은 이러한 일봉의 움직임에 반응하여 폴이 일본 외무성 입장을 대변한 활동을 한 것을 반미활동이라 보고, 미국 내 모금을 금지시켰다. 결국 세이렌료는 1941년 5월을 마지막으로 폐쇄되었다. 12월 8일 태평양전쟁이 발발하였다. 다음날 폴은 헌병에 끌려갔다가 미일교환선으로 미국으로 귀국하였다. 일본 성공회가 식민지 정책에 동조하는 등 폴의 꿈은 물거품이 되는 듯했으나 다행히도 그 꿈은 완전히 사라지지는 않았다. 폴은 종전 후 일본으로 복귀하고, 본격적으로 일본, 일본성공회, 릿교대학과 일본BSA 재건에 나섰다. 그 뿐만 아니라 폴은 농촌공동체 형성을 통해 식량 부족 현상에 공헌한다는 구상과 <농업, 관광, 교육, 문화, 복지, 의료, 건강, 신앙> 등을 목표로 한 키요사토 프로젝트를 제안했다. 전쟁고아시설을 지원하고 폴의 도움으로 야구와 미식축구가 도입되고 현재까지 이어져 오고 있다.

키요사토 프로젝트에 필요한 돈을 마련하기 위해 미국에서 모금 활동을 할 때는 사람들의 시선은 차갑기만 하였다. 하지만 이에 굴하지 않고 원수였던 자가 배가 고프고 힘든 지금이야말로 사랑을 베풀 때라고 미국 전역을 순회하며 역설하였다. 모인 돈을 기반으로 고랭지 식량 증산, 농촌 보건 개선, 신앙 확립, 청소년 희망을 목표로 폴은 꿈을 이루어 나갔다. 오키나와 반환 등 새로운 격동이 일본 사회에 물결칠 때 폴은 성서, 만년필, 셔츠. 잠옷, 칫솔만을 가지고 키요사토의 성 루카 국제병원에서 임종을 맞이한다.

<폴 러쉬_배우고 느낀 점>

아사카와 다쿠미와 폴 러쉬의 공통점은 무엇일까? 내 생각으로는 바로 국가를 넘어서, 사람을 있는 그대로 바라보고 사랑을 나누었다는 점이 아닐까 생각한다. 일본과 미국은 세계대전 당시 적대국이었고 일본의 진주만 공습으로 미국이 참전했다고 보아도 무리가 없다. 내가 미국인이라면 일본인을 도울 시간이 있으면 그 시간에 일본군 1명을 사살하는 것이 모두를 위한 일이라고 생각했을 것이다. 하지만 폴 러쉬는 달랐다. '원수를 사랑하라'라는 말을 가장 잘 실천한 것이 폴 러쉬일 것이다. 그는 일본을 거대한 집단, 적이라고 생각하지 않고 그 안에 살아가는 사람들을 사랑하고 포용의 눈빛으로 바라보았다. '폭력은 폭력을 부른다'라는 말은 누구나 알고 있지만, 자신이 속한 집단이 공격받는다면 모두가 싸우기 위해 나갈 것이고, 아무도 그 적을 보호하려 하지 않을 것이다. 하지만 적이라는 집단 안에 속한 무고한 사람들까지 피해자가 될 수 있다. 이러한 생각을 하고 그 무고한 사람들을 돕기 위한 폴 러쉬의 행동은 내가 보기에 존경받아야 마땅하고 나라면 어떤 방식으로 그가 실천한 디아스포라적 사랑을 실천할 수 있을까 하고 생각해 보았다. 먼저 폴 러쉬의 행동을 살펴보자면 올바른 자신의 신념을 가지고 인류의 평화를 위해 싸우고 도움을 필요로 하는 곳에는 망설이지 않고 도움의 손길을 내밀었다. 폴 러쉬가 가지고 있는 이런 숭고한 인류애를 먼저 갖추는 것이 디아스포라적 사랑을 실천하는 준비단계라는 것을 깨닫고 이를 갖추기로 하였다. 이를 위해서 먼저 적을 보호해야 하는 이유, 즉, 나에게 있어서는 한국이 북한을 도와야 하는 이유에 대해 생각해 보게 되었고 그에 관련된 과거의 정책과 관련 서적을 읽어보기로 하였다. 이 인류애를 갖추기 위해서는 많은 시간이 걸리겠지만 여러 노력으로 갖추게 된다면 젊은 시절 열심히 일해서 돈을 많이 벌고, 은퇴한 후에 개발도상국에 가 어린이를 교육하거나 열악한 시설을 보수하는 일을 해보고 싶다는 생각을 하게 되었다. 내가 생각한 일이 실천되지 않을 가능성도 있지만 이런 생각을 하게 마련해준 폴 러쉬에게 감사를 표하고 그가 행했던 선행에 박수를 보낸다.

<폴 러쉬_생각해 볼 문제>

Q. 나이팅게일과 폴 러쉬의 삶을 비교해 보자

A. 두 사람은 모두 자기가 속한 집단, 즉 자국민에게만 국한된 사랑이 아닌 인류 그 자체를 사랑하였다는 점이 공통점이다. 두 사람 모두 훌륭한 사람들이지만 굳이 비교를 하자면 폴 러쉬의 행동이 조금 아쉬울 수 밖에 없다. 전쟁으로 인해 피해를 입은 나라는 일본뿐만 아니라 수 많은 나라가 있지만 폴 러쉬는 일본에서만 활동하였다. 하지만 나이팅게일은 유럽 전역에서 활동하였으며

저서 <병원에 관한 노트>, <간호 노트> 등을 남겨 전세계의 간호사에게 도움을 주고 있다. 하지만 두 사람을 굳이 비교할 필요는 없다고 생각한다. 개인적인 추측이지만 폴 러쉬는 다른 나라까지 도운 재정이 되지 않았거나 미국과 가장 많이 싸운 일본을 상대로 사랑을 실천해야 그의 신념인 기독교 정신에 맞기 때문에 일본을 도왔다고 생각한다. 나이팅게일과 폴 러쉬 두 사람 모두 숭고한 인류애를 바탕으로 디아스포라적 사랑을 실천하였다. 이 기회에 두 사람 모두의 이름을 기억하고 이들을 본받아 어려운 이웃을 사랑하는 기회를 가져 보자.

Q. 수원지역 병원들이 오염된 의료용품을 방치하여 2차 감염에 무방비로 노출된 적이 있었다. 이와 같은 문제를 해결할 수 있는 방안을 폴 러쉬의 철학과 관련해 논의해 보자.

A. 의학은 사람의 목숨을 다루는 가장 중요하면서 가장 위험한 학문이다. 의사들은 생명이 위험한 환자가 응급실에 오면 그 사람이 누구든지 간에 살리기 위해서 최선을 다해서 노력한다. 이것은 의사만 그런 것일까? 아니다. 길가에서 의식이 없는 상태의 사람을 보고 구급차를 불러 빨리 오기를 기다리는 행동도 모두 사람이 살았으면 좋겠다는 생각에서 비롯된 것이다. 이렇게 인류 모두는 인류애를 가지고 이 세상에 태어난다.

그런 사람의 목숨이 병원 내 세탁실 등 시설공사 관계로 위협받을 수 있는 상황이 생기면 어떻게 해야 할까?

병에 걸리지 않은 사람들의 2차 감염을 막기 위해, 그들을 보호하기 위해서라는 조금의 인류애가 있으면 시설공사를 늦추더라고 2차 감염을 막아야만 한다. 그를 위해서는 시설공사를 연기하고 의료 관계자만 문제의 지하 2층에 출입하도록 해야 하고, 금전적 이익을 사람의 목숨보다 우선 시 해서는 안 된다.

<김희수_내용 요약>

김희수는 할아버지에게 천자문을 배우게 되는데 처음에는 무엇인지도 모르고 쓰고 읽었지만, 점차 재미를 느끼게 되고 큰 도움이 된다. 1933년 김희수는 진동공립 보통학교에 입학하는데 칼을 찬 일본인 선생님에게 재미없는 수업을 들어야만 하던 중 이백순 선생님을 만나게 된다. 이백순 선생님은 한국어를 가르치며 우리의 정신을 지켜야 한다고 강조한다. 전쟁이 시작되면서 심희수는 전문적인 기술을 배우기로 결심하고 1939년 동경전기학교 고등공업과에 입학한다. 학교에 다니기 위해서 여러 일을 하며 어렵게 학비를 벌던 도중 작은아버지가 돌아가시고 아버지가 일제의 정책을 거부하여 생활은 더욱 어려워지게 되고, 결구 학교를 좋은 성적으로 졸업 후 생활전선에 뛰어들게 된다. 이

러한 상황에서 가족이 배불리 먹는 날이 없고 소변을 보면 피가 섞여 나오는 등 비참한 생활이 이어졌다. 그러던 중 도쿄 시내의 사람들을 보고 사업 아이디어를 얻은 김희수는 거의 모든 돈을 들여 금정양품점을 열게 되고, 손님에게 신용을 주는 장사를 해 생활비 문제를 해결하고 다시 공부를 할 수 있었다. 양품점의 성공으로 자신감을 얻은 김희수는 두 번의 사업을 시도했지만, 배타적인 일본 사회에서는 쉽지 않은 일이었다. 결국 그는 빚까지 내어 금정이라는 빌딩을 지었지만 어려운 시절을 보내야 했다. 하지만 그 뒤부터 입주자를 위한 사업을 해 그들의 사랑을 받고 사업은 성공하게 되고, 거기에 더해 긴자 지역에 부동산 사업을 하게 되고 그만의 철저한 사전 조사, 의지, 과감한 실행은 그를 완벽한 성공궤도에 올려놓는다. 하지만 이렇게 많은 돈을 벌었는데도 불구하고 그는 검소하게 생활하였다. 이동할 때는 항상 대중교통을 이용하고 집무실에는 낡은 책상과 의자, 응접세트가 전부였다. 그에게 돈은 욕망을 채워주는 도구가 아니었고 기부를 위한 것이었다. 그의 아내인 이재림도 김희수의 생각에 동의해 서로를 존경하는 이상적인 삶을 살 수 있었다. 자녀에게는 끝없이 공부하고, 부지런히 노력하고, 다른 사람에게 피해 끼치지 말라고 강조하고 돈보다 중요한 것은 삶이라는 그의 가치관을 마음에 지니고 살았다. 일본에 살면서 경제적, 정치적, 문화적 토대를 갖추지 못하면 국제사회에서 좋은 대우를 받을 수 없음을 느끼고 조국의 교육 분야에 뛰어들어 인재를 육성하기로 결정하게 된다. 수림 외국어 전문학교를 건설하고 중앙대학교를 인수하여 이사장에 취임하는 등 교육에 많은 지원을 한다. 2009년 수림문화재단을 설립하고 문화예술 인재를 양성하고, 한일문화교류에 힘쓰다가 2012년 심근경색과 뇌경색으로 쓰러져 오랜 투병 생활 끝에 88세를 일기로 세상을 떠난다.

<김희수_배우고 느낀 점>

흔히들 기부왕이라고 하면 워렌 버핏이나 빌 게이츠와 같은 사람들을 떠올린다. 그런 사람들을 떠올리는 것이 잘못된 일은 아니지만, 먼저 한국인인 김희수를 떠올리면 좋겠다고 생각하게 되었다. 태어날 때 넉넉한 집안이 아닌 가난한 집안에서 태어나 그만의 인생철학과 소비자를 대하는 자세로 성공을 이룩하였다. 그 돈을 편안한 노후생활이 아닌 한국의 인재 양성과 한일 교류 협력에 사용한 김희수가 놀랍기만 했다. 그 외에도 김희수의 삶에서 많은 교훈을 얻을 수 있었다.

먼저, 할어버지에게 배운 천자문과 학교에서 배운 기술을 시험을 위해 공부하지 않고, 지식을 쌓기 위해 공부한 태도가 놀라웠다. 그 자신도 배우는 당시에는 그 지식이 어떻게 활용될 것일지 상상도 못하였겠지만, 그렇게 배운 지식이 살아가는데 도움을 주게 되었다. 여기에서 김희수의 배워놓은 지식은 끝없이 사용되어 인생을 빛내고 기회를 만들어줄 수 있다는 철학을 배우게 되었다.

두 번째로, 힘든 상황에서도 포기하지 않는 정신력이다. 많은 사람들은 일을 하다가 진행이 막힌다면, 한번 생각해 보고, 포기하거나 다른 일로 눈을 돌리기 마련이다. 나도 예외는 아니었다. 수학 문제를 풀 때도 모르는 문제가 나오면 고민은 조금밖에 안 하고 넘어가지 일수였다. 하지만 김희수는 달랐다. 경제의 암흑기 속에서 재일한국인인 김희수는 주위의 시선에 굴복하지 않고 오직 노력, 신용을 쌓고 빛나는 아이디어와 용기로 성공을 이끌어냈다. 수학문제와 비교를 하면 안 되겠지만, 나의 생각하지 않고 포기해버리는 자세를 버릴 수 있는 노력을 하게 된 계기가 되었다.

세 번째로, 회사를 운영하는 방식이다. 아무리 큰 회사라도 회사를 경영하는 경영주와 그를 위해 일하는 사원들 간에 분쟁이 발생하고 그로 인해 고객이 줄어든다면, 금방 도산할 것이다. 김희수는 이를 잘 알고 있었고 그만의 경영철학인 절약, 내실, 합리, 신용을 통해 어려운 시기를 잘 극복할 수 있었다. 우리의 모습과 한 번 비교해 보았다. 자기가 좋아하는 취미에 너무 많은 시간과 돈을 쓰는 모습과 같은 절약을 잘 하지 않는 태도와 너무 대조적이었다. 이 외에도 여러 가지 사실이 있지만 이것 하나는 확실히 느낄 수 있었다. 성공한 사람들은 모두 그 만의 남다른 태도를 갖고 있었고, 우리는 이러한 태도를 갖기 위해 노력해야 한다는 것을 말이다.

네 번째로, 공수래공수거, 절약을 실천한 검소한 삶이다. 베블렌 효과라는 단어가 있다. 가격이 올라도, 사람들이 자신의 부유함을 나타내기 위해, 사치품을 소비하는 현대인이 꼭 배워야 할 자세라고 생각한다.

망가지지 않은 물건을 끝까지 계속 사용했고, 돈을 목적으로 사업을 하는 것이 아닌 인재양성이라는 목표를 위한 수단으로 생각한 그는 공수래공수거의 자세를 잘 실천하였다. 자신의 전 재산을 사회에 환원하는 삶은 존경받아야 마땅하고 생각하고, 일반인에게는 좀 힘들 것 같다고 생각했다. 하지만 적어도, 학용품을 아껴 쓰고 불필요한 지출을 줄이며 얻은 돈을 월드비전 등의 구호단체에 보내며 김희수의 철학을 조금이나마 이해해볼 수 있었다.

마지막으로, 그의 목표인 인재양성이다. 김희수는 돈이 없어서 공부를 못하는 이들의 사정을 누구보다도 잘 알고 있었고 이를 해결해주기 위해 노력하였다. 김희수는 마음만 먹으면 돈을 더 많이 벌 수도 있었고, 대부분의 사람들이라면 그 길을 선택했을 것이다. 하지만 그는 달랐다. 그가 모은 돈을 인재양성에 힘써 대한민국에 사람을 남겨야 한다는 그의 철학은 큰 가르침을 준다. 오늘날, 우리는 대학입시만을 위해 공부를 하고 있다. 이런 종류의 인재양성이 그가 바라던 것일까? 적어도 나는 아니라고 생각한다. 지금부터라도 한 달에 한 권이라도 과학 분야의 책을 읽으며 호기심과 지식을 쌓아가야 하지 않을까 하고 생각했고 실제로 실천하기로 하였다. 그의 삶을 보며 아직 나뿐만 아닌 대부분은 이익만을 생각하고 윤리성을 키우지 못하고 있다고 생각한다.

하지만 지금부터라도, 남을 생각하고 배려해주는 자세와 절약하는 삶을 산다면 김희수의 목적이 이루어질 수 있는 발판을 마련할 수 있다고 생각한다.

<김희수_생각해 볼 문제>

Q. 김희수의 삶을 보고 배움의 중요성에 대해 잘 알게 되었다. 그렇다면 그 배움의 효율을 높일 수 있는 방안은 무엇이 있을까?

A. 먼저 학생 자신의 흥미를 먼저 찾아야 한다고 생각한다. 이것은 현재 강조되는 진로설정만을 위한 조건이 아니다. 자신이 흥미를 느끼지 못하는 분야를 공부하면 재미가 없고 피곤하기만 할 것이다, 하지만 자신이 좋아하는 분야를 발견한다면 시간 가는 줄 모르고 빠져들게 되며, 여러 호기심이 생길 수 있다. 그 호기심을 해결하기 위해, 독서를 하고 더 공부를 하게 됨으로써 수박 겉핥기식 공부를 벗어날 수 있다. 하지만 그렇다고 다른 분야를 완전히 손을 안 댈 수는 없다. 만약, 흥미가 있는 분야로 공부에 자신감을 얻는다면 그 자신감으로 자신이 취약한 분야에 도전할 수 있으면, 그 분야도 언젠가는 정복할 수 있을 것이다. 시간이 오래 걸릴 수는 있다. 하지만 그 시간을 투자한다면 진정한 지식을 얻을 수 있고, 이는 인생의 빛이 될 것이다. 이를 위해서는 어릴 때부터 독서를 하는 습관이 매우 중요하다고 생각한다.

Q. 최근 들어 이기주의가 성행하는 윤리성이 결여 되어 가고 있는 사회가 만들어지고 있다. 이에 대한 해결방안은 무엇이 있을까?

A. 먼저 사람들이 이러한 생각을 하기 시작한 이유가 무엇일지 생각해 보아야 한다, 가장 큰 이유는 각박한 사회의 현실이라고 생각한다. 취업도 잘 안되는 상황에 자신도 살기 바쁜데 다른 사람을 도울 여유가 없다는 것이다. 또한 이들을 외면하는 사람들도 문제의 원인 중 하나이다. 이를 해결하기 위해서는 먼저 고소득층의 기부가 활성화 되어야 한다고 생각한다, 기부가 황성화된다면 기회를 잡지 못하는 사람에게 기회를 마련해 줄 수 있고, 그것을 통해 안정적인 삶을 이룩한 이는 감사한 마음을 가질 것이고 자신도 다른 이를 위해 봉사하는 삶을 살 것이다. 우리가 눈발이라는 시의 함박눈과 같은 사람이 되어야 한다. 함박눈이 되지 못하더라도 다른 이에게 피해를 주는 진눈깨비만은 되면 안 된다. 우리가 늦더라도 다른 이의 상처를 어루만지고 같이 울어줄 수 있는 사람이 된다면 지금과 같은 각박한 사회를 따뜻한 사회로 조금씩 바꾸어 나갈 수 있다고 생각한다.

<하정웅_내용 요약>

사람에게 가장 중요한 것은 만남이라는 말이 있듯이 어떠한 사람과의 만남이 그 사람의 인생을 바꾸어 놓기도 한다. 그 사람 중 한 분은 바로 하정웅일 것이다.

어려서부터 예술을 사랑했던 하정웅은 화가가 되고 싶어 했지만 어려운 가정 형편으로 그 꿈을 접어야 했다.

하지만 그 사랑은 식지 않았다. 고등학교 시절 고희의 전시회를 보기 위해 수학여행도 포기하고, 어른이 되어서는 전화황의 미륵보살을 시작으로 그를 후원하고 수집 활동을 시작하였다. 전화황 뿐만이 아니라 이우환의 작품과 철학에 깊이 감명을 받은 그는 이우환을 물심양면으로 지원하였고 이우환은 그의 도움 덕분에 예술적인 성장을 이루어 낼 수 있었다. 아키타현 동부 중앙에 위치한 다자와 호수에는 다츠코 동상과 히메관음상이 있다. 하정웅은 아름다운 히메관음상이 물고기를 추모하기 위해 세워진 것이 아니라 생각하고 추적을 시작하였다. 그 진실을 밝혀내기 위해 여러 일본인과 접촉했지만, 진실을 밝히지 않는 그들로 인해 힘들어했다. 하지만 포기하지 않고 근처의 사찰 덴타쿠지를 찾아가 조사하던 도중 드디어 히메관음상을 밝혀내게 된다. 바로 히메관음상은 물고기가 아닌 강제징용으로 목숨을 잃은 조선인을 추모하기 위해 세워진 것이라는 것을 말이다. 하정웅이 중요시한 가치는 바로 메세나 정신이었다. 하정웅은 예술을 사랑했고 이를 증명하듯 1만 점의 미술작품을 수집하였다. 그는 광주시립미술관을 시작으로 그 1만 점을 모두 기증하기 시작하였다. 주위에서는 그가 기증한 작품 모두가 재일한국인의 작품이라 그런지 비난의 목소리와 찬사를 동시에 들어야만 했다. 하지만 이에 굴복하지 않고 계속 기증을 하고 신진작가들에게 열정적으로 활동할 수 있는 기회와 무대를 제공하였다. 예술품뿐만이 아니라 그는 광주 시각 장애인 복지회를 여러 사람의 도움과 함께 설립하였다. 그의 중학교 시절 은사 마쓰모토 쇼스케는 말했다. 아무리 능력이 있어도 혼자 하지 말고, 주위를 살피도록 해라.

이 말을 가정 잘 실천한 사람이 하정웅이다. 그는 시각장애인, 과거의 조선인, 예술품, 일본인 모두와 함께한 디아스포라적 삶을 살았다.

<하정웅_배우고 느낀 점>

'펜이 칼보다 강하다'라는 유명한 말이 있다. 이 문장에서 펜은 과연 무엇을 의미할까? 지식, 설득력 등등을 모두 포함하지만, 그중 하나는 말없이 사람들의 마음을 움직일 수 있는 노력이라고 생각한다. 그중 가장 효과적인 것은 미술품이다. 하정웅은 수학여행을 포기하면서까지 고희의 기획전을 보러 가고 싶어 했다. 실제로 나도 미술품 관람을 좋아하기 때문에 루브르 박물관에서 가만

히 앉아 그림만 보고 있던 경험이 있다. 그런데 그런 미술품을 많이 수집하고 개인이 소유할 수 있었지만, 이것을 더 많은 사람들과 나누기 위해 모두 기증한 하정웅의 태도는 졸라웠다. 돈이 아니 예술품을 기부하고 그로 사람들의 마음을 따뜻하게 해준다는 사회적인 기부를 실천한 극 존경스러웠다. 그뿐만 아니라 히메관음상의 진실을 밝혀내기 위한 추격전이 가장 기억에 남았다. 추격이라는 의미는 영화에서도 많이 인용되고 힘든 상항에서도 끝까지 쫓아간다는 의미를 가진 단어이다. 그런데 이를 현실 세계에서 실현할 수 있는 사람이 얼마나 될까? 많지 않다고 생각한다. 하지만 하정웅은 주위에서 돔움을 주는 사람 없이 진실을 감추려고 하는 일본 사회에 맞서 고독하게 싸움을 하고 기다린 결과 진실을 밝혀낼 수 있었다. 여기에서 눈앞에 당장 좋은 결과가 나오지 않더라도 기다리고, 포기하지 않는다면 보상은 꼭 받게 될 것이라는 생각과 하정웅이 히메관음상으 진실을 밝혀준 것에 대한 감사한 마음이 들었다. 학교에서 몇 년간 사회적 약자를 도와주어야 한다는 교육을 하고 있다. 하지만 이 말은 과연 올바른 말일까? 우리는 사회적 약자를 도와주는 것이 아닌 그들과 함께 발을 맞추어 걸어 나가야 한다, 하정웅의 은사 마쓰모토 쇼스케가 한 말처럼 아무리 잘나고 우수하더라도 항상 다른 사람과 함께해야 한다. 그가 시각장애인들과 함께 광주 시각 장애인 복지회를 설립하였다. 이제 우리도 도움을 준다는 생각을 버리고 그들과 함께 미래를 어떻게 만들어나갈지 고민해 보아야 하는 시기가 왔다는 것을 느낄 수 있었다.

하정웅의 삶을 통해 학생이 실천할 수 있는 일이 많지는 않지만 가장 쉬운 친구들과 단체 생활은 잘하도록 노력해야겠다는 생각을 가지게 되었다.

<하정웅_생각해 볼 문제>

Q. 메세나를 기반으로 한 하정웅의 활동과 사회적 기업 활동의 공통점과 차이점에 대해 생각해 보자.

A. 먼저, 공통점으로는 두 사례 모두 사회적 약자를 보호하고 사회로의 진입을 하지 못하고 있는 사람들에게 기회를 주고 있다는 공통점을 가지고 있다. 차이점을 살펴보자면 사회적 기업도 일단은 기업이다. 기업은 일단 경제적 이익을 목적으로 하는 단체이기 때문에 주로 사회적 약자에게 경제적 활동을 할 수 있는 기회를 제공하고 이를 통해 경제적 자립과 안정적인 생활을 할 수 있게 유도한다. 가장 흔한 방법으로는 신구 사원을 채용할 때 장애인을 많이 뽑는 방법인데, 이는 이익 창출 수단을 일반인에서 사회적 약자로 변경하는 것이다.

이에 반해 하정웅의 활동은 경제보다는 문화예술 활동을 지원하는 것이라고 볼 수 있겠다. 기회를 얻지 못하는 예술가들에게 더 심오한 미술과 기획전 등을 할 수 있게 해주어 대중에게 자신의 예술세계를 알릴 수 있는 기회를 제공하고 있디. 이는 경제적 자립을 목표로 하지 않고 이들의 예술품을 통한 대중의 공감을 끌어내어 사회적 면화를 기대하는 활동이라고 볼 수 있다.

Q.디아스포라는 국외로 추방된 소수의 집단 공동체, 정치적 난민, 이민자, 소수 인종 등과 같은 사람을 지칭하는 말이다. 피해자 디아스포라, 교역 디아스포라, 노동 디아스포라 등으로 나뉜다. 현재 한국 사회 안팎에 존재하는 디아스포라 집단에 대해 생각해 보자.

A. 현재 한국에 있는 이들은 대부분 교역 디아스포라와 노동 디아스포라이다. 이들은 특정 지역에서 집단 거주하며 그들만의 공동체를 이루며 살아간다. 이들은 대부분 법을 잘 준수하나 오원춘 사건과 같은 끔찍한 사건을 일으키기도 한다. 이때 언론은 그들이 조선족 출신이라는 것을 강조하여 말하고는 하는데 이는 잘못되었다. 한국인, 외국인 공동체 그들은 모두 같은 사람이기 때문에 출신 지역을 밝히면 안 되고, 이를 안 지키면 차별로 이어질 수 있는 것이다. 하지만 피해자 디아스포라에 대한 정책은 다소 보수적이어야 한다. 독일의 난민 사태를 보면 선진국인 독일도 난민을 감당하지 못해 집단 성폭행 사건이 이어졌고 관용의 나라 프랑스에서도 히잡 착용 급지 법률이 논의된 적이 있었다. 한국은 이들을 수용하기 이전에 법률제도를 정비하고 먼저 자국 내의 문제를 해결하는 것이 최우선이 아닐까 하고 생각한다.

<청리은하숙 세계시민학교_본인 참여 활동 내용>
윤동주 시 낭송대회 참여
망우리공원묘지 정화 활동 및 묵념 참여
올림픽 공원 환경 정화 켐페인 참여
아사카와 다쿠미의 인생을 담은 백자의 사람 관람
(청리은하숙 세계시민학교의 모든 활동에 참여하였습니다)
<청리은하숙 세계시민학교_배우고 느낀 점>

청리은하숙 세계시민학교는 보인고등학교에 입학하여, 해본 진로활동 프로그램 중 가장 장기간에 걸쳐 진행된 프로그램이라고 생각한다. 그에 걸맞게 여러 뜻깊은 강연과 직접 발로 돌아다니며 활동한 지장 찍기 운동은 의미 있는 시간이었다. 특히 윤동주 시 낭송대회를 통해 윤동주만의 시 세계와 그의 조국에 대한 사랑을 느끼며 왜 그가 민족시인이라 불리는지 알 수 있었고 백자의 사람 영화 관람을 통해 어두운 시기 안에서도 항상 도움을 주고 올바르게 행동하는 사람들이 있다는 사실을 비로소 알게 되었다. 청리은하숙 세계시민학교에

서 가장 기억에 남는 인물은 아사카와 다쿠미이다. 고등학교 1학년이 되어서야 그런 분을 알 수 있게 된 사실이 부끄럽고 그 기회를 통해 세계시민학교에 참여한 친구들과 얘기해 볼 수 있는 시간을 가질 수 있었다. 이 기회를 만들어 준 시민학교에 감사하며 진정한 지식을 쌓았다는 느낌을 얻을 수 있었다.

'호랑이는 죽어서 가죽을 남기고 사람은 죽어서 이름을 남긴다'라는 말이 있다. 하지만 여러 가지 훌륭한 업적을 남기고도 이름을 알리지 못하는 분들이 많다는 것을 알게 되었다. 김희수, 아사카와 다쿠미, 폴 러쉬, 하정웅(건강하게 살아계신다) 이 네 분 이외에도 더 많은 사람이 잊혀졌을 것이라 생각한다. 잊혀진 분들이 누군지 알아내기 위해 노력하고 알고 있는 분들에게는 추모를 올리는 시간을 가질 수 있었으며 마침 역사 기행을 간 서대문 형무소에 들려 묵념을 할 수 있었다.

이렇듯 많은 생각과 깨달음을 준 청리은하숙 세계시민학교이다. 이를 진행해 주신 많은 분들에게 감사의 인사를 올리고 이 의미 있는 체험을 할 수 있게 다리를 놓아주신 김영만 선생님께 감사드린다.

내년에 들어오는 1학년 학생들도 이 기회를 접해 보았으면 좋겠다고 생각한다.

5. 보인고 1학년 조성준

<아사카와 다쿠미_내용 요약>

1891년 출생하여 조부모와 어머님, 형제자매와 함께 어린 시절을 보냄. 1897년 무라야마니시 심상소학교에 입학, 1906년 야마니시 현립 농업고등학교에 진학함. 1909년 농업학교를 졸업한 뒤 아키타현 오다테 영림서에서 근무하며 국유림의 벌채나 식목을 함. 그러던 1914년 형 노리타카를 따라 조선에 가겠다고 다짐한 후 5월 17일 경성부에 자리를 잡고 조선총독부 농상공부 산림과 임업시험소에 취직함. 식물의 씨를 채집하기 위해서 한반도 각지를 답사하며 조선인들의 생활을 목격하여 조선을 현실적으로 직시함. 또한 민둥산이 된 조선의 산들을 보면서 산림을 푸르게 만들리라고 결심함. 이후 조림사업을 진행하면서 여러 양묘법을 새로 찾아내어 임업계에 많은 발전을 이룸. 한편 평소에 조선의 도자기를 비롯한 조선의 공예를 좋아하는 그는 1924년 <조선민족미술관>을 뜻이 맞는 지인들과 함께 설립하여 여러 물건을 모아 기증함. 전체적으로 조선이라는 나라를 사랑한 그는 한글을 배우고 조선인들에게 여러 도움을 주었으며 일본인이 아닌 조선인으로서 살아감. 1931년 조선이라는 나라에 완전히 동화된 채 조선인의 입장에서 남은 여생을 보낸 그는 타계하고

수백 명 조선인 애도를 받으며 조선의 흙이 됨.

<아사카와 다쿠미_배우고 느낀점>

식민지의 입장에 있는 조선에 직접 건너와 조선인을 이해하고, 조선을 이해하며 지배계층인 일본인이라는 입장을 벗어나 조선인으로서 살다 조선에 묻힌 그의 뒷모습은 진심으로 타인을 사랑한 세계시민의 모습이다. 다쿠미뿐만 아니라 그를 포함해 조선의 문화를 사랑하고 조선인을 무시하지 않았던 야나기 무네요시와 아사카와 노리타카 또한 타민족의 문화를 이해하고 존중하는 문화인이었다. 일본인이라는 사회적 이점을 거부하고 조선인을 이해하며 도와주는, 조선에 대한 일본의 부당한 대우를 비판하고 진심으로 조선의 아름다움을 느낀 아사카와 다쿠미는 진정한 의미의 박애주의자라고 불러도 손색이 없을 것이다.

<아사카와 다쿠미_생각해 볼 문제>

그는 진심으로 조선인을 이해하고 그들의 마음을 헤아려 그들의 삶에 녹아드려 한 일본인이었다. 그는 2016 청리은하숙 세계시민학교 교재 본문 93페이지에 실린 일화에서 볼 수 있듯이, 조선인의 신뢰를 얻었고, 주변의 조선인에게 여러 도움을 주었으며, 일본인이기를 포기하였다. 하지만 이러한 그의 행동은 비록 그의 장례식에서 보았듯이 수백명의 조선인의 심금을 울렸으나, 잘못 행해진다면 당사자의 입장에서는 부정적인 생각이 생겨질 수도 있다. 자신들을 무자비하게 탄압해오던 집단의 일원이 어느 순간 자신들을 이해한다며 생글생글 웃으며 접근해온다면 당연히 의혹을 품고, 재수 없다고 여겨질 것이다. 인간이 시기심을 갖는 것은 당연한 일이다. 그러한 대상이 지위를 버리고 자기 집단에 섞이려 든다면 꺼려하는 사람은 당연히 있다. 게다가 일방적인 도움만 받게 된다면 자존심에 상처도 입을 것이다. 보다 조심스럽게, 그리고 자신의 잘못이 아니더라도 죄책감을 지며 다가가며, 그들의 편이라고 확신이 들 정도로 다양한 활동을 하는 것이 좋을 것 같다.

또한 다쿠미는 조선인에게 경제적 지원을 꺼리지 않았는데, 간접적인 지원이라면 모를까 직접적인 지원을 한 것은 부적절하다고 생각한다. 이것은 지금 사회의 기부와 비슷한 문제인데, 지원을 받는 쪽이 장기적으로 성장하기 위해서는 그들이 자립하도록 돕는 것이지, 직접 지원을 하는 행동은 의존성을 키워 단기적인 해결책에 지나지 않는다. 지나친 온정으로 사람을 대한다면 그 사람은 점점 뜨거워지는 것을 모른 채 비커 속 끓는 물의 개구리마냥 화상을 입을 것임을 고려해야 한다.

<폴 러쉬_내용 요약>

1897년 출생 후 청년이 되어 1923년 관동대지진 재해 복구를 위해 일본에 건너감. 선교자로서 교육 분야에 관여하여 청년 지도자를 양성하기 위해 1924년 릿교대학 교수로 취임한 뒤 후일 일본 성안드레동포회로 발족하게 되는 청년 조직을 형성하기 시작함. 또한 지원을 받아 지진으로 파괴된 병동을 재건하였고, 1938년 청년지도자 양성을 위한 캠프장을 건설하여 훈련시설인 세이센료를 지음. 그러던 중 일본이 제2차 세계대전에 참전하여 미국과 적대국으로 돌아서게 되어 1942년 미국으로 송환됨. 1945년까지 미 육군 정보부의 어학교 인사과장으로 취임하였고, 1945년 일본의 패망 직후 일본으로 복귀한 다음 1949년까지 연합군 사령부의 참모 제 2부 산하 민간정보국에 배속되어 일본인 전범 리스트 작성 및 공산당 색출과 관련된 정보수질 활동에 관여함. 퇴역 이후 일본의 복구와 재건을 위해 전쟁의 전후 복구 및 사회사업을 시작함. 키요사토 농촌전도 프로그램을 전개해 나가면서 미식축구도 재개시키고, 적극적으로 모금을 모아 여러 시설을 정비하며 선교활동도 꾸준히 진행함. 1979년 서거한 후 일본의 성 안드레교회 납골당에 안치됐다.

<폴 러쉬_배우고 느낀 점>

일본이 지진으로 피해를 입었을 때부터 무리한 전쟁을 치뤄 패전할 때에도 여전히 일본에 대한 봉사정신을 굽히지 않고 꾸준히 활동을 진행해온 것은 참으로 따뜻한 마음씨이다. 한창 열정적이었을 청년시절을 다른 나라의 재해복구에 쏟아부은 것도 모자라 조국과 적대국이 되버린 나라를 저버리지 않은 점이 인류애를 대표한다고 볼 수 있다. 또한 개인의 수준에서 벗어나 국가 수준으로 도움을 빌려 장대한 사회사업을 이뤄냈다는 점에서 현명하고 효율적인 봉사라고 여겨진다. 가장 중요한 것은 바로 패전국이 다시 자립할 수 있도록 미래를 위해 청년을 대상으로 한 양성활동이다. 병동재건이나 선교활동을 통해 정신적, 신체적인 치유를 도모하고 청년지도자 양성을 통해 쓰러진 고목 위에 새로운 씨앗을 뿌린, 구체적이고 큰 규모의 지원은 한 사람의 인류애적 정신이 수많은 사람들에게 전파된 결과라고 봐도 무색할 정도이다. 적극적인 요청과 진솔한 마음이 사람을 움직이고 업적을 이룬다는 것을 보여준 좋은 예라고 느껴진다.

<폴 러쉬_생각해 볼 문제>

첫째는 다쿠미의 경우와 마찬가지이다. 따라서 간략하게 말하자면, 승전국의 사람이 패전국을 도와준다는 것은 패전국뿐만 아니라 승전국까지도 불편하게 하는 경우이다. 조국의 미움을 사지 않도록 보다 조심스럽게, 신중하게 판단하고 행동해야 할 것이다.

한편, 적대국이었던 나라를 도와주는 이런 행동은 어찌 보면 모순이라고 생각된다. 미국과 일본은 승패를 떠나 모두 전쟁에 의한 피해를 입었다. 비록 미국에 대한 피해는 적더라도, 진정한 의미의 인류애라면 조국도 도와야 하는 것이 마땅하지 않은가? 개인이 속한 공동체보다도 조국과 싸워 피해를 입힌 적대국을 우선시하여, 조국으로부터 모금을 해서 돕는 행동은 잘 이해가 되지 않는 행위이기도 하다. 이러한 점을 고려할 때 참된 인류애가 실현되지 않을까 생각한다.

<김희수_내용 요약>

1924년 출생 후 어린 시절을 할아버지와 함께 지내고 배움. 1933년 진동공립보통학교에 진학하여 4학년 시절 그의 멘토가 되는 이백순 선생을 만나 한글을 배우고 민족과 나라의 미래를 고민함. 1939년 동경전기학교 고등공업과에 입학하여 각종 일을 병행하며 공부에 열중하였지만 집안 형편이 나빠져 졸업 후 전기회사에 취직함. 1947년 동경 시내 번화가에 양품점을 열어 신용을 바탕으로 성공하여 1949년 동경전기공업전문학교에 입학 후 1953년 졸업함. 이후 사업을 두 번 시작하였으나 실패하고 부동산 사업을 새롭게 시작함. 금정기업주식회사를 설립하고 '절약, 내실, 합리, 신용'을 철칙으로 내세워 초반의 힘든 여건을 극복하여 사업에 성공함. 또한, 부동산 사업과는 별도로 조림사업을 진행해옴. 철저한 조사와 계획, 정직과 신용을 통해 재벌이 되고 나서도 겸손하고 소박하게 생활을 하였다. 1980년대로 접어들면서 조국의 교육 분야에 뛰어들어 인재를 육성하기로 결심한 뒤, 일본에 수림외국어전문학교를 세우고 중앙대학교 재단을 인수함. 중앙대학교의 발전을 위해 자산을 쏟아부으며 여러 개발 및 발전을 시킨 뒤 이사장에서 퇴임했다. 재단법인 수림문화재단을 설립하고 한일문화교류, 문화예술 인재양성 등에 힘쓰다 2012년 질병으로 쓰러져 타계했다.

<김희수_배우고 느낀 점>

일제강점기 시대의 힘든 가정 형편에서도 일본에 건너간 한국인으로서 자긍심을 가지고 학업과 사업에 열중하여 살아가는 그의 모습이 밑동 굵은 소나무 같았다. 그가 보여준 사업에 있어서의 철저한 사전 조사, 계획, 경기의 흐름 파악 그리고 사업뿐만 아니라 사람으로서도 필요한 신용과 정직을 통한 타인과의 관계 유지는 현대에 필요한 훌륭한 사업가의 자질을 나타냈다. 그뿐만 아니라 재벌이 된 후에도 소박하게 지내고, 오히려 모아둔 돈을 후대를 위해 교육에 투자한 행동은 본받아야 마땅하다고 생각한다. 그리고 중앙대학교 이사장직을 지내면서 여러 사람의 야유와 불만에도 굴하지 않고 오히려 그 의지를

굳혀가며 발전에 큰 보탬을 한, 사업가가 아닌 교육자로의 업적은 대단하다고 느껴진다. 한마디로 그는, 사업가와 교육자를 통틀어 시대의 격변기를 극복해 낸 한 사람의 위인이라고 여겨진다.

<김희수_생각해 볼 문제>

우선, 현대 사회에서도 정직과 신용을 관철한다고 해서 과연 성공할 수 있느냐이다. 주변에 유명 프렌차이즈점들, 대기업들, 각양 각색한 업종들이 넘쳐나는데 오로지 자신의 신념만을 관철한다면 팍팍한 이 사회에서 살아남기 힘들 것으로 보인다. 오히려 그 점을 이용당한다면 피해는 물론이거니와 자신의 신념 또한 수그러들 가능성이 있다. 적절한 정직과 신용, 그리고 어느 정도의 수완과 눈치가 진정으로 성공하는 길이 아닐까 싶다. 성공한 후에 실천하는 것이 더 쉽고 오래 갈 것이다.

그 다음으로, 중앙대학교 이사장을 맡으며 각종 투자를 해나갈 시절, 그는 일본에서 해왔던 것처럼, 그리고 조국과 학생을 위해 헌신하는 마음만을 가지고 발전에 임했는데, 이로 인해 그에게 적대감을 가지고 있는 학생들과 전임 이사장의 측근들이 그를 비방하고 농성을 벌일 때 당하기만 한다. 이러한 과도한 포용과 믿음이 정말 필요한지 의문스럽다. 제대로된 발전을 위해서는 비리를 저지른 전임 이사장과 연루된 인물들을 처벌하고, 보다 강경한 계획 설립 및 추진을 했어야 한다고 본다.

분명 그는 따뜻하고 그릇이 큰 인물임에 틀림이 없다. 그러나 그의 너무나도 곧은 신념과 지나친 부드러움은 오히려 해가 된다는 것을 보았다. 따라서 우리는 그를 그대로 본받는 것에서 그치지 말고 융통성 있게 받아들여야 할 것이다.

<하정웅_내용 요약>

1939년 일본에서 태어남. 일제강점기 시절의 재일한국인으로서 가난에 찌든 그의 가족은 여러 이주를 거듭하며 최종적으로 아키타에 거주를 했다. 그 후 오보나이 소학교에 진학한 뒤 생계를 위해 부모님과 더불어 쉴 새 없이 일했다. 그러던 중 그림에 빠져들어 중학교 진학 후 만난 다구치 시세이 선생님에게 그림을 배우고 열정을 불태웠다. 졸업 후 아키타 공업 고등학교 기계과에 진학하였고, 그림을 자주 그리며 여러 차례 수상했다. 하지만 그의 어머니의 반대로 화가라는 꿈을 포기했다. 고등학교 졸업 후 가전제품 대리점을 운영하며 돈을 있는 대로 모았고, 20대 중반에 여러 고난 끝에 사업에서 성공했다. 그림에 대한 열정은 살아있어 그림 감상과 수집을 좋아했는데, 그러던 중 25세 때 전화황 선생의 '미륵보살' 그림을 구입하여 전화황 선생을 알게 되고,

그를 포함해 이우환 화백 등과의 만남을 갖게 되며 재일한국인 화가들의 작품을 본격적으로 모으기 시작했다. 40세가 되던 때 19살 때 떠난 아키타를 재방문하여 다자와 호숫가에 있는 '히메관음상'을 발견함. 이 상과 관련된 숨겨진 조선인 강제 징용사건을 파헤치기 위해 20여 년 동안 힘썼고, 이 일들을 기록하기 위해 '좋은 마음의 비'를 건립하기 위해 10여 년을 힘씀. 1982년 한국의 광주에서 시각장애인들의 복지를 위해 활동하기 시작하고 이 무렵부터 메세나(mecenat)정신을 실천하기로 마음먹음. 1983년 사단법인 한국 시각장애인복지협회 광주지회가 조직되었고, 모금활동을 포함한 여러 활동 및 시련 끝에 1989년 광주시각장애인복지회관이 개관함. 1992년 광주시립미술관이 개관한 이래로 20년 동안 광주에 2,300여 점의 작품을 조건 없이 기증하였고, 다른 지역의 국공립 미술관에도 여러 차례 기증해가며 한국에 총 1만 점의 작품을 기증함. 아사카와 다쿠미 형제가 잊혀져 버린 상황에서 그들의 정신을 기려야 한다고 주장한 이래로, 2001년 기요사토에 아사카와 형제 기념관이 개관하였고, 2001년부터 그의 제안으로 '하정웅 청년작가 초대전'이 열림. 2012년부터 현재까지 수림문화재단 이사장을 맡고 있고, 광주시립미술관 명예회장이 됨.

<하정웅_배우고 느낀 점>

일제강점기 시대의 한국인으로서 일본에 건너가 가난한 생활을 이어가면서도 그림에 대한 열정을 지켜내어 지금까지도 이어오는 정신이 아름답다. 그뿐만 아니라 광주 시각 장애인 복지회 건립과 관련하여 광주의 시각 장애인들이 스스로 노력을 하도록 요청했고, 다 함께 힘을 합쳐서 일을 이루어낸 것을 보면 그는 무조건 도와주는 것이 아닌 같이 증진해 나가는 길을 추구한 선생님 같은 사람이다. 게다가 그가 50년 동안 열심히 수집해온 1만여 점의 미술 작품들을 조건 없이 한국에 전부 기증한 사실은 그가 다짐한 메세나 정신, 즉 기업이 수익의 일부를 문화예술 분야에 적극 지원함으로써 사회적인 공헌을 하는 활동을 앞장서서 실천한 사례이다. 전무후무한 그의 행적은 본 교재 155쪽에 실린 "메세나는 봉사이자 실천입니다."라는 그의 말을 그대로 따른 것이다. 스스로 신념을 세우고 몸소 실천한, 배워야 하는 참된 자세라고 여긴다.

<하정웅_생각해 볼 문제>

그는 히메관음상과 관련된 조선인 강제 징용사건에 대한 일을 밝혀냈다. 그에 관해 본 교재 143쪽에 실린 말 중에 이런 글이 있다. "하지만 그는 믿는다. 아무리 시간이 걸린다고 해도, 진실은 반드시 세상에 드러난다는 것을. 그렇게 드러난 진실은 이를 감추려고 했던 사람들을 준엄하게 꾸짖고, 은폐를 방관했던 사람들에게 추상같은 질문을 던진다." 하지만 기다림에 진실을 밝히는 힘이 있을까? 물론 적극적인 행동을 취하는 것이 필요하다. 그러나 지금까지의 우

리나라 정치 상황에 빗대어 보면, 시간의 흐름은 사람들의 인식을 흐리고, 언젠가는 중요한 사건조차 잊게 한다. 어떤 일이 터질 때마다 그것을 덮을 새로운 보도가 나왔고, 그렇게 관심이 무산될 동안 어느샌가 타오르던 열정은 식어 재가 되었다. 기다림은 사람을 지치고 녹슬게 한다. 기다림이 사건을 해소할 방법이 될지언정, 좋은 방도는 아니라는 것이 개인적인 생각이다.

<청리은하숙 세계시민학교_본인 참여 활동 내용>

윤동주 시 낭송대회, 망우리 공원 활동, 영화 '백자의 사람' 시청 및 청리학강의 수강

<청리은하숙 세계시민학교_배우고 느낀 점>

청리은하숙 세계시민학교 처음 활동에 일제강점기 시대의 억압받던 시인과, 억압받던 조선인에 공감한 일본인을 접했다. 다음 활동에서는 그 일본인, 아사카와 다쿠미의 생애를 그려낸 영화를 보고 실감나게, 그리고 또렷하게 그의 정신이 느껴졌다. 그 후, 지금 하는 보고서 활동으로부터 우리에게 많은 도움을 주었지만 정작 우리는 잊고 살았던 위인들의 존재를 새삼 깨닫게 되었다. 김희수, 아사카와 다쿠미, 폴 러쉬, 하정웅. 점점 건조해지는 사회속에서 각각 정직과 윤리, 박애, 인류애, 그리고 봉사와 실천이라는 가치를 실현한 4명의 업적을 되새겨 보는 다시 없을 귀중한 기회였다. 또한 개개인의 생애를 보면서 배울 점을 찾았고, 주관적인 생각에 빗대어 차이가 나는 점을 인식하고 개선해 보았다. 위 네 사람은 모두 타인을 위한 이타적인 삶을 살았다. 이들을 통해 우리가 배웠으면 하는 점은 바로 보편적 가치로써의 베품이 아닐까 생각해 본다. 속 깊은 곳까지 전해질 수 있는 사람 사이의 온기. 그것이 느껴졌다는 사실은 부정할 수 없었다.

청리은하숙 세계시민학교 개교식

교장 박전열
(중앙대학교 일어일문학과 명예교수)

한국의 청소년들이 국경의 장벽을 넘어서, 이웃 나라와 문화를 함께 생각하며 보다 넓은 세계를 꿈꿀 수 있도록 해준다면, 인류는 보다 밝고 희망찬 미래를 열어갈 수 있습니다.

청리은하숙 세계시민학교는 청소년에게 보다 마음의 문을 활짝 열고 넓은 세계를 꿈꿀 수 있도록 해주는

프로그램을 통하여 참된 글로벌 리더로 성장해 나가기를 기대합니다.

한국인과 일본인이 매우 어려운 지경에 놓여 있던 일제강점기에, 한국의 산과 민예를 사랑하고 한국인의 마음속에 살다간 일본인 아사카와 다쿠미 선생의 정신은 오늘날 인류에게 필요한 숭고한 사랑 그 자체였습니다. 이런 숭고한 사랑은 일본의 청리마을 즉 기요사토를 일구신 폴 러쉬 선생의 정신이자, 동교 김희수의 헌신적인 사랑, 국경을 초월한 사랑, 인류애의 실천이자 귀감으로 이어집니다.

이와 같은 사랑의 모습과 사랑을 펼치는 방식에 대한 이해하며, 비록 그것이 작은 것이라 해도 몸소 실천해보려 마음가짐을 가지도록 하려는 것이 청리은하숙 세계시민학교를 설립한 뜻입니다.

이를 위하여 하정웅 선생이 앞장서시고 뜻있는 여러 선생님이 힘을 모아 제1기 70여 명의 청소년을 위한 프로그램을 진행했습니다. 모두가 처음으로 하는 일이기에 서로 격려하며 많은 땀을 흘렸습니다만, 서툰 점도 많았고 미처 생각하지 못했던 상황에 당황하기도 했습니다. 그러나 여러 방면에서 격려해주신 여러분과 봉사하는 마음으로 강의를 맡아주신 선생님, 각기 다른 꿈을 지닌 청소년들을 잘 이끌어 과정을 수료하도록 이끌어주신 선생님, 멘토로 수고해준 대학생 봉사자 여러분, 여러 방면에서 지원해주신 수림문화재단의 여러분의 커다란 사랑이 없었다면, 도저히 이루지 못할 커다란 성과를 거두었습니다. 이에 여러분에게 깊은 감사의 뜻을 전합니다.

첫해의 첫 학기 제1기를 기획하고 진행하는 동안에 여러 가지 과제를 발견하였습니다. 2016년에 제2기를 준비하며, 청리은하숙 세계시민학교의 설립 취지를 보다 구체적으로 드러내며, 청소년의 꿈을 키워가는데, 구체적인 도움이 되도록 보다 치밀하고 풍요로운 프로그램으로 발전할 수 있도록 여러 선생님과 머리를 맞대어 논의를 거듭하며 새로운 각오를 다지며 더욱 노력하려 합니다.

청리은하숙 세계시민학교 개교식을 열다

정종배
(시인, 청리은하숙 세계시민학교 숙장대행)

한국의 산과 민예를 사랑하고 한국인의 마음속에 살다 간 일본인 아사카와 다쿠미(1891~1931)의 조선의 예술과 미에 대한 사랑과 인류 보편의 정신을 기리고 학생들에게 그 정신과 마음을 교육하기 위해 설립한 청리은하숙 세계시민학교 개교식이 2015년 10월 17일(토요일) 오전 10시 국립산림과학원 1923년 아사카와 다쿠미가 심은 반송(수령 130년) 앞에서 수림문화재단 주최로 아사카와 다쿠미 현창회 회장인 조만제 삼균학회 이사장, 김종규 문화유산국민신탁 이사장, 안규백 국회의원, 시의원을 비롯하여 주민들까지 200여 명이 참석하여 성대하게 열렸다.

청리은하숙은 아사카와 다쿠미의 고향 일본 야마나시현 호구토시 기요사토(청리)에서 재일동포 2세인 하정웅(광주시립미술관 명예관장)이 사비로, 일제강점기 한국의 산림과 민예를 사랑하며 한국말과 한복을 즐겨 입고 한국인을 사랑하다 망우리묘지공원에 묻혀 있는 일본인 아사카와 다쿠미와 그의 고향 야마나시현에서 제2차세계대전 전후 농촌 계몽 선교로 현재 일본 제일의 낙농과 유기농업 보고의 기틀을 다진 미국인 성공회 선교사 폴 러쉬(1897~1979)의 디아스포라적 삶과 업적을 기리며, 그 정신을 이어받고 교육하기 위해 2006년 설립하여 올해까지 12회째 운영하고 있다.

하정웅 수림문화재단 이사장은 청리은하숙을 한국에서도 교육하겠다고 다짐하다 2015년 서울시 내 고등학생 80여 명을 모집하여 청리은하숙 세계시민학교(교장, 박전열 중앙대 명예교수)를 (사)중랑문화연구소(이사장, 남화창)가 주관하여 개교하게 되어 꿈을 이루었다며 오신 손님들과 학교 구성원 및 주민들과 함께 기뻐하였다.

올해 청리은하숙 세계시민학교 프로그램은 10월 17일(토요일) 오전에는 개교식과 특강 '디아스포라의 삶'(수림문화재단 하정웅 이사장), 오후에는 한국외국어대학교에서 '양심적인 일본인과 일본법이 한국에 미친 영향'(외국어대 법학전문대학원 정한중 교수), 대학입시와 진로교육(대학인입시연구소 소장 임대균)을 운영한다. 10월 24일(토요일) 오전에는 '조선백자와 아사카와 다쿠미'(명지대 윤용이 석좌교수) 주제의 특강과 아사카와 다쿠미를 주인공으로 한 영화 <백자의 사람>을 상영한다. 오후에는 망우묘지공원 아사카와 다쿠미 묘역 및 망우인문학 강의 및 답사(한용운, 방정환, 박인환, 이중섭, 최학송, 조봉암 등)를 한 뒤 수료식을 갖는다.

수림문화재단(이사장, 하정웅)은 20여 년간 중앙대학교 이사장을 역임한 동교(東喬) 김희수 선생(1924 ~ 2012)이 문화입국의 기치 아래 지난 2009년 고국의 문화예술발전을 위해 설립한 재단이다. 문화예술 기반의 확대 강화, 사회계층 간의 문화격차해소, 다문화 갈등의 해소와 소통 등을 목표로 다양한 문화예술 관련 지원 사업을 전개하고 있다. 주요 사업으로 2012 ~ 2015 북촌뮤직페스티벌, 수림문화예술 대학생 아이디어 공모전 및 해외탐방, 수림문학상 (장편소설 공모), 수림문화상 (전통예술 아티스트 창작 지원), 사진공모전2012 구석 구석 섬 이야기, 전통예술단체 역량강화 해외투어 프로젝트 (미국: 소나기프로젝트, 몽골/베트남: A.M.E_Asian Music Ensemble), 우리음악 氣살리기_전통음악관련 심포지움 개최, 2013코리아스포츠아트: 인간의 무브먼트 파리전 등을 개최하고 후원하며 내실 있게 운영하고 있다.

청리은하숙 세계시민학교 숙장대행을 맡은 정종배 시인은 앞으로 학교 교육계획에 대해 아사카와 다쿠미, 폴 러쉬, 김희수, 하정웅 등의 디아스포라적 삶과 업적을 고등학생 대학생 일반인을 상대로 평생학습 형태의 교육을 목표로 강의와 답사 등 다양한 내용으로 운영하겠다고 밝혔다.

행복한 사람들 즐거운 배움의 길

정종배
(시인, 청리은하숙 세계시민학교 숙장 대행)

청리은하숙 세계시민학교 구성원 모두가 밝은 모습으로 국립산림과학원 반송 앞에 섰다. 청리은하숙 세계시민학교가 경건하게 첫발을 내딛는 계절의 향기는 더없이 환하였다. 하정웅 청리은하숙 숙장의 끝없는 지향으로 마침내 새 우주가 탄생하였다. 반송을 옮겨 심은 아사카와 다쿠미 선생의 인류와 국경 시대를 뛰어넘은 삶과 뜻이 이제야 꽃을 피웠다. 130여 살의 늘 푸른 소나무가 가을 하늘과 함께 뜨겁게 반겨 맞는 듯 아침 햇살에 더욱 짙푸르렀다.

아사카와 다쿠미 선생과 첫 대면은 새천년이 시작되는 2000년 4월 첫 토요일 오후였다. 장훈고등학교에서 17년 근무하다 공립으로 특채되어 장안중학교 1학년 담임을 맡게 되었다. 사립과 공립의 근무환경과 고등학생과 중학생의 말과 행동 사고방식 등 다양한 특성이 달라 정신없이 새 학기 3월을 보냈다. 4월 들어 마음의 안정을 찾기 위해 망우리묘지공원 사색의 길을 걸었다. 고등학교 2학년 당시 면목동 50번 버스 종점 근처 친구 집에 자주 놀러 다녔다. 그때 친구와 함께 망우리묘지공원을 찾아 답사하였다. 지금까지 뚜렷이 기억에 남는 묘지는 죽산 조봉암 만해 한용운 두 분의 묘역이다.

아사카와 다쿠미 묘지 앞을 지나는데 조화가 즐비하게 서 있었다. 유명인사 아니면 대단한 집안 선조인가 하고 묘지를 확인하였다. 일본인 묘지였다. 한국의 산과 민예를 사랑하다 한국의 흙이 된 아사카와 다쿠미 선생이었다. 중학교 1학년 국어 교과서에 실린 <약손> 저자인 박문하 수필 '한권의 책'을 전날 밤에 읽었었다. 박문하 수필가가 일본의 지인에게 구입하여 보내라는 책 중에 두 권이 아사카와 다쿠미 선생의 『조선의 선』과 『조선도자명고』였다. 좀 더 자세히 자료를 찾아 읽고 한국말과 한국의 옷 한국의 온돌방과 한국인을 위해 한국인보다 더 한국적으로 살다 가신 일제 강점기 식민지 관료로서 거의 유일한 분이라는 걸 알았다. 마침 서울시교육청 발간 계간지 『서울교육』지에 아사카와 다쿠미 선생과 이 이야기를 실었다.

2003년 동호공고로 옮겨 이재남 선생님과 토요일 오후 늦게 망우리 사색의 길과 묘지를 탐방하였다. 아사카아 다쿠미 선생 묘지 앞에서 재일동포 3세 작가를 안내하시는 아사카와 다쿠미 현창회 조재명 회장과 인사를 나누었다. 조재명 회장의 권유로 현창회 회원으로 가입하여 활동하기 시작하였다. 영화 '백자의 사람' 후원 모임에서 일본 중의원인 프로레슬링 선수 출신 안토니오 이노키 일본 대사 등 유명인사와 인사를 나누고 여러분과 교류하였다. 매년 4월 2일 전후로 아사카와 다쿠미 추도식에 학생들과 참여하였다. 학생들이 망우리에 묻힌 유명인사의 삶과 업적을 배워, 깨어 있는 사람으로 거듭나길 바라는 마음으로 지금까지 체험활동 봉사활동 방과후학교 동아리활동 학교축제 등 비교과 영역으로 기회 닿은 대로 참여하고 있다.

2010년 당시 아사카와 다쿠미 현창회 백조종 부회장께서 아사카와 다쿠미 선생의 삶을 재조명하기 위해 100여 분의 글을 모아 책을 펴내겠다며 도움을 청하였다. 조재명 회장님의 갑작스런 서거로 인해 현창회의 어려움을 이겨내기 위해서라며 거듭 함께하여주길 요청하였다. 원고 청탁과 정리 편집 교정 등 힘껏 함께 책을 발간하였다. 원고가 부족하여 방과후학교 학생들의 소감문을 수록하기로 하여 20여 명이 동참하였다. 2011년 아사카와 다쿠미 학술대회에 맞춰 백조종 편저 『한국을 사랑한 일본인』을 출간하였다. 또한 아사카와 다쿠미 80주기 추모식 때 추모시를 낭송하였다. 아사카와 다쿠미 선생 추모 사업을 하면서 만나는 많은 분들은 나에게 좋은 일을 안겨 주었다. 소설가 최학송 묘지 관리인으로 활동하게 된 내용이 한국일보에 기사로 실렸다.

2013년 "청리은하숙"을 참여하고 오신 백조종 부회장께서 청리은하숙 숙장 대행을 맞게 되었다며 함께 할 사람은 정 선생뿐이라며 청리은하숙에 대해 이런저런 말씀을 다 하였다. 하정웅 수림문화재단 이사장님의 이력과 활동도 자세히 알려주었다. 그 뒤 하정웅 이사장님을 추도식과 뒤풀이 행사에서 뵙게 되었다. 수림문화재단에 찾아오길 볼 때마다 말씀하였다. 소극적이고 수줍어하는 성격 탓으로 대답으로 끝났다.

2014년 가을 아사카와 다쿠미 고향 후쿠토시 시의회에서 아사카와 다쿠미 선생의 묘지를 재단장하였다. 행사 뒤풀이 장에서 시 원고가 있으면 후원하여 주었으면 하는 노치환 기자의 제안으로 정식 절차를 밟아 수림문화재단 창작기금으로 제5시집 『봄동』을 출간하였다. 2013년 1월 어머니 장례식을 치르고 그동안 미뤄 두었던 시집 원고를 정리하여 시평을 해줄 평론가를 정해 원고료까지 지급하였다. 시평을 쓸 교수이자 평론가가 원고 늦게 주는 분이라는 걸 알고서도 재촉하지 않고 느긋하게 기다린 게 결국 창작기금으로 출간하게 되었다. 지금까지 살아오며 무엇을 얻겠다고 버둥거리거나 남을 이용하지 않았다. 그러나 지금까지 마음먹은 일은 거의 다 이루었다. 가까운 친구들은 '너는 이상하다'며 무엇이든 거의 말한 대로 살아간다며 부러워하고 있다.

수림문화재단을 설립한 중앙대학교 전 이사장인 동교 김희수 선생 3주기 추모식 때 추모시를 헌정하고 낭송하였다. 동교 선생의 헌신적인 삶과 남다른 교육관을 통해 인재 양성 즉 노벨상 수상의 영예를 안을 수 있는 교육활동을 본

받아 실천하겠다고 다짐하며 현재까지 노력하고 있다. 청리은하숙 숙장대행을 맡아 늘 낮은 자세로 봉사하는 정신으로 뜻깊고 즐거운 학교로 발전하여 이어가려 하고 있다

2015년 8월 수림문화재단 김 국장한테 하 이사장님 뵈려가는데 함께 할 수 있느냐는 전화가 왔다. 하 이사장님을 뵙고 청리은하숙에 대한 설립 제안과 계획을 듣고 내 의견을 말씀드렸다. 청리은하숙에 참가한 학생 중 사회 활동을 하며 청소년 시절 청리은하숙 행사로 인해 지금의 자기가 되었다며 자랑스럽게 이야기할 수 있는 기틀을 마련하여 주면 된다는 의견을 제시하였다.

2주 후에 연락이 왔다. 올해 예산이 잡혀 있으니 청리은하숙을 설립 개교할 수 있으면 좋겠다는 수림문화재단 김 국장의 전화였다. 작년 '망우인문학' 강좌에서 만남 (사)중랑문화연구소 이수종 상임이사께 말씀드렸더니 함께 하자며 선뜻 받아드렸다. 그날 이후 지금까지 어느 한 분도 청리은하숙 세계시민학교 설립 및 개교에 관한 일로 부탁을 드리면 거절하지 않고 다 좋다며 따뜻한 협조와 도움을 주었다.

현재 망우리묘지공원에 관한 가장 다양하고 깊은 자료집으로 올 11월 재출간 한 『그와 나 사이를 걷다』의 저자 김영식 작가도 망우인문학 강좌에서 만났다. 김영식 작가가 2009년 신동아 연재로 망우리에 묻힌 분들의 이력과 활동을 널리 알리는 계기가 되었다. 현재 망우인문학에 관하여 가장 활발하게 활동하고 있다. 최학송 묘지 관리인으로 서울시 시설관리공단에 올리게 된 연유도 김영식 작가가 글을 써 발표하였기 때문이다. 2006년 처음으로 만든 비밀통장을 깨 묘역을 정비하였다. 그 내용을 서울교원문학회 답사 때 살짝 알린 걸 대학 동기인 박수진 시인이 수필로 문학회 카페에 수록하였다. 김영식 작가가 자료를 찾다 그 내용을 옮겨 발표하였다. 집사람한테도 알리지도 않고 한 일이었다. 집사람 친구가 그 기사를 읽고 알려 주어 들통이 났다. 그 뒤에도 두 번 더 봉분을 재단장하였다. 세 번째 작업은 여수에서 사업을 하는 고등학교 동기인 이호일 제3한강유통 부회장이 '좋은 일 하며 알리지도 않냐'며 대금을 줘 갈무리하였다.

청리은하숙 세계시민학교 교사로 철저한 계획과 빈틈없는 활동으로 처음부터 끝까지 책임을 다한 김영만 선생은 고3 담임으로 대입 원서를 학생 원하는 대로 써 주지 않은 거의 유일한 학생이다. 또한 담임한 학생 중 성적이 제일 좋은 학생이며, 독서량 또한 깊고 다양하여 학교 교문 앞 헌책방 주인아주머니가 20년 동안 운영하며 만난 학생 중 독서 능력이 가장 뛰어난 학생이라며 자랑스럽게 이야기할 정도였다. 지금도 김 선생 어머님의 S에 대한 바람만 없었으면 좋았을 것을 하고 후회하고 미안하다. 주변의 모든 이가 고시를 하지 않

느냐며 물었을 때 주저하지 않고 중학교 선생님이 좋지 않으냐며 되물을 정도로 현재 즐겁게 학생들과 생활하고 있다. 청리은하숙 세계시민학교 참가한 학생들이 김 선생에 대한 존경과 배움의 자세는 놀랄 정도로 깊고 높았다.

아사카와 다쿠미 선생이 심은 반송 앞에서 소나무와 다쿠미 선생과의 관계 이야기로 구성원 모두에게 자부심과 삶의 철학을 심어 주며 개교식을 힘차게 열어주신 선생님이 계시다. 창경궁 궁궐지킴이로 생태에 대한 명강의로 이름을 떨치고 계시는 박상인 선생님과는 장훈고등학교 교사로 근무하며 가장 닮고 싶은 선생님 중 한 분이었다. 지금도 각종 잡지에 나무와 생태학에 대한 글을 연재할 정도로 영원한 현역이시다.

청리은하숙 세계시민학교 교장으로 모신 박전열 중앙대학교 명예교수님은 학다리고등학교 1학년 김희옥 필자의 집사람 국어 교사로 지금까지 스승과 제자로 만남을 유지하고 있다. 국문학을 전공하시고 일어일문학과 교수로 학문 연구 및 후학 양성에 진력하시었다. 청리은하숙 세계시민학교 정신을 천착하고 북돋는데 최적격이시라 말씀드렸더니 흔쾌히 자리를 맡아주시었다.

청리은하숙 세계시민학교는 아사카와 다쿠미 폴 러쉬 김희수 하정웅 네 분의 디아스포라적인 인류애와 시대와 국경 민족을 초월한 삶과 활동을 기리고 후손들에게 교육하기 위해 설립하였다. 그중 폴 러쉬 성공회 선교사의 자료는 국내에서 거의 찾아볼 수 없다. 토익 감독하며 몇 마디 말을 나눈 인연으로 경희대 국문과 4학년 교환학생 유스이 나미코의 번역으로 폴 러쉬 자료는 자료집 한 꼭지를 차지하였다.

대외적인 홍보 및 강사 연결을 맡은 최원일 국회 보좌관은 나의 교직 첫 근무지인 목포홍일고 제자이다. 장훈고등학교 출근길에 몇 번 마주치다 인사를 나눠 알게 된 뒤 드문드문 소식을 전하였다. 올여름 교통사고로 입원하여 문병차 들렀다. 문병하는 지인들이 많았다. 신문기자 출신 한 분이 성공회 성당으로 신부님을 뵈러 가신다기에 폴 러쉬 선교사를 아시는 신부님이나 관계자분을 찾아 연락처를 알려주시길 바란다는 대화를 나눴다. 아직 병원을 떠나지 않았는데, 성공회 만난 신부님의 릿교대학교 교목을 10년 봉직하신 유시경 신부님과 만나고 있다며 직접 전화로 확인하시었다. 지난 11월 23일 월요일 저녁 성공회 주교좌 성당 신부님 집무실에서 만나 뵈었다. 청리은하숙 세계시민학교와 관계가 돈독하고 함께 할 수 있는 일이 많음을 확인하고 다시 만나 좀 더 자세한 계획을 구체적으로 구성하고 실행하기로 하였다.

청리은하숙 세계시민학교 설립과 개교까지 만나는 분들마다 적극적으로 협조하고 도와주시었다. 청리은하숙 세계시민학교 교육 목표와 과정이 확실하게 정립되지 않았지만 현재까지 도움을 주시고 협조한 분들의 제안과 고견을 바탕으로 운영한다면 멋지고 즐거운 학생들이 맘껏 재능을 찾고 봉사하는 행복한 학교가 되리라 확신한다. 청리은하숙 세계시민학교 교사들은 제자들이 주축을 이루었다. 학교 졸업한 후 이런저런 인연으로 관계를 맺어오다 지난 2012년 겨울 망우인문학 중심으로 활동하자며 모임을 결성하였다. 아직 구체적인 실천 목표와 방법을 정하진 못하였으나 서로 뜻을 합하면 무슨 일이든 잘 할 수 있으리라 다짐하여 작지만 내실 있는 모임으로 사회에 도움이 되리라 믿고 희망을 갖고 앞으로 나아가겠다.

청리은하숙 세계시민학교를 평생교육과 재능기부 봉사활동 중심으로 운영할 계획이다. 말씀하시는 하정웅 숙장님의 뜻을 잘 살려 참여 학생들이 주변에 추천하고 적극적으로 실천하는 나날이길 기원하며 내년에는 더욱 정진하는 학생들과 함께하길 꿈꾼다.

홍림원(洪林園) 다쿠미(巧) 소나무 아래에서

박상인
(시인, 생태해설가, 궁궐 지킴이)

자연의 소중함과 아름다움을 알고 배우려는 사람들이 우리나라 숲과 나무를 공부하려들 때 성지순례 하듯 찾은 곳이 세 군데 있다. 그곳은 경기도 국립광릉수목원과 창덕궁 후원으로 전에는 비원이라 불렀던 곳이다. 마지막 한 군데 필수 코스로 치는 곳이 바로 청량리 옛 명성황후의 능이 있었던 소위 청량리 홍릉수목원 지금의 국립산림과학원이다.

내 생의 반을 교단에서 뛰다가 때가 되어 그 자리를 물러나서 남은 생의 기간을 어떻게 살아 갈까? 고민하던 중 내가 가장 먼저 찾은 곳도 바로 이곳 국립산림과학원이었다. 나의 태생이 산과 숲이 있는 소백산 자락이라 내 몸 안에 숲에서 나고 자란 생태적 DNA가 깊이 자리 잡고 있어선지 숲에 가면 마음이 안정되고 삶의 에너지를 얻게 된다는 체험을 하게 되면서 나는 가까이 있는 서울의 숲을 줄곧 찾아가고 있다.

산골 고향을 떠나 그야말로 반백년을 타향살이하는 동안 시름과 향수를 달래려 나는 자주 청량리 이 옛 홍릉 숲을 즐겨 찾고 있다. 거기서 고향친구 같은 나무와 풀을 만나고 이들과 정담을 나누고 관찰하고 서로의 속내를 털어놓고 해서 때론 내 공부방이요 연구소가 되는 곳이 홍릉 숲이다. 그러다 보니 어느새 나는 <숲이야기꾼> 즉 숲해설가가 되었다. 2천년대 들어가서 해가 갈수록 자연과 숲에 관심을 가지고 가까이하여 숲을 알리는 사람들이 늘어나 나는 서울 근교의 숲과 전국에 개설된 자연휴양림과 마을숲을 이들과 함께 교감하고 공부해 오고 있는 중이다.

숲을 이해하고 가까이 하고자 소위 자연생태 공부하는 팀과 홍릉의 이 숲을 찾을 때마다 나는 연구동 뒤편 넓은 잔디광장(홍림원) 동쪽으로 약간 치우친 지점에 점잖게 자리 잡은 반송 한 그루를 올 때마다 먼저 찾아뵈옵고, 그간 무량하시온지요? 하고 안후(安候)의 인사를 드린다.

그러나 내 맘 한편에는 왜, 언제, 누가 여기에 이 반원형의 미쁜 소나무를 심었을까? 하는 궁금증이 늘 남아있었다. 물어도, 책에서 찾아봐도 그 답을 쉽게 얻을 수가 없어 고민고민 하고 왔다.

생각하고 또 거듭 생각하면 신이 답을 내리신다(思之 思之 鬼神通之)는 말이 허언이 아니다. 저 망우리공원에 잠든 한 일본인 아사카와 다쿠미[淺川巧]라는 분을 문헌에서 만나게 되었다. 그리고 바로 이 소나무를 심은 분이 이 다쿠미 그분이라는 사실도 확인했다. 그때의 기쁨을 어찌 다 표현할 수 있으랴? 그 사실을 안 후 주말에 다시 이 소나무를 찾아 정식 인사를 올렸다. 다쿠미 선생에 대한 책과 자료를 찾아 읽었다. 그의 추도식 등 다쿠미와 관련된 각종 행사에 참여해 왔다. 지난 십여 년 동안 내가 알아 온 다쿠미 선생은 박애주의자이고 자연주의자이며 그의 심미감과 관찰력은 하늘이 내린 분 같다. 다쿠미 선생이 1922년 이곳 홍릉터에 임업시험장을 개설할 때 청량리역 앞 홍파초등학교 근처의 30년생의 이 반송을 개장기념으로 심었다는 기록도 알았다. 그로 치면 이 반송의 나이는 올해로 약 127여 세이다.

그의 우리나라 산과 숲과 도자기와 민예품에 관한 남다른 애정과 정성은 아직도 제대로 대우받지 못하고 있어 내 마음속에는 늘 안타까움이 남았으나 늦으나마 점점 진흙 속의 보석처럼 드러나고 있음에 희망을 본다.

다쿠미 선생은 일본 야마나시현립 농림학교를 나와 한발 앞서 서울에 와 있었던 형 노리타카의 권유로 1914년 5월에 서울에 와서 당시 조선총독부 산림과 고원(인턴)으로 조선의 산과 숲과 인연을 맺는다.

더욱 나를 놀라게 한 것은 온 지 5년 만에 비록 공동작업이긴 하지만 『조선노거수노수명목지(朝鮮老巨樹老樹名木誌)』라는 책을 발간했다는 것이다. 이 『조선노거수노수명목지(朝鮮老巨樹老樹名木誌)』는 우리나라 방방곡곡 면면촌촌에 있는 오래된 나무와 전설 이름난 나무 신사 신목 등등을 총망라한 책이다. 나는 이 책과 아주 오래전부터 특별한 인연이 있다. 1970,80년대 새마을사업으로 또는 산업사회로 건너는 길목의 우리나라 농촌사회에 산재해 있던 그 많은 신령님 할아버지 같은 나무들이 허무히 사라지는 현장을 목도한 나는 기록으로나마 소중한 그 모습 전설 등등을 남겨 놓아야 한다는 생각에 그들 소재 파악부터 하기로 했다. 그때 나는 국립중앙도서관에 이 책이 유일본으로 남아있다는 것을 알고 도서관장에게 특별허가를 받아 관외대출로 읽고 필사를 시작하기로 맘먹었다.

일본말로 된 책이기에 일어 독해를 위해 종로3가 학원가에 가서 당시로서는 스타강사 "박성원 일본어"의 수강권을 몇 달 몇 번이나 없는 돈으로 끊어 공부한 것도 바로 이 책을 읽기 위함이었다. 여러 가지 핑계이지만 또는 지긋함의 부족으로 종내는 도중하차했다. 지금은 어디 갔는지도 모르고 겨우 익혀왔던 일본글자도 다시 맹점으로 돌아가게 되었다. 이 책이 다쿠미 선생의 손길에서 만들어졌다는 걸 알기에는 무려 40여 년이 걸렸다. 한국외국대학교 일어일문학과 교수를 역임한 박성원 스타강사는 망우리공원 다쿠미 선생의 유택과 가까운 동락천 좌측에 잠든 국어학자이자 변호사인 학범 박승빈의 장녀이다.

또 한 가지 다쿠미 선생과의 간접 인연을 들자면, 이것도 내가 다쿠미 선생을 알고 난 뒤에 확인한 사실로 망우리에 다쿠미 선생의 공덕비를 세우고 그를 기리는 모임을 적극적으로 주선하고 앞장선 분이 전 임업시험장이신 고 조재명 선생이다. 조재명 선생은 내가 학창 시절부터 그 명성을 많이 들어 아는 분이다. 고향이 행정구역상으로는 나와 한동네 아랫마을 출신이라는 것도 인연이라면 작은 인연이다.

우리나라는 세계사에 그 예를 볼 수 없을 만큼 짧은 세월 속에서 산림녹화와 임업에 성공한 나라라고 많은 나라가 부러워한다. 이는 우리 자신들의 근면과 자연사랑에도 원인이 있겠지만 내가 다쿠미 선생을 공부하면서 느낀 것은 오늘날의 저 우거진 산이 있음은 오래전에 씨를 뿌리고 심은 다쿠미 선생의 공도 적지 않으리라 확신한다.

나는 지금 여기 홍림원 다쿠미 선생이 정성으로 심은 소나무 가까이에서 소슬히 나리는 가을비를 맞으며 낙엽귀근(落葉歸根)에 소목황엽(疎木黃葉)이라는 옛 글귀를 생각하고 있다. 모든 것이 근본으로 돌아가고 앙상한 나무 아래 낙엽만 쌓인 여기 홍릉 홍림원 잔디밭, 언제나 만날 때마다 푸르름을 자랑하는 다쿠미 소나무 아래 서서 그의 일대기를 영화화한 <백자의 사람> 중의 각 장면 장면에서 본 한복 입고 고무신으로 전국의 산과 오지를 누비며 종자을 채취하고 번뜩이던 눈빛으로 도자기 조각을 모으던 선생의 모습을 생각한다.

그리고 그해 1922년 이곳에 임업시험장의 간판을 처음 내걸고 이 소나무 한 그루를 심으며 그가 생각했던 이 나라 산과 숲과 사람에 대한 깊은 사랑을 다시 생각한다.

내게 천 가지 나무와 만 가지 풀들은 모두 선생님(千樹卍草皆吾師)이지만 오늘 다쿠미 선생이 손수 심은 이 소나무 아래서 그분의 이승에서 삶 40년, 그중 조선에서의 17년간 행적의 인간다움에 감동하며 그가 여기 이 한 그루의 나무로써 우리에게 하려던 수많은 전언을 생각하고 옷깃을 여미며 내 마음 깊은 곳에 스승으로 모셔본다.

다쿠미 선생이야말로 공자님이 말씀하신 발분망식(發憤忘食)에 낙이망우(樂而忘憂) 즉 무엇에 집중하면 식사하는 것도 잊어버리고 즐거움 속에 걱정도 완전 잊었다는 말을 몸소 실천한 분이 아닐까?하는 생각을 그의 평전과 그의 행적으로 공부하면서 조금씩 알아가고 있다.
망우리 그의 묘 앞에 검은 돌에 새겨진 글귀 그대로 "한국의 산과 한국의 민예를 사랑하고 한국인의 마음속에 살다간 일본인" 다쿠미 선생이시여 숲을 사랑하는 한 늙은이 당신에게 다시 깊게 감사의 마음을 전하고 있다오.

아사카와 다쿠미[淺川巧], 나는 이 이름을 읽을 때마다 내 얕은 소양이지만 노자의 도덕경에 나오는 "대교약졸(大巧若拙)" 즉 "아주 뛰어난 것은 오히려 졸렬하게 보인다"는 그 말의 대교(大巧), 그중에도 이 교(巧)자가 다쿠미의 교(巧)와 연상으로 떠오르는 것도 당시의 그의 행적과 무슨 연이 있지 않나 하는 좀 막연하고 엉뚱한 생각도 해본다.

다쿠미 소나무(巧 松)여 만고상청(萬古常靑)하시라.

청리은하숙 세계시민학교 1기 일본 연수를 다녀와서

김영만
(서울 보인고등학교, 청리은하숙 세계시민학교 교사)

2016년 6월 24일(금)부터 6월 26일(일)까지 2박 3일의 짧은 일정이었지만 청리은하숙 세계시민학교 일본 연수를 통해서 저는 많은 배움과 추억의 시간을 가질 수 있었습니다. 청리은하숙 은하숙 세계시민학교 1기 연수(이하 '청리 1기 연수'로 칭함)를 다녀와서 그에 대한 감상과 소회를 몇 가지 에피소드를 중심으로 그에 대한 단상으로 정리하고자 합니다.

먼저 청리 1기 연수를 통해서 저는 청리은하숙이라는 프로그램의 본질과 정신을 보다 구체적이고 올바르게 배울 수 있어서 매우 뜻깊고 보람 있는 시간이었다고 생각합니다.
세이센료에서 진행한 프로그램 1일 차에 실시한 강연 프로그램을 통해서 청리은하숙과 관련하여 매우 유익하고 의미 있는 것들을 배울 수 있었습니다. 오문자 선생님의 '언어의 교차점을 향해서' 강연을 통해서는 일본과 한국의 문학, 예술 작품에 녹아있는 삶의 깨달음과 정신을 이해하고, 한국과 일본의 문화, 예술적인 교류와 공감을 통해서 상호이해와 발전의 계기가 필요함을 배울 수 있었습니다. 그리고 아사카와 타쿠미 자료관 관장이신 사와야 시게코 님의 강연인 '아사카와 타쿠미의 삶'을 통해서는 아사카와 다쿠미의 실제 삶의 이야기와 그가 추구한 목표와 이념을 이해할 수 있었던 유익한 시간이었습니다. 특히 청리은하숙에서 하나의 학문으로 연구하고 있는 아사카와 타쿠미에 대해서 저 또한 책이나 영화 등을 통해서 파편적으로 알고 있을 뿐 제대로 알지 못하는 상황에서 관장님의 강연은 다쿠미라는 인물의 실체와 더불어 그의 삶이 비추고 있는 인간과 사회에 대한 진정성의 태도를 알게 해 주었습니다.

세이센료에서의 다양한 강연 외에도 폴 러쉬의 기념관 방문, 아사카와 다쿠미의 묘소 참배, 김희수 선생님의 기일 행사 참여 등은 청리은하숙에서 학문적으로 재조명하고 있는 김희수 선생님, 폴 러쉬, 아사카와 다쿠미의 삶과 철학을 보다 생생하게 알 수 있는 좋은 교육적 시간이었습니다.

두 번째로, 이번 청리 1기 연수를 통해서 우리가 이제까지 알고 있는 일본을 보다 다른 시각으로 느끼고 깨닫는 시간이었습니다.

우리는 일본에 대해서 역사적인 문제, 외교적인 관계 등과 관련한 다양한 사건들로 인해서 사실 많은 편견과 오해를 품고 있습니다. 다른 나라의 사람들이 일본에 대해서 판단하고 생각하는 것과는 오히려 반대의 시각과 평가에서 일본을 대하고 있는 것이 사실입니다. 그것은 일본이 한국에게 끼친 부정적인 사건들, 예를 들면 역사적으로 거슬러 올라가면 임진왜란, 일제 강점기의 만행들, 일본군 위안부 문제, 독도 영토 문제, 역사교과서 왜곡 문제 등에 대해서 진정서 있는 역사 인식이나 사과의 모습을 우리에게 보여주지 않고, 거짓말과 위선, 말 바꾸기를 쉽게 했기 때문에 우리가 그들에 대해 가지는 당연한 평가일 수도 있습니다. 하지만, 그렇다고 해서 일본과 일본사람들에 대해서 제대로 된 평가 없이 매도급으로 부정적 평가만 하는 것은 또한 국가 대 국가, 그리고 사람 대 사람과의 관계에서 올바른 모습은 아닐 것입니다. 일본에 대해서 냉정하고 객관적인 시각에서 바라보고 좋은 점과 나쁜 점은 구분하고 상호 호혜의 입장에서 발전적인 관계를 만들어가는 것이 성숙한 모습일 것입니다. 이번 청리 1기 연수를 통해서, 매번 일본을 대할 때마다 느끼는 것이지만 그들이 보여주는 질서 의식과 배려는 정말 우리가 배워야 할 점이라고 생각합니다. 세이센료 프로그램을 준비하시는 관계자들의 태도는 매우 공손하고 친절했으며, 숙소의 화장실이나 방, 휴게 공간은 정말 티끌 하나 없이 깨끗이 청소되고 정리가 잘 되어 있었습니다. 그리고 기념관이나 도서관 등은 방문자를 위한 안내자료, 전시물의 배치 등이 정말 사전에 철저하게 준비하고, 관람객을 위한 배려가 눈에 보일 정도였습니다. 특히 문을 열고 지나갈 때 상대방이 먼저 갈 수 있도록 반드시 배려하는 모습을 남녀, 성별 관계없이 일본사람 누구나 실천하는 모습을 매번 보고서는 '참 가정교육, 학교 교육이 참 중요하고 사람을 올바르게 또는 나쁘게 바꿀 수 있구나'라는 생각을 많이 했습니다. '뭐 그런 것 가지고 대수라고 생각하는가'라고 반문할 수 있지만, 저에게는 이런 부분이 우리나라의 평소 모습이나 시스템에서 매우 부족하고 문제가 있다고 생각했기 때문에 일본의 그런 모습이 매우 부럽기도 하고 대단하다고 생각했습니다. 그리고 중요한 것은 일본을 15년 전부터 몇 번씩 방문했지만 그런 좋은 모습이 변함없이 유지된다는 것을 알고서는 '참 교육에 의해서 사회 시스템을 제대로 구축하고 유지하는 것이 참 중요하구나'라는 생각을 했습니다.

세 번째는 이번 청리 1기 연수를 통해서 세계시민학교의 교장이신 박전열 선생님을 비롯해서 하정웅 수림문화재단 이사장님, 그리고 일본 한국학교 교장 선생님, 일본 수림학교 교장 선생님. 청리은하숙 숙장대행 정종배 선생님, 그리고 박상인 선생님, 그리고 수림문화재단 관계자분들, 일본 수림외어학교 선생님과 학생들, 그리고 세계시민학교 1기 연수 참가 학생들인 정민섭, 임이솔, 김범준, 이용우, 송희연 학생 등 많은 사람들과 뜻깊은 배움과 아름다운 추억을 함께해서 행복했습니다. 첫날 한 학생이 비행기에 지갑을 놓고 내려서 그걸 찾는다고 일본 공항 직원과 한국 항공사에 전화해서 난리를 피웠던 일, 자정 가까운 시간에 관동대지진 한국인 희생자 위령 기념비가 있는 도쿄 료코쿠 근처 호텔에 체크인해서 박상인 선생님과 정종배 선생님이 불편하신 점을 도와드리고 학생들과 함께 근처 편의점에서 가서 간식을 사 먹었던 것, 세이센료에서 하정웅 이사장님이 노구이심에도 봉고차로 우리 일행을 태우고 근처 기념관, 명소를 일일이 가이드를 해주시고, 고산 청정지역의 생우유 아이스크림을 사 주셨던 일, 그리고 세이센료의 명물인 야외 노천탕에서 저 멀리 후지산을 바라보며 일본의 정취를 느낄 수 있었던 시간은 저에게 잊지 못한 추억이 될 것 같습니다. 그리고 무엇보다 일본의 청리은하숙, 수림학교 선생님과 관계자 분들의 헌신 어린 노고와 친절, 배려는 제 마음속에 깊이 새기고 제가 학생들을 가르치고 살아가는 데 좋은 본보기와 배움이 된 점은 매우 의미 있게 생각합니다.

청리은하숙 세계시민학교가 나에게 주는 의미

김영만
(서울 보인고 교사, 청리은하숙 세계시민학교 지도교사)

사실 이번에 청리은하숙 세계시민학교에 참여하게 된 계기는 정말 우연이었다. 이제는 거의 20년이 다 되어가는 고등학교 3학년 시절 담임선생님이 그냥 지나가는 듯한 말씀으로 '김선생, 아사카와 다쿠미 관련해서 청리은하숙 학교를 이번에 개교하는데, 같이 참여해 보지 않을래?'가 일의 시초였다. 하지만 또 생각해 보면 선생님의 그때 제의가 일에 참여하게 되는 실질적인 계기였지만, 그전에도 선생님과 나와의 왕래 과정 중에서 몇 가지 일을 통해 '청리은하숙' 관련 일을 끊임없이 말씀해 주셨다.

지금으로부터 10여 년 전으로 기억하는데, 군에서 장교로 복무하다가 이라크 자이툰 부대로 파병 갔다가 파병을 마치고 한 달간의 휴가를 마치고 돌아왔을 때 인사차 연락드렸을 때 선생님은 나에게 '바람도 쐴 겸 망우리 묘역에 한번 가볼래'라고 해서 오랜만에 인사도 드리고, 인문학의 성지라고 알고 있는 망우리묘역도 둘러볼 겸 해서 선생님과 같이 3시간 동안 망우리 묘역을 투어한 적이 있었다. 그때 박인환 시인, 방정환, 한용운, 조봉암 선생님의 묘를 일일이 가르쳐 주시면서 그와 관련된 역사, 문학, 정치, 그리고 풍수지리까지 자세하게 설명해 주셨던 선생님이 모습이 어렴풋이 기억난다.

5년 전에는 내가 현재 고등학교에서 교사로 근무하고 있을 때, 선생님에게 오랜만에 인사차 연락드렸는데, 선생님이 최근 고등학교 문학 교과서에 실리기도 한 <탈출기>의 소설가 최학송의 묘의 관리인을 자처하시고 선생님이 최학송 추모위원회를 만드셔서 사모님 몰래 사비를 털어서 제자들과 조용히 매년 추모 행사를 진행하고 있는데, 너도 학교 학생들과 같이 참여하면 어떻겠냐고 말씀하셨다. 사실 그때는 학교에서 진행하는 프로그램으로 많이 바쁘고, 주말에도 학생들과 같이 외부 체험활동을 거의 매주 나가는 형편이라서 선생님에게 관심은 많지만, 일정으로 참여를 못할 것 같아서 죄송하다는 말씀만 했었던 것 같다.

그리고 또 시간이 지나서 3년 전에서는 선생님이 '인사동에서 아사카와 다쿠미 행사로 수림문화재단에서 행사를 하는데, 너도 초대할 테니 시간 되면 와라'라고 하셔서 인사동의 한 호텔의 연회장의 행사에 갔었다. 거기에는 재단의 이사장과 관련 실무인사들, 언론사의 기자들, 그리고 일본에서 아사카와 다쿠미 유족분들과 고향의 유지, 지자체 관리도 참여한 큰 행사였는데, 선생님이 아사카와 다쿠미를 위해서 좋은 일을 많이 하셔서 이에 대한 치하의 말씀이 많았다. 그리고 선생님은 재단 이사장에게 나를 몸소 소개해주시고 행사 관련하여 많은 일을 할 거라고 말씀해 주셨다. 사실 학교 일이나 개인적으로 다른 일이 있었지만, 선생님이 정말 좋은 일을 열정적으로 많이 하시고 있고, 이런 일에 내가 같이 참여할 수 있도록 여러모로 배려해주셨기 때문에 나 또한 최대한 열심히 일에 참여하고 선생님을 도와드릴 수 있다면 최대한 도와 드려야겠다고 생각했다.

여기까지가 고등학교 졸업 이후로 선생님과의 관계를 줄곧 이어온 모습이었고, 이 외에도 시집 출간이나 미술 전시회, 문학회 활동 관련하여 선생님이 나에게 여러 번의 좋은 기회와 제안을 주셨다. 이를 통해서 나는 내가 하는 일과는 직접적인 관련은 없지만, 선생님이 참여하시는 인문학, 예술, 교육 관련 일이나 행사에 자연스럽게 참여하면서 이에 대한 이해와 소양도 나름 많이 쌓게 되었고, 나 또는 문화예술에 대한 관심이 많았기 선생님과 함께 하는 시간이 나의 소양을 쌓고 이런 부분에 대한 관심과 지적 욕구를 채우는데 많이 도움이 되었던 것이 사실이다. 그리고 학교에서 일하다 보니 제한된 인간관계나 네트워크를 벗어나서 다른 분야나 영역에서 일하시는 좋은 분들도 많이 만날 수 있어서 많은 도움이 되었다.

사실 청리은하숙 세계시민학교는 아사카와 다쿠미를 빼놓고는 설명하기 힘들다. 간단하게 말한다면 이분은 일제강점기에 살았던 일본인 중에서도 '착한 일본인'이라고 생각하면 이해하기가 쉬울 것 같다. 사실 일제강점기 우리 민족 중에서도 다 좋은 일만 하거나 피해만 본 것이 아니라, 나쁜 짓을 많이 해서 당시 우리나라 사람보다 더 나쁜 사람이 있듯이 일본사람 중에서도 다 나쁜 사람만 있는 것이 아니라, 한국과 한국인을 위해서 좋은 일을 많이 해서 '좋은 일본인'이라고 평가할 수 있는 사람도 있다. 그중에 대표적인 사람이 아사카와 다쿠미라는 분인데, 이분은 일제강점기 조선총독부 산림과에 근무하면서 당시 민둥산이었던 우리의 사람 녹화에 많은 기여를 하셨고, 양묘법을 통한 잣나무 종자 육성에 성공하여 전국의 산에 잣나무를 많이 보급했으며, 노천매장법을 통해서 우리 산지에 적합한 소나무를 개발하여 이 또한 산림녹화에 기여했다고 한다. 그리고 자신의 본업 외에 우리나라의 예술에 관심이 많아서 우리의 도자기, 소반을 수집하고 연구하여 이를 많은 자료로 남기고, 당시 소홀하게 방치되거나 일본으로 대량 반출되던 문화재를 사비를 털어서 모아서 박물관을 만들기도 했다고 한다.

이런 역사적 사실은 거짓이 아니라 우리나라 역사학계에서도 다수 연구된 사실이기도 하며, 일부 역사학자들이나 문화예술 인사들도 아사카와 다쿠미의 잘 알려지지 않은 업적에 대해서 최근 많이 인정하고, 이를 대중들에게 알리려고 노력하고 있다고 한다. 그리고 2012년에는 그의 삶을 스토리로 해서 <백자의 사람, 조선의 흙이 되자>라는 영화가 만들어져서 일본과 국내에서도 개봉되었다. 이 영화를 만든다고 했을 때, 일본에서 많은 시민들이 제작비로 기부하였고, 한국과 일본의 유명 배우들이 이 영화에 다수 참여하기도 했다고 한다. 학교에서도 이 영화를 상연하기도 했는데, 학생들이 정치, 외교적인 문제를 떠나서 영화 자체의 스토리와 아사카와 다쿠미의 삶에 많은 감동을 받았다고 한다. 사실 아사카와 다쿠미를 일본에서 뿐만 아니라 우리나라에서도 추모하는 행사에 대해서 많은 사람들, 특히 나이 드신 어르신들은 이것이 일본을 미화하는 것이 아니냐? 일제강점기에 일본 사람들이 한국 사람들에게 한 많은 나쁜 짓을 생각한다면 일본사람을 추모하는 건 맞지 않다. 그리고 최근 일본 아베 총리가 과거 위안부나 일제 식민지 역사에 대해서 전혀 반성하지 않고 실질적인 사죄를 하지 않는 현실에서 이런 행사는 적절하지 않다고 생각할 수도 있을 것 같다. 나도 처음에 '청리은하숙'이라는 일본색이 강한 프로그램에 참여하는 게 혹시 교육적으로 잘못되는 점은 없지 않을까, 그리고 내가 정말 진지하게 '아사카와 다쿠미'의 역사적 의미에 대해서 고민해 보았을까라는 생각도 해 보았다. 하지만 그런 고민과 주저함을 떨쳐 버리고 이 행사에 적극적으로 참여한 것은 고등학교 은사님과의 관계, 내가 관심을 가지고 있는 학생 대상 교육 프로그램과의 연계성을 고려한 것도 있지만, '아사카와 다쿠미'라는 인물이 가지는 부정할 수 없는 큰 매력, 그리고 '아사카와 다쿠미' 일본인임에도 불구하고 그가 일제시대 한국과 한국인을 위해 실천한 세계시민정신과 박애정신, 보편적인 사랑의 마음을 적지 않은 시간 동안 선생님이 주신 기회와 말씀을 통해서 이해하게 되었기 때문이다. 그리고 이 일을 주관하고 있는 수림문화재단의 하정웅 이사장이 재일교포라는 사실도 나에게 많이 와 닿는 부분이었다. 이분은 일본에서 태어났지만, 일제시대 일본에 건너가신 조선인의 2세로 일본에서 온갖 차별과 어려움 속에서도 거부를 이루시고, 그 재산을 한국사회의 문화예술과 교육의 발전을 위해서 아낌없이 쓰시는 분이시다. 사실 그런 재산이 있다면 노후를 편하게 살기 위해서 혹은 하고 싶은 일에 탕진해도 상관없을 듯 한데도 그런 재산을 고등학교 교과서에서 공부한 "인간의 가치"를 실현한 '일본인'을 추모하는 데 아낌없이 쓰고 있는 것이다. 그리고 그 외에도 문화예술 관련해서 엄청난 기부를 하신 분인데, 이런 좋은 일을 하는 분이 추진하는 일이라면 나 또한 미약한 힘이나마 참여해서 도와드린다면 우리 사회를 위해서 뜻깊을 것이며, 나 또한 이를 통해서 오히려 더 많이 배우고 성장할 수 있지 않을까 생각한다.

사실 이번 청리은하숙 세계시민학교에 참여하게 된 것은 어쩌면 '필연'이었는지도 모른다. 20년에 가까운 세월 동안 선생님과 좋은 관계를 맺어오면서 내가 선생님에게 받은 가르침과 도움의 연장선상에 있으며, 그런 은혜에 내가 조금이나마 보답하는 차원이 아니라 오히려 이 일을 통해서 내가 더 큰 것을 배우고 느끼는 기회가 된 것이다. 또한 내가 현재가 교사로 일하고 있으면서 학생들을 위한 진정한 교육이 무엇인지에 대해서 많은 고민이 끊이지 않고 있는데, 이번 행사를 통해서 '아사카와 다쿠미'가 몸소 실천한 세계시민정신, 디아스포라, 그리고 박애정신의 의미를 깊이 새기고 느끼게 된 계기가 되었다.

2015. 9.

서울교원문학회, 서울초중등문학교육연구회 회원(총무)

나와 다쿠미의 백자

배문고 남우성

<아사카와 다쿠미>

청리은하숙 세계시민학교를 다음 전에는 아사카와 다쿠미라는 사람을 전혀 몰랐다. 처음에는 '재단 설립자인가? 라는 생각도 했다. 첫째 날까지만 해도 누군지 궁금해서 인터넷에서 알아보니 우리나를 사랑한 사람이라고 했다. 그 말을 보자마자 일제 강점기에 우리나라를 사랑하고 우리나라를 위해서 노력했던 사람이 흔하지 않았었던 시기라 놀랍기도 하고 감사한 마음이 동시에 들었다. 아사카와 다쿠미는 조선총독부 산림과에 근무하며 조선의 산을 푸르게 하는 데 힘쓰셨다고 한다. 아마 다쿠미의 노력으로 지금까지 산이 계속 푸를 수 있을 거 같다는 생각을 했다. 그는 특히 백자를 좋아하셨다고 한다. 백자에 대한 관심을 둘째 날에 '백자의 사랑'이라는 영화를 보면서 확인할 수 있었다. 백자는 "눈으로 보는 음악이다"라는 말을 영화에서 다쿠미가 말했을 때 백자를 처음 본 일본인도 백자를 보고 아름다움을 느꼈는데 정작 나의 나라임에도 나는 어떻게 생각하고 있는가? 단지 흰 도자기로 생각하는 것은 아닐까 생각해 보았는데 정말 다쿠미처럼 생각해 본 적이 없는 것 같아서 반성도 할 수 있는 계기가 되었다. 그는 조선인을 억압하고 차별하는 다른 일본인들과 달리 한글을 배우고 한복을 입고 이웃사촌처럼 다녔다고 한다. 조선을 사랑하고 조선을 위해 노력하다가 한국에서 흙이 되신 분을 모르고 있었다니 죄송스러운 마음이 들었고 후대에도 다쿠미 선생님이 노력하신 일을 후대에도 알 수 있도록 친구들이나 다른 사람에게 소개해주고 알려 알 수 있도록 노력하는 게 우리나라의 산천을 푸르게 하고 진심으로 사람들과 조선을 사랑한 사람에게 해야 하는 최소한인 것 같다.

<백자 강연>

백자에 대한 강연을 듣기 전까지는 미술을 직업으로 하려고 하는 학생이지만 정작 서양화에 대해서는 열심히 공부했지만, 우리나라 미술사 특히 도자에 대해서는 문외한과 마찬가지였다. 교수님이 처음에 백자의 사랑에서 나온 말을 인용해서 강연을 시작하셨다. '백자같이 살아라. 영화를 보면서도 생각했지만 백자같이 살라는 것은 무슨 뜻인지 도통 이해가 되지 않았다.
강연을 들으니 백자란 참 많은 뜻과 역사, 아름다움 등 마치 세상의 지도라고

할 수 있을 만큼 뜻이 깊었다, 백자에 대해 필기한 것을 정리해 보면 백자는 불교를 기본을 푸른색을 띄고 있는 청자 즉 고려청자가 대표자기이지만 조선을 들어오면서 새하얀 백자가 성행하기 시작하였다. 백자는 처음에 일반 서민이 사용하는 자기가 아닌 왕실에서 사용한 백자라 고한다. 처음에 무늬가 새겨있는 상감 백자를 보았을 때 무늬가 자세하지 못하고 고려청자와 비교했을 때 멋이 떨어지는 것 같아서 서민들이 장터에서 사용하거나 집에서 손쉽게 볼 수 있는 것인지 알았다. 그런데 왕실에서만 사용할 수 있는 귀한 것이었다니 놀랐다. 백자에는 주로 매화가 그려져 있었는데 세종이 특히 매화를 좋아했다고 한다. 이렇게 많은 백자의 숨은 뜻을 알고 나니 도자기에 대한 공부를 더하고 싶다는 생각과 예전에는 생각하지 못했던 백자의 은은함의 아름다움을 느낄 수 있었다. 비록 아무 문양 없는 흰 흙으로 만든 병 혹은 그릇이지만 백자라는 이름을 달고 있는 순간 단순히 흙으로 빚은 그릇이 아닌 아름다움이 될 수 있다는 것을 깨달았다. 백자 강의는 미술을 전공하는 사람이라 더욱 유익한 시간이었으며 필기할 공간이 부족할 만큼 알아가는 것이 많았다. 약간 강연 시간이 짧아서 아쉬운 점이 있었지만 깨닫고 많은 것을 배운 유익한 시간이었다.

<망우리 묘역 투어>

망우리 묘역은 망우리 묘역을 가기 전까지는 망우리 묘역에 대해 아는 것이 하나도 없었다. 이번에 망우리 묘역을 다녀오면서 망우리 묘역에 가족들끼리 운동이나 산책을 하러 와도 좋을 것 같다는 생각이 들었다, 우리나라를 빛내주신 많은 분들이 그곳에 그렇게나 많이 계실 줄은 상상도 하지 못했다, 특히 내가 문학을 공부하면서 감명 깊었던 시인 '님의 침묵'을 지으신 한용운 선생님이 계신 곳을 실제로 볼 수 있어서 흥미로웠다, 특히 이중섭 선생님의 그림도 미술사 공부를 하면서 강한 붓 터치가 황소의 기상을 보여주는 것 같아 인상적인 그림으로 머릿속에 남아있다. 묘역에서 시를 낭송하고 노래도 함께 부르고 그분들을 추모하며 걷다 보니 자연 치유가 되는 느낌과 역사책에서 봐왔던 것들과 문학책에서 봐왔던 시가 합쳐지며 좋은 경험이 되었던 것 같다. 후에도 하나의 뫼비우스의 띠가 되어 계속 순환하면서 좋은 영향을 끼칠 것 같다.

<아쉬웠던 점과 좋았던 점>

프로그램하면서 아쉬웠던 것은 강연이 조금 더 길었으면 좋겠다는 생각을 했다. 교수님들도 매우 좋으셔서 조금 더 들어 보고 싶었지만, 시간에 쫓기는

듯한 느낌이 들었다. 또한, 걸으며 책에서나 볼 수 있었던 분들의 묘역을 보면서 걸을 수 있어서 좋았다. 다른 빡을 하며 체험하는 것은 몸이 피곤하고 힘든데 1주일씩 쉬면서 다시 수업을 들으니 한결 마음이 편안하고 힘든 줄 모르고 들었다

조선과 아사카와 다쿠미

보인고 박형근

청리은하숙 세계시민학교에 참여하며 가장 큰 감명을 받은 것은 바로 영화 <백자의 사람>이었습니다, 처음에는 그저 지루한 조선의 백자에 관해 소개하는 영상인 줄 알았습니다, 처음 영화 시작은 한 일본인이 땅에 얼굴을 파묻는 장면으로 시작했습니다. 이분이 바로 아사카와 다쿠미 선생님 셨죠. 아사카와 다쿠미 선생님은 조선총독부 산림과 직원으로 한국에 오게 되셨습니다. 처음에 이분은 한국의 산림파괴가 중국과 러시아 탓인 줄 만 알고 계십니다. 다쿠미 선생은 오로지 환경을 다시 복구하기 위해 우리나라에 맞는 나무를 연구하였고 이것이 산림복원이 아니라 베는 목적으로 심어지는 나무란 것을 아셨을 때 엄청난 충격을 받으셨습니다. 하지만 이러한 위기를 극복하고 한국인 산림직원들과 힘을 합쳐 한국에 맞는 품종을 개발하십니다. 처음에 다쿠미 선생이 마을에 왔을 때는 일본인과 한국인 사이에 갈등이 매우 많았습니다. 하지만 다쿠미 선생님이 가난한 이에게 일자리를 소개해주고 가난한 농민들의 채소를 사주는 듯 선행을 베풀자 보일 듯 안 보일 듯 원하는 것에도 박차를 가합니다, 처음에는 산림과 직원들과 충돌도 있었지만 둘은 힘을 합쳐 한국의 산림을 복원해 나갑니다. 이후 사랑하는 사람이 떠나가는 아픔도 겪었지만, 다시 재혼하여 조선의 아름다움이자 상징인 백자가 고물상에서 헐값에 팔린다는 얘기를 듣습니다. 이 얘기를 듣고 기회가 오자 조선 친구와 함께 백자를 모으기 시작합니다. 결국, 조선 민족 미술관을 경복궁 안에 설립하여 조선의 전통과 문화를 계승하게 도와줍니다.

아사카와 다쿠미 선생은 망우리 묘지에 계신 한국인에게도 인정받은 '한국인보다 더 한국인 같은' 일본인이십니다. 한국을 위해 죽을 때도 한국의 땅에 묻히셨습니다. 일제 강점기에 일본의 군국주의를 비난하고 조선의 문화유산을 사랑한 일본인 야나기 무네요시 선생님도 다쿠미 선생을 보고 "다쿠미만큼 조선 예술을 알고 조선 역사에 통달한 사람은 있겠지만, 그처럼 조선인의 마음으로 들어가 그들과 산 사람은 어디 있겠는가?"라고 했다고 합니다. 우리는 이와 같은 다쿠미 선생님의 자세를 본받아야 합니다.

Ice cream, I scream

보인고 이상연

<백자 특강을 듣고>

희다는 뜻은 색이 없다는 의미로 대부분 받아들이지만, 백자 특강을 듣고는 흰 것 하나 없고 다채로운 색들로만 가득 한 주변에서 희다는 것이 얼마나 아름다운지를 느낄 수 있었다. 또한, 유물 하나하나가 백색에서 약간씩 벗어나 있어, 각각이 가진 소박함과 온정이 묻어져 나온다는 점이 마음에 들었다. 전에 고려청자를 봤을 때는 화려하고 다채롭다는 인상을 주었던 반면, 백자는 여백만큼 다른 것을 담아낼 수 있다는 인상을 받았다. 또한, 백자 자체의 아름다움 외에도 그것이 가진 의미 또한 조선의 역사를 담아낸다는 점에서 마음에 들었는데, 강의를 들을수록 조금씩 자세히 생각해보니 조선 후기의 탕평이라는 사상이 더더욱 떠올랐다. 조선 중기 때부터 꽃이 피기 시작한 백자가 어떤 연관성이 있느냐는 말도 나올 수 있지만, 일제 강점기의 아사카와 다쿠미에 관한 영화“백자의 사람”을 보면 생각이 조금 달라진다. 당시는 제국주의 열강들의 각축이 일어나던 시대라 무리가 있지만, 백자에 감탄한 일본인이라는 시점을 그대로 세계적 측면에서 본다면 옛날로부터 타국 사람이 인정하던 문화를 서로 전파하면서 역사적 아픔을 극복하고 정의로운 해결방안을 모색하면서 진정한 국제적 탕평으로 귀결되는 시나리오를 생각할 수밖에 없었다.

Ice cream? I scream

우리 묘지공원에 다녀온 일도 상당히 기억에 남는다. 그중에서도 우리 조는 조봉암, 한용운 선생님이 계신 묘를 거쳐서 왔는데, 두 분 모두 대상이 다를 뿐 무언가에 억압되어왔던 분들이다. 그래서 묘에 다다랐을 때는, 왠지 비명과 같은 차가운 느낌이 내리쬐는 햇볕과 매우 어색한 대조를 이루고 있다고 생각하였다. 특히 조봉암 선생님은 첫 헌법 살인의 피해자라고 알고는 있었지만, 묘비에 어떠한 글귀도 새겨지지 않은 것을 보고 정말 “I scream”이라고 말하고 있는 듯한 느낌을 받았다.

한국이 노벨상을 받지 못하는 이유

노벨상을 받은 학자에 관한 한일 비교는 상당히 오랫동안 알려졌었다. 그렇기에 한국의 노벨상 수상자가 저조한 이유를 생각해본 시간 또한 적지 않은데,

무엇보다도 어떠한 언어보다 더 넓은 감각적 표현을 담아낼 수 있어서라는 이유가 가장 큰 이유였다. 이를 이해하기 위해선 우선 한글 자음에 대한 지식이 필요하다. 한글 자음은 혀의 형태 등을 본떠 만들어졌다는 것이 훈민정음을 통해 밝혀진 현재의 추측이다. 이를 자음 구강 조음 도에 대입해서 보면 위와 같은 모습으로 자음을 구분할 수 있다. 예를 들어 혀의 허리 부분을 입천장 뒷부분에 가져다 대면서 소리를 면 'ㄱ' 계열 소리가 나고, 혀끝을 윗니에 가져다 대고 혀의 허리는 밑으로 내면 ㄴ'계열 소리가 난다. 'ㅅ' 소리는 이 사이로 공기가 빠져나간다는 생각으로 발음할 때 나는 소리이며, 반대로 입술을 닫았다 열 때는 'ㅁ' 계열의 소리가 나게 된다. 'ㅇ'과 'ㅎ'은 목젖 부관과 성대 부근에서 소리가 난다. 'ㅇ'은 코가 울리게 소리가 나며, 'ㅎ'은 더 목 깊은 곳에서 소리가 난다. 'ㄱ''ㄴ','ㅅ','ㅇ','ㅁ' 자음 기호에 획을 더해 새로운 소리기호를 만드는 게 한글 자음기회의 생성 원리다. 'ㄱ'을 세게 발음하면 'ㅋ','ㄲ','ㄴ'에서 혀끝을 잇몸에 더 세게 누른다는 느낌으로 발음하면 'ㄷ' 발음이 나고, 이를 세게 발음하면 'ㄸ' 소리가 난다. 'ㄹ' 발음은 혀가 ㄹ자처럼 구부러져 잇몸을 빠르게 스프링처럼 쳤다가 내려갈 때 나는 소리라고 생각하면 쉽다. 'ㅅ'을 세게 발음하면 'ㅆ' 발음이 되고, 혀의 앞부분을 입천장 앞부분(경구개)에 대면서 소리를 내면 이것이 좀 더 된 소리인 'ㅈ'으로 발음이 나게 된다. 'ㅈ'을 세게 발음하면 'ㅊ'나 'ㅉ'소리가 된다. 'ㅁ'계열 소리들인 'ㅂ','ㅃ','ㅍ' 소리도 마찬가지. 'ㅇ', 'ㅎ' 같은 발음들을 제외하면 한글 자음 기호는 '형태가 기능을 따르는' 방식으로 디자인되어 있다. 사실 실제 언어생활에서는 자음기호와 발음이 1대1 대응하지 않는다. 아무래도 훈민정음이 창제된 중세 국어 시절보다 간략화되어 쓰이다 보니 발음의 변이가 상당히 다양해졌다. '한글은 한 글자에 한 가지 소리만 난다.'는 이야기는 신화에 가깝다. 한국어 자체에서는 다양한 변이음이 존재하고 있다. 이렇게 변이음이 발생하는 건음절의 발음을 좀 더 빠르고(경제성) 편하게(편의성) 하고자 하는 의도 등이 반영된 것으로 보인다. 그러나 이런 경제서에도 상당히 많은 구별과 조음 방법들이 외국인들에게는 낯설게 느껴진다는 사실은 부정할 수 없다. 또한, 이어적기가 아닌 받침을 사용하는 방식도 유니코드에서도 잘 읽히지 않을 정도로 국제사회에서 소외 가능성이 높기도 하다. 따라서 강의를 통해 같은 한자문화권인 일본과의 화합을 통해서 더더욱 국제사회에 의사를 전하기에 특화된 외국인용 한글 임시 전환수단의 개발을 연구하는 것도 나쁘지 않겠다는 생각을 하게 되었다.

역사를 마주하고

보인고 정민섭

1. 머리말

나는 이번 시민학교에 하정웅 선생님이 오신다고 해서 기대 반 설렘 반으로 참석하게 되었다. '아, 역사책이나 TV다큐멘터리에서나 보던 분을 실제로 볼 수 있다니!'라는 생각을 했다. 하정웅 선생님에 대해서는 다큐도 봤었고 책에서도 봤었다. 2세대 재일교포이시고, 우리나라를 위해 1만 5천여 점 가량의 중요한 예술 문화재를 아무런 대가 없이 기증해주신 훌륭한 분이라고 알고 있었다. 항상 책을 볼 때마다 어떻게 이렇게 아무런 대가 없이 기증을 하셨을까? 이게 가능한가?'라는 의구심을 품었었는데, 실제로 말씀하시는 것을 들어 보고 난 후에는 그런 의구심이 싹 사라졌다. '아, 이분은 정말 예술을 사랑하시고 우리나라에 대한 애착이 강한 분이시구나! 충분히 저런 과감한 선택을 하실 수 있을 만도 하신 분이구나.'라는 생각을 했다, 한일 간에 깊어진 감정의 골과 적개심, 증오 같은 것들 속에서도 계속해서 그것을 개선하려 노력하시는 모습이 정말 멋있어 보였다. 존경스러웠다. 또, 정말 멋있다고 생각했던 것은 자서전 '날마다 한 걸음" 뒷면에 쓰여 있는 '필연성'에 관한 얘기였다. 결국 이렇게 된 것은 모두 운명이라는 것. 한 번도 와보지 않은 피가 흐르는 땅에 와서 자신의 가장 소중한 것들을 기증해서 미술관을 세웠던 것이 모두 결국 자신의 뜻으로만 이루어진 것이 아니라, 주위 사람들과 운명에게 그 공을 돌리는 것, 그 겸손함이 정말 멋있었다. 이런 하정웅 선생님이 이사장으로 계시는 청리은 하숙 세계시민 학교에 참석하게 되어 정말 영광이었고, 정말 설렜다.

2. 일본에 대한 나의 생각

하정웅 선생님, 아사카와 다쿠미. 이 두 사람의 공통점은 한-일 간의 골을 메우려 했던 사람들이다. 나는 한국인으로서 일본에 대해 조금 특이한 관점이라고도 할 수 있지만, 많은 사람이 이런 관점을 가지고 있다고 생각한다. '일본사람은 정말 좋아! 일본 만화도 좋고, 음식도 좋아! 근데 일본은 너무 싫어! 한-일 전은 무조건 이겨야 해!' 이러한 생각을 하고 있다. 나는 야구 선수 생활을 할 적에, 대표팀 자격으로 일보에 방문했었다. 한-일-대만-미국 4개국 대항전이었지만, 휴가 느낌으로 갔던 기억이 생생하다. 가슴에 태극마크로 달고 갔던지라, 적개심이 분명히 있었음에도 아직까지 일본사람들의 그 친절함을 잊을 수 없다. 5성급 호텔에 머물렀었는데, 그때 온천이 절벽 사이에 있었다.

거기서 장난을 치다가 혼났는데, 혼낼 때에도 존댓말을 사용하면 존중해 주었다. (일본말을 가기 전에 배워서 조금 알아들었다) 호텔 내의 서비스는 말할 것도 없고, 엘리베이터에도 안내해주시는 분이 있었던 것은 정말 놀라운 일이었다. 또 음식은 어찌나 맛있던지 아직도 일본에서 팔던 그 소다 맛 사탕이나, 과자, 라면 등 나는 일본 음식을 정말 사랑한다. 초밥도 정말 좋아하고 일본 과자들은 더 좋아하고 그냥 일식 자체를 좋아한다. 이렇게 좋은 일본을 왜 싫어할까? 기본적으로 우리나라를 못살게 했던 나라라는 인식이 뿌리 깊게 박혀 있었던 것 같다. 일본에 가기 전까지는 조금도 저런 생각이 들지 않았으니까 말이다. 세뇌당한 듯이 일본은 나쁜 나라라는 인식이 강했다. 그런데 이것뿐만이 아니다. 만약 그 과거의 안 좋은 행동들을 일본이 인정했더라면 양국은 좀 더 우호적이고 좋은 관계로 발전할 수 있었을 것이다. 하지만 일본의 정권은 자민당이라는 극우파세력이 장기 집권 중이고, 사과는커녕 741부대를 연상케 하는 741번 번호가 달린 비행기를 총리라는 사람이 타고 선전하는 중이다. 이는 잘못된 것이다. 과거의 잘못을 인정하고 나아가는 것이 진정한 선진국의 자세이고 옳은 태도이다. 하지만 일본은 중국과 우리나라에 대해 전혀 그런 모습을 보이지도 않고, 오히려 도발을 하고 있다. 가끔 사과하기도 한다. 물론 사과라는 표현을 절대 쓰지는 않는다. 하지만 이는 일본 문화를 고려한다면 충분히 이해라 수 있다. 수치심과 자존심을 상당히 중요하게 여겨왔던 일본은 비참하게 싸우다 죽느니, 차라리 명예롭게 자결을 택하겠다. 라는 생각이 정상적인 생각이다. 그렇기에 항상 통렬의 한을 금할 수 없다던가, 유감을 표한다는 표현들로서 사과를 대체하는 것이다, 이렇듯, 서로의 문화를 어느 정도 이해라기 보다는 알고 있어야 대화가 되고 이해가 될 텐데, 양측 모두 그러한 노력을 보이지 않기에 이런 생각을 대체로 가지게 된다고 본다.

2-2, 재일한국인과 재한일본인

재일한국인, 재한일본인 모두 낙인이 찍힌 채로 살아가야만 했다. 우리 재일교포는 현재 3세대이다. 3세대들은 보통 거의 일본인과 다름없음에도, 여전히 보이지 않는 차별이 존재한다고 한다. 이름을 일본식을 바꾸라는 협박인 듯 협박 아닌 협박 같은 권유는 여전히 존재한다. 이름을 일본식을 바꾸라는 협박인 듯 협박 아닌 협박 같은 권유는 여전히 존재한다. 3세대까지 왔는데도 이 정도면 1세대, 2세대는 오죽했을까. 재한 일본인도 마찬가지다. 하지만 재한 일본인은 보통 일본인들이 한국에 일하러 와서 사는 경우가 다수인데, 확실히 일본인들이 할 수 없는 한국 발음들이 많다 보니, 일본인 억양이 티가 난다. 우리나라는 그가 일본인임을 알게 된 순간부터 보는 시선들이 달라진다. 그리고는 곱지 못한 시선을 바라본다.

'조센진'과 '쪽바리' 양 측 모두 서로에 대한 이해를 통해 이러한 문제들이 해결됐으면 좋겠다.

3. 활동들

첫째 날, 가자마자 김영만 선생님의 지시로 출석 체크와 주민등록번호를 받아내는 일을 하게 되었다. 처음 갈 때, 봉사활동이라고 듣고 갔기 때문에 '고생 시작이구나.'라는 생각이 들었는데, 그게 아니었다. 김영만 선생님의 깊은 뜻을 헤아리지 못한 나의 짧은 생각일 뿐이었다. 하여튼, 그 일이 끝나고, 소나무 전문가로 해설하신 분이 수목원에 있던 반송의 역사에 대해 말씀해 주셨는데, 잎이 2개씩 짝을 지어서 떨어진다는 것이 기억에 남았다. 소나무의 기개와 이런 특징들이 소나무가 우리나라를 대표할 수 있는 것이라고 하셨다. 그러고 나서 개교식을 했는데, 설마 했는데 진짜로 직접 하정웅 선생님이 오셨다. 놀라웠다, 하정웅 선생님 이외에도 몇몇 분들이 오셔서 좋은 말씀들을 해주셨다.

3-1. 양심적인 일본인과 일본법이 한국에 미친 영향

양심적인 일본인과 일본법이 한국에 미친 영향이라는 제목으로 정한중 외대 법학전문대학원 교수님이 강연을 해주셨다. 우선 일본과 한국을 비교하셨다. 일본을 무시하는 유일한 나라가 한국이라고 하시면서 역대 노벨상 전적을 비교하셨다. 그러면서 학문의 수준 차이를 언급하셨다. 일본의 국내파 위주의 수상자가 대부분이고 명성 높은 대학에서만이 아니라 각지의 다양한 대학에서 수상자를 배출했다고 한다. 하지만 우리나라는 권위주의적, 학벌 위주의 연구로 외국에서 유학을 갔다 오거나 명문대를 나와야만 대접받고, 젊은 학자들은 나이 든 권력을 쥔 교수들 눈치를 보며 행동해야 하는 상황이라고 하셨다. 상당히 비판적인 관점으로 접근하셨는데, 맞는 말인 것 같다. 우리나라는 탈 권위주의적, 탈 학벌주의적인 학계의 분위기가 필요하다. 그렇지 않는 한 더 이상의 발전은 없을 것이다. 또, 독서와 공중도덕에서 큰 차이가 난다고 하셨는데, 공중도덕은 많이 따라왔다고 생각한다. 독서는 꼭 필요한 부분이다.

두 번째로는 적대의 시작을 언급하셨는데, 적대의 시작이 여-몽 연합군의 일본 침공으로부터 시작되었다고 하셨다. 즉, 우리나라가 먼저 일본을 공격해 갈등이 시작되었다는 것인데, 이는 역사적으로 틀린 것이다. 그 전부터 왜구의 침입이 상당히 잦았고, 역사적 기록으로도 상당한 병력의 일본군이 신라의 침공해 고구려군의 지원이 있었다는 기록이 있다. 수정이 필요한 부분이라고 생각했다.

세 번째로는 양심적인 일본인과 악질 한국인을 비교하셨는데, 이는 시작부터 오류가 있다. 예시를 들어 설명할 때는 비교군 혹은 대조군이 동등한 조건과 동등한 위치에서 비교 혹은 대조가 되어야 하는데, 일방적으로 한쪽만 비춰서 설명하셨다는 것이다. 전형적인 오류이다. 잘못된 두 번째 이유는 각 대표 군들이 소수라는 것이다. 즉 일반화의 오류의 전형적인 예라는 것이다. 일본에서 양심적인 일본인은 소수에 해당하고 친일파 악질 한국인은 한국에서 더더욱 소수에 해당하는데 이러한 예를 들었다. 이 또한 상당한 문제이다. 내가 이에 대해서 질문을 했더니, 단지 이런 양심적인 일본인들도 있다는 것을 강조하기 위해서라고 답해주셨는데, 말이 되지 않는 것이 그러면 양심적인 일본인들의 사례만 넣으면 되는 것이지 왜 친일파 악질분자 박춘금을 넣으셨던 걸까? 상당히 모순적인 부분이라고 생각되었다. 그러면서 '친일적인 역사관을 가지신 분이구나.'라는 생각이 들었다. 친일이 잘못된 것이냐? 라고 한다면. 그렇다. 당신은 우리 아버지를 괴롭힌 자의 자식을 이뻐하고 사랑해줄 수 있는가? 불가능한 것이다. 당신이 초인류적인 인류애를 가진 사람이 아닌 이상 불가능하다고 보는 것이 맞다. 강의를 드는 내내 상당히 언짢았다. 거슬리는 부분이 너무나도 많아, 질문을 5개 이상 준비했는데 시간 관계상 하지 못한 게 아쉬울 뿐이다.

3-3 임대균 강사님

우리 김영만 선생님의 후배분이라고 하셨는데, 강연 시작 30분 전 이야기를 몇 마디 나누어 보았다는데, 상당히 재밌고 유쾌하신 분이었다. 항상 자소서가 가장 중요하고 그 자소서에 쓸 이야기들을 만들어야 한다고 강조하셨다. 구체적으로 자신이 무엇을 했고 그를 통해 어떤 것을 느꼈는지가 가장 중요하다고 하셨다. 강연에 들어가서도 다양한 이야기를 얘기해주셨고, 입시 변화에 따라 어떻게 발맞춰 대응해야 하는지를 알려주셨다. 사설로 들었다면 상당히 비싼 가격의 강연이었을 텐데, 공짜로 들어서 돈을 번 기분이었다. 또 강조하셨던 것은 동아리였다. 동아리로 쌓을 수 있는 것들이 많기에, 3개를 써야 하기에 중요하다고 하셨다. 그래서 동아리가 잘 되어 있는 우리 보인고가 좋은 학교라고 하셨다.

네 번째로는 캠퍼스 투어를 했다. 외대 캠퍼스 투어를 하면서 오바마가 와서 우리나라 기자들의 수준을 알게 해주었던 그 오바마 홀도 보았다. 또 외대 역사관도 보고 돌아다니며 이번에 대학생 형들과 많은 얘기를 나누었는데 그것들이 큰 도움이 되었다.

3-4. 영화 '백자의 사람 : 조선의 흙이 되다.'

아사카와 다쿠미는 앞에서도 언급했기에 넘어가려 하는데, 하나만 언급하려 한다. 시간이 지난 지금에도 그 과거의 일들에 대해 맞부딪히고 맞서는 것이 어려운데, 당시 직접 그 상황 속에 있던 다쿠미는 어떤 생각과 용기로 그런 행동을 할 수 있었을까. 정말 존경스럽다.

3-5. 망우리 묘역 답사

망우리 묘역을 답사했다. 선생님께서 노래를 3곡 정도 준비해오라고 하셔서 준비를 해갔다. '소나무: 독일 민요'와 '세월이 가면', '오빠생각'을 준비해 갔는데, '소나무'밖에 하지 않았다... 조금 섭섭했다. 그래도 준비했는데 갑자기 여성분들과 듀엣을 시키셔서 상당히 당황스러웠다. 나는 준섭이와 준비해갔는데... 그래서 박자도 안 맞고 해서 망해버렸다. 기타도 계속 메고 다니면서 무거웠는데 조금 속상했다. 그래도 준비하는 과정이 재밌었다. 망우리 묘역에는 내 생일을 특별하게 만들어주신 소파 방정환 선생의 묘도 있었고, 만해 한용운 선생의 묘도 있었는데 만해 한용운 선생의 묘는 특이하게 남자와 여자의 묘의 위치가 바뀌어 있었다. 그리고 가장 컸던 아사카와 다쿠미 선생의 묘도 인상 깊었다. 크기가 남달랐다. 2배 정도는 되는 것 같았다. 아사카와 다쿠미 선생의 묘를 끝으로 활동도 끝이 났는데, 조금 섭섭하고 아쉬웠다.

4. 맺는말

이번 세계시민학교 활동을 마치며 느낀 점은 상당히 얻은 것들이 많았다는 것이다. 우선 인식의 변화가 생겼다. 일본에 대한 인식이 더 좋아졌다. 아까 내가 외대 교수님을 비판했는데 그래도 내 인식에 변화가 생겼으니 애당초 강연의 목적은 이루신 것이라고 생각한다. 또 실제 대학에 재학 중인 형들과의 잦은 대화를 통해 많은 것을 배웠고, 활동 중 같이 다닌 문성우 형이라는 형을 알게 됨으로써 내 진로의 좋은 멘토도 얻었다. 또, 이렇게 다양하게 양국에서 양국의 다리 역할을 하시며 노력하는 사람들의 노력도 알게 되었다. 아사카와 다쿠미 선생을 시작으로, 그 뜻을 지금까지 이어오고 계시는 동강 하정웅 선생까지, 뜻은 끊어지지 않을 것이다. 이제는 하정웅 선생의 의지를 우리가 받들어 나아가야 할 때라고 생각한다. 한-일간의 다리 역할을 말이다. 영화에서도 나왔고, 지금 하정웅 선생이 하고 계시는 것을 보면 각자의 입장을 이해하게 해주는 데는 문화가 가장 빠르고 효과적인 수단이다. 따라서 나는 음악을 하기 때문에 음악적으로 한-일 간의 다리 역할을 하고 싶다. 일본의 음악을 한국에 알리고 싶다. 이미 한국음악은 한류라는, K-pop-, 이라는 이름으로 일본에 널리 알려져 있기 때문에 일본의 음악이 한국에 퍼지면 좋을 것 같다. 앞으로 이런 사람들의 노력이 헛되지 않게 하기 위해서라도 난도 더 노력해야겠다. 좋은 경험을 하게 해주신 선생님께 감사하다.

백자, 순백의 깊이

삼각산고 박재우

백자란? 순백색의 바탕흙 위에 투명한 유약을 씌워서 번조한 자기. 백자는 고려 초기부터 청자와 함께 일부가 만들어졌으면 그 수법은 계속 이어져 조선 시대 자기의 주류를 이루고 있다.

백자의 종류

순백자: 그릇 표면을 싸고 있는 유약과 색조 및 그릇을 형성하는 선이 순백자의 생명이다. 순백자에는 두 가지 유형이 있다.

하나는 고려 시대 백자의 계통을 이은 것을 부드러운 곡선의 기형을 이루고, 유약은 투명하여 바탕흙과 유약이 밀착되지 않아 유약이 떨어지는 수가 있다. 또 하나는 원나라 때부터 고려자기에 영향을 끼쳤던 유형으로 유약이 대체로 얇게 입혀져 백색으로 발색되며, 때로는 약간 청색을 띠고 있는 것도 있다. 그릇 모양은 풍만하여 양감이 있고, 유약은 은은하게 광택을 낸다.

청화백자: 백토로 기형을 만들고 그 위에 회청 또는 토청이라 불리는 코발트 안료로 무늬를 그린 다음 그 위에 순백의 유약을 씌워서 맑고 고운 푸른색의 무늬가 생기게 만든 자기이다. 코발트는 당시 한국에서는 채취하지 못하였으므로 아라비아 상인들을 통하여 중국에서 수입하였다. 코발트 안료는 회청 또는 회회청이라 불렀으며, 이것으로 만든 자기를 중국에서는 유리청 또는 청화백자라고 하고 한국에서는 화사기 또는 청화사기라고도 불렀다. 중국의 청화백자가 한국에 처음 들어온 것은 1428년(세종 10) 명나라에서 보내온 것이다.

철회백자: 백토로 그릇을 낮은 온도에서 초벌구이를 해내고 그릇표면에 산화철안료로 무늬를 그리고 그 위에 백색 유약을 입혀 번조한 것을 백자에 다갈색, 흑갈색 계통의 무늬가 나타난 자기이다. 한국에서 백자에 철분안료로 무늬를 입힌 것은 고려 시대부터였으며, 조선 전기에는 주로 묘지에 쓰였으나 일반화되고 세련미를 띠게 된 것은 17세기 이후로 보인다.

진사백자: 도자기 바탕에 산화동 채료로 그림을 그리거나 칠한 뒤 백자유약을 입혀서 구워내면, 산화동 채료가 붉은색으로 발색되는 자기이다. 조선시대에는 이러한 사기그릇을 주점사기, 진홍사기라고도 불렀으며 진사백자라는 명칭은 20세기에 붙여진 이름이다.

청리와 망우리 사이

청량고 김범준

2015년 10월 17일 토요일 청량고 망우인문학 자율동아리의 첫 교외 활동의 시작이었다. '청리은하숙 세계시민학교'라는 타이틀을 가진 이 프로그램은 수림문화재단의 이사장님이신 '동강(東江) 하정웅' 선생님께서 조선을 사랑한 일본인 아사카와 다쿠미 선생님의 뜻을 이어받아 운영하시게 되었다. '청리은하숙' 이라는 단어에 대해 간단히 소개 하자면 '맑은 바람이 불고 맑은 물이 흐르는 마을이라는 뜻의 청리는 도쿄에서 서쪽으로 약 120킬로미터 거리의 야마나시현 호쿠토시의 고원지대에 있는 작은 마을이다. '은하숙'이라 이름을 붙인 이유는 우주에서 본 인간의 존재와 '하느님이 보고 있다'라고 듣고 자란 한국과 일본이 공통으로 하는 유년기의 가르침이 담겨있기 때문이다.

이 청리은하숙 세계시민학교 개교 이유를 보자면 이렇다. " '청리은하숙'은 2006년 기요사토의 센이센료에서, 아사카와 다쿠미, 폴 러쉬 박사의 업적을 배우고, '국제인'으로서의 자질을 갖추는 것을 목표로 출발하였다. '청리은하숙'은 바다보다 깊고, 산보다 높은 정신을 한국과 일본을 잇는 것을 목표로 하고 있다. 과거를 진지하게 배우고. 얽혀 있는 역사 인식의 매듭을 풀어낸 토대 위에서. 다음 세대에 은혜로운 새 시대를 전하는 계승사업이 되어야 할 것이다. '청리은하숙'은 그렇기에 국적도 국경도 없다. 사람과 사람의 교류를 제일로 여기며, 다양한 삶의 방식을 서로 인정하고. 다양한 풍토와 문화를 존중한다.

또한 선인들이 남기신 업적을 양식으로 '온고지신'을 접하고 다양한 인간의 자립을 위한 지원을 원한다. 자연과의 공생을 소중히 여기는 학교이다." 이 프로그램을 시작하기 전부터 자율동아리 담당 선생님이신 정종배(청리은하숙 세계시민학교 숙장대행)선생님께서 말씀해 주셔서 잘 알고 있었다.

하정웅 선생님은 유년 시절부터 평탄치 않은 생활을 하였다. 그 당시 아키타현은 많은 지하자원을 캐내기 위하여 중국과 조선으로부터 강제 징용을 하였고, 많은 사람들이 강제로 끌려와 이름 없이 죽었다. 하정웅 선생님은 극한의 환경과 가난 속에서 소학교, 중학교 생활을 보냈다. 아키타 공업고등학교로 진학하고 미술부를 창설하여, 미술의 세계엔 차별이 없다 생각하셔서 화가를 꿈꾸며 졸업을 하였다. 도쿄에 있는 전기배선기구 회사에 취직함과 동시에 일본디자인스쿨을 병행하면서 화가를 꿈꾸었다. 스무 살에는 과로와 영양실조로 실명의 상태에 빠지게 되었다. 꿈도 희망도 사라진 채 '기요사토[淸里]'라는 지명을 동경하여 역에서 내린 후 '아사카와 상점' 등의 간판을 보고 혹시 조선의 산야에 녹지를 되찾은 아사카와 다쿠미 선생님의 고향이 아닐까 하고 찾아다녔다.

특히 하정웅 선생님께서 강조하신 것이 있다면 '인간의 가치'라고 볼 수 있다. 여기서 말하는 '인간의 가치'란 아사카와 다쿠미 선생님의 생애를 말한다. 칸트가 말한 '인간의 가치는 실로 그 인간에게 있으며 그 이상도 이하도 아니다'라는 말을 다쿠미 선생님의 생애로 증명했다는 소리이다. 또 선생님께서 쓰신 책에 '메세나(Mecenat)정신' 이 인상 깊었는데 메세나란 기업이 수익의 일부를 문화예술 분야에 적극 지원함으로써 사회공헌과 국가 경쟁력에 이바지하는 활동을 총칭한다. 이 정신을 선생님께선 개인도 실천 할 수 있다고 하셨다. 하정웅 선생님께서 '청리은하숙에선 무엇을 배울 것인가?'에 대한 답변은 '평생교육, 즉 다양한 가치관 속에서 스스로 배우고 함께 배운다는 것은 자신이 결정하는 것이기에 평생 학습은 곧 자기 교육이며, 배우는 즐거움을 하나의 문화로 만들어 가고자 한다.'고 답변하셨다. 이런 분을 실제로 뵙고 이야기도 듣고 하니 여간 영광스럽지 않을 수 없었다. 다만 조금 아쉬운 점이 있다면 하정웅 선생님의 말씀을 프로그램 일정상 오래 듣지 못했다는 점이다.

다음은 하정웅 선생님께 깨달음을 얻게 해주신 아사카와 다쿠미 선생님에 대해 소개를 하자면 한국과 일본양국 중학교 교과서에 유일하게 소개되어있는 일본인이시다. 선생님께는 형제분이 있었는데 아사카와 노리타카 이분은 조선 도자기의 조사. 연구에 일생을 바쳤다. 그는 조선 도자기의 신으로 불리고 있다. 두 형제의 황동은 인도주의적으로 일관하며 조선의 미(美)의 연구에 몰두하였다. 다쿠미 선생님은 1914년에 조선으로 넘어간다. 조선총독부에 고용되어 양모 실험이나 '조림' 일에 종사. 조선 소나무의 양묘에 성공한다. 선생님께선 조선의 미술, 민예, 임업에 관한 여러 논문을 남기셨다. 논문을 수집한 '조선의 선'은 조선 민족 미술관에 소장되었다. 또 조선의 선반과 장롱, 찻잔, 나물 등의 다방면에 걸친 논문은 지금도 귀중한 자료이다. 다쿠미 선생님은 40세에 폐렴으로 돌아가셨다. 그분의 묘역의 현장비에는 '한국의 산과 민예를 사랑하고 한국인의 마음속에 살다간 일본인 여기 한국의 흙이 되다'라고 새겨져 있다. 다쿠미 선생의 장례식 당시 사이토 총독은 이런 말을 하였다.

다쿠미 선생님은 약자를 간과하지 않으셨고, 청빈의 인격으로 오른손이 한 선행을 왼손이 모르게 하셨고, 항상 조선사람들의 마음에 녹아들고자 하셨다.

이분 또한 정종배 선생님께서 수업 시간과 그 이외 시간에도 매번 말씀해주셔서 잘 알게 되었고, 아사카와 형제분과 관련된 ucc를 제작하게 되면서 많은 것을 느끼고 얻게 된 것 같다.

<후기>

이번 청리은하숙 세계시민학교에 참가하게 되면서 가장 뜻깊고 영광스러웠던 부분이 있다면 남학생 대표로 수료증을 받게 된 것이다. 선생님께선 어떤 의도로 나를 선택하셨는지는 알 수 없지만, 분명 열심히 참여했기에 선택해 주신 것 같다. 난 자율동아리 회장이고, 이 프로그램의 1기 학생으로서 동아리 부원들에게 좋았던 점, 아쉬웠던 점을 물어보면서 피드백을 해보았다. 대부분의 학생들이 아쉬워했던 점은 '활동적인 일정보다도 강의식 일정이 많아서 약간 지루한 부분이 있었다.'라고 말해 주었고 다만 활동적인 일정이 추가된다면 그룹을 만들어서 서로가 협동하며 하나의 의견으로 통합할 수 있는 그런 모둠 활동이 필요하다고 답변하였다. 난 이번 프로그램에 참가할 수 있도록 기회를 주신 자율동아리 담당 선생님이신 정종배 선생님께 감사드린다.

진실속에 나를 찾다

청량고 이용우

여는 말

작은 목표가 있다.

세계의 정치적, 환경적, 경제적 문제들에는 먼지만 한 영향도 못 미치는, 나를 모르는 사람들에게는 아무래도 상관없는 작은 목표, 그 목표를 위하여 보이는 장애물들을 모두 뛰어넘으면서 나는 계속해서 달려 나갔다. 갈림길 멀리 보이던 다른 길들은 일말의 눈치도 주지도 않고 지나쳐왔고, 그 길에 대한 의심은 전혀 없다. 다만 "내가 달리는 이 길은 누가 만든 길인가?" 라는 의문이 들었다. 전혀 환경적이지 않고, 전혀 정치적이지 않으며 전혀 경제적이지 않은 오직 개인적 이기적인 장애물들, 분명 나에게는 높고도 거대한 장애물들이지만 내가 노력함에 따라 언제든 뛰어넘는 게 가능한, 마치 나를 시험하는 듯한 장애물들 그리고 내가 어떻게 힘을 내더라도 도중에 지쳐 쓰러져 눕더라도 변하지 않는 단단한 길.

'이러한 길은 누가 만든 것일까?'라는 나의 의문은 또다시 나타난 장애물을 뛰어넘는 순간 잊어버렸다.

아사카와 다쿠미라는 한 사람을 알기 전까지는

1. 아사카와 다쿠미

수업의 방식은 재일 교포 분들의 다양한 강연과 함께 저마다의 시선으로 아사카와 다쿠미를 평가하는 것에서 시작되었다. 후에 <백자의 사람>이라는 아사카와 다쿠미의 업적을 그린 영화를 상영하는 것으로 진행되었는데 이하의 내용이 내가 보고 들은 아사카와 다쿠미라는 한 사람의 삶의 요약이다.

야마나시현 출신으로 야마나시현립 농림학교를 마치고 아키타현 오다테의 영림서에 근무하던 다쿠미는 아버지처럼 따르던 7살 위의 형 노리타카를 따라 1914년 조선반도로 건너갔다. 한국병합 후 4년밖에 지나지 않은 시기, 신천지였던 조선반도로 향하는 일본인이 급증하던 때였다. 다쿠미는 임업시험장 고원으로서 묘목을 기르는 등의 연구를 하면서 수목의 씨앗을 뿌려 그해 중으로 발아시키는 '노천매장법'을 개발했다. 다쿠미는 임업에 전력을 다하는 한편으로 도자기에 관한 형의 연구와 조사를 돕던 중 조선 민예의 아름다움에 이끌리기 시작하여 일본인이 지배자로서 거들먹거리며 조선의 전통과 민족의식을 억압하는 시대상황 속에서 다쿠미는 유창한 조선말로 사람들과 어울렸으며, 그들과 같은 한복 의상을 즐겨 입고 누구도 차별하지 않는 태도로 일관했다. 다쿠미가 1931년 4월 급성폐렴으로 40세의 젊은 나이에 요절하자 마을 사람들이 이별을 고하고자 일제히 몰려들었으며, 출관 시 관을 짊어지는 역할을 맡겠다는 사람이 줄을 지어 헤아릴 수 없을 정도였다고 한다.

2. <조선의 백자> 특강

아사카와 다쿠미는 영화상에서 백자를 처음 봤을 때 매우 놀라워했다. 하나의 그릇이 자신에게 이러한 감정을 낳게 했다는 것에 그것으로 인해 아사카와 다쿠미는 이러한 그릇을 만들어 낸 조선이라는 나라에 관심을 가지게 되었고, 이해하고자 하는 노력하게 되었다. 단순한 그릇이 사람의 마음을 감정을 이렇게 바꿀 수 있다면 이는 단순한 그릇이 아니라 예술이라 말할 수 있을 것이다. 이번 수업은 아사카와 다쿠미가 다른 문화를 이해라 수 있게 한 바로 그 백자에 대한 강의로 진행되었다. 이하는 내가 보고 들은 강의 내용의 요약에 추가로 조금 조사를 한 내용이다.

조선이 개국하면서 전국에 흩어져 있던 가마에서는 청자를 만들던 장인들이 분청사기와 백자를 만들게 된다. 특히 백자는 중국 원나라의 영향으로 우리나라에서 유행하고 흰색을 좋아하는 우리나라의 민족성과 그릇으로 사용하던 도자기의 특성상 흰색의 도자기인 백자는 조선시대 전반에 걸쳐 백성의 사랑을 받게 됩니다. 백자에도 다양한 장식이 사용되었는데 음각, 양각, 투각의 기법이 사용되었고 조선시대 초기에는 잠시 고려에 사용되었던 상감기법도 있었다, 하지만 조선시대 백자의 특징은 다양한 회화기법이라고 하시였다. 고려시대 청자보다 더 다양한 그림이 그려지고 마치 도자기의 벽면을 도화지나 화선지처럼 생각하여 다양한 그림을 그리는 기법이 발달하게 됩니다. 그림을 그리는 안료(물감)는 조선 초기에 페르시아에서 중국을 거쳐 수입한 청화(코발트)가 사용되었으나 당시 수입품이던 청화가 금보다 더 비싼 고가에 수입되고 이를 남용하여 사치가 만연하게 되자 조정에서는 청화의 사용을 금지하고, 조선 중기에는 청화를 대신하여 철화(산화철)를 사용하여 다양한 그림을 그리게 된다.

그러다가 조선 후기에 청화의 수입가격이 많이 낮아지고 조선에서 자체적으로 코발트 광산이 개발되어 가격에 구애받지 않고 청화를 사용할 수 있게 되면서 다시 조정에서 청화의 사용을 허락하고 청화를 이용한 다양한 백자가 만들어져서 조선의 백자하면 청화백자라는 이름이 붙은 정도로 청화를 이용한 다양한 백자가 만들어진다. 이외에도 동화를 이용한 백자도 많이 만들어져서 청화의 청색, 철화의 갈색, 동화의 적색으로 그림을 그린 백자가 조선시대 전반에 걸쳐 제작된다. 백자는 사발, 항아리, 접시, 주전자, 등은 물론 선비가 글을 쓸 때 필요한 벼루, 연적, 필세, 필통(붓통), 지통(종이통),과 침을 뱉는 타구, 제사에 사용하는 각종 제기 등등이 만들어진다. 아사카와 다쿠미는 영화상에서 주변 등장 인물들에게 '백자 같은 사람'이라고 불렸다. 내세우지 않고 모두에게 베풀면서도 그 따뜻함에 거짓이 없었던 그와 백자에는 단순, 소박, 생략감이 있고 더 나아가서 여유와 익살이 표현되어 있기 때문일 것이다.

맺는말

나는 작은 목표가 있다.

작고 개인적인 목표지만 그걸 염원하고자 하는 이 마음은 '진실하게 되었다.'라고 짧은 인생이지만 단언할 수 있다. 그렇기에 나는 이 길을 달리는 것에 망설임은 없었다. 하지만 의문은 있었다. '이 길이 옳은 길인지, 이 길은 왜 만들어진 것인지'라는 의문, 그러나 나는 달리는 것을 멈추지 않는다. 망설임이라는 것이 발을 멈추게 한다는 것을 아는 나는 설령 틀렸다고 하더라도 그 작은 목표를 위하여 계속 이 길을 달리는 것을 멈춰서는 안되니까. 이 길을 만들어 간 수많은 사람 중 한 사람을 이번 기회에 알게 되었다. 그리고 그 의문의 답을 알게 되었다. 그렇게 큰 변화는 아니다. 앞서 길을 만들어 간 아사카와 다쿠미같은 사람들이 틀리지 않다는 것을 믿기에, 단지 나는 이 길을 믿게 되었다. 이 길의 이 땅의 든든함을 재인식하며 나는 지금도 달린다.

날마다 일보전진의 마음

청량고 민진하

나는 청리은하숙이라는 프로그램을 학교 미술 영재단에서 우연히 알게 되어 신청하게 되었다. 처음 신청서를 받는 순간 청리은하숙의 목적이 내 눈길을 끌었다. 바로 '한국의 산과 민예를 사랑하고 한국인의 마음속에 살다 간 일본인 ' 아사카와 다쿠미(1891 ~ 1931)의 조선의 예술과 미에 대한 사랑과 인류보편정신을 기리고 학생들에게 그 정신과 마음을 교육하기 위함이라는 주제였다. 조선을 사랑한 일본인, 그리고 예술과 미에 대한 사랑이라니 나는 망설임 없이 신청서를 적어 내려갔다. 10월 17일, 10월 24일 이틀 동안 많은 활동들을 하며 배우고 느낀 점이 참 많았다.

첫날에는 이렇게 청리은하숙 단원들이 모여 개교식을 가졌다, 국립산림과학원 건물 뒤 뜰에 있는 큰 나무는 반송이라는 멋지고 웅장한 나무였다. 이를 마친 후 하정웅 이사장님과 정한중 교수님의 리더십 강의를 듣는 시간을 가졌고 한국 외국어 대학교 탐방도 진행하였다.

하정웅 이사장님은 현대의 아사카와 다쿠미라는 생각이 문득 들었다. 그는 미술수집가이자 미술기관 후원자이시다. 그의 업적은 광주, 부산, 대전 미술관 등 굉장히 많은 미술관에 그림을 기증하셨다. 또한 광주광역시 5.18성지에 느티나무 200그루를 식수하시는 등 푸른 환경을 만드시는 데도 힘쓰셨다. 이를 보면 그는 아사카와 다쿠미님 못지않게 우리나라의 예술시장에 큰 몫을 차지하는 대단한 분이라고 할 수 있다. 그런 하정웅님과 인사를 나누고 그의 강의를 들을 수 있는 좋은 시간을 갖게 되어서 매우 행복한 시간이었다.

둘째 날에는 더 많은 활동들을 했다. 그중 <백자의 사람>이라는 영화를 관람하는 시간이 있었다. 이날 아침일찍 홍릉수목원에 모여 이 영화를 관람하는 시간을 가졌는데 영화의 내용은 이렇다. 조선의 산을 푸르게 하겠다는 사명감을 품은 임업기술자 '아사카와 타쿠미'. 조선총독부 임업시험소에서 근무를 시작한 그는, 그곳에서 만난 조선인 동료 청림을 통해 조선땅에 사는 사람들을 사랑하고 백자로 된 항아리와 사발, 밥상과 장롱 등 조선 공예품의 미에 매혹되어 싼값에 팔리고 있는 조선백자에 안타까움을 갖는다. 또한 조선의 아름다움에 반해 청림에게 우리말을 배우는 등 시대와 민족을 초월한 우정을 쌓아간다. 사실 첫 날 아사카와 다쿠미에 대하여 설명을 들었을 땐 맘속에 크게 와닿지 않는 경향이 있었다. 하지만 이 영화를 본 이후로 그에 대한 나의 생각은 매우 달라졌다. 그가 조선의 푸른 산을 위하여 얼마나 노력했는지, 조선의 백자를 보며 아름다움을 느끼고 이를 얼마나 사랑했는지 이 영화를 보며 그에게 깊은 감동을 느꼈다. 영화를 다 보고 난 후에도 여운이 남는 그런 좋은 영화였다.

청리은하숙의 마지막 활동으로는 망우묘지공원 아사카와 다쿠미 묘역 및 망우인문학 강의 및 답사 활동이 있었다. 나는 망우묘지공원에서 자연과 생태투어를 선택하였다. 맑고 깨끗한 공기를 마시고 산을 오르면서 많은 식물들의 이름과 기능, 특징 등을 배웠다. 나는 비록 과학과 친근하진 않지만 식물이나 동물 등 생물에 대해 배우는 것을 매우 좋아했기 때문에 산에 오르는 것이 힘들긴 해도 아주 유익한 시간이었다. 망우묘지공원에는 아사카와 다쿠미의 묘지가 있었다. 그가 세상을 떠난 날 우리나라 사람들이 모두 한마음으로 슬퍼하며 추모하였다고 한다. <백자의 사람>이라는 영화에도 그의 묘지가 등장하는데 ‘조선의 흙이 되다’라는 문구가 그의 묘지에 쓰여 있다. 나는 그의 묘 앞에서 진지하고 감사하는 마음으로 합장하여 추모에 임했다. 아사카와 다쿠미에게 정말로 큰 감사함을 느꼈다.

행사 마지막엔 하정웅 선생님의 책 한 권을 받았다. 그 책에는 이런 내용이 있었다.

‘날마다 일보전진, 하루에 한 가지만으로도 ’좋은 일‘을 하겠다는 마음으로 산다면, 그렇게 1년 365일을 지낸다면 인생은 어떻게 달라질까. 또 세상은 어떻게 바뀔까?’ 이 구절은 하정웅 선생님께서 항상 가지고 계시던 마음가짐일 것이다. 나는 이 구절을 나에게도 실행해야겠다고 마음먹었다. 청리은하숙 프로그램은 시작할 때와 끝마칠 때의 마음이 달랐다. 시작할 땐 가벼운 마음으로 프로그램에 임했지만 끝날 땐 배운 것도 너무 많고 고마운 프로그램이라는 생각이 들었다. 청리은하숙 프로그램에 참가하게 되어 정말 감사하고 보람차다.

일어淸수

태릉고 박종우

‘일어탁수(一魚濁水)’라는 말이 있다. 물고기 한 마리가 큰물을 흐린다는 뜻이다. 외국에 나가면 나부터 잘하라는 것도 만약 내가 외국에 가서 현지인들에게 좋지 않은 이미지를 주면 그들을 ‘한국인들은 다 저렇구나’라고 생각하고 한국인 모두가 나로 인해 좋지 않게 보여질 것이기 때문일 것이다.

우리는 일제강점기를 거치면서 일본인들에 대한 반감이 생겼다. 하지만 아사카와 다쿠미란 사람에 대해 알게 된 후 어쩌면 이런 반감도 일어탁수 같은 것이 아닐까 하는 생각이 들었다. 다시 말해, 악행을 저지른 일본인들로 인해 우리가 ‘일본인’ 그 자체에 대한 반감이 생겼지만, 그 속에 가려진 아사카와 다쿠미 같은 사람들도 있지 않을까 하는 생각이 들면서 ‘일본은 미워해도 일본인 모두를 미워하진 말아야겠다’는 생각을 했다. 아사카와 다쿠미는 일제강점기 시대에 조선으로 건너온 일본인이지만, 그 당시 조선을 지배하던 다른 일본인들과는 달리 누구보다 조선의 미를 사랑했던 사람이다. 조선의 백자를 사랑했고, 조선의 산과 민예를 사랑했다. 사실 말로만 들었을 땐 크게 와닿지 않았다. 가장 기억에 남고 아사카와 다쿠미란 사람에 대해 이해하게 된 것은 영화 <백자의 사람: 조선의 흙이 되다>를 보고 나서였다.

영화 속에서 아사카와 다쿠미는 이청림에게 조선인들은 일본어를 쓰도록 강요받고 있다는 말을 듣고는 충격을 받는다. 당시 아사카와 다쿠미 같은 평범한 일본인들은 일본이 우리나라를 식민지로 삼으며 했던 일들을 전혀 모르고 있었다는 것을 알려주는 대목이었다. 심지어 산림을 훼손한 것도 러시아와 미국이 그랬다는 것처럼 그럴듯하게 포장해 외부로 알려졌다는 것도 영화를 통해 새로 알게 된 사실이었다. 하지만 아사카와 다쿠미는 조선이 조국이 아닌 타국임에도 산을 다시 되살리고자 노력한다. 특히 다른 임업시험소 직원들은 ‘빨리 자란다’는 이유로 미국산 모종을 심었던 것과 달리 우리나라 모종을 이용했던 점이 인상깊었다. 어쩌면 그가 아니었다면 지금쯤 우리는 우리나라 토종 나무보다 미국산 나무를 더 많이 보게 됐을 수도 있었을 것이다. 영화에서 아사카와 다쿠미만큼 인상 깊었던 것은 그의 두 명의 부인이다. 나는 당연히 일본인임에도 조선의 백자와 산을 사랑하는 그를 별로 좋아하지 않을 줄 알았다. 특

히 두 번째 부인이 그랬다,

그러나 내 예상과는 달리 그의 부인들은 그를 존중해 주었고, 자신들도 조선의 백자와 산을 좋아했다. 첫 번째 부인의 경우 유언으로 조서의 산을 푸르게 해달라는 말을 남길 정도로 말이다. 만약 이런 부인들이 없었다면 아사카와 다쿠미가 조선의 백자를 보존하고 산을 살리겠다는 결심을 할 수 있었을까?라는 생각이 들었다. 영화에서 아사카와 다쿠미는 마음이 맞는 조선인 동료 이청림을 만난다. 인터넷에 영화 속 이청림에 관해 검색해보면 '일제 치하 억울한 조선인들의 심정을 상징적으로 대변하는 인물'이라고만 나온다. 실제로 있었는지 없었는지는 알 수 없지만, 아마 한 명 정도는 있지 않았을까 생각을 해본다 아사카와 다쿠미도 그렇지만, 이청림도 굉장히 용감한 일이라 생각한다. 일본인이 조국을 점령하던 시기에 일본인을 믿기란 어려운 일이었을 것이고, 같은 조선인들에게 친일파 의심을 받은 것을 무릅쓰고 끝까지 아사카와 다쿠미의 동반자가 되준 것이 감동을 느낄 수 있는 부분이었던 것 같다. 또 하나 기억에 남는 부분은 아사카와 다쿠미의 어머니이다. 영화에선 이청림과 아사카와 다쿠미의 어머니가 만나는 장면이 가끔 나오는데, 아마 그 당시 평범한 일본인과 평범한 조선인이 만났을 때 비슷한 상황이 벌어지지 않았을까 싶다. 인상 깊었던 건 아사카와 다쿠미의 어머니의 행동 변화였다. 영하 초중반에 그의 어머니와 이청림이 만났을 때 다쿠미의 어머니는 조선인을 비하하며 이청림에게 핍박을 준다. 아사카와 다쿠미가 죽기 전에 그의 어머니에게 '조선인에게 너무 나쁘게 하지 말아달라'라고 한 후 아사카와 다쿠미의 장례식이 진행될 때 갑자기 혼자 외진 곳으로 가더니 자신이 그렇게 하지 말라던 조선인처럼 소리 내서 울기 시작한다. 그리고 한 조선인의 부축을 받으며 걸어가는 장면이 나오는데, 굳이 따로 장면이 나오진 않았지만, 그 장면 하나만으로도 다쿠미의 어머니와 조선인 사이의 갈등이 해소되는 느낌이었다.

아사카와 다쿠미에 관한 이야기와 영화 <백자의 사람>을 보면서 고정관념처럼 박혀있던 일본인에 대한 이미지가 살짝 바뀌는 한편 당시 일본인들이 아사카와 다쿠미처럼 다른 나라의 문화를 존중하고 아낄 줄 아는 감성을 지녔다면 어땠을까 하는 생각이 들기도 했다. '일어탁수'라는 말이 있다. 그런데 왜 '일어청수'라는 말은 없을까, 예전 사람들도 한 사람이 큰 피해를 가져오는 것보다 한 사람이 세상을 바꾼다는 게 훨씬 더 가능성이 없고 어렵다는 것을 알고 있던 것일까. 아사카와 다쿠미가 조선 옷을 입고 조선말을 하며 조선을 위해 힘써도 다른 일본인들은 비웃기만 했다. 이청림도 그에게 혼자 한다고 될 일이 아니라고 했다. 어딘가에서 이런 문구를 본 적이 있다. '원래 세상은 반대로 돌아간다. 착할수록 먼저 떠나고, 악질일수록 오래 살아남는다' 영화를 보면서 이 문구가 떠올랐다. 조선의 백자와 산과 민예를 보존하기 위해 힘쓰다 40세란 나이에 갑자기 요절해 사망한 아사카와 다쿠미와 그 말이 절묘하게 맞아떨어지는 것 같았다.

우연히 청리은하숙 세계시민학교라는 프로그램을 알게 되어 참가하게 됐는데, 여기서 아사카와 다쿠미 같은 숨겨진 위인을 새로 알아간 것 같아 좋았다.

비밀의 묘지공원

태릉고 서인화

첫 번째 주제인 고 아사카와 다쿠미 선생님에 대한 것입니다.

아사카와 다쿠미 선생님께서는 일제 강점기 때 형님이신 아사카와 노리타카를 따라서 조선에 오시게 됩니다. 조선총독부에 고용되셔서 양묘 실험이나 조림 일에 종사하시게 됩니다. 종사하시는 도중에 소나무의 양묘에 성공하셨습니다. 그 이유는 처음에는 일본흙을 가지고 와서 씨를 심어서 자라게 했는데 자란 후에 금방 시들어버렸습니다. 하지만 조선 흙에 씨를 심어서 자라게 했는데 무럭무럭 자랐습니다. 그러면서 조선의 백자와 문화에 사랑에 빠졌습니다. 그래서 조선말을 배워서 조선인과 대화를 하시고 그것을 즐거워 하시고 조선의 문화를 좋아하셨습니다. 그래서 아내 미츠에를 조선에 오게 하셔서 딸 소노에를 낳지만 평소에 몸이 약하셨던 미츠에는 돌아가시게 됩니다. 다쿠미 씨는 백자를 보고 조선의 미술에 눈을 떴습니다. 그래서 조선의 백자의 아름다움과 위대함을 널리 퍼지게 하려고 기여를 많이 하셨습니다. 그리고 형 노리타카도 조선의 미술관에 자주 드나들며 조선의 도자기의 아름다움에 빠졌습니다. 일본의 미술평론가인 야나기 무네요시와 하메 조선 도자기를 모아서 <조선민족미술관>을 설립하는 것을 계획하였습니다. 그리고 다쿠미 선생님의 끊임없는 조선의 관심은 계속되었습니다. 조선의 미술, 공예, 임업에 관한 논문과 조선의 선반과 장롱, 찻잔, 나물 등의 다방면에 걸친 논문은 지금까지도 귀중한 자료입니다. 이처럼 일제 강점기 때 조선인들에게 사랑받았던 몇명 안되는 일본인들 중에서 한 명이십니다. 비록 국적이 다르지만 우리가 생각하고 보고 하는 행동, 마음이 같다면 같은 조선인이라고 생각합니다. 처음에는 아사카와 다쿠미 선생님에 대해서 전혀 몰랐지만 세계시민학교를 하면서 아사카와 다쿠미 선생님의 위대한 업적들을 알게 되었고 그 인물에 대해서 조금도 조사하면서 자세하게 알게 되었습니다. 조사를 하면서 존경을 당연하게 해야되는 분이라고 생각했습니다. 조선의 발전을 위해서 기여하신 아사카와 다쿠미 선생님 감사합니다.

두 번째 주제인 현재 재단법인 수림문화재단 이사장이신 하정웅 선생님에 대한 이야기입니다.

하정웅 선생님께서는 한국과 일본 두 나라를 한 가슴에 품고 살아오신 분이시다. 살아보시면서 느끼신 여경을 딛고 이루신 성공을 바탕으로 해서 조국인 한국의 문화예술 발전을 위해서 메세나 운동가로 살고 계신다. 선생님께서는 일본에서 출생하신 재일 한국인 2세로 일본에서화가를 꿈꾸시면 학창시절을 보내셨지만 가난으로 인해서 꿈을 접으셔야 하셨습니다. 이후에 일본의 취업률 100%인 아키타공업고등하교를 졸업하셨지만 단지 조선인이라는 이후로 취업이 안되셨습니다. 엄청난 고민 끝에 도쿄 우에노행 기차를 타십니다. 그곳에서 전기회사에 취직하시면서 기술자로서의 사회에 첫 발걸음을 내딛으셨다. 이후에 일본의 경제성장과 훌륭한 능력을 바탕으로 순식간에 사업가로서 성공하십니다. 그때쯤에 전화황 화백의 미륵보살 그림을 보고 반해서 그 계기로 미술 작품을 수집하시기 시작하게 되십니다. 비록 어린 시절에 가난으로 인해 꿈을 못 이루셨지만, 미술가에 대한 꿈을 새로운 형태로 발현시키셨습니다. 더 나아가 미술품에 소유하는 데 그치지 않으시고 평생 동안 수집해오신 1만여 점의 그림들의 한국의 각 도립과 시립미술관에 기증하셨습니다. 여기에는 피카소, 샤갈, 앤디 워홀. 달리 등 20세기 거장의 명품을 비롯해 전화황, 이우환, 손아유 등 우리나라 유명 화가들의 작품들이 망라되어 있습니다. 하정웅 선생님을 우리나라에 미술품 수집가로서는 거의 일인자이십니다. 그만큼 미술에 관심이 많으시고 활동에 많은 열정과 행동을 기여하셨습니다. 선생님이 청리은하숙 세계시민학교 입학식 때에 축하연으로 하신 말 중에 가장 인상이 깊었던 말이 있습니다. 자신의 가정형편이나 주위 환경에 상관없이 자기가 좋아하는 일을 열심히 하여서 사회가 과거에 나에게 큰 힘과 보탬이 되어 준 것처럼 나중에 사회에 큰 인물이 되어서 미술을 비롯해서 어려운 환경 속에 자기의 꿈을 발전시켜가는 사람들을 도와주고 사회에 이바지할 수 있는 사람이 되라고 하셨습니다. 위에 하정웅 이사장님께서 하신 말들처럼 나도 가정환경을 탓하지 않고 자기의 꿈을 위해 열정적으로 활동을 해서 사회에 큰 인물이 되어서 사회에 받침이 될 것이다.

세 번째 주제는 망우리 묘역 투어이다. 망우리는 우리 집 바로 옆에 있는 동네이다. 하지만 이 동네에서는 큰 비밀들이 숨겨져 있었다. 그 비밀은 우리나라의 발전에 기여하셨던 위인들이 계신다는 것이다. 비록 살아계시지는 않지만 묘 안에 계신다. 그 위인분들로는 시인 박인환 화가이신 이중섭, 독립운동가이신 죽산 조봉암, 시인 한용운 그리고 아동문학가이신 방정환 또 비록 일본인이시지만 조선의 역사에 큰 영향을 주신 아사카와 다쿠미 선생님이 계신다. 첫 번째로 뵌 분은 박인화 시인이시다. 대표작은 '세월이 가면'이라는 시이다. 후에 노래로도 나온다. 이분이 명동의 모던보이라고 하셨다. 그 이유는 얼굴이 굉장히 잘 생기시고 박인환 시인이 나타나면 사람들이 몰려들 정도라고 하셨다. 그 정도로 인기가 많으셨던 것 같다. 시인의 묘는 길 아래에 외진 곳에 위치하고 있었다. 아래로 내려가기가 힘들었지만 내려간 후에는 경치가 멋있었다. 나는 조용히 묵념을 하였다. 두 번째로 뵌 분은 서양 화가이신 이중섭 화가이시다. 선생님의 그림에 주된 주제는 소였다. 선생님은 일본제국 미술학교에 입학하셨다가 동경문화학원으로 옮겨 졸업하셨다. 그 후에 친구들의 도움으로 처음이자 마지막을 전시회를 미도파백화점에서 개최하였다. 하지만 정신분열증 증세를 보이시다가 간염으로 세상을 떠나셨습니다. 이중섭 화가께서는 우리나라 말고도 전세계에서 가장 영향이 있으셨던 화가들 중에 한 분이십니다. 그리고 엄청 유명하십니다. 그래서 존경을 표하면서 묵념을 하였습니다. 그리고 세 번째로 뵌 분은 한용운 시인입니다. 한용운 선생님의 묘는 아내 분의 묘와 함께 계셨습니다. 한용운 선생님의 대표적인 시는 '님의 침묵'입니다. 한용운 선생님은 독립운동가이시자 승려이십니다. 불교를 통하여 언론, 교육활동을 하시고 무능한 불교를 개혁하고 불교의 현실 참여를 주장하였으며, 그것에 대한 점으로 불교 사회주의를 주장하셨다. 그리고 3.1 만세 운동 당시 민족 대표 33인 중 한 사람이십니다. 그래서 '님의 침묵'을 통해 일제강점기의 상황과 독립에 대한 의지. 자유를 표현하셨습니다. 이런 분들이 계셨기에 우리가 편안하고 좋은 사회에서 살고있는 것 같다. 항상 그런 생각을 갖고 살아야겠다는 의지와 함께 묘 앞에서 묵념을 하였다. 마지막으로 일본인이시지만 마음만은 조선인이신 아사카와 다쿠미 선생님의 묘에 모두 모여서 차례대로 묵념을 하였다. 묘는 다른 묘들과는 달리 엄청나게 컸다. 나는 그 이유를 알 것만 같았다. 그 이유는 다른 분들께서도 조선에 많은 영향을 끼치셨는데 아사카와 다쿠미 선생님께서는 더 많은 영향을 끼치고 조선이 독립이 되기를 바라는 유일한 일본인이시기 때문인 것 같다. 나도 아사카와 다쿠미 선생님처럼 후에 다른 나라에 가서도 그 나라의 편견을 버리고 아름다움을 바라보며 그 문화를 존중해야겠다. 그리고 하고 싶은 일을 하여서 나중에 사회에 이바지가 되는 사람이 되기를 희망한다.

그 마음이 닿기를

휘경여고 이윤서

청리은하숙 세계시민학교는 '한국의 산과 민예를 사랑하고 한국인의 마음속에 살다 간 일본인' 아사카와 다쿠미(1891~1931) 선생님의 미술과 미에 대한 사랑과 인류보편의 정신을 기리고 학생들에게 그 정신과 마음을 교육하기 위해 설립된 학교이다. 이 프로그램에 참가를 하기 전에 "아사카와 다쿠미"라는 분에 대해서 조사를 했었는데, 일제 강점기 시대의 일본인으로서 조선을 사랑하고 우리의 숲과 우리의 문화를 지켜주셨던 분이라는 것을 보고 처음에는 왜 일본인을 이렇게 칭송하지? 라는 반감이 들었었는데, 나는 청량고등학교 미술영재 활동을 하면서 이 활동을 신청하게 됐는데, 지난 2주 동안 했었던 인상깊었던 여러 가지 활동이 내 머릿속을 스쳐간다. 이 활동을 시작하면서 맨 처음에 현 수림문화재단 이사장이시고 광주시립미술관의 명예관장이신 하정웅 선생님의 말씀을 들었는데, 한국어는 아직 조금 서툰 말투이시지만, 내가 상상했던 것보다 더 인자하시고, 밝게 웃으시면서 우리와 소통하시려 하시던 선생님의 모습에 너무나 멋있어 보였고, 사진으로만 봤지, 실제로는 처음 본 분임에도 불구하고 정말 나와 친한 한 분의 선생님이라는 기분이 들었다.

수업 중 가장 재미있었던 것을 꼽자면, 아사카와 다쿠미 선생님께 흥미가 생겨서일까 2012년에 개봉했던 영화 <조선의 백자> 가 인상 깊은 활동으로 남았다. 영화에서는 아사카와 다쿠미 선생님의 일생을 한 편의 영화처럼 만든 영화인데 놀랍게도, 한국 사람도 나왔다. 이 영황에서는 주인공 아사카와 다쿠미와 한국인 이청림 이라는 사람과 우리의 자연을 지키기 위해, 우리의 문화를 지키기 위해 힘쓰고 있는 모습을 그려낸 것이다. 일제 강점기 시대에 한국에 드렁온 아사카와 다쿠미와 청림이 우리나라의 나무와 숲을 연구하는데, 다른 일본인들과 달리 정말로 숲과 자연을 사랑하고, 우리 조선을 사랑하는 마음으로 연구를 하는 모습이 멋졌다. 그리고 가장 기억에 남는 부분은 영화에서 청림이 조선의 백자를 보고 미술관을 세우고자 하는 아사카와 다쿠미를 보고 집집마다 리어카를 끌고 다니며 각각 실생활에 사용되고 있는 도자기들을 받아서 모아 미술관을 개장하는 것을 돕게 되는데, 열심히 미술품들을 모아 드디어 개장하게 되던 날 청림의 아들이 독립운동가여서 박물관에 폭탄을 던지려고 하자, 아들이 혹시 감옥에 잡혀 들어가지 않을까 본인이 직접 희생해서 자폭을 하려고 하지만 폭탄은 터지지 않았고, 아들 대신 감옥에 잡혀 들어가게 되었다. 개장식을 망친 청림은 스스로 아사카와 다쿠미를 멀리했다. 하지만 아사카와 다쿠미는 그런 청림의 마음을 알고 청림이 심지 못하는 몫까지도 자기가 심어주겠다고 하면서 나무를 심으면서 나무에 관한 연구를 계속한다, 특히 그가 임업시험장에서 단순하지만 아무도 생각하지 못한 오엽송 노천매장법이라는 획기적인 양묘방법을 개발하면서 우리 땅에 우리 나무를 심을 수 있게 한다. 그 밖에도 '조선의 소반', '조선 도자명고'라는 책을 쓰면서 우리의 문화를 기록으로 남겨주었지만, 청림이 감옥에서 나오기 전에 숨을 거두고 마는데, 그는 묘소까지도 그가 살던 마을 뒤에 묻어주기를 바랬다. 특히 이 부분에서 아무리 좋아봤자 일본인이라고 싫어하던 한국 사람들이 아사카와 다쿠미의 장례식 때 상복을 입고 관을 메게 해달라고 할 땐 그의 조선을 사랑하는 마음이 닿았구나! 하고 느끼게 되었고, 나도 모르게 눈물을 쏟았다.

이번 청리은하숙 프로그램을 하면서 아사카와 다쿠미라는 사람에 대해 많이 알게 되어서 좋은 기회였다고 생각되고, 다른 내 친구들에게도 아사카와 다쿠미라는 사람에게 소개해주었는데, 친구들도 일제강점기임에도 불구하고 이런 분도 계셨구나! 하면서 존경스럽고 감사하다고 생각된다고 말했다. 앞으로도 우리의 숲을 볼 때마다 아사카와 다쿠미 선생님께 감사하면서 지내야겠다고 생각했다.

제4장

중랑인문학글쓰기반 (중랑문화원, 2023)

아사카와 다쿠미 영화 <백자의 사람> : 양정순(수필가)
아사카와 다쿠미 선생 : 이영식(중랑향토문화 해설사)
망우역사문화공원에 잠드신 아사카와 다쿠미 : 박점자(우리동네 통신원회장 박점자 유튜버박점자tv)
진흙 속에서 피어난 한 송이 연꽃 아사카와 다쿠미 : 홍성례(홍시낭시 시 낭송가, 중랑향토문화 해설사)
아사카와 다쿠미 디아스포라 : 임호연(전 중랑동부시장 제3대 조합장)
조선의 흙이 된 아사카와 다쿠미 : 김인숙(시인, 시 낭송가)
1905년 을사생 할머니의 손녀와 아사카와 다쿠미 : 오승미(교사)
아사카와 다쿠미를 생각하다 : 김운식(김구응열사 기념사업회 고문)
광릉수목원과 아사카와 다쿠미 : 김은순(한국의 재발견 궁궐 지킴이)
중랑인문학글쓰기반 공부의 즐거움 : 이가을(중랑인문학 글쓰기반)
가르치며 배운 아사카와 다쿠미 : 우수정(중랑인문학 글쓰기반)
아사카와 다쿠미 40년 찬란한 인생 기록 : 정옥규(중랑인문학 글쓰기반)
친절한 다쿠미 씨 : 장한(한국외대 특임 강의 교수·러시아연구소 초빙 연구원)
관동대지진 조선인 대학살 100년과 한국문학 망우역사문화공원 및 아사카와 다쿠미: 정종배(시인, 중랑문화원 중랑인문학 글쓰기반 강사)
관동대지진 조선인 대학살 관련 아사카와 다쿠미 일기 : 아사카와 다쿠미
맺은 말 : 정종배
편집 후기 : 백조종 정종배

아사카와 다쿠미 영화 <백자의 사람>

양정순
(수필가)

나는 지금까지 아사카와 다쿠미에 대해서 한 번도 들어본 적이 없다. 지난 사월 중랑문화원 인문학 강좌 '중랑인문학글쓰기'라는 문구에 이끌려서 등록했다. 강사인 정종배 시인과 인연을 맺기 시작했다.

6월 마지막 수요일 '망우역사문화공원' 사색의 길 길섶의 수풀 속에 노랗게 핀 큰금계국꽃이 눈길을 잡아끌던 야외수업 첫 번째 날, 아사카와 다쿠미의 남향받이 묘소 앞에서 그의 디아스포라 삶에 대하여 처음으로 정종배 선생님으로부터 설명을 들었다.

아사카와 다쿠미는 이름에서 알다시피 일본인이다. 7월 19일 오후, 중랑 미디어센터에서 아사카와 다쿠미의 일대기를 다룬 영화 <백자의 사람-조선의 흙이 되다>를 관람했다. 비로소 다쿠미 선생에 대해 좀 더 많은 것을 알았다. 영화를 보면서 가슴이 뜨거워졌다. 큰 감명을 받았다.

조선사람도 일본인이 되기를 강요받던 그 시절, 조선인보다 더 조선을 사랑한 아사카와 다쿠미 선생의 이야기는 놀라움이 아닐 수 없다. 그는 조선총독부 산림과 직원(고원과 기사)으로 1914년 조선에 와서 조선의 민둥산을 보고 산림녹화에 힘썼다. 다쿠미의 주 업무는 양묘(養苗)였다. 종자를 채집하려 조선 각지를 돌아다녔다. 자연스레 조선 사람과 조선 문물을 많이 접하였다.

다쿠미는 조선의 도자기 특히 옹기와 조선백자 분청사기 등과 소반(小盤)을 연구했다. 조선 도자기의 신이라 일컫는 그의 형님 노리타카, 두 형제는 수집한 물품을 일본으로 가져가지 않았다. 다쿠미는 조선의 옷을 즐겨 입고 조선말을 하고 온돌방에서 생활했다. 어려운 이웃을 도왔다. 조선이 좋아서 조선인보다 더 조선을 사랑한 사람이다. 죽어서도 돌아가지 않고 이 땅에 묻혀 조선인의 꿈을 이룬 사람이다. 그가 바라던 대로 살과 뼈가 끝내 조선 땅에 한 줌 흙이 된 사람이다. 참으로 큰 감동이 아닐 수 없다. 이 땅에 태어난 한국인으로서 그에 대한 감사와 존경심으로 깊이 고개를 숙인다.

그다음 주인 7월 첫 수요일 오후 2시부터 4시까지 강의 시간 정종배 선생님이 자세히 정리 기록한 '아사카와 다쿠미 연보'를 공부했다. 그는 일기, 논문, 보고서, 작업일지 등과 1929년 『조선의 선(밥상)』을 남겼다. 돌아가신 뒤 『조선도자명고』 등이 출간됐다. 그에 대한 평전도 펴냈다. 일본 고향에서 청리은하숙, 국내에서 청리은하숙 세계시민학교 등 그를 기리는 행사가 다양하게 이루어지고 있어 다행이라 생각했다.

식목일 행사 준비로 과로하여 급성폐렴으로 1931년 4월 2일 운명했다. 그의 유언에 따라 한국식으로 4월 4일 홍릉수목원(현 산림과학원) 그가 심은 반송과 나무숲 아래 장대비가 내리는 봄비 속에 장례식을 치렀다. 이문동 사람들이 조를 나눠 멘 상여로 이문동 공동묘지에 묻혔다. 서울이 급속히 개발되며 도로 건설로 1942년 망우리공동묘지로 이장되었다.

산림청 퇴직 공무원 중심의 모임인 '홍림회'에서 세운 유택 안 표지석의 글에서도 숙연함이 느껴진다. '한국의 산과 민예를 사랑하고 한국인의 마음속에 살다 간 일본인 여기 한국의 흙이 되다.'라는 글귀에서 다시 한번 옷깃을 여미어 감사와 고마운 마음을 다진다.

망우리 하면 먼저 공동묘지가 떠오른다. 공동묘지라는 선입견 탓인지 나는 망우역사문화공원에 별 관심이 없었다. 관심이 없으니 둘러볼 생각도 아예 하지 않았다. 이제 알고 보니 서울의 북망산인 망우리공동묘지는 공동묘지가 아니다.

망우역사문화공원은 세상 어느 곳보다 밝고 아름다운 공원이다. 망우역사문화공원 사색의 길은 역사의 길이고 문학이 살아있는 곳이다. 민족의 자랑인 애국지사와 정치인 예술가 등이 잠들어 있는 곳이다. 만해 한용운 소파 방정환 서해 최학송 죽산 조봉암 유관순 이중섭 박인환 등 교과서에 뵐 수 있는 유명 인사가 무려 오십여 분이 잠들어 계신 우리나라 근현대사의 많은 아픔과 얘기가 더불어 살아 있는 박물관이다. 누구보다 한국을 사랑한 일본인 다쿠미 선생이 잠들어 계신 곳이다. 이제라도 다쿠미 선생을 알게 되었다. 무엇보다 반갑고 기쁜 일이다.

아사카와 다쿠미 선생님! 당신이 선택한 조선 땅에서 부디 영면하시길 바라며 삼가 명복을 빕니다. 진심으로 감사와 경의를 표합니다.

망우역사문화공원은 대한민국 호국의 산실이다

이영식
(중랑문화원 중랑향토문화 해설사)

"뭐라구요?" 이 묘소에 대한민국 미술 3대 거장의 한 분인 조각가 권진규 선생이 잠들어 있다구요? "예, 그렇습니다." 해설사의 이 한 마디에 사지가 떨리고 망치로 뒤통수를 맞은 기분이었다.

양녕대군이 동생인 충녕대군(세종)이 공부하는 절간에 사냥한 짐승을 안주로 술판을 벌인 것과 방랑시인 김삿갓인 김병연이 할아버지 김익순을 욕하고는 전국을 유람한 조선 시대 옛이야기가 머리를 스친다.

때는 1980년 4월 신혼을 지나 상봉 2동으로 이사를 하였다. 동리 지인과 망우산을 올랐다. 아니 망우리 공동묘지에 오른 것이다. 공동묘지 순환도로를 걷다가 지금의 새로 건립된 화장실을 지나 삼거리 못미처 눈에 익은 묘비 글씨가 눈에 금방 띄었다. '현포 이병홍지묘'는 해공 신익희 선생의 호랑이 글씨체다. 해공은 나의 모교인 국민대학교를 설립하였다. '사필귀정事必歸正을 가르쳤다.

삼거리에서 왼쪽으로 오르막길 오르면서 설산 장덕수 난석 박은혜 부부의 유택을 지나서 동락정 정자를 통과하여 내려가니 죽산 조봉암, 만해 한용운, 소파 방정환, 송촌 지석영 등의 묘소를 참배하는 순간 가슴이 뜨거웠다.

대한민국 근현대사의 선각자들이 영면하는 이곳 망우리는 우리 민족의 심장이라는 생각이 뇌리에 꽉 찬다. 그 후 주말이면 망우산을 올라 약수터 옆 무허가 주막에서 막걸리를 마시고 하나하나 묘지를 찾아가 묘비와 상석을 읽어봤다. 그리고 직장 동료, 고향 친구, 지인들과 틈만 나면 교통이 편리한 망우산에 올라 하루를 즐기는데 오늘날까지 500여 회는 넘게 이어졌다. 배낭에 막걸리와 안주를 담아 삼삼오오 적당한 장소를 잡아 때로는 시국을 논하거나 노래도 부르고 낮잠을 즐기면서 술 먹기 대회까지 치렀다.

몇 년을 다니다 보니 길지 곧 명당을 찾았다. 망우리 공동묘지 남쪽의 임숙재(숙명여대 초대 총장)의 묘소는 주로 겨울에, 망우산 중간 주 능선쯤에 설의식(동아일보 신동아 편집국장) 가족 묘지는 봄과 가을, 권진규(조각가) 묘지는 여름철에 주로 이용하였다. 통상 일요일이나 공휴일 오전 10시에서 11시 사이에 정해진 장소에 모여 하루를 즐긴다.

권진규 조각가의 묘소가 적합한 것은 첫째, 외진 곳이라 등산객이나 답사객들과 마주치지 않는다. 둘째, 숲속에서 담배를 피워도 보는 이가 없다. 셋째, 아무 곳에서나 용변을 보아도 좋다. 넷째, 술 마시고 고스톱 화투 놀이 음담패설

소란 등을 피워도 간섭이 없어서 안성맞춤 장소였다.
1990년대에 독립운동가, 교육자, 애국지사, 정치인, 언론인 등의 유명인사 묘지 가까운 사색의 길 길섶에 연보비와 안내판이 세워져도 술 마시기 대회는 이어졌다.

2022년 중랑문화원 중량향토문화 해설사가 된 후 2023년 1월 선배 기수 해설사들과 현장 실습을 통해 애국지사, 문인, 예술가, 언론인, 의료인 등의 묘역에서 해설을 들을 때마다 내가 한국인인가? 이곳이 술 마시고 하투를 치면서 시정잡배처럼 소란을 피운 죄가 차고 넘침을 알았다.
더욱 낯 뜨거운 무지렁이 짓은 권진규 조각가의 작품이 한국 미술계의 초석을 닦아 주신 데 고개가 저절로 숙일 수밖에 없다.

설의식 기자는 신동아 편집국장일 때 손기정 선수가 1936년 베를린 올림픽 마라톤 금메달을 목에 걸고 있는 시상식 사진의 일장기를 지워 동아일보가 폐간됐다. 일장기 말살을 주도한 이길용 기자는 복간 후 의협심이 강한 기자상이 정립되어 오늘에 이르고 독립운동가로 서훈을 받았다.

임숙재 총장은 19살에 청상과부가 되었다. 상경 후 가사 도우미로 야간 학교에서 공부했다. 일본 유학을 다녀와 숙명여고 여대를 거쳐 초대 총장까지 오른 입지적인 인물이다. 묘역이 잘 조성되었다고 상석에 술 한 잔 올리지 않고 등산객들만 묘소 주변에 앉아 술을 마시고 투전놀이 고성방가 등 허튼짓을 하였으니 내 죄는 내가 알아야 한다. 한 번은 죽산 조봉암 묘소에 등산객들이 둘러앉아 상석에 술 두 잔을 올려놓고 막걸리를 마시는 장면을 보았다. 죽산이 사형집행 전 담배 한 대와 술 한 잔 먹고 싶다는데 간수가 담배는 줘 피었지만, 술은 먹지 못해 가끔 답사객들이 술을 따라 참배하는 것을 목격했다. 올여름부터 망우역사문화공원을 찾을 때는 묘소에 잔을 올리고 술을 마신다.

일본인으로 한국에 왔다가 이곳에 영면하고 있는 아사카와 다쿠미 선생에 심취되어 망우역사문화공원의 속내를 속속들이 소상히 일깨워준 시인 정종배 강사님께 깊은 고마운 마음을 전한다.

망우역사문화공원에 잠드신 아사카와 다쿠미

박점자
(우리동네 통신원회장 박점자 유튜버박점자TV)

신혼 시절 새댁이 등산한답시고 용마산을 출발하여 망우리 그때는 공동묘지인 망우산 사색의 길 끝까지 걸었습니다. 한여름 가던 날이 장날이라고 햇볕이 쨍쨍했는데, 조금 후에 검은 안개가 일더니 먹구름에서 쏟아지는 소나기의 휘몰아치는 세찬 빗방울과 비바람으로 무서웠습니다. 갑자기 귀신이 나올 것 같은 불안감에 놀랐습니다. 그 후 망우리 공동묘지는 찾고 싶지 않았습니다.

시간이 흘렀습니다. 태조 이성계가 지금의 건원릉에 자신의 신후지지를 정하고 고개를 넘어오며 이제는 근심을 잃었다는 망우리. 그 공동묘지는 망우역사문화공원 낙이망우로 탈바꿈하여 죽은 자와 산 자가 더불어 걷는 산책로가 되었습니다. 그 바탕을 이루는 100여 분의 유명인사가 잠들어 계십니다. 서울시시설관리공단에서 관리하던 공원과 수목 및 토목은 물론이고 묘지까지 중랑구에서 위탁관리하게 되었다고 합니다. 전국 지자체 중 최초로 묘지를 전담하는 부서인 망우리공원과를 개설하였습니다.

또한, 2년 전 새롭게 '중랑망우공간' 건물을 준공하여 전시공간과 카페를 운영하여 서울의 명소로 거듭나고 있습니다. 망우리고개에 망우역사문화공원 버스 정류장(간선버스 201, 일반버스 165, 166-1, 202, 65번)에서 하차하여 500여 미터를 올라오거나, 봄에서 가을까지 양원역에서 '중랑망우공간'까지 셔틀버스를 운행하고 있습니다. 종전보다는 접근성이 훨씬 쉽고 편해졌습니다.

중랑문화원 향토 해설사인 홍시낭송가 홍성례 시낭송가와 망우리공원 인물열전 저자인 정종배 시인. 망우본동 동장으로 퇴직하신 박성택 수필가와 함께 추석 연휴 기간인 10월 1일 일요일 오후에 아사카와 다쿠미 묘소를 참배하였습니다. 정돈된 묘소 앞에 묘비명과 항아리가 특별했습니다. 묘비명에는 "한국의 산과 민예를 사랑하고 한국인의 마음속에 살다 간 일본인 여기 한국에 흙이 되다."를 읽고 또 읽었습니다. 묘소 앞의 항아리 모양이 진짜 궁금하여 집에 도착 자료를 찾아보고 싶었습니다. (네이버 및 『망우리공원 인물열전』 : 정종배 지음, 부코, 2021년 참조)

40세에 운명하신 아사카와 다쿠미(1891~1931)! 8년이 지나면 서거 100주년이 된다고 합니다. 아사카와 다쿠미는 한국인처럼 살기를 작정하여 온돌방에서 생활했고 바지와 저고리 및 망건을 착용하여 치안이 심할 때 일본 헌병에게 끌려가서 조사를 받았다는 기록을 보았습니다.

아사카와 다쿠미의 치적 중 하나는 산림 지킴이입니다. 무분별한 개발과 수탈의 임업 때문에 벌거벗고 균형 잃은 조선의 산을 안타까워했다고 합니다. 자연이 알려준 방법만이 산과 숲을 지키는 길이라고 생각했고 한국의 산을 사랑. 죽은 뒤에는 유언에 따라 한국에 묻혔다고 합니다. 아사카와 이름 앞에는 항상 죽어서 조선의 흙이 된 일본인이라는 뜻을 이해하게 되었습니다. 생애과정 중 직업이 궁금했습니다. 조선총독부 농공상부 산림과에 취직이 되었고 주 업무가 양묘였으므로 종자를 채집하기 위해 조선 각지를 돌아다녔고 합니다. 당시 한국 잣나무는 2년간 길러야 양묘에 성공할 수 있었는데 아사카와 다쿠미 씨가 한국인 노동자들의 얘기를 듣고서 고안한 양묘법인 <노천매장법>의 덕분에 1년이 단축되어, 2011년 당시 한국의 인공림 37%에 잣나무가 자라고 있다고 합니다.

아사카와 다쿠미는 조선의 민둥산을 푸르게 하는 것이 소명이라 믿고 전국을 다니며 맞는 수종을 고르고 식목을 거듭하여 자연 상태 흙의 힘을 이용하는 <노천매장법> 방식으로 조선 오엽송(잣나무) 종자를 싹 틔우는 방법도 개발했다고 합니다. 우리나라의 경기도 <광릉수목원>이나 서울 동대문구 청량리동 옛 홍림수목원인 <국립산림과학원>의 초석을 놓으신 아사카와 다쿠미. 기억하겠습니다.

항아리가 궁금했습니다. 아사카와 다쿠미는 형님이 계셨고 형님과 함께 도자기와 민예품에 관심을 갖게 되었다고 합니다. 조선의 소반이나 도자기는 일상생활에서 사용하는 물건이었지 예술품으로 대접받으리라는 생각은 별로 없었고 일본인들도 조선 도자기는 예술품이기에 앞서 사치품에 불과하다고 여기는 사람들도 많았다고 합니다.
아사카와가 경성에 거점을 두고 조선 민예에 대해 조사한 결과를 야나기에 전수하였습니다. 야나기는 일본에서 조선 민예의 이론을 정립하고 전파하는 역할을 했다고 합니다.

해방 이후 자신들이 수집한 물품 3,000여 점을 기증 현재 국립중앙박물관 수장고에 남아있습니다. 한국 연구가들에게 소중한 연구자료로 남겼습니다. 조각을 전공한 그의 형인 노리타카가 동생이 죽은 1년 뒤 만들어 이문동 공동묘지의 동생 묘지 앞에 세운 묘표인 모따기법의 '청화백자추초문각호'가 그의 무덤 앞을 지키는 수문장임을 이해했습니다.

특히 1929년 출간한 『조선의 소반』 서문에서 "피곤해 지쳐 있는 조선이여, 다른 사람의 흉내를 내기보다 가지고 있는 소중한 것을 잃어버리지 않는다면 머지않아 자신에 찬 날이 올 것이다. 이것은 공예에만 국한된 것이 아니다."라는 충고하고 격려를 하였습니다.

아사카와 다쿠미가 사망한 경위가 울림이었습니다. 1931년 2월부터 3월 말까지 식목 행사를 앞두고 조선 각지를 돌며 양묘에 관한 강연 때문에 과로한 나머지 급성폐렴에 걸려 운명하셨습니다.

급여를 받아 절반은 어려운 학생들에게 장학금을 전달했고 많은 조선 사람과 문물을 접했던 아사카와 다쿠미 묘소는 해방 후에 흥분한 사람들에 의해 무덤이 파괴된 적도 있었습니다. 1964년 임업시험장 직원과 퇴직자 모임에서 복구를 하여 한국의 산과 문화를 사랑했던 아사카와 다쿠미는 유언대로 <이문동 공동묘지>에서 1942년 이장하여 <망우역사문화공원>에 잠들어 계십니다.

진흙 속에서 피어난 한 송이 연꽃 아사카와 다쿠미

홍성례
(홍시낭시 시낭송가, 중랑향토문화 해설사)

나는 충북 진천에서 태어나 25년을 살았다. 결혼 후 줄곧 중랑구에서만 40년을 살아온 주변머리 없는 사람이다. 아이들도 다 크고 다소 여유가 생겨 봉사활동을 하고 싶었다. 40년을 살아온 내가 사는 동네에 대해 알고 싶은 마음도 생겼다. 중랑문화원에서 운영하는 중랑구 향토문화해설사에 지원하여 해설사로 활동한 지 10년이 되었다.

망우역사문화공원에는 우리나라 근현대사 유명인사들의 묘소가 많이 있다.

교과서에 나오는 인물만도 50여 분이 된다고 한다. 그중 한 분이 일본인 아사카와 다쿠미다. 가끔 중고등학교 학생들을 대상으로 해설사로 나설 때가 있다. 학생들을 아사카와 다쿠미 묘소로 안내하면 한결같이 받는 질문이 있다.

"앗 일본사람이다. 선생님, 일본사람인데 왜 여기에 묘소가 있어요?"

나는 묘비에 이유가 적혀 있다고 말하고 해설을 시작한다.

"한국의 산과 민예를 사랑하고 한국인의 마음속에 살다간 일본인 여기 한국의 흙이 되다."

그리고 다쿠미에 대해 알고 있는 지식을 모두 동원하여 설명해 준다.

살아서는 조선의 산과 민예와 도자기를 사랑하고
죽어서는 조선의 흙이 된 사람
조선인을 사랑하고 조선인에게 사랑받은 사람
아버지 세상 떠나고 유복자로 태어나 형님을 아버지 모양 따랐던 외로운 사람
조선어를 알아야 하고 조선인과 잘 사귀어야 한다고 실천한 사람
한복을 즐겨 입고 일본 순사에게 검문을 받기도 한 사람
김치를 좋아하고 "조선의 김치"라는 논문을 쓴 사람
한국의 술 막걸리를 좋아했던 사람
걸인을 만나면 일거리를 찾아주고 주머니에 있는 돈을 털어준 사람
자기는 굶어도 어려운 사람을 도와주고 한국인 학생에게는 장학금을 주었던 사람
해방 후 조선 공예품과 도자기를 일본으로 빼돌리느라 정신이 없을 때
형님인 노리타카는 공예품 3천여 점과 서른 상자를
민속박물관(현 국립중앙박물관)에 기증한 귀한 형제

어제 받은 봉급을 미술관을 위해 책과 항아리 구입에 써버리는 사람
경복궁 집경당에 '조선민족미술관'을 건립할 때 '민족'이란 말을 끝까지 고집했던 사람
살아생전 『조선의 소반』· 사후에 『조선도자명고』 두 권의 책을 선물로 남기고 간 사람
죽음을 앞두고 "나는 죽어도 조선에 있을 것이요, 조선식으로 장사를 지내 주시오," 라고 유언한 사람
죽고 나서 장례비도 없었던 사람
이문동 이웃들이 상여를 서로 메겠다고 난리를 쳤다던 사람
상여꾼이 많아서 30명 중 10명씩 조를 나눠 상여를 메고 갔다는 전설 같은 사람
청량사의 여승 3명도 향을 올리고 눈물을 흘렸다는 사람
아버지의 얼굴을 기억하는 형을 부러워했던 사람
누나에게 아버지의 얼굴을 볼 수만 있다면 내 눈 하나가 찌부러져도 좋겠다고 말한 아버지를 사무치게 그리워했던 사람
한국 잣나무의 '노천매장법'을 조선인 노동자들의 말을 듣고 1년 만에 씨앗을 띄운 사람
산림은 자연의 법칙에 맡겨야 한다고 생각한 사람
진흙 속에서 피어난 한 송이 연꽃 같은 사람
좋은 사람을 만나면 친절하게 되는 법이라고, 그래서 한국인에게 친절할 수밖에 없었다고 말하는 친구 같은 사람
일본인은 조선인을 인간 대우하지 않는 나쁜 버릇을 가지고 있다고 거침없이 말하는 솔직한 사람
조선사람은 한의 미가 아니라 '흥과 멋과 가락의 미'라고 정의를 내린 사람
관동대지진 때 조선인을 변호를 위해서 도쿄로 가고 싶은 마음이 절실하다고 말한 사람……

나는 『아사카와 다쿠미 평전』을 읽었다. 일본 제국주의 말단 관료 고원과 기사로 그가 식민지인 조선에서 보인 헌신과 박애 정신은 진흙 속에 피어난 한 송이 꽃을 보는 듯 가슴이 뭉클하고 울림이 컸다. 아마도 그분은 전생에 한국인이라는 생각이 강하게 든다. 나는 아사카와 다쿠미라는 일본인에 대해 깊이 신뢰하고 존경하게 되었다. 그를 사랑하는 사람들 모임이 있다면 회원이 되고 싶다. 일본 여행의 기회가 된다면 '아사카와 노리타카·다쿠미 형제자료관'에 꼭 가보고 싶다. 중랑구 향토문화해설사로서 사람들에게 그를 더 잘 알려야겠

다는 의무감도 생겼다. 왜 일본사람이 망우역사문화공원에 있는지, 그가 식민지 조선을 위해 무슨 일을 했는지, 조선과 조선 백성을 얼마나 사랑했는지를 우리는 알아야만 한다.

아사카와 다쿠미 묘지 앞에 두 개의 화병이 있다. 하나는 크고 하나는 작다.

아사카와 다쿠미를 잘 모르는 사람이 왜? 일본인 묘를 이렇게 잘 꾸며놓았느냐며 화병을 집어 던져, 두 조각난 화병을 보관하고 있다는 정종배 선생님 이야기를 듣고, 중랑구 향토문화해설사로서 할 일이 무엇인가를 새삼 깨닫게 되었다

아사카와 다쿠미 디아스포라

임호연
(전 중랑동부시장 3대 조합장)

60년을 살아왔다. 그 중 딱 반인 30년을 중랑구에서 가정을 꾸리고 동부시장에서 가게를 열어 생활하고 있다. 중랑구에 안에서 지금까지 나에게 몸과 마음에 변화를 가져온 가장 중요한 나의 삶을 말하라 하면 주저 없이 망우역사문화공원을 알게 된 것이라 할 수 있다.

16년 전 망우역사문화공원을 알았다. 망우리고개 13도 창의군 탑을 찾았다.

1907년 13도 창의군 군사장 왕산 허위(건국훈장 대한민국장) 의병장께서 300여 명 선봉대를 이끌고 동대문 밖 30리까지 진격하였으나 준비하고 있던 일본군에 의해 격퇴당하고, 총대장인 이인영이 부친상을 이유로 자리에서 물러나자, 후임 총대장이 되어 2차 진격을 계획하였으나 결과적으로 실패하고 만다.

이듬해인 1908년 5월 14일 경기도 영평군에서 일본군 헌병에게 붙잡혀 한성부로 압송되었고, 그해 9월 18일 경성공소원에서 소위 내란 혐의로 교수형을 선고받았다. 이에 공소했으나 공소가 기각되었고, 이어 상고했으나 10월 3일 대심원 형사부에서 같은 혐의에 대해 상고가 기각되었다. 결국 10월 21일 서대문형무소에서 교수형에 처해져 순국하였다. 일본군 헌병사령관이 직접 그를 심문하고 고문했지만 오히려 그는 일제에게 호통을 쳤다고 한다.

"충의의 귀신은 스스로 마땅히 하늘로 올라갈 것이요, 혹 지옥에 떨어진다 하더라도 어찌 너희들의 도움을 받아서 복을 얻겠느냐. 죽은 뒤의 염시를 어찌 괘념하겠느냐. 옥중에서 썩어도 무방하니 속히 형을 집행하라"

왕산 허위 의병장은 서대문형무소 사형수 1호이다.

독립유공자 정치인 의사 문학 언론 음악 미술 예술가 우리 현대사를 말할 때 이분들을 말하지 않고는 이야기할 수 없는 큰 인물들이 잠들어 계신 신성한 곳이다.

망우역사문화공원에 일본인 아사카와 다쿠미 선생의 유택이 있다. 한국인 마음속에 살다가 한국 땅에 흙이 된 선생님의 유택을 한국인이 관리하고 추모하며 추모제를 치른다. 그의 유택이 여기에 있게 된 사연이 궁금해 알려 노력하던 중 중랑연극인협회 회장 경성현 회장을 만나 다쿠미 선생에 대한 삶을 알았다.

그 인연으로 만남을 이어 가던 중 중소벤처기업부 전통시장 살리기 프로그램을 운영하였다. 문화관광형시장 프로그램 기획으로 망우역사문화공원에 인사 중 중랑동부시장 손님으로 오시는 일본인에게는 다쿠미 선생의 유택과 삶에 대한 설명과 중국인에게는 독립유공자를 소개하는 교육을 마련했다. 동부시장에서 전통시장 체험프로그램 공고에 응모해 3년 8억원 사업을 실행했다. 그 프로그램이 좋은 성과가 있어 2년 연장 총 11억 원의 문화관광 사업을 하게 되었다.

그 사업을 진행하며 강사로 시인 정종배 선생님과 인연으로 아사카와 다쿠미 유택을 탐방하였다.

중랑문화원 인문학강좌 '중랑인문학을 통한 글쓰기반'에 수강하며 다쿠미 선생 관련 책을 읽고 영화 <백자의 사람>을 감상했다. 정 선생님의 얘기와 나눠준 자료를 통해 아사카와 다쿠미 선생에 대해 공부를 하였다. 우리나라에 산림녹화 사업과 민예를 사랑하고 한국인 마음속에 살고자 전국을 다니면 토질에 맞는 수목을 찾아 녹화 사업 중 과로로 인한 급성폐렴으로 40이란 젊은 나이로 타계하신 다쿠미 선생님에 삶을 미래 고객인 중학생 고등학생 일반인 고객과 함께 간단한 간식과 온누리상품권을 준비해 망우역사문화공원 해설사를 통해 교육받고 답사하는 행사를 10회에 걸쳐 300여 분들이 참가하여 치렀다.

답사 후 망우역사문화공원에 다녀오신 소감이 어떠시냐고 물으면 그냥 "망우리공동묘지라 생각하였다." 말씀과 더불어 "그렇게 훌륭하신 분들이 왜 현충원에 가시지 않느냐"는 질문과 "지금이라도 현충원으로 이장해야 하지 않느냐"고 반문하였다. 망우리에 모실 때 그 당시 어른들이 힘을 써 모셨다고 얘기를 하였다. 독립운동가 중에서 국립현충원에 가지 않는 이유는 일제강점기 반민족행위자로 국가에서 공인한 인물들과 함께 안장되는 걸 원치 않는 후손들이 있다고 설명했다.

일본인이 우리나라 산림녹화 사업과 도자기를 수집해 가져가지 않고 중앙청 지하 수장고에 분리 저장할 수 있도록 한 아사카와 노리타카 다쿠미 형제분이 있음을 알지 못했던 것에 대한 아쉬움과 고마움 마음을 말씀하시는 분들과 저 또한 아쉬웠던 기억이 오늘의 저를 있게 한듯하다.
좀 더 빨리 아사카와 다쿠미 선생님의 디아스포라 삶을 알았다면 내 삶에도 좋은 영향을 주었으리라 생각이 듭니다

40여 년의 짧은 삶이 한일 양국 국민에 가치관에 큰 영향으로 작용했으리라 생각합니다, 다쿠미 선생님의 추모 90주기 기념 『한국을 사랑한 일본인』 개정 증보판이 출간되면 가족 조카들에게 이웃 지인들에 많이 읽고 홍보할 수 있도록 노력하겠습니다.

동시에 아사카와 다쿠미 선생님의 보정 개정판을 만드시어 많은 이들이 볼 수 있도록 하신 백조종 정종배 선생님 고맙습니다. 늘 건강하시길 기원합니다

조선의 흙이 된 아사카와 다쿠미

김인옥
(시인, 시 낭송가)

지금껏 중랑구에 30여 년 살아오면서 망우역사문화공원 묘지에는 유명한 단지 몇 분의 문학인들이 잠들어 계신 곳이라 여기고 살았다. 무지한 생각에 부끄럽다.

평소 시를 사랑하며 매년 출판기념회 참석하는 등, 어느 낭송가의 온몸으로 시를 노래하는 매력에 붙잡혀 어떻게 하면 멋진 시 낭송을 배울 수 있을까? 배고파하던 찰라, 지역신문에 '홍시낭송회'를 알게 되었다. 망우역사문화공원 묘역 답사 야외수업을 하면서 대한민국 문화예술 거장들의 발자취를 자세히 알게 되었다.

2022년에는 「탈출기」·「홍염」을 쓴 빈궁문학의 최고봉 소설가 최학송, 그의 운명을 추모한 시인 심훈 '곡 서해'를 들고 중랑구청이 주최하는 시낭송대회도 참가하였다. 평소 시를 사랑하는 마음을 좀 더 키우기 위해 중랑문화원 인문학 강좌 '중랑인문학을 통한 글쓰기반'에 참석했다.

망우역사문화공원 인물들의 문화와 역사를 배우는 시간이 계속되며 관동대지진 사건에 대해서 상세히 배울 수 있었다. 아사카와 다쿠미라는 일본인을 얘기하신다. 조선총독부하면 일본사람이 건너와 한국인을 잔인하게 괴롭히고 압박한 나쁜 나라와 일본인이라는 생각의 자리가 컸다.

여기에 잠깐 유년 시절 때 일을 상기해 보면 마음이 아프다. 우리나라 국화인 무궁화꽃을 길을 가다가도 두 손으로 눈을 가리고 다녔던 기억이 있다. 무궁화꽃을 오래 보면 눈병에 걸린다는 것이었다. 요즘에 무궁화꽃을 볼 때면 미안한 마음에 고개가 숙여진다.

인문학 공부를 하는데 일본인의 아사카와 다쿠미를 자꾸 말씀하시는 정종배 선생님 말씀에 귀를 의심해 보았다. 다쿠미에 대한 삶과 이러한 전후 사정을 모르는 상황에서 그 사람이 과연 누구이기에 궁금증까지 들었다. 그래 계속 들어보기로 생각했다. 그런데 자꾸 들을수록 한국 사람 같은 일본인이었다. 일본과 얽힌 역사를 공부하면서 깊이 빠져들었다. 아사카와 다쿠미는 한국에 와서 조선총독부 산림청에 일하며 조선의 민둥산을 보면서 산림녹화 운동을 헌신적으로 걱정하고 노력해 지금 조선의 산림을 보호하는 차원에서 오엽송(잣나무) '노천매장법'으로 우리나라 산에 묘목을 쉽게 많이 심을 수 있게 해주었다

조선을 사랑한 다쿠미의 마음은 일기에도 나와 있듯이 산에 생명력을 이용

해 산림을 키워가는 방향으로 하지 않으면 조선의 산을 구할 수 없다고 생각한 그는 조선을 사랑하고 인간에 대한 보편적 인권과 사랑을 실천하는 생활태도를 한국인들이 다쿠미를 좋아한 하나의 인간미가 아닐까 생각한다.

1931년 식목일 행사를 준비하며 과로하여 급성폐렴으로 서울 동대문구 청량리동에서 4월 2일 40살의 짧은 생을 마감하며 한국을 사랑하여 조선식 장례로 조선에 묻어 달라 유언을 남기고 한국인의 마음속에 살다 떠나간 일본인 다쿠미는 이렇게 한국의 흙이 되었다.

국립산림과학원 뒤뜰에 지금도 130여 살 자신 반송 한 그루가 멋지게 서 있는데 이 나무는 1922년 2월 북아현동 의령원(현 추계예술대학교) 임업시험소를 청량리 홍릉임업시험장으로 이전하는 기념으로 다쿠미 자신이 1921년 11월 홍파초등학교 교정의 30년 된 반송을 옮겨 심은 것이다. 본인이 심은 40여 살의 반송이 바라보이는 홍릉수목원 광장 느티나무 아래에서 치른 장례식, 이문동 사람들은 엄청나게 내리는 봄비 속에서도 상여를 서로 메고 노제를 지내겠다고 할 정도로 추모를 받으며 장례식이 거행되었다고 한다. 그는 1931년 이문동공동묘지에 묻혔다가 이문동에 도로가 개설되며 1942년 망우리공동묘지로 이장하였다

한국인이 다쿠미를 사랑하는 또 다른 한 가지는 이러한 인간미에 녹아있었을 것이리라. 설령 조선을 좋아하는 일본인이 있었더라도 대부분 우리와 그들이 비슷하고 동등한 존재라는 걸 알고 있었지만, 조선인을 비천한 존재라 속였기 때문에 주변의 이목을 더 두려워했으나, 다쿠미는 그것을 극복하고 조선인과 어울리고 조선말을 배우는 노력이 다쿠미의 조선 사랑의 진정성을 나타내는 표현이 아닌가 싶다.

그리고 다쿠미 일기 중에서

“나는 믿는다 이 불시의 천변을 이용하여 계획을 조선인 혼자 세우지는 않았을 거라고 오히려 일본인 사회주의자 패거리가 주모하여 아무것도 모르는 막벌이 일꾼들을 앞잡이로 이용해서 저지른 일이 아닐까 일본인은 조선인을 인간 대우하지 않는 나쁜 버릇을 가지고 있다 조선인에 대해 이해가 지나치게 빈약한 탓이다..... 나는 도저히 믿을 수 없다 도쿄에 사는 조선인들이 지진으로 그렇게 했을 것이라고 굳게 믿어버린 일본인도 문제가 있다 조선인을 변호하기 위해서 도쿄로 가고 싶은 마음이 절실하다.”(1923. 9. 10. 관동대지진 후 조선인 살인 방화 유언비어에 자경단이 나선다는 소식을 듣고)

또한 다쿠미는 일본인임에도 마음속 깊이 조선을 진심으로 사랑했기에 우리의 예술품인 민예품에 관심을 두고 골동품까지도 아끼고 사랑하는 마음이 나

타나는 '조선민족미술관'을 일본인들 손으로 만들어냈다.

다쿠미는 생전에 『조선의 소반』과 사후 유저로 『조선도자명고』 두 권의 책을 남겼다. 사물놀이 산파역인 민속학자 심우성 선생이 번역하여 한 권으로 묶어 학고재 출판사에서 발간했다. 심우성 선생은 '넋전춤'을 춰 억울하게 죽은 영혼을 위로했다.

『조선의 소반』에서는 한국의 온돌과 구조에 대해 조형성과 예술성과 실용성 등에서 동양 3국에서 최고의 민예품이라 상찬하였다. 특히 만든 이가 아닌 쓰는 이에 의해 쓸수록 완성되어 빛이 나는 뛰어난 한국인의 미의식을 드러냈다. 이 책 서문에 조선의 해방을 암시하는 내용도 있다. 그가 수집한 민예와 도자기 3,000여 점은 현재 국립중앙박물관에 보관되어 있다. 경복궁 집경당에 '조선민족미술관'을 건립할 때 '민족' 이란 말을 끝까지 고집했다. 조선민족미술관 건립을 위한 야나기의 부인 야나기 가네코 소프라노 음악회와 서양 명화 전시회와 블레이크 전람회 등을 개최하였다.

지금에 한국국립중앙박물관 역사를 자세히 배워보니 다쿠미를 그리며 박물관 견학을 다시 하고 싶다 젊은 나이에 짧은 생을 마감한 다쿠미 망우리 묘역에 잠든 연유를 알기에 편히 잠드시길 기원해 본다.

그의 육신은 떠났지만 선량하고 순결한 영혼이 한국인들 가슴에 남아있는 그의 희생과 아름다운 마음은 이렇게 전달 전달되어 영원히 살아 숨 쉴 수 있음을 생각한다.

나 자신은 지금껏 어떤 발자국을 남겼을까 돌아 볼 수 있어 감사함을 전합니다.

1905년 을사생 할머니의 손녀와 아사카와 다쿠미

오승미
(교사)

할머니 이름은 김복기이다. 할머니는 일본이 대한제국을 식민지로 삼은 1905년 을사늑약이 체결된 해에 현 광주광역시 광산구 하남동 지실마을에서 태어났다. 할머니가 살아계신 내 어릴 적 우리 집엔 동네 할머니들, 보따리장수 아주머니, 새우젓 장수 아저씨, 무당, 당골래 등 다양한 사람들이 며칠씩 묵어갔다. 그분들에게 차려지는 밥상은 소박하지만, 쌀밥이 고봉으로 담겨 있었다. 그분들은 식구들과 더불어 안방과 마루에 앉아 밥을 먹었다.

가끔 오는 꽃녀할머니는 방 안으로 들어오시라 해도 부엌 연탄불 옆에 앉아, 당신이 가져온 박을 타서 만든 바가지에 밥과 국, 반찬까지 모두 넣어 꿀꿀이 죽을 만들어 드셨다. 꽃녀할머니는 이름도 있었지만 가물거리고 기억나지 않는다. 나의 큰고모와 동갑이셨던 꽃녀할머니는 열여섯 꽃다운 나이에 위안부로 끌려갔다. 해방된 이듬해 소련군 장교와 함께 고향으로 돌아왔다. 꽃녀할머니의 출현으로 문씨 성을 가진 이들은 야반도주하였다. 그 후 할머니는 쓰러져 가는 움막에서 기거했다. 동네 사람들의 도움을 받고 살다 돌아가셨다. 할머니는 우우 소리를 지를 뿐 말을 한마디도 하지 않으셨다.

김복기 할머니한테 일제강점기를 여쭤보면, 공출로 밥해 먹을 솥단지와 숟가락도 뺏어간 것들이라고 말씀하시곤 했다. 밥은 생명인데 그걸 짓고 먹을 수 있는 주방의 도구까지 강제로 공출해간 일본 놈들이다.

내가 사랑하는 할머니와 성장하면서 머리에 박힌 일본은 침략자이다. 인권을 철저히 짓밟은 일제다. 근대화를 시켜준 건 인정해줘야지 그렇게 말한 이들도 미웠다.

2023년 봄 벚꽃이 아름다운 망우산을 찾았다. 산 입구 즉 공원 시작 길부터 <망우역사문화공원>이라 안내 설치물이 곳곳에 있었다. <중랑망우공간>에 비치된 안내문을 읽으며 '사색의 길'을 동생들과 운동 삼아 걸었다. 근현대사에서 유명한 분들의 어록과 연보를 새긴 표지석이 길섶에 있어 <망우역사문화공원>은 무언가 다른 곳이군 하면서 지나갔다. 일본인 묘도 있어 하는 막내동생의 말에 올라가 보고 싶지도 않았다. 그러면서 "만해 한용운, 박인환, 김상용, 김영랑 시인 등의 유택만 찾아볼까." 말하며 내려왔다.

<중랑마을학교>에서 시낭송반을 개강하려면 먼저 <망우역사문화공원>에 묻힌 시인분들을 알아야지 하고 인터넷 검색을 하였다. 『망우리공원 인물열전』

(지노, 2021) 책이 보여 들어가 보니 정종배 선생님이 쓰셨단다. 당장 책부터 샀다. 저자를 꼭 뵈어야지 하는 마음에 연락을 드렸다. <망우역사문화공원>으로 오라 하였다. 택배로 온 책을 여는 순간 우와! 어마어마하였다. 괜히 <망우역사문화공원>이란 이름을 붙였겠는가? 하는 호기심이 나를 이끌었다.

벽돌책?을 읽어 갔다. 박인환, 김동명, 김영랑, 김상용, 한용운 시인 등에 관해 말씀해 주신다. 아사카와 다쿠미 유택으로 들어섰는데 '야나기 무네요시'란 이름이 들린다. 민화 수업 때 많이 들었다. 아사카와 다쿠미와 관련이 있는 것 같아 <중랑문화원> 인문학 강좌인 '중랑인문학글쓰기반'(강사 정종배) 수강 신청도 했다. 매주 수요일 오후 2시부터 4시까지 2시간 강의 때마다 아사카와 다쿠미 삶에 관해 듣는다.

2024년 새해 첫날, '망우산공동체마을과아이들'과 '중랑인문학글쓰기반' 일원들과 <망우역사문화공원> 해돋이, 검단산과 예봉산 사이의 팔당댐 뒤에서 떠오르는 해맞이를 나 홀로 '사색의 길' 위에서 하였다. <망우역사문화공원> 입구 도로 갓길에 주차하려고 후진하며 설치물을 빙판에 미끄러지면서 깨트렸다. <망우카페>에서 일행을 만나야 하기에 제2주차장에 주차하고 함께 사색의 길을 걸었다. 교통경찰로부터 전화가 왔다. 주변에 있던 사람들이 음주운전을 의심하여 112 신고를 하였다. '사색의 길' 왔던 길을 되돌아 내려와 음주 측정을 하고 난 뒤, 다시 올라와 일행과 아사카와 다쿠미 선생의 묘소를 참배했다. 이어서 만해 한용운 시인의 흉상에 참배하고 유택에 올라 성묘하고 차례를 지냈다. 홍시낭시 홍성례 시낭송가의 만해의 시 '님의 침묵' 낭송이 축문을 대신하여 <망우역사문화공원> 사색의 길과 산자락에 퍼졌다. 뒤이어 죽산 조봉암 유택에서 차례를 지냈다. 특별히 임호연 전 동부시장 조합장님께서 준비해 오신 막걸리를 음복했다. 죽산이 사형 집행 전 마시고 싶다던 술을 마시지 못한 해원 의식이었다.

<망우산공동체마을과아이들> 공간에서 새해 첫날 떡국을 나눠 먹었다. 다쿠미의 일생을 담은 영화 <백자의 사람>(2012)을 이어서 보았다.

아사카와 다쿠미 선생은 1914년에서 1931년까지 17년 동안 한국에 살았다. 한복을 즐겨 입고 한글을 사용하며 식민지 지배하에 있는 조선인에게 진심으로 미안해하였다. 어려운 이들을 도와주었다. '인간의 가치'를 알고 인류애를 몸소 실천한 참된 일본인 아사카와 다쿠미 선생은 한국의 흙이 되었다. 두 형제는 한국의 도요지 700여 곳을 답사 정리했다. 굿과 농악과 탈춤 등 연희극을 보았다. 한국의 미를 '한의 미'라 한 야나기 무네요시와 달리 다쿠미는 한국인의 정서를 멋과 가락 흥취라고 말했다. 그리고 민화까지 수집하여 정리한 형님 노리타카와 다쿠미 형제는 수집한 민예와 도자기 3,000여 점을 그대로

두고 가 현재 국립중앙박물관 수장고에 남아 있다. 다쿠미 선생은 『조선의 소반』과 유저 『조선도자명고』를 저술하였다. 1923년 9월 1일 관동대학살로 조선인이 당한 참혹했던 제노사이드 만행을 일기 속에 남겼다. 말단 식민지 관료인데도 조선인을 옹호했다. 아사카와 다쿠미가 수집하고 기록하여 남긴 한국의 공예와 도자기는 오늘날 문화재로 남아 한류 열풍의 근간이 되고 역사적 가치를 인정받을 것이다.

2025년 을사년엔 김복기 할머니 손녀의 나이도 환갑이다. 인간의 존엄과 가치를 무시당하고 짓밟힌 김복기 할머니와 꽃녀할머니의 일제 강점기는 이제 역사의 한 페이지로 기억될 것이다. 손녀인 나에게 일본과 일본인은 어떻게 다가올까? 아사카와 다쿠미가 수집하여 남긴 우리 민화를 계속 그려 갈 것이다. 아사카와 다쿠미에 대해 더 연구하며 <망우역사문화공원> 유택에 자주 가야겠다.

아사카와 다쿠미를 생각하다

김운식
(김구응열사 기념사업회 고문)

내가 처음 아사카와 다쿠미를 알게 된 것은 야나기 무네요시(柳宗悅)의 『조선을 생각한다』라는 책을 접하고 나서였다. 야나기 무네요시가 조선의 예술을 사랑하고 매료된 것도 아사카와 다쿠미를 만난 덕분이었다. <조선민족미술관> 설립도 아사카와 다쿠미의 큰 도움이 있었다. 다쿠미가 수집한 민예품이 미술관의 많은 부분을 차지하였다. 미술관 이름에 민족이란 단어를 넣을 것을 끝까지 주장하였다고 알려졌다.

야나기가 <아사카와 다쿠미에 대하여> 쓴 글에서
그와 같이 조선인의 마음으로 들어가 그들과 함께 산 사람이 어디에 있겠는가. 아사카와는 오히려 조선인의 마음으로 산 사람이었다. 아니, 조선인 이상으로 조선의 마음을 이해했던 것이다. 이 점에서 조선에 대해 그 이상의 일을 한 사람은 결코 없다. 그의 일은 기초부터 다르다. 그가 조선옷을 즐겨 입었다거나 대개 그들의 음식물을 먹으며 생활했다는 것은 겉모습에 지나지 않는다. 그는 좀 더 조선의 마음 깊숙이 침투하였던 것이다. 그러므로 그 민족의 고통도 즐거움도 그의 고통이요 즐거움이었다.('아사카와 다쿠미에 대하여'중에서) 라고 기술하고 있다.

이를 보면 아사카와 다쿠미가 조선인에 대해 어떻게 생각하고, 조선인의 마음을 이해하려고 노력하였는지 유추해 볼 수 있다. 다쿠미가 사망하였을 때 많은 사람들이 몰려들어 통곡하고 서로 상여를 메겠다고 앞다투어 나선 것을 보아도 그가 조선인에게 얼마나 신뢰의 마음을 얻었는지 알 수 있다.

또 다쿠미가 야나기에게 보낸 편지에서
일본인과 조선인이 서로 신뢰하는 참다운 평화는 종교적으로 깨닫고 서로 이해하는 길 외에 달리 없다는 것을 절실히 느꼈습니다.…
저는 처음 조선에 왔을 무렵, 조선에서 산다는 것이 겸연쩍고 또 조선인에게 미안한 느낌이 들어 몇 번이나 일본으로 돌아가려고 했습니다.…
조선에 와서 조선사람에게 아직 친근감을 느끼지 못했을 무렵, 나의 쓸쓸한 마음을 위로해 주고 조선사람의 마음을 이야기해준 것은 역시 조선의 예술이었습니다.
저는 늘 기도하면서 제가 조선에 머무르는 것이 언젠가 쓸모 있게 하여 주옵소서 하고 덧붙임으로써 쓸쓸한 마음에 희망을 주고 있습니다.(야나기 무네요시, 그의 조선행'중에서)

이 편지에서 알 수 있는 것과 같이 다쿠미는 조선의 예술에 심취해 있었다. 조선 각지를 돌아다니면서 조선의 도자기와 민예품을 수집하고 조사하며 조선인의 생활에 깊이 공감한 것 같다. 그는 이러한 이해를 바탕으로 『조선의 소반(朝鮮の膳)』(1929)과 『조선도자명고(朝鮮陶磁名考)』(1931) 등 두 권의 저서와 수목 관련 글을 남겼다.

다쿠미는 1914년 조선으로 와서 조선총독부 임업시험소에 취업하여 임업 기사로 일하게 되었다. 임업 기사로 일하면서 조선 토양에 맞는 잣나무 씨앗 발아법인 노천매장법을 개발하고 조선의 수목 조림에 열성을 기울였다.

조선총독부 임업시험소는 1913년부터 1922년 청량리로 이전할 때까지 이화학당과 멀지 않은 서울 서대문구 북아현동 추계예술대학과 중앙여중고 자리였다. 다쿠미는 그 맞은편 관사에서 생활한 것으로 나타난다.

1919년 3월 1일 일어난 3.1독립만세운동의 물결이 파고다 공원에서부터 시작되어 광화문으로 이어지고, 이화학당에서는 만세운동에 학생들이 참여하지 못하도록 정문을 걸어 잠갔었으나 유관순 열사를 비롯한 여섯 명의 여학생이 담을 넘어 시위에 참가하였다. 이화여고 1학년 유점선·노예달·신특실·유관순·서명학·김분옥 등은 3.1운동 전날 6인 결사대를 조직하였다. 그중에 한 분인 김분옥 여사 묘역을 망우역사문화공원 안에서 그 소재를 확인했다. 6인 중 유점선·노예달·신특실·유관순 네 분은 국가에서 독립운동가로 인정하여 서훈을 추서했다. 서울특별시 우리 동네 3.1만세운동 참여자 명단에 김분옥(남대문역전 시위, 3월 5일, 독립운동사 2권 1부(편) 1장 2절)이 수록되었다. 이화학당 학교는 휴교령이 떨어졌다. 유관순 열사는 3월 13일 고향인 천안 병천으로 내려가 서울의 독립만세운동 소식을 병천 진명학교 교사인 김구응 열사에게 전해, 4월 1일 조선에서 가장 큰 규모의 아우내 독립만세운동이 일어나게 되었다.

"성공회와 아우내(병천)의 역사는 깊습니다. 1904년 무렵, 성공회 선교사들이 이곳 아우내에 들어와 맨 먼저 한 일은 교회 설립이 아니라 진명학교 등 학교를 세우는 일이었습니다. 김구응 선생은 성공회에서 세운 진명학교에서 제자를 키우면서 한편으로는 사재를 털어 기숙형 학교인 청신의숙(淸新義塾)을 세워 학생들을 가르치셨습니다. 이 무렵 거국적인 3·1만세운동이 일어나자 김구응 선생은 제자들과 지역 유지들을 규합하여 4월 1일 아우내장날을 기해

'4·1아우내만세운동'을 주도하셨습니다만 안타깝게도 일제의 총칼에 어머니와 함께 현장에서 순국의 길을 걸으셨습니다."

이는 <김구응열사평전: 4·1아우내만세운동의 주역(이하 김구응열사평전)>을 쓴 전해주 신부의 이야기다.

2023년 4월 1일 낮 2시, 충남 천안의 성공회 병천교회 시몬관에서는 아우내만세운동 104주년을 맞아 아주 특별한 추념 행사가 열렸다. 그동안 아우내만세운동의 주역이면서도 역사에 묻혀있었던 최정철(1854 ~ 1919.4.1.순국), 김구응(1887 ~ 1919.4.1. 순국) 열사의 삶을 조명하는 책 <김구응열사평전>(틈새와시간 출판, 2023) 출판기념회가 열렸다.

아울러 북콘서트에 초대된 정종배 시인(『망우리공원인물열전』 지노, 2021, 저자)은 "유관순 열사의 유해는 1920년 이태원공동묘지에 묻혔다가 1936년 망우리공동묘지(현 망우역사문화공원) 이태원무연분묘합장묘지로 합장 이장되었다. 현재는 무덤에 이르는 길도 잘 정비해놓은 상태다. 하지만 김구응 열사의 무덤은 표지판 하나 없어 찾기도 힘든 상황이다. 앞으로 아우내만세운동의 주역이면서도 독립운동사에서 큰 조명을 받지 못한 최정철·김구응 열사 모자(母子)의 삶에 관한 폭넓은 연구를 비롯하여 성공회 병천교회를 중심으로 특히 자라나는 학생들의 교육 등을 통해 아우내(병천)가 숭고한 독립정신의 성지(聖地)로 거듭나길 바란다."라고 했다.

3.1독립만세운동은 전국에서 일어나 약 두 달간 약 7,500여 명이 사망했으며, 약 15,800여 명이 부상을 당하고, 약 45,000여 명이 체포된 조선민족의 독립 염원을 담은 만세운동이었다.

당시에 다쿠미도 이화학당으로부터 가까운 곳에서 생활했으니 조선의 3.1독립만세운동을 익히 알고 있었으리라 생각된다. 일본의 조선 민족에 대한 헌병통치가 얼마나 가혹한지도 알았을 것이다. 3.1독립만세운동의 의미도 충분히 이해하고 있었으리라. 그렇다면 조선의 독립을 위해 어떤 적극적인 역할도 할 수 있었을지 않았을까? 조선 사람들의 뜻을 모아 조선 독립의 가교역할을 할 수는 없었을까? 하는 아쉬운 마음이 남는다.

내가 아사카와 다쿠미를 다시 만난 건 정종배 시인을 통해서다. 정종배 시인은 『망우리공원 인물열전』(지노, 2021)의 저자로 중랑문화원에서 인문학 강의를 통한 중랑인문학글쓰기 강좌를 열고 있다. 또 아사카와 다쿠미를 기리는 『한국을 사랑한 일본인』(부코, 2011)의 편집을 하였다. 또다시 아사카와 다쿠미의 90주기를 맞이하여 『한국의 흙이 된 일본인』을 편저하고 있다.

2023. 12. 김구응 열사 손자 김운식

광릉수목원과 아사카와 다쿠미

김은순
(한국의 재발견 궁궐지킴이)

나는 경기도 포천시 화현면의 작은 산골 마을에서 태어나 어린 시절을 보냈다. 아버지 직장 관계로 창경궁 근처 종로구 이화동으로 국교 6학년 때 주거지를 옮겼다. 그곳에서 20대 후반까지 매우 즐겁고 행복한 생활을 하였다.

1980년도부터 고향 가는 길이 가깝다는 이유로 중랑구에 둥지를 틀게 되었다. 1925년생이신 아버지는 종갓집의 장남이었다. 아버지는 고향에 자주로 가야 했다. 큰 집인 우리 집 제사에 참석하는 일가친척들의 교통편을 생각해서 중랑구 상봉동 대로변에 새집을 장만하였다.

어릴 적부터 소꿉놀이 소재가 나뭇잎, 풀, 흙, 돌멩이였다. 산딸기, 버찌 등은 간식거리였다. 산에서 흘러내린 개울물은 생수이며 나의 수영장이기도 하였다.

초교 4학년 때 담임 선생님은 초임지로 화현국교에 부임했다. 담임 선생님이 <광릉수목원> 앞길을 지나오면서 웅장한 아름드리 나무들과 맑은 시냇물을 보시고 감동했다. 그 느낌을 말씀했던 첫 수업 내용이 60년이 지난 지금도 생생하게 떠오른다.

그런저런 추억들 때문인가 나는 아무것도 손대지 않은 자연 그대로의 모습을 볼 때면 고향이 생각난다. 어릴 적 친구들과 선생님, 가물가물한 마을의 어른들 모습을 떠올리곤 한다.

오늘도 고향 다녀오는 길에 <광릉>과 <국립수목원>을 둘러보았다.

측근인 권람 한명회 등과 '계유정란'을 일으킨 세조는 조카인 단종의 왕위를 찬탈했다. 신숙주가 자신이 들어갈 자리인데 양보하였다고 하는 한북정맥 운악산의 유두혈에다 신후지지를 잡았다. 주변의 산림도 보호하라는 어명을 내렸다고 한다.

이후 500여 년이 지나면서 6·25전쟁도 있었다. 주변에 군부대들도 많이 주둔했다. 하지만 크게 훼손을 당하지 않았다. 지금까지 잘 유지되어온 곳이 지금의 국립수목원이다. 면적은 1,157ha이며 자연림을 비롯하여 전문수목원, 산림박물관, 산림생물표본관, 산림동물원, 온실 등이 있다.

전문수목원은 침엽수원, 활엽수원, 관상식물원, 난대수목원, 식용식물원 등 15개의 전문수목원이 있으며, 자생식물 940여 종을 비롯해 6,700여 종의 식물이 자라고, 서식 동물은 곤충 3,900여 종, 조류 180여 종, 포유류 30여 종

등 4,400여 종의 동물이 서식하고 천연기념물로는 크낙새, 장수하늘소, 하늘다람쥐 등이 있다.

조선 7대 왕인 세조의 능림으로 결정된 뒤부터 소나무, 잣나무, 전나무 등을 심고 가꾸며 엄격하게 보호하여 왔다.

1922년에 임업연구원의 전신인 임업시험장이 생기면서 이곳은 임업시험장의 부속 시험림이 되었으며 <광릉수목원>으로 개원을 하게 된다.
그 당시 <홍릉수목원>과 <광릉수목원>의 기틀을 다진 이가 아사카와 다쿠미 선생이다.

아사카와 다쿠미 선생을 처음 알게 된 것은 2015년 (사)중랑문화연구소 강좌에서 정종배 선생님을 통해서였다. 그 후 신현고등학교에 근무하는 정종배 선생님과 교류하며 관심을 가졌다. 망우역사문화공원 사색의 길을 걸으며 더 깊이 있게 알게 되었다.

망우역사문화공원을 으스스한 공동묘지로만 생각했었던 내가 언제부터인가 보는 눈이 달라지기 시작했다. 그것은 20여 년 전 친구의 권유로 <민속박물관대학>을 다니면서부터이다.

그곳에서 좋은 인연을 많이 만났다. 그들과 고려대, 건국대 박물관, 규장각 등에서 다양한 장르의 교양강좌를 함께 공부했다. 자연스레 역사와 인물과 주변 사물에 관심을 가지게 되었다.

홍릉수목원, 광릉수목원, 망우리공원을 예전엔 어린 딸, 아들을 자연학습 시킨다며 데리고 다녔다. 지금은 혼자서도 눈 속에 피어난 복수초를 보러 간다. 초록 초록한 녹음이 좋아서 간다. 멋진 단풍과 설경을 놓치기 아까워 가곤 한다.

숲 해설사들의 성지라고 불리는 국립산림과학원 뒤뜰에는 언제 보아도 멋진 반송이 위용 있게 자리하고 있다. 다쿠미 선생이 홍릉수목원을 개장할 때 옮겨 심었다는 130살 그 반송이다.

아래는 다쿠미 선생의 문화재를 사랑하는 마음을 읽을 수 있는 1922년 6월 4일 일기 내용이다.
“조금 내려가면 조선신사(조선신궁) 공사를 하고 있다. 아름다운 성벽을 파괴하고 장려한 문을 떼어내 가면서까지 굳이 숭경을 강제하는 신사 따위를 거액의 돈을 들여 지으려는 관리들의 속내를 도대체 알 수가 없다.
백악산 정상에서 경복궁 안의 신축청사(조선총독부건물) 등을 내려다보면 어이가 없어 화가 치밀어 오른다.
근정전, 경회루, 광화문 사이에 무리하게 비집고 들어앉아 있는 모습은 너무나도 뻔뻔하다. 게다가 기존 건축의 조화를 완전히 깨뜨려 정말이지 볼썽사나워 보인다. 백악산이 존재하는 한 영원히 일본인의 수치로 남게 될 것이다."

아사카와 다쿠미의 한국을 사랑한 말과 행동을 그의 일기에서 곧잘 읽을 수 있다. 몇 꼭지 더 소개하면 다음과 같다.
"길에 나와 보니, 예쁘게 차려입은 아이들이 즐거운 듯 오가고 있다. 조선의 아이들은 특별히 예쁘다. 왠지 모르게 신비스러운 아름다움이 있다.
오늘은 왠지 조선인의 세상 같은 기분이 든다.
'일본의 행위가 이 아름다운 천사 같은 사람들의 행복을 어딘가에서 방해하고 있다면, 하느님, 부디 용서해 주십시오.' 내 마음에는 조선 민족이 분명하게 보인다. 그들이 혜택받은 민족이라는 것도 느껴진다."(1922. 1. 28)

올해가 관동대학살 100년이다. 다쿠미 선생은 일본인 말단 관료였지만 조선인을 옹호하고 보호하려는 인간애 즉 인간의 가치를 실현한 인물이었다. 이어서 일기를 소개하면 다음과 같다.
"나는 믿는다. 이 불시의 천변을 이용하여 계획을 조선인 혼자 세우지는 않았을 거라고, 오히려 일본인 사회주의자 패거리가 주도하여 아무것도 모르는 막벌이 일꾼들을 앞잡이로 이용해서 저지른 일이 아닐까?
일본인은 조선인을 인간 대우하지 않는 나쁜 버릇을 가지고 있다.
조선인에 대해 이해가 지나치게 빈약한 탓이다 -중략-
나는 도저히 믿을 수 없다.
도쿄에 사는 조선인들이 지진으로 고생하는 일본인과 그들의 집이 불타기를 원했다는 사실을.... 조선인들이 그렇게 했을 것이라고 굳게 믿어버린 일본인도 문제가 있다. 조선인을 변호하기 위해서 도쿄로 가고 싶은 마음이 절실하다.(1923. 9. 10)"
관동대지진 후 조선인의 살인 방화에 자경단이 나선다는 소식을 듣고

망우역사문화공원 사색의 길을 걸을 때면 길에서 가까운 다쿠미 선생 묘소를 꼭 오르게 된다. 한국과 한국문화를 뜨겁게 사랑한 다쿠미 선생의 묘소 앞에는
"한국의 산과 민예를 사랑하고 한국인의 마음속에 살다간 일본인 여기 한국의 흙이 되다"라는 표지석이 있다.
읽을 때마다 숙연해진다.
다쿠미 선생의 고귀한 뜻을 기리고 몸소 실천한 삶을 배우고 다져서 사회에 필요한 반드시 보탬이 되는 활동을 하고자 다짐을 해본다.

중랑인문학글쓰기반 공부의 즐거움

이가을
(중랑인문학 글쓰기반)

올해 8월부터 중랑문화원 인문학 강좌인 '중랑인문학글쓰기반'에 등록했다. 강좌가 열리는 매주 수요일 오후를 즐기고 있다. 강좌에서 <망우역사문화공원> 인물열전을 공부하고 있다. 내가 좋아하는 답사와 노래와 고향에 대해 되새기며 알찬 시간을 보내고 있다.

내 고향 진도는 역사와 예향의 고장이라 부른다. 진도에 가 자랑하지 말아야 할 세 가지는 노래와 그림과 글씨 등이다. 진도는 예술의 '본향'이다 하여도 지나치지 않다고 알려졌다. 그에 따라 내로라하는 화가와 명창 등 뛰어난 예인들이 태어났다. 웬만한 소리꾼도 진도에 가서 소리 자랑하지 말라는 말이 있다. 밭매는 동네 아낙네들의 주고받는 들노래 소리가 끊이지 않는다. 밤이면 마을마다 사람들이 함께 모여 즐기는 소리로 고을이 들썩인다. 시간 장소를 불문하고 소리를 청하면 누구나 할 수 있는 곳이 바로 내 고향이다. <망우역사문화공원>에는 국보급 명창인 임방울이 묻혔다 여주 <남한강 공원묘원>으로 이장했다. '오빠부대' 원조 격인 가수 차중락이 묻혀있다.

진도는 시서화 명인들의 계보가 이어지는 고장이다. 진도의 <운림산방>은 소치 허련–미산 허형–남농 허건 3대에 걸쳐 정통남화를 이어준 한국남화의 본거지다. 소치 이후 5대를 잇는 그림 이야기는 끝이 없다. 첨찰산 아래의 운림산방 정취에서 그윽한 예술혼의 깊이와 높이를 즐겁게 감상할 수 있다.

대한민국 근현대 서예의 계보는 오세창·김규진·손재형·유희강·김충현·김응현·정환섭·배길기·김기승 등이다. 이분들의 서예 관련 백화점인 <망우역사문화공원> 인물열전 묘비에서 글씨를 찾아 감상할 수 있다. 오세창과 김규진 두 분의 유택은 <망우역사문화공원> 안에 남아 있다. <망우역사문화공원> 서예 관련 인물 중에 내 고향 진도 출신 소전 손재형을 빼놓을 수 없다.

오세창은 보화각 간송미술관 간송 전형필의 영원한 멘토와 멘티 관계였다. 그의 제자 손재형은 6.25 전쟁 중에 성북동 보화각 유물이 한 점도 북으로 반출되지 않은 지혜로운 행동은 몇 번이나 들어도 현장감이 살아 있다. 최순우 선생과 두 사람을 북쪽 사람들이 찍어서 그 귀한 수집품 즉 국보급 문화재를 포장하여 북으로 가져가려 일을 시켰다. 두 사람은 갖은 꾀를 내 그들의 눈을 속였다. 보화각 유물은 한 점도 북으로 반출이 되지 않았다. 뒤이어 1·4 후퇴 당시 임시수도 부산으로 그 귀한 유물을 옮기는 작업을 앞에 경험을 살려 쉽게 하여 지금까지 고스란히 남게 되었다. 간송이 고마워 아들 대 항렬로 지은 이름을 '최순우'라 지어 주며 고마움을 표했다.

내 고향 진도 2선 국회의원 소전 손재형은 위창에게 전각과 서화와 그 감정을 배웠다. 그는 박정희 대통령 서예 선생이었다. 또한, 일본에서 부르는 서도 대신 서예란 말을 정립했던 서예가로 한 시대를 풍미했다. 조선 헌종 때 제주도에 유배 중이던 추사 김정희가 제자 이상적이 북경에서 귀한 서책인 120권 79책짜리 황조경세문편을 구해와 유배지 제주도까지 가져다주었다. 그러자 추사 김정희가 소나무와 잣나무를 보고 "가장 추울 때도 너희들은 우뚝 서 있구나(세한연후지 송백지후조歲寒然後知 松栢之後凋)"라면서 자신의 처지를 표현한 그림이 <세한도>(국보 180호) 이다. 이 <세한도> 연구로 박사학위 받고 그림을 소유한 이는 경성제대 교수를 지낸 후지쓰카 치카시[藤塚鄰]이다. 소전은 1944년 당시 거금 3천엔 전대를 차고 석 달 동안 문안 인사에 감탄한 후지쓰카 치카시가 마침내 "내가 돈을 받고 넘긴다면 지하의 완당 선생이 나를 뭐로 보겠소" 실토하고 그냥 넘겨 받아오는 대신 소장품 창고를 지어줬다.

국회의원 선거 자금으로 사채업자 담보로 넘겨 개성 거상 손세기에게 넘어가 그의 아들 손창근 옹이 2010년 국립박물관에 무상으로 기증했다. 1949년 위창이 소전의 청으로 이시영, 정인보, 청나라 인사 등 17명이 세한도에 제발(題跋)을 쓰며 한시(漢詩) 한 수를 남겼다. <망우역사문화공원>에 소전 손재형의 글씨를 새긴 위창 오세창, 도산 안창호, 정촌 손창환 등의 묘비 제자(題字)에서 찾아볼 수 있다.

<망우역사문화공원> 인물열전 중 일본인 아사카와 다쿠미 관련 공부도 흥미진진하다.

– 칸트가 말한 '인간의 가치는 진정 그 인간에게 있으며 그 이상도 그 이하도 아님을 증명하였다. 나는 진심으로 인간 아사카와 다쿠미 앞에 머리를 숙인다.' 아베 요시시게[安倍 能成]의 「인간의 가치」(1934~1947 일본 중학교 교과서에 실림)를 실현한 인물이 아사카와 다쿠미 선생이다. – 고등학교 시절 이 문장을 읽은 것이 계기가 되어 아사카와 다쿠미의 인간미를 동경하게 되었고 이후 나의 삶의 방식은 재일한국인으로서 살아가는 데에 인생관을 배우고 청량한 생활을 하는 기초가 되었다고 말해도 과언이 아니다. 하정웅(메세나 정신, 광주시립 하정웅미술관장.영암하정웅미술관장.전 한인문화교류협회장.전 수림문화재단이사장)은 고백하고 있다.

나는 처음 조선에 왔을 무렵 조선에 사는 것에 주눅이 들고 조선인에 미안한 생각이 들어 몇 번이나 일본에 돌아가는 것을 계획했다. 조선에 가면 조선어를 알아야 하고, 조선인들과 사귀어야 한다. 조선에 산다는 것이 마음에 걸리고 조선인에게 미안한 마음이 들어 언젠가는 조선을 위해 무엇인가에 도움을 될 수 있도록 해달라고 기도하고 아사카와 다쿠미는 노력하였다.

당시 아사카와 다쿠미 선생이 활동하던 1920년대 《폐허》 중심 문화예술인들의 한여름 밤 최고의 피서법은 다음과 같다. 제기동 전차역에서 내려서 정릉천 따라 달빛 아래 걷고 홍릉수목원을 한바퀴 돌고서 천장산 청량사에서 아사카와 다쿠미와 차 마시기는 사교계의 풍정이었다. <청량산방>의 송헌(松軒)은 정조의 부마 홍현주의 별서였다. 초의선사가 1831년 정월 동다송을 지었다. 청량사는 밥과 두부를 만들어 팔 수 있는 두포사였다. 만해 한용운 회갑연을 벽초 홍명희 소설가가 주선하였다. 참석하신 분들의 서명과 한시를 적었다. 참석한 인물들은 박광, 권동진, 오세창(壽者相), 안종원, 이경희, 김관호 등으로 만해 스님 수연첩이 2억을 예상하였다(2012년). 1939년 7월 21일 불교학자 박한영 기거하며 청량사 현판 글씨를 썼다. 청량사는 현 국립산림과학원 안 홍릉(명성황후 릉 조성)에서 현 위치로 옮겼다. 1931년 4월 2일 다쿠미가 죽고 장례식 때 비구니 승 3명이 독경을 하였다.

『조선의 선膳(소반)』 출판하며 동양 3국의 최고의 민예품이라 평가하며 다음과 같이 적었다. 기차에서 본 찢어질 듯 가난한 농부 일가가 정든 가정도 팔고 농사에서 유일한 힘이자 희망인 소도 타인에게 보내고, 친척 지인도 헤어져 아무도 모르는 먼 나라로 여행을 떠나면서도 손때 묻은 소반을 버릴 수 없다고 손 짐 안에 넣는 것에 주목한다. 순수서정의 모습을 가지면서 우리의 일상생활에서 아주 친숙하고, 시간과 함께 맛을 더하는 것이며 물건으로써 소반은 그 주인에 따른 바른 쓰임, 사용자의 인격을 증명한다. 실용성과 미학적 가치를 두루 지녔고 널리 쓰이는 물건이면서 동시 조형예술 작품으로 상찬(賞讚)했다. 아사카와 다쿠미의 『조선의 선膳(소반)』은 희귀 고서로 구하기도 어렵다. 지금도 '사랑과 지혜의 서'라 평가를 받고 있다. 이 책 안에 조선의 광복을 암시한 글이 있다. 소개하면 다음과 같다. '피곤한 조선이여, 다른 사람을 흉내 내기보다 체득하고 있는 것을 잘 간직한다면 언젠가는 자신감 넘칠 날이 올 것이다. 그것은 단지 공예의 길만이 아니다. 친구인 아베 요시시게 교수가 총독부가 아사카와 다쿠미를 반일 사상범으로 문제 삼을까 봐 전전긍긍하였다.

다가오는 2024년 새해, 한 달에 한 번 예정된 야외 답사를 기대하며 나이 먹어 공부하는 재미도 쏠쏠하다. 중랑인문학글쓰기반, 파이팅!

가르치며 배운 아사카와 다쿠미

우수정
(중랑인문학 글쓰기반)

어릴 적 중랑구 묵동삼거리 근처에 살았다. 나는 우리 동네가 아닌, 다른 곳에서 택시를 잡아타고 집에 돌아오려고 하면 늘 반복했던 말이 있다. 택시 기사에게 꼭! 두 번씩, 아니 이해할 때까지 큰소리로 외쳐야 했었다.

"목동 아니구요? 묵동이요. 아니요? 묵동이요. 음, 그럼 <태릉선수촌> 가는 길에 있는 묵동이요. 아! 망우리 공동묘지 아시죠? 거기 가기 전에 굴다리로 쭉 가면 있어요."

그때마다 늘 이렇게 목청껏 외쳤다. 지금은 차량마다 네비게이션이 설치되어 있다. 이제는 손가락으로 찍지도 않는다. 말로 해도 자동차가 알아서 가는 길과 방법을 안내하며 주행한다.

그때 그 시절에는 그렇게 말로 설명해서 찾아가는 것이 일이었다. 서울에 사는 서울시민이지만 서울이 아닌 경기도에 사는 것 같은 느낌이 들었다. 1호선 지하철을 타려고 하면 시내버스를 타고 청량리역이나 석계역까지 나갔다. 그곳에서 지하철을 타고 시내에 빠르게 나갈 수 있었다.

대학교 1학년 때였다. 그때 우리 동네를 통과하는 7호선 전동차가 개통되었다. 역세권이라는 것이 얼마나 편한 것인지 실감했다. 그 기억 속에 지금의 <망우역사문화공원>은 <망우리공동묘지>라는 이름이었다. 명절이면 우리 집이 큰집이었던 터라 집을 지키고 있던 내 마음속에 망우역사문화공원은 이렇게 남아있다. 우리 동네의 교통체증을 심하게 만드는 망우리공동묘지이다. 명절 때마다 TV 뉴스에 나오는 곳이라는 기억으로 뇌리에 박힌 곳이다. 공동묘지이기에 가까이 접근하고 싶어 하지 않았다. 사춘기 소녀들의 귀신 이야기 단골 소재였다.

그렇게 가고 싶지 않았던 망우동이었다. 지금은 식구들과 이곳에 터를 잡고 살고 있다. 일주일이면 세 번 이상을 망우산 사색의 길 아니 망우역사문화공원 사색의 길을 걷고 있다. 망우리공동묘지라는 이름을 지우고 망우역사문화공원이라는 새로운 이름으로 이쁘게 단장을 하였따. 그곳에 잠들어 계시는 유명인들을 기리는 곳이다. 서울시 시민뿐 아니라 전국에서 역사를 공부하고 싶어 하는 사람들이 모이는 곳으로 거듭나고 있다.

망우역사문화공원과 봉화산에서 아이들에게 즐겁게 역사를 가르치는 일을 하고 있다. 특히 망우역사문화공원에서는 우리나라 사람이라면 꼭! 알아야 할,

하지만 이름조차 기억되지 못해서 잘 알려지지 않은 독립운동가를 소개한다. 그들의 업적에 대하여 재미있는 게임과 미션으로 수업을 하고 있다.

처음에 아사카와 다쿠미라는 이름과 사진이 함께 소개되어있는 원형광장에서 무척 당황했던 기억이 있다. 아니 이곳에 왜? 일본인이? 지금 생각하면 정말 무식한 생각이었다. 아이들에게 역사를 가르치고 있다는 사람으로서 창피한 일이었다.

수업을 준비 중이던 나에게 어느 아이가 물었었다. 일본사람인데 왜 여기 있어요? 우리나라 힘들게 한 일본인인데? 나쁜 사람이라서 곧 없어질 것이죠?

그 질문에 답을 못한 것이 정말 마음에 걸렸다. 그래서 공부를 한다고 이것저것 찾아보기 시작했다. 다쿠미라는 인물이 조선사람보다 더 조선의 모든 것을 사랑했던 사람이었다는 것을 알게 되었다. 다쿠미로 인해서 우리나라의 민둥산들이 푸른 옷을 입을 수 있었던 것도 중요한 업적이다. 그보다 더 내가 식민지 관료라는 강자라고 해서 피지배를 당하는 조선인을 약자라고 무시하지 않았다. 그는 조선인에 관하여 아주 작은 사소한 것도 인정해주고 중요함을 알아주었다. 다쿠미의 그런 마음을 배울 수 있는 것도 중요하다고 생각한다.

1931년 연초부터 전국 각지를 돌려 묘목 기르는 법을 보급하였다. 식목일 행사 준비 관계 등 연이은 격무에 시달렸다. 그 과로에 3월 15일 경성으로 돌아올 때 독감에 걸렸다. 3월 26일 임엄시험장에서 각지의 산림을 찍은 활동사진(영화) 시사회까지 열렸다. 3월 27일 급성 폐렴으로 번져 자리에 누웠다. 40도 고열로 심신이 지쳤다. 29일 야나기 무네요시가 부탁한 「조선의 다완」을 탈고했다. 4월 1일 친척과 친구들에게 '아사카와 다쿠미가 위독하다'고 전보를 쳤다. 2일 밤 야나기 무네요시가 경성행 열차가 대구를 지날 무렵 다쿠미 2일 오후 여섯 시(5시 57분) 사망 전보를 받았다. 다쿠미는 '책임이 있다........' 함축적 의미의 말을 중얼거렸다. 4월 4일 경성감리교회 다나카 목사 주재 기독교식 장례식이 임업시험장 자신이 심은 반송이 지켜보는 가운데 엄숙히 거행됐다. 봄비가 억수로 내렸다. 이문동 사람들이 서로 상여를 메겠다고 나섰다. 이문동 공동묘지에 잠들었다. 1942년 망우리 공동묘지로 이장하였다.

"신들에게 사랑받는 사람은 요절한다." 아베 요시시게 「아사카와 다쿠미를 애도하다」 발표 - 문부상, 전후 일본 중학교 교과서 15년 동안 '인간의 가치'로 수록했다.

인간의 가치 - '다쿠미처럼 올바르고 의무를 존중하는 사람, 사람을 무서워하지 않고 하느님만을 두려워한, 독립적이고 자유로운 사람. 게다가 머리도 좋은데다가 감상력까지 풍부한 이는 정말 고마운 사람이다. 인간을 경외하지 않는 다쿠미 씨는 곧 자유의 혜택을 받은 사람이었다. 지위에도 학력에도 권세에도 부귀에도 의지하지 않고, 사람됨만으로 끝까지 당당하게 살았다. 이러한 사람은 좋은 사람일 뿐 아니라, 훌륭하고 대단한 사람이다. 이러한 사람의 존재는 인간의 생활을 믿음직하게 한다. 이런 사람을 잃은 것은 조선의 큰 손실임은 말할 것도 없지만, 더 나아가서 주저 없이 인류의 손실이다. 인간의 길을 올바르고 용감하게 걸어가는 사람을 잃은 것만큼 인류에게 큰 손실은 없기 때문이다'

망우역사문화공원에 잠들은 기억되지 못하고 있는 독립운동가도 알려야 한다. 하지만 왠지 어울리지 않는 망우역사문화공원 속에 일본인이 조선을 사랑한 그 마음을 이제는 한국인들에게 돌려받으면서 더 많은 이들에게 기억되게 만들고 싶다. 함께 할 수 있는 기회를 주신 정종배 선생님 감사합니다. 덕분에 또 한걸음 성장하고 배울 수 있었습니다.

아사카와 다쿠미 40년 찬란한 인생 기록

정옥규
(중랑인문학 글쓰기반)

내가 사는 곳은 망우3동 면북초등학교 바로 밑이다. 예전에는 <망우리공동묘지>라고 불렸다. 지금은 <망우역사문화공원>이라 이름이 바뀌었다. 내 집이 공원에 바로 인접해 있다. 여기로 이사 오기 전에 살던 집은 중랑천 물소리가 들리는 상봉동이었다. 중랑천 둑길과 천변 인도는 편한 옷 아무거나 입고 나가기만 하면 언제든 달릴 수가 있었다. 여기는 달리기를 할 수 있는 상황이 그리 좋은 편이 아니다. 운동 중에 달리기를 좋아하는 나는 이곳에 이사 와서 그 점이 아쉬웠다. 나는 마음을 비우고 망우산으로 걷기를 가곤 한다. 망우산에 가서 보는 환경 중에 사람보다 묘지의 수가 많아 놀라곤 한다. 그때만 해도 묘지는 나에게 혐오시설 중 하나였다. 산에 오면 좋은 공기 마시고 환히 트인 경치만 보고 싶다. 너무나도 많은 묘지를 보면 그런 생각이 없어진다. 언제쯤 이 산이 묘지 없이 깨끗해지려나, '아니 중랑구 의원은 뭐 하나, 이런 혐오시설을 다른 데로 이전시키거나 없애지 않고' 하면서 불만만 많았다. 특히 일본인 묘지까지 있어 더 싫었다.

하지만 이런 내 생각을 바꾸게 되는 계기가 있었다. 그것은 바로 정현채 님이 쓴 「우리는 왜 죽음을 두려워할 필요 없는가」였다. 저자의 글 중에 이렇게 쓴 글이 내 마음을 바꾸게, 죽음에 대한 인식을 바꾸게 된 것 같다. 소개하자면 이렇다.

2012년 4월 27일 자 조선일보에 한 심리학자의 연구 결과가 실렸다. 사는 게 힘들고 버겁다면 공동묘지를 걸어보라고 한다. 묘지에 가면 삶에 긍정적인 변화가 생겨 자신과 남에 대한 해악을 최소화하는 생각과 자세를 갖게 되고 인생의 목표와 가치의 우선순위를 다시 매기게 되며, 가족에 대한 애틋함이 더 생겨나고 다른 사람의 배려심도 증가한다고 한다. 특히 공동묘지를 정기적으로 산책하는 사람은 낯선 타인에 대한 배려심이 높아 여행객을 도와주는 비율이 더 높다고 한다. 이는 죽음에 대한 자각이 높아져 인내심·평등의식·연민·감정이입·평화주의 등에 대한 동기가 부여되기 때문이라고 설명한다. 나도 언제부턴가 죽음에 대하여 생각을 자주 하는 편이다. 하지만 눈에 보이는 묘지에 대해서는 혐오스럽다는 생각만 했었지. 죽음에 대한 묘지 속의 사람들에 대해서는 성찰의 자세는 갖지 못한 것 같다. 이런 나를 반성하며 앞으로는 좀 더 성숙하고 겸손한 태도로 살아가야겠다.

중랑문화원에서 인문학 강좌를 개설했다. 구정 소식지에 실렸다. 몇 번을 망설이다. 지난 10월 등록했다. <망우역사문화공원> 인물열전과 중랑구에 거주했던 작가들을 중심으로 교육이 이뤄졌다. 중랑구에 거주했던 작가와 <망우역사문화공원>에 유택을 마련한 분 중 교과서에 수록된 인물들을 소개하면 다음과 같다.

시조 왕방연 이항복 정완영, 시인 김광섭 박재삼 김명수 김명인 하종오 나희덕, 소설가 유재용 김주영 전상국 조선작 등이다. 그 외 『돌베개』의 장준하와 『나의 문화 유산답사기』의 유홍준 등도 중랑구에 거주했다.

<망우역사문화공원>에 독립운동가는 대한독립선언 39인 중 안창호 박찬익 등과, 3·1운동 민족대표 33인 중 오세창 한용운 박희도 나용환 박동완 이종일 홍병기 등과, 한국의 잔 다르크 유관순 등이다.

문학에는 시인 한용운 김동명 김상용 김영랑 박인환, 소설가 김말봉 최학송 계용묵 김이석, 극작가 함세덕 등이다. 어린이 운동 방정환 최신복 등이다. 음악에는 작곡가 채동선 작사가 안석영 동화와 동요작시 강소천 동요작곡 함이영, 영화인 나운규 등이다. 화가에는 이중섭 권진규 이인성 조각에는 차근호 등이다. 종두법에 지석영, 진보당 사건 사법 살인 당한 조봉암, 4·19 혁명 열사 진영숙 전한승 박동훈, 4·19혁명 도화선 이기붕과 박마리아 부부 등이다. 만능 체육인 이영민, 일본인 아사카와 다쿠미 등이다.

아사카와 다쿠미는 1891년 일본 야마나시현 호쿠토[山梨]시에서 2남 1녀 중 유복자로 태어났다. 그는 1914년부터 1931년까지 17년 동안 우리나라 임업시험소(장) 고원과 기사로 근무했다. 아사카와 다쿠미 선생은 유복자로 태어나서, 첫 번째 아내와는 사별, 그리고 재혼해서 낳은 둘째 딸은 요절하는 등 가정적으로는 불행한 삶을 살았다.

다쿠미의 형님인 노리타카는 조선 도자기의 연구와 보존에 힘을 쏟은 인물로 '조선 도자기의 신'이라 일컫는다. 노리타카는 해방 후 미군정에서 당시 조선총독부 지하 수장고의 도자기 정리를 부탁받았다. 그는 마무리 짓고서 1년 늦게 일본으로 귀국했다. 유복자로 태어난 다쿠미는 형을 아버지처럼 따랐다. 1914년 당시 일본의 식민지였던 조선에 1년 먼저 와 있던 형님인 노리타카를 찾아서 다쿠미도 조선으로 들어왔다. 그 당시 조선에 오는 일본인들은 한몫 잡으러 왔었다. 두 형제는 달랐다. 다쿠미 선생은 관직, 권세, 부귀도 따르지 않았다. 자신의 힘만으로 당당하게 살아가는 강직하고 올곧은 성품의 사람이었다.

40세의 젊은 나이에 급성폐렴으로 갑자기 세상을 떠난 다쿠미 선생, 그의 죽음은 많은 조선 사람들에게 엄청난 충격이었다고 한다. 조선인 노동자들과 대화 속에서 힌트를 얻어 잣나무 씨앗을 노천 발아를 성공(노천매장법)시켰다. 조선의 민둥산에 녹색의 산빛을 띄워 산림녹화를 이루었다. 조선인들도 조선의 백자의 훌륭함을 알아보지 못했다. 노리타카와 다쿠미 형제는 조선백자의 아름다움을 발견해 이를 수집했다. 야나기 무네요시에게 소개했던 선구자였다고 한다. 무네요시는 일본의 민예 연구자이면서 미술평론가이다. 조선인들도 하기 힘든 일을 같은 민족이 아닌 다른 민족의 사람이 해낸 일은 반일 감정을 떠나 정말로 훌륭한 사람이라고 하지 않을 수 없다고 생각한다. 다쿠미 선생의 갑작스러운 죽음에 많은 조선 사람들이 모여서 상여를 서로 메겠다고 할 정도였다. 다쿠미를 '인간의 가치'를 실현한 사람으로 한국인들이 그의 묘비에 공덕(功德)이라고 새겼다.

다쿠미는 정말로 조선을 사랑했다. 조선인을 사랑해서 조선인들의 일을 속속들이 알 정도였다. 조선과 조선인에 대해서 진심이었다. 다쿠미 선생은 조선인들의 가슴속에 영원히 경(敬)과 애(愛)의 인물로 살아있다. 지금도 <망우역사문화공원>에는 일본인 묘지로 조선총독부 영림창장을 역임한 사이토 오토사쿠와 아사카와 다쿠미 두 분의 묘지가 남아있다. 아사카와 다쿠미를 기억하는 한국인과 일본사람들은 그를 추모하러 때마다 묘역을 찾아 참배한다. 특히 그의 고향 야마나시현 사람들은 한국에 관광을 와 <망우역사문화공원> 다쿠미 묘지를 참배하는 분들이 대부분이라 전해진다.

인문학을 수강하러 오기 전에는 몰랐던 망우역사문화공원에 묻힌 위대한 인물들에 대해 자세히 알 수 있었다. 그중에서 아사카와 다쿠미라는 일본인에 대해서 깊이 있게 탐구할 수 있는 계기였다. 그는 자국민도 해내지 못했던 일 조선의 산을 푸르게 만들고 조선 민예의 위대함을 널리 알리고 조선인의 마음속에 살아 있어 칸트가 말한 '인간의 가치'를 실현한 훌륭한 인물이다는 것을 깨달았다. 이제는 중랑구에 거주하는 자부심과 인물들의 삶과 작품과 업적 등을 홍보하고 그분들의 삶을 닮아 남들에게 도움을 주는 나날이길 다짐한다.

친절한 다쿠미 씨

장한
(한국외대 특임 강의 교수·러시아연구소 초빙 연구원)

겨울이 되면 나는 동면에 들어간다. 몸과 마음의 복지부동. 그러나 때때로 빼꼼히 유유자적. 해마다 반복되는 나의 겨울나기 패턴이다. 여름, 가을에는 실속 없이 바쁘다. 낮에는 전공 강의, 밤과 주말에는 논술 수업. 허둥지둥 부지런히 쏘다니며 임무를 완수하고 대가를 받는다. 힘들다, 피곤하다, 이러다 병나는 것 아니냐 등 핸드폰에 엄살 일기를 써가며 버티다 보면 어느덧 크리스마스. 대학은 성적처리가 끝나고 수능과 대입 논술 시험도 막이 내려 그때부터 나는 무중력의 동면에 직면한다.

올겨울은 유난히 방향이 보이지 않는 동면이었다. 가족의 신상에 일어난 변화는 평소보다 많은 에너지를 앗아갔다. 어머니의 갑작스러운 병환과 거처 문제로 4남매가 혼신의 혼란을 겪었다. 그 와중에 아들은 결혼을 하였다. 채플린이 '삶은 가까이서 보면 비극, 멀리서 보면 희극'이라고 했던가. 서로가 몰랐던 괴력을 이리저리 발휘하여 막고 돌리고 하나하나 해결해갔다. 그야말로 눈물 속의 웃음. 웃음 속의 눈물이었다. 아들 녀석의 결혼식이 끝나니 마침 12월. 홀가분하면서도 가슴 한쪽이 시렸다. 거처가 여전히 불완전한 어머니를 뵙고 올라오는 고속도로는 잘 보이지 않았다.

다쿠미를 만난 것은 이러한 상태에서였다. 처음 들어보는 이름이었다. 다쿠미... 다쿠미... 아사카와 다쿠미... 도대체 누구인가... 아니 내가 꼭 알아야 할 필요가 있을까. 망우리 아니 망우역사문화공원에 그의 묘지가 있다고 했다. 망우산에는 가본 적이 없었다. 신내동에 이사 온 지 15년이 되어 가지만 망우산에 가질 못했다. 봉화산 산책을 한다니 동네 모임 선배 한 분이 망우산이 좋다고 귀띔한 적이 있었다. 그런데 공동묘지라는 께름칙한 선입견 그리고 결정적으로 집에서 좀 멀다는 이유로 그곳에 발을 내딛지 못했었다. 그런데 망우산에 영면해있는 일본인 다쿠미... 올 겨울에 그렇게 다쿠미는 망우산과 함께 내 동면을 방해하며 다가왔다.

나비넥타이를 매고 조선도자기를 들고 있는 다쿠미의 사진[3]을 보고 있다. 다

3) [아사카와 다쿠미: 일기와 서간], 다카사키 소지 편저, 김순희· 이상진 번역, (2014, 야

쿠미 본인은 미소를 지었겠지만 다소 무표정한 얼굴이다. 하지만 그 애매한 무표정 속에는 성실함과 고집, 여유와 심미안이 보인다. 그의 일기를 읽고 나서 나는 그렇게 느꼈다.

일기 속 다쿠미는 성실한 사람이었다. 내가 읽은 다쿠미의 일기는 1922년과 1923년, 2년 동안의 기록이었는데, 그는 수목원 일이 아주 바쁜 기간을 제외하고는 하루도 빠짐없이 일기를 썼다. 날짜와 날씨를 먼저 적고 그날 만난 사람, 먹은 음식, 수목원 업무, 도자기 구경이나 수집, 이런저런 심정들을 솔직하게 적었다. 술 마신 날도 일기를 썼다. 대단한 부지런함이다. 이런 성실성은 그의 저서 [조선의 소반·조선도자명고][4]에 나오는 당시 조선의 밥상과 도자기에 대한 자세한 분석과 그림까지 직접 그려가며 여러 가지 특징들을 묘사한 부분에서도 느껴진다. 더구나 일기에서 보이는 다쿠미는 주관이 뚜렷한 남자였다. 그는 그리스도에 대한 신앙이 깊었고 자신의 직업의식 그리고 조선과 조선인에 대한 생각이 확고했다. 특히 본인이 생각하는 조선의 삼림 계획과 상부의 방침이 다를 때 그는 조선의 산을 구제하는 것을 우선적 기준으로 삼았다. '사방공사'를 주목적으로 하는 상부의 삼림사업에 반대하는 자신의 주장과 근거들을 마련해 동료들을 설득시키겠다는 다짐을 하는 부분에서 표리부동의 공무원이 아닌 대쪽 같은 전문가의 고집과 자신감이 보인다. 공연을 보러 갔다가 내용이 저속한 미국식이라는 이유로 도중에 나와버리는 냉정함도 그가 가진 강단 있는 성격의 일부분 이리라. 그런데 다쿠미는 조선사람들에게는 따뜻하고 자애로웠다. 설렁탕이나 떡국 같은 조선 음식을 함께 먹고 허물없이 화투를 치는 등 조선사람들과 소박하고 자연스럽게 어울렸다. 한복을 곱게 차려입은 '조선인 아이들은 특별히 이쁘다. 왠지 모를 신비스러운 아름다움이 있다'고 다쿠미는 탄복한다. 조선의 설날 풍경을 그는 일기에 썼다.

> '오늘은 왠지 천하가 조선인의 세상 같은 기분이 든다. 일본의 행위가 이 아름답고 천사 같은 사람들의 행복을 언제 어딘가에서 방해하고 있다면, 하느님, 부디 용서해주십시오. 내 마음에는 조선 민족이 분명하게 보인다. 그들이 혜택받은 민족이라는 것도 느껴진다'.[5]

마나시현 호쿠토시) 첫 장에 있는 다쿠미 사진이다.

4) [조선의 소반·조선도자명고], 아사카와 다쿠미 지음, 심우성 옮김, (1996, 학고재)

5) [아사카와 다쿠미: 일기와 서간], 35쪽.

조선인에 대한 다쿠미의 이 언급은 국가와 민족, 이데올로기를 초월한 순수한 인간애이자 당시 일본의 만행을 스스로 고백하고 용서를 구한 진실의 구도이다. 다쿠미를 '덕망의 코스모폴리탄'[6]이라고 언급한 김영식 작가의 표현이 공감이 간다. 다쿠미가 세를 사는 점쇠네 집 세 모녀가 다쿠미의 옷을 바느질 해주는 어느 날 밤에 그는 '내 가족 같은 느낌이 든다. 평화롭다. 따뜻한 가정 외에 아무것도 모르는 조선인의 딸들... 조선을 구하는 힘은 어쩌면 당신들에게 달려있을지도 모른다'고 감동한다. 그야말로 조선사람들을 순수한 마음으로 좋아했고 사심 없는 우정을 나누었다. 일기를 읽을수록 오래된 고전영화를 보는 듯 다쿠미의 조선 생활이 눈 앞에 그려지는 듯했다.

다쿠미의 일기를 읽으며 나는 거대한 화두가 스르르 다가오는 것을 느꼈다. 지금까지 살아오며 관심을 두지 않았던, 아니 관심을 주고 싶은 마음이 없었던 주제. 일본과 일본인. 50 중반이 넘어가도록 일본 여행 한번 안 갈 정도로 일본은 나에게 머나먼 무관심과 추상의 나라였다. 그런데 100년 전 이 땅에 살다가 이 땅에서 숨을 거두고 망우산 흙으로 남아있는 다쿠미는 나에게 아주 어려운 숙제를 주는 듯하다. 햇살 좋은 겨울날 서대문형무소 역사관을 방문했을 때 다쿠미는 전혀 생각나지 않았다. 아니 생각하고 싶지 않았다. 세상에 이런 모순, 이런 부조화는 또 무엇인가.

바람 부는 토요일 오후 망우산에 갔다. 그날은 대한(大寒)이었다. 박인환, 이중섭을 비롯한 여러 인물들의 묘소를 방문하고 『망우리공원인물열전』(지노, 2021)의 저자 정종배 시인의 설명도 들었다. 다음날 혼자 망우산에 갔다. 겨울비가 오락가락했고 사람들은 드물었다. 조봉암, 한용운, 방정환의 묘소를 둘러보고 다쿠미 묘소를 찾아갔다. '한국인의 마음속에 살다간 일본인'이라는 묘비석 글귀가 눈에 들어왔다. 일본인 다쿠미. 한국 사람들은 왜 그를 기리고 기록하고 찾아올까. 식민지 우리나라 벌거숭이 산에 나무 심는 기틀을 마련해서? 우리나라 도자기와 소반에 대한 높은 심미안 때문에?

사람이 사람을 알아보는데 무슨 논리와 이유가 필요할까. 다쿠미의 의미를 불현듯 느낀 것은 그의 일기, 평전, 논문들, 인터넷 자료들을 이리저리 뒤지는

---

6) 김영식, 조선을 사랑한 일본인, 한국의 나무와 흙이 되다 덕망의 코스모폴리탄 [망우리 별곡4], 신동아 583호(2008년), 584-593쪽. https://m.blog.naver.com/ohyh45/20159453409

나의 모습을 통해서였다. 다쿠미는 과거 우리에게 '친절'했다. 우리를 좋아했다. 그 친절과 다정함에는 아무런 사익도, 계산도, 이유도 없었다. 그냥 그가 좋아서 우리를 좋아했다. 그래서 우리도 그를 좋아하고 친절하게 대하는 것이다. 세상에서 가장 위대한 종교는 '친절'이라고 법정 스님이 말했다. 다쿠미는 암울한 식민 시대에 '은자(隱者)의 나라'에 와서 흰옷 입고 살아가는 우리들에게 '친절'을 베풀었다. 친절은 모든 것을 포용하고 초월하는 다정한 에너지이다. 다쿠미는 그런 에너지를 망우산에 소박하고 알뜰하게 품고 있다.

봄꽃 피는 계절이 되면 동면을 깨고 망우산 골짝골짝 사연 많은 넋을 찾아 넙죽 인사를 드릴 일이다. *

아사카와 다쿠미 관련 서적과 출판물(한글)

분류	제목	저자	역자	출판사	연도
다쿠미 저서	조선의 소반·조선도자명고	아사카와 다쿠미	심우성	학고재	1996
다쿠미 평전(단행본)	조선의 흙이 된 일본인: 아사카와 다쿠미의 생애	다카사키 소지	이대원	나름	1996
	아사카와 다쿠미 평전: 조선의 흙이 되다	다카사키 소지	김순희	효형출판	2005
	한국을 사랑한 일본인: 아사카와 다쿠미의 삶과 사랑	백조종(편저)		부코	2011
	아사카와 다쿠미 일기와 서간	다카사키 소지(편저)	김순희, 이상진	山梨: 山梨縣北杜市	2014
다쿠미 관련 학위 논문	'조선민족미술관'과 아사카와 다쿠미 (석사학위논문)	박정희(동덕여대)			2006
	식민지 시대 조선의 공예와 아사카와 다쿠미(淺川巧):『조선의 소반(朝鮮の膳)』과 『조선도자명고(朝鮮陶磁名考)』를 중심으로 (석사학위논문)	최은진(명지대)			2017

분류	제목	저자	역자	출판사	연도
다쿠미 관련 학술 논문	朝鮮의 자연과 사람을 벗 삼아 -아사카와 다쿠미(浅川巧)의 「일기」를 중심으로-	이병진 (세종대)	일본언어문화, vol. no.22, pp. 591-609 한국일본언어문화학회		2012
	조선을 깨운 이방인, 한국의 혼이 되다 —아사카와 다쿠미와 경성—	이병진 (세종대)	일본연구, vol., no.80, pp. 33-52 한국외대 일본연구소		2019
	한·일문화의 매개자 - 물건과 일상의 발견, 아사카와 다쿠미의 민예(民藝) 철학 -	이병진 (세종대)	일본연구, vol., no.82, pp. 87-108 한국외대 일본연구소		2019
	조선을 위해 살다 한국에 묻힌 아사카와 다쿠미(浅川巧)	민덕기 (청주대)	전북사학, vol., no.59, pp. 263-292 전북사학회		2020
	야나기 무네요시(柳宗悅)의 조선민족미술관 한국 도자 컬렉션 형성과정과 《이조도기전람회(李朝陶器展覽會)》 개최의 의미	엄승희 (이화여대 도예연구소)	전시디자인연구. vol.20, no.2, 통권 40호 pp. 15-25 대한전시디자인학회		2023
	근대기 일본인의 조선백자 수집과 연구: 1920년대 후반을 중심으로	정은진 (오사카시립동양도자미술관)	미술사학연구, vol.319, no.319, pp. 145-172 한국미술사학회		2023
학술대회	시대의 국경을 넘은 사랑-아사카와 다쿠미의 임업과 한국민속공예에 관한 연구	장소: 한국프레스센터 주최: 서울국제친선협회			2011년 9월 5일

아사카와 다쿠미 관련 온라인 자료

1. 제목: 조선을 사랑한 일본인, 한국의 나무와 흙이 되다 덕망의 코스모폴리탄 [망우리 별곡4] 링크: https://m.blog.naver.com/ohyh45/20159453409

https://blog.naver.com/japanliter/140050612263

저자: 김영식 작가 연도: 2008년. 신동아 583호(584-593쪽)

2. 제목: 한국인이 함께 지키고 섬긴 아사카와 다쿠미의 묘지-식목일을 맞아

그의 무덤에 또 다시 꽃이 피다 링크:
https://m.monthly.chosun.com/client/mcol/column_view.asp?Idx=1197&Newsnumb=2020041197 저자: 장상인 JSI 파트너스 대표 연도: 2020년. 월간조선.
3. 제목: 아사카와 다쿠미-조선의 소반 구족반(KBS 천상의 컬렉션) 링크:
https://terms.naver.com/entry.naver?cid=59560&docId=5145872&categoryId=59560

아사카와 다쿠미 관련 보도 자료
1. 조선을 사랑한 아사카와 다쿠미의 삶을 그린 영화 "백자의 사람"을 보고... 이윤옥 등록 2012.07.02. 09:17:34 우리문화신문
https://www.koya-culture.com/news/article.html?no=3411
2. "조선을 사랑한 일본인, 한국 땅에 묻히다" / YTN
https://www.youtube.com/watch?v=7VIJQ4XHAZE
3. 조선을 사랑해 조선의 흙이 된 일본인 있었네/ 부산일보 2014-04-30
https://www.busan.com/view/busan/view.php?code=20140430000050

아사카와 다쿠미 연보

정종배
(시인,『망우리공원 인물열전』,『1923 관동대학살-생존자의 증언』저자)

–칸트 '인간의 가치는 진정 그 인간에게 있으며 그 이상도 그 이하도 아님을 증명하였다. 나는 진심으로 인간 아사카와 다쿠미 앞에 머리를 숙인다.' 아베 요시시게[安倍 能成]의 '인간의 가치'(1934~1947) – 고등학교 시절 이 문장을 읽은 것이 계기가 되어 아사카와 다쿠미의 인간미를 동경하게 되었고 이후 나의 삶의 방식은 재일한국인으로서 살아가는 데에 인생관을 배우고 청량한 생활을 하는 기초가 되었다고 말해도 과언이 아니다. 하정웅(메세나 정신) – 광주시립 하정웅 명예미술관장·영암군립 하정웅 명예미술관장·전 한인문화교류협회장·전 수림문화재단이사장의 고백이다.

일제강점기 식민지 시대 조선인들에게 항상 자신과 같은 눈높이로 대한 태도가 훌륭하다. – 다카사키 소지[高岐宗司] '조선의 흙이 된 일본인–아사카와 다쿠미의 삶'

1792 증조부 오비 효노신 출생
1827 조부 오비 덴에몬 출생
1830 외조부 치노 마미치 출생
1859 부친 오비 사뇨쿠(후에 아사카와 가문을 잇다) 출생
1865 모친 치노 게이 출생
1884. 8 형 노리타카 출생
1887. 12 누나 고미야마 사카에 출생
1889. 3 야나기 무네요시 출생
1890. 7 부친 사망

1991. 1 야마나시현 기타고마군 가부토촌(현 호쿠토시 다카네정)에서 다쿠미 출생 – 옛 이름 가이쿠니[甲裴國] 전국시대 맹장 '타케타 신겐'의 영지. 오래전 영화 ' 카케무샤' 한국엔 '신겐'으로 소개. 최인호 소설 원작 '해신'에도 '타케타 신겐' 선조 얽힌 역사 소개. 중국 유학 일본 스님 풍랑 만남 신라 명신이 명한다 '풍랑을 가라앉혀 줄 테니 일본에 돌아가면 나의 초상을 그리고 절에 보관하라' 최인호 '해신'에서 신라 명신을 장보고 현현으로 봄. 일본 절을 세운 가문은 신라 명신 초상을 모시고 이름을 '신라사부로'라 바꿈. 일본 사무라이

시조라 일컬음. 그가 바로 '타케타 신겐'의 선조임
고향 '코마' 옛 고구려 유민들이 하사받은 영지 고구려의 옛 이름. 후지산이 가장 아름답게 보이는 3대 조망지.
1894. 8 청일전쟁 개전
1895, 4 시모노세키 청일 강화 조약 조인, 일본에 타이완 할양
1897. 4 무라야마니[村山西]시 심상소학교(尋常小學校) 입학
1901. 1 조부 사망
1901. 4 아키타 심상고등소학교 입학- 산수 작문 60리길 걸어 기차 통학
1903. 4 노리타카 야마나시 현립 사범학교 입학
1904. 2 러일전쟁 개전
1905. 7 가쓰라 테프트 밀약(미국 필리핀, 일본 대한제국 지배권 상호 승인)
9 포츠머 러일강화조약 체결
11 제2차 한일협약(을사늑약) 조인, 대한제국 외교권 상실)
12 조선통감부 설치
1907. 4 야마나시 현립 농림학교 입학 - 아사카와 마사토시를 알게 됨. 산림 임학
6 고후감리교교회에서 세례를 받음 - 기도와 명상 마음 다스리기. 무교회주의 우찌무라 간조 김교신 함석헌 유달영 이경숙
8 야마나시현 벌채로 하천 범람 232명 사망. 치수의 근원인 조림의 중요성 통감
제3차 한일협약 조인, 대한민국 군대 해산.
1909. 4 아카타현[秋田縣] 오다테[大館] 영림서(營林署)에 취직
1910. 8 일본이 한국 국권 침탈(병탄) 이 무렵 아사카와 노리타카 조선도자기를 만남
1911 호소이 하지메가 《조선문화사론》을 출간
1912 가을 버나드 리치, 우에노 척식박람회에서 조선의 미에 경탄

1913. 5 노리타카 한국에 옴(남대문소학교 미술교사 조각, 부인은 이화여자전문학교 영어 강사, 숙명여학교 영어 교사) - 새 사업을 시작해 보려고 온 일본인(일본 서부)과 달리 오직 조선 미술공예에 이끌려 조선 땅을 밟았다. 이왕직 박물관 고려청차 보러 다님. '당시 나는 우울했다. 좋은 물건은 많았지만, 너무 비싸서 살 수 없었기에 때문이다. 그러던 어느 날 밤, 경성의 고물상 앞을 지나가는데 여기저기 흩어져 있는 고물 사이 전등불 아래 하얀 항아리가 있었다. 그 둥근 자태에 마음을 빼앗긴 나는 멈춰 서서 한참을 들여다보았다.

5엔으로 비싸지 않아서 매우 기뻐하며 항아리를 사서 집으로 돌아왔다. "고려청자는 차가운 과거의 아름다움이지만 이 백자항아리는 지금 피가 통하는, 살아 있는 친구다. 이것은 틀림없다." 드디어 나의 눈이 열렸다. 진정 아름다운 것을 보았다.' 조선백자 항아리 만남. 조선 초기 분청사기. 중기 견고한 백자. 후기는 청화백자.

"조선 도자기(백자)의 신", 광복 후 미군정 부탁으로 도자기 정리 후 1년 늦게 귀국. 조선백자(도자기) 아름다움 가치 탐구와 도자기 및 민예의 미학을 체계적 학술적 추구. 고려청자 연구하며 하이쿠 80여 수 번역 출판 준비.

1914. 5 다쿠미 한국에 옴. 나는 처음 조선에 왔을 무렵 조선에 사는 것에 주눅이 들고 조선인에 미안한 생각이 들어 몇 번이나 일본에 돌아가는 것을 계획했다. 조선에 가면 조선어를 알아야 하고, 조선인들과 사귀어야 한다. 조선에 산다는 것이 마음에 걸리고 조선인에게 미안한 마음이 들어 언젠가는 조선을 위해 무엇인가에 도움을 될 수 있도록 해달라고 기도하고 노력함.

7 1차 세계대전 발발

8 일본 참전

9 조선총독부 농공상부 산림과(임업시험소, 1922년 임험시험장, 1987년 임업연구원, 2004년 국립산림과학원) 고원(雇員)으로 취직. (노리타카 결혼. 야나기 무네요시 방문. 야나기 청화백자추초무늬모따기항아리(노리타카 선물. 조선미술사 집필과 한국 방문 계기. 일본 민예관 전시)와 청화백자연꽃무늬항아리(조선민족미술관 설립 계기)에 감동함. 도미모토 겐키치와 교류 시작) 노리타카는 전국 도요지 탐구 답사는 통해 무속신앙 영향 항상 낙천적이고 신명이 절로 나는 농악 풍자 해학 가면극. 야나기 선생은 조선인의 흰색 백의민족 비애의 역사 비애의 미. 신윤복 그림 – '조선인의 자연스러운 자태를 주시하여 탄생한 그림으로 중국을 모방한 것이 아니라 조선의 감각을 완벽하게 그려냈다.' 조선의 전무후무한 독자적 풍속 화가로 평가함.

1915. 12 노리타카와 함께 아비코[我孫子]의 야나기를 방문 1915년에서 1931년 사이 양묘 시험 조림한 광릉시험림 현존 주요 수종 13종(잣나무 낙엽송 전나무 리기다소나무 상수리나무 잎갈나무 밤나무 방쿠스소나무 느티나무 소나무 가래나무 신나무 꽃개오동나무) 579,021본 면적 193,08ha

1916. 2 아사카와 미쓰에와 결혼

임업시험소 북아현리(북아현동) 일본식 집으로 이사

9 야나기가 한국에 와 다쿠미 집에 머뭄 – 일본 중학교 교과서 '조선의 미' 수필 수록 – 한국의 미 비애의 미, 다쿠미 형제 멋 흥취 가락으로 봄. 누님 인천 총영사 누이 내무국장

1917. 3 장녀 소노에 출생(경성부립 제일여학교 졸업, 일본민예관 근무)

6 「조선잎갈나무의 양묘 성공을 보고함」 발표. 조선에 있어서 꽃개오동나무(청량고 교정에 한 그루 남아 있음)

10 <조선에서 미국산 교목의 양묘 및 조림 성적을 보고함> 발표

11 러시아혁명 발발

1918. 5 무샤노코지 사네아쓰, '새로운 마을' 운동 제창, 7월부터 운동을 시작.

1919. 3 3.1만세운동

4 『조선거수노수명목지(朝鮮巨樹老樹名木誌)』 출판 - 5천 3여 점. 천연기념물 지정 기준 노리타카 조각 여행을 위해 도쿄에 감.

6 베르사이유 조약 조인

8 《수묘 양성 지침(樹苗養成指針) 제1호》 출판

1920. 5 야나기 무네요시 가네코와 조선에 와 음악회 개최.(최초 서양 유학 소프라노 공연)

야나기가 한국으로 와서 청화백자진사연꽃무늬항아리와 만남

6 인도인 싱(1896~1995, 델리 블루 인도 도자기 부흥 유명 도예가)이 방문 일기일회(一期一會)

10 노리타카 조각 제국미술전람회 입선 - 조선인상 '나막신의 사람' 입선 신문 인터뷰 '조선인과 일본인의 친선은 정치와 정략으로는 안 된다. 예술에 의해 통해야만 한다.'

12 조선민족미술관 설립 운동 시작

1921. 1 야나기, '조선민족미술관 설립에 관하여' 발표

4 아카바네 오로가 한국으로 이주

6 야나기 부부 한국 방문

7 아루가 가지에몬[有賀喜左衛門]이 방문

《수묘 양성 지침(樹苗養成指針) 제1책》 출판

8 야나기 일행과 후쿠나가 마사지로 방문

9 아내 미쓰에 사망(30세). 장녀 소노에를 고향의 처남 아사카와 마사토시에게 맡김

11 야나기와 서양회화 전람회 개최. 임엄시험장 청량리로 이전. 다쿠미가 기념식수(반송 130년)

1922. 1 일기를 쓰기 시작. 사방식재를 둘러싼 장장(場長)과 대립(일기) 점쇠 일가, 윤씨

야나기와 관악산 옛 가마터 조사. 「브레이크 전람회」 개최. 야나기

와 남궁벽 성묘 - 《폐허》 동인과 교류 청량사 정릉천 피서 차 한 잔. 염상섭 김일엽(청춘을 불사르고. 오다 세이조-일당 김태신 나혜석 송춘희 수덕사의 여승) 김유방(김득영 김찬영-김병기 화백의 아버지) 오상순 변영로 철학자 김만수 등
당시 천장산 청량사 차 마시기 최고 피서 교류 풍정. 청량산방의 송헌 정조의 부마 홍현주의 별서 초의선사 1831년 정월 동다송, 정릉천 달밤 걷기, 천렵 등. 청량사 밥 두부 두포사. 만해 한용운 회갑연 - 벽초 홍명희 주선 박광 권동진 오세창(壽者相) 안종원 이경희 김관호. 만해 스님 수연 첩 2억 예상 2012년. 1939년 7월 21일 불교학자 박한영 기거 청량사 현판 글씨 씀. 청량사는 현 국립산림과학원 안 홍릉(명성황후 능 조성)으로 현 위치로 옮김. 다쿠미 장례식 때 비구니 승 3명 독경.

2 청량리로 이사 - 90년대 초까지 관사가 도로 확장으로 없어짐

4 노리타카 한국으로 돌아옴

6 하마구치 요시미쓰 한국으로 이주. 조선신궁(중앙청) 건설. 광화문 철거 비판(일기) - 동아일보 김성수 정원수 장덕수 주필
1922년 6월 4일 자 일기에는 '조금 내려가면, 조선신사(후일 조선신궁) 공사를 하고 있다. 아름다운 성벽을 파괴하고, 장려한 문을 떼어내 가면서까지 굳이 숭경을 강제하는 신사 따위를 거액의 돈을 들여 지으려는 관리들의 속내를 도대체 알 수가 없다. 산 정상에서 경복궁 안의 신축청사(조선총독부 건물) 등을 내려다보면 어이가 없어 화가 치밀어 오른다. 백악, 근정전, 경회루, 광화문 사이에 무리하게 비집고 들어앉아 있는 모습은 너무나도 뻔뻔하다. 게다가 기존 건축의 조화를 완전히 깨뜨려 정말이지 볼썽사나워 보인다. 백악산이 존재하는 한 영원히 일본인의 수치로 남게 될 것이다.'

8 고원(雇員)에서 기수(技手)로 승진. 오우지[王子] 제지를 비판(일기)

9 「가마터 순례의 어느 하루」 발표. 야나기와 분원 가마터 조사 - 전국 도요지 700여 곳 답사 정리, 도자기업계서는 중시조로 여김(지순탁). 노리타카 <조선 도기의 가치 및 변천에 관하여> 발표

10 「조선시대 도자기 전람회」 개최

1923. 9 관동대지진. 도쿄 등 계엄령. 조선인 학살을 비판(일기), 재일한국인 오충공감독 제노사이드 다큐인 <숨겨진 손톱자국> <불하된 조선인>, 석남 송석하, 태허 유상규, 죽산 조봉암, 영랑 김윤식, 식물분류학자 장형두, 동요 <오빠생각>의 오빠 최신복, 동경미술대학 재학생 강상필, 김봉성, 소파 방정환 등, 김소월 「초혼」 이상화 「빼앗긴 들에도 봄은 오는가」 이육사 저항시 김

영랑 저항시 등

'나는 믿는다. 이 불시의 천변을 이용하여 계획을 조선인 혼자 세우지는 않았을 거라고, 오히려 일본인 사회주의자 패거리가 주모하여 아무것도 모르는 막벌이 일꾼들을 앞잡이로 이용해서 저지른 일이 아닐까? 일본인은 조선인을 인간 대우하지 않는 나쁜 버릇을 가지고 있다. 조선인에 대해 이해가 지나치게 빈약한 탓이다. (중략) 나는 도저히 믿을 수 없다. 도쿄에 사는 조선인들이 지진으로 고생하는 일본인과 그들의 집이 불타기를 원했다는 사실을... 조선인들이 그렇게 했을 것이라고 굳게 믿어버린 일본인도 문제가 있다. 조선인을 변호하기 위해서 도쿄로 가고 싶은 마음이 절실하다.' - (관동대지진 후 조선인의 살인 방화에 자경단이 나선다는 소식을 듣고. 1923년 9월 10·11일 일기)

도미모토 겐키치 다쿠미 집에 머뭄. '조선 소녀' 집필.

10 「부업품공진회」 비판

11 야나기 한국 방문. 간토대지진 조선인 구제 음악회 개최

12 창작소설 「숭」 집필 노리타카 조선 도자사 연구 본격화. <저녁놀> 조선미술전 입상

1924. 1 야나기와 고후 여행. 모쿠지키[木喰仏]불상과 만남

2 창작소설 「뇌산소과(雷山小過」 집필

3 「묘포 담당의 벗에게 보내다」 발표

노천매장법(露天埋臟法 - 종자를 24시간 동안 맑은 물에 담갔다가 종자용적의 1~3배의 습한 모래와 혼합하여 지하 50cm 내외에 매장) 발견 잣나무 37%(1962-1977년 조림 낙엽송 30%, 잣나무 12%) 산림녹화 - 한국인 노동자들의 대화(조선말 사용 능력)를 듣고 실시함. 세계적 임업 잡지 게재. 미국에서는 지금도 이 방식을 사용함.

4 조선민족미술관 설립(경복궁 집경당) 민족 고집, 야나기 부인(가네코 - 그분은 정말 조선사람이었어요). 다쿠미 월급 및 결혼식 예복 살 돈까지 기부. 평복 입고 식사한 걸로 결혼식을 끝냄.

1925. 1 계룡산·강진 가마터 조사

3 「싸리나무의 종류」 발표- 싸리 참싸리 광대싸리 조록싸리 댑싸리 괭이싸리 왕좀싸리 - 사방식재 1907년 백운동(청운동) 처음

4 모쿠지키불상사진전 개최

5 「가마터 순례여행을 마치고」 발표

7 단바의 모쿠지키 불상 조사.

10 오키타 사키와 재혼(일본민예관 다도 및 도기와 도자기 보자기 만들

기 꽂꽂이)

1926. 6 「주요 임목 종자의 발아 촉진에 관한 시험 제2회 보고」 발표

10 「조선산 주요 수목 분포 및 적지(適地)」 「묘포 비료로서의 퇴비에 관해서」 발표

11 차녀 태어났으나 곧 사망. 이 해에 아베 요시시게 만남.

1927. 4 분원가마터 조사

7 「독산(禿山)-민둥산(赤茶色-무주공산)의 이용 문제에 관해서」 발표

12 「분원 가마터 고찰」 발표. 이 해 노리타카 지순탁(1912~1993. 9~16세 이웃임)을 만남. 1만여 곳 통역 겸 지리 안내. 자네 손으로 청자의 기법을 부활시켜 보지 않겠는가? 1994년 고려청자 재현. 청자 향로 20엔 사줌.

1928. 3 야나기 무네요시를 찾아감.

5 조부 비석 건립. 이 무렵 《조선 시대 도자기》 출판 계획 좌절.

7 「조선의 그릇 및 그 용도」에 관한 강연. 계명회가 노리타카 원조. 도이 하마이치 만남. 다쿠미 집에서 『새로운 마을』 회원 모집. 이 무렵 ' 조선 취미에 대하여 이야기하는 모임' 성립

8 계룡산 가마터 조사

1929. 2 노리타카 가마터 조사 본격화

3 『조선의 선膳(소반)』 출판 - 기차에서 본 찢어질 듯 가난한 농부 일가가 정든 가정도 팔고 농사에서 유일한 힘이자 희망인 소도 타인에게 보내고, 친척 지인도 헤어져 아무도 모르는 먼 나라로 여행을 떠나면서도 손때 묻은 소반을 버릴 수 없다고 손수 짐 안에 넣는 것에 주목한다. 순수서정의 모습을 가지면서 우리의 일상생활에서 아주 친숙하고, 시간과 함께 맛을 더하는 것이며 물건으로써 소반은 그 주인에 따른 바른 쓰임, 사용자의 인격을 증명한다. 실용성과 미학적 가치를 두루 지녔고 널리 쓰이는 물건이면서 동시 조형예술 작품으로 평가함. '사랑과 지혜의 서'라 평가. 사방탁자, 책상, 문고, 장롱, 경대, 작은 목함, 벽에 거는 편지통

'피곤한 조선이여, 다른 사람을 흉내 내기보다 체득하고 있는 것을 잘 간직한다면 언젠가는 자신감 넘칠 날이 올 것이다. 그것은 단지 공예의 길만이 아니다.' 친구인 아베 요시시게 교수가 총독부가 아사카와 다쿠미를 반일 사상범으로 문제 삼을까 봐 전전긍긍함.

4 야나기와 마지막으로 만남

11 아사카와 사키에게 편지를 씀.

1930. 2 「조선의 선반과 장롱류에 대하여」 발표

7 노리타카 《부산요와 대주요》 출판
이 무렵 「조선 고가마터 유적 조사 경과보고」 집필
12 조선공예회 개최
1931. 1 도노무라 기치노스케 방문

4 다쿠미 사망/ 장례식
연초부터 전국 각지 돌려 묘목 기르는 법 보급 격무 과로 3월 15일 경성으로 돌아올 때 독감 걸림. 3월 26일 임엄시험장에서 각지의 산림을 찍은 활동사진(영화) 시사회 열림. 3월 27일 급성폐렴 자리 누움. 40도 고열. 29일 야나기 무네요시 부탁 '조선의 다완' 탈고. 4월 1일 친척 친구들에게 전보 침(병세가 위독하다). 2일 밤 야나기 무네요시가 경성행 열차가 대구를 지날 무렵 다쿠미 2일 오후 여섯 시(5시 57분) 사망 전보를 받음. 다쿠미 '책임이 있다........' 함축적 의미의 중얼거림. 4월 4일 경성감리교회 다나카 목사 주재 기독교식 장례
"신들에게 사랑받는 사람은 요절한다."
아베 요시시게 「아사카와 다쿠미를 애도하다」 발표 – 문부상, 전후 일본 중학교 교과서 15년 동안 '인간의 가치'로 수록.
인간의 가치 – '다쿠미처럼 올바르고 의무를 존중하는 사람, 사람을 무서워하지 않고 하느님만을 두려워한, 독립적이고 자유로운 사람. 게다가 머리도 좋은 데다가 감상력까지 풍부한 이는 정말 고마운 사람이다. 인간을 경외하지 않는 다쿠미 씨는 곧 자유의 혜택을 받은 사람이었다. 지위에도 학력에도 권세에도 부귀에도 의지하지 않고, 사람됨만으로 끝까지 당당하게 살았다. 이러한 사람은 좋은 사람일 뿐 아니라, 훌륭하고 대단한 사람이다. 이러한 사람의 존재는 인간의 생활을 믿음직하게 한다. 이런 사람을 잃은 것은 조선의 큰 손실임은 말할 것도 없비만, 더 나아가서 주저 없이 인류의 손실이다. 인간의 길을 올바르고 용감하게 걸어가는 사람을 잃은 것만큼 인류에게 큰 손실은 없기 때문이다'
수필 '어느 날의 만찬' – 세리 창부 기생과도 친구 자유롭고 얽매이지 않아 전혀 어색하지 않다

동강 하정웅 기요사토 긴자쥬크(청리은하숙 및 청리은하숙 세계시민학교 기틀).
사진작가 후지모토 다쿠미.
야나기 무네요시 – 한국을 내면으로부터 알고 있는 사람. 아사카와는 죽었다.

돌이킬 수 없는 손실이다. 그렇게 조선의 일을 속속들이 알고 있었던 사람을 나는 그 사람 외에는 모른다. 정말로 조선을 사랑하고 조선인을 사랑했다. 그렇게 해서 정말로 조선인으로부터 사랑받았던 것이다. 그의 죽음이 전해졌을 때, 조선인으로부터 봉헌된 열정은 비길 데가 없을 정도로 많았다. 관(조선옷 입고 염)을 서로 메겠다고 나온 상여꾼들에 의해 조선의 이문동공동묘지에 매장되었다. 강요되지 않은 내선 융화의 미담
그레고리 핸더슨 - 그는 끊임없이, 한국에서 죽고 그 땅에 묻히고 싶어 했다. 추모의 글 300여 편.
'료마가 간다' 소설가 시바 료타로의 15대 심수관에게 준 편지 '민족이라고 하는 것은 사소한 것입니다. 문화 공유 개체에 지나지 않는 종족과 같은 것입니다. 지금의 일본인에게 필요한 것은 한국·중국인의 마음을 이해난 것입니다. 낯간지럽습니다만 나는 스스로를 하나의 인류로 완성하도록 유의해 왔습니다.
조선옷(한복 바지, 저고리, 두루마기) 입고, 조선말을 배움. 고무신 신고, 한식과 장죽 담배를 즐김. 온돌 사용. 조선사람으로 오해. 과자 아이들에게 나눠줌. 동료 자녀 장학금. 걸인(여자 - 주머니의 돈 다 털어 줌. 남자 - 취직) 영세상인 온정과 취직에 정성. 동네 사람들 서로 상여를 메려 하여서 나눠 이동. 비가 억수로 내림.

유고「조선 고가마터 유적조사 경과보고」

5 유고 「조선다완」 발표

야나기가 「편자후기」 「편집여록」에서 아사카와 다쿠미를 추도(『공예』)

7 유고 「조선 요업 진흥에 관한 의견」 발표

9 유저 『조선도자명고』 출판 - 중판 명저. 머리말에서 '태어날 때 붙여진 이름으로 그릇들을 부른다면 더욱 친근함을 느끼고 나아가서는 그 그릇들을 사용하던 조선 민족의 생활상이나 마음에 대해서도 저절로 알게 된다면 분명하게 자신이 『조선도자명고』를 쓴 목적을 밝힘.
민예운동을 골동품수집 같은 취미 차원이 아니라 '좋은 시대를 만드는 운동'으로 여겨 '민중이 각성하여 스스로 생각해내고 스스로 키워나가는' 전인적 운동으로 이끌어야 한다고 주장함. '아름다운 것을 만들어내어 민중을 인도하는 목표를 항상 마음에 새기고, 좋은 의미에서 유행의 원천이 되어야 한다.' 대중성 치밀성 실용성 실무자 등 탁월한 식견. 도자기 연구 한국전통 예술 문화에 대한 관심은 목공예 민요 민화 등 민속까지 이르렀다. 고려청자 - 전남 강진 대구면, 분청사기 - 충남 공주군 반포면(계룡산), 백자 - 경기 광주 남종면(분원)

만주사변 발발

10 홍순혁 <아사카와 다쿠미 지음 『조선의 소반』을 읽고> 발표

1932. 1 도이 하마이치가 추도문 발표

유저 『주요 수묘에 관한 비료 3요소 실험』 출판

4 1주기 기념 강연회 열림

6 야나기, 돗토리 민예점을 '다쿠미'이라 이름짓다

9 아베 요시시게 《청구잡지》 출판

이 해에 묘비 건립

1934. 4 와쓰지 데쓰로 《청구잡지》를 읽다 발표

《고게이-공예》가 아사카와 다쿠미 추도(기념)호를 간행

유고 「김해」, 「조선의 절임(김치 등)」 발표

다쿠미 편지 발표

아사카와 노리타카 「고향과 할아버지」

아사카와 마사토시 「고인이 된(가고 없는) 다쿠미형(군)에 대해서」

하마구치 요시미쓰 「다쿠미 씨와 나」

도이 하마이치 「다쿠미 씨와 여승」

나카이 모노신 「아사카와 다쿠미 군에게」

최복현 「아사카와 다쿠미 선생의 추억」 - 아들 이름을 지어 줌. 항렬 돌림자

야나기 무네요시 「아사카와에 대해서」 「동인잡록」

8 아베 요시시게 「인간의 가치」가 교과서에 게재

10 아베 요시시게 《정야집》 출판

이 무렵 아사카와 마사토시 《아사카와 다쿠미 형의 회상》을 제작

1937. 4 7주기

중일전쟁 발발

8 모친 케이 씨 사망

1941 가을 '다쿠미 모따기 항아리'가 화제가 되다.

1942. 7 묘 망우리로 이장. 부인 사키 중심. 도로 개설로 이장. 유명 지관이 70년 후 발복 예언 한국 유명인사 반열에 오름. 해방 후 일본인 묘지 일부 파손 훼손되었으나, 다쿠미 묘지는 이장 어르신이 '이분은 한국인으로 모셔야 할 분이고 보호해야 할 분이라고 하여 훼손을 면함'

12 태평양전쟁 발발

1945. 8 일본 패전. 아사카와 노리타카 소장품 한국에 기증
9 노리타카 다쿠미의 일기 김성진 씨에게 맡김
10 야나기, 묘코닌을 알게 됨
12 사키와 소노에 일본으로 귀국

1946. 11 노리타카 일본으로 귀국. 전국 8도 8권 구사기점적(舊沙器店跡) 687개소 도요지 조사 도편 30상자. 도자기 3,000여점 국립민속박물관(석남 송석하 관장)(국립중앙박물관에 흡수)에 기증.
1947. 3 사쿠와 소노에가 <일본민예관>에 취직
1948. 8 대한민국 정부수립
10 조선민주주의인민공화국 수립
1950. 6 한국전쟁 발발
9 야나기, 《묘코닌 이나바노 겐자》 출간
1955. 11 '사랑과 성실을 한국에 바친 일본인에게 감사하는 모임' 개최
1961. 5 야나기 무네요시 사망

1964. 1 노리타카 사망, 《민게이》 추도호 발간
6. 24 아사카와 다쿠미 묘가 복원하여 수복제를 지냄
7 가토 쇼린진 '아사카와 다쿠미 씨의 묘' 발표
8. 25 한글 묘비 세움 '한국이 좋아서 한국인을 사랑하고, 한국의 산과 민예에 바친 일본인, 여기 한국의 흙이 되다.'
1966. 6 「淺川巧 功德之墓」 건립(망우리 묘지)-제안 김이만 이승윤 장장 조재명 과장 정인구 연구관 등
9 이완석 '서울 동쪽 근교에 잠든 아사카와 다쿠미 씨의 묘' 발표
1974. 5 박병래 야나기와 와사카와 형제 비판. 감상과 동정 및 우월 의식으로 조선인을 더욱 비하하고 우월 의식 드러냄. 시인이며 미술평론가 최하림 '한국 현대동양화의 복고 성 검토'에서 아첨하는 논조로 일축. 1920~1930년대 고대미술 붐은 '충실한 생활을'이라는 일본인 식민지 특권계급의 취향에 따라 형성된 것이며 세 분이 처음 불을 붙인 것일 뿐이다. 김정희 오경석 민영익 민영환 오세창 김세진 등의 수준 높은 감식안에 의해 이미 확인되었다. 한국미술에 대한 이해가 없는 그들에게는 발견에 불과한 것이다. 총독의 하수인 공범자. 식민지지배론(식민사관) - 민족사관
1976. 10 사쿠 사망
11 소노에 사망

1977. 3 야마나시현 다카네정(현 호쿠토시시 다카네정)에 묘지 건립
1978. 3 쓰루미케, 이진희가 아사카와 다쿠미 평가. 에비나 노리 엮음 '아사카와 다쿠미 저작집' 출판
1980. 5 다카사키 소지 외 '조선과 일본 사이' 출판
1981. 1 야나기 무네요시 전집 제6권 출간
1982. 7 다카사키 소지가 평전 『조선의 흙이 된 일본인』(소후칸) 출판
1984. 8 한국임업시험장 유지(홍림회-아사카와 다쿠미 기념사업위원회-아사카와 다쿠미 현창회- 아사카와 노리타카 다쿠미 형제 추모회)들이 망우리 다쿠미 묘지 앞에 기념비 설립
1986. 6 이바라가 노리코 '한글로의 여행' 출판. 아사카와 다쿠미 묘에 성묘한 내용 수록
1988. 8 야마나시 현립미술관 아사카와 노리타카 자료관 건립
1990. 교토 고려미술관 아사카와 노리타카 다쿠미 특별전시회
1991. 3 다카네정(현 호쿠토시시 다카네정)에 「탄생의 땅」 비석을 세움
1994. 5 망우리 산소 기념비를 새로 세움. '한국의 산과 민예를 사랑하고 한국인이 마음속에 살다 간 일본인 여기 한국의 흙이 되다.' 5월 23일 서울시시설관리공단으로부터 장묘시설사용허가를 받음(사용자-조재명, 임업연구원장, 사용기간: 1993.2.1.~2008.1.13. 면적 13평. 묘적 N203363. 한상배 국립산림과학원 근무-조재명 법정 관리인을 대신하여 상시관리인(다쿠미 생전 절친한 동료직원 한수업 선생 4남)
에미야 다카유키 『백자같은 사람』 출간(일본 고교 필독서 100만명 독서)
정양모 박물관장: 청자는 기품 있고 아름답기 때문에 보는 쪽도 여성을 대하듯 소중하게 다룹니다. 그것에 비해, 백자는 고요하고 대범하여 자가 주장을 하지 않고 부담을 주지 않는다. 백자를 보고 있으면, 마치 소중한 벗을 만난 것 같은 기분이 듭니다.
1994. 10 「백자의 나라에 살다」(박종균, 고려출판사) 번역 출간
1995. 11 아사카와 다쿠미선생기념사업회 창립
1996. 2 김성진 씨가 다쿠미 일기를 다카네정(현 호쿠토시 다카네정)에 기증
4 세이도 구니히로 '임업 기술자로서의 아사카와 다쿠미'를 발표
한국에서 '조선의 소반', ' 조선도자명고' 번역 출간 심우성 학고재
6 '아사카와 노리타카 다쿠미 형제를 그리워하는 모임' 결성
김영복 '망우리 묘지를 찾아서' 발표
9 한국에서 '조선의 흙이 된 일본인' 번역 출간
한국에서 '아사카와 다쿠미에 대하여' 세미나 개최

10 김영범 '아사카와 다쿠미 진실된 조선 사랑' 발표
이병진 '다이쇼 시대의 어떤 시대 정신' 발표
11 『아사카와 다쿠미 전집』(소후칸) 출판
1997. 5 『예술신조(藝術新潮)에 아사카와 형제 특집 기사
7 망우리 묘지 정비(한국 홍림회 다카네정-오른쪽으로 1M 옮김. 병풍제 수복. 진입로 계단 개설. 한국식 상석. 석향로. 석화병 건립. 상석 비문 '삼가 유덕을 기리며 명복을 비옵니다' 새겨 넣음.
9 '월간 미술' 아사카와 다쿠미 특집 기사
10 이데 마고로쿠 '여행자들의 기록-아사카와 다쿠미' 연재
11 아사카와 다쿠미 한일합동추모제 개최. NHK 교육텔레비전 아사카와 다쿠미 방영
1998. 3 간다 켄지 '조선의 흙이 된 일본인 기독교 신자' 발표
전원자 '우호의 가교' 발표
5 야마나시 텔레비전 '형제에게 바치는 진혼가' 방영
6 다카사키 소지 ' 조선의 흙이 된 일본인' 개정증보판 출판
11 다카네정과 포천군 자매결연 맺음
한국에서 '조선의 흙이 된 일본인' 방영
1999. 2 기무라 가쓰아키 전람회 '시대의 기억-아사카와 다쿠미가 간다' 개최
4 '1999 자료 현대사회'가 아사카와 다쿠미 소개
5 김병종 '한국인의 예술혼에 살다간 일본인' 발표
2000. 3 극단 코메디 오프 예스터데이 '아름다운 아침의 나라, 조선의 산을 푸르게-아사카와 다쿠미' 상연
2001. 2 다카사키 소지 등 ' 한국 민예 여행' 출판
3. 31 한국에 70주기 개최. 고향 다카네정 꽃나무 만텐쇼(滿天星)철쭉 2주 기념식수.
8. 25 야마나시현 다카네정(현 호쿠토시시 다카네정)에 아사카와 노리타가 다쿠미 형제자료관 개관 - 김병윤 도유 정호연 사장 참석
11 미즈키 료 '아름다운 아침의 나라' 출판
12 임영철 '미오쓰쿠시의 연꽃' 전국 투어
2002. 3 하정웅 '한국과 일본, 두 조국에 산다, 출판
2003. 7 아사카와 다쿠미 저 다카사키 소지 편 『조선민예론집』(이와나미문고) 출판
2005. 11 『아사카와 다쿠미 평전- 조선의 흙이 되다』 다카사키 소지 저 |

김순희 역 한국어판 출판
2006. 하정웅 실업가 및 메세나(그림 및 사진 1만여 점 수집 기도미술관 건립 계획) 청리은하숙(기요사토 긴자쥬크) 가족과 함께 추모제 개최
2008. 10. 3 개천절 한일합동음악회(나카가와 시게토시씨의 알폰클럽과 한국 요델클럽 추모 음악회 - 알폰 다쿠미 고향 나무로 깎아 만듬)
2009. 3. 28 아사카와 다쿠미 자료 인수(서울국제친선협회)
10 고바야시 후지오 '아사카와 다쿠미 - 조선의 흙이 된, 임업기술자이며 조선민예연구자(산림 제1505호) 1882년 발간 월간지 다쿠미도 2회 논문 기재함.
2010. 6. 12 ~ 8. 15 고려미술관 개최 '아사카와 노리타카 다쿠미 형제가 사랑한 조선 미술전'
2011. 탄생 120주년 기념 미술관 연락 협의회 주최 '아사카와 노리타카 다쿠미 형제의 마음과 눈-조선시대의 미'가 4월 9일부터 3개 회장 순회 개최
2011. 9 아사카와 다쿠미 80주기 학술대회 개최(프레스센터) 주최 서울국제친선협회 협찬 일본국제교류기금 재단법인 수림문화재단 후원 문화체육관광부 포천시 야마시현 호쿠토시 국립산림과학원 한국공예협동조합연합회 한국 아사카와 현창회 일본 아사카와 사모회 해강고려청자연구소, 청담고·청량고 망우리 공원묘지 유명인사 탐구 및 답사반
『한국을 사랑한 일본인』(부키) 출판- 헌정식(4월 2일 묘소, 백조종 부회장 청담고 및 체험 봉사 방과후학교)
2012. 7 영화 『백자의 사람-한국의 흙이 되다』 상영
2014. 3 『아사카와 다쿠미 일기와 서간』 한국어판 출판
2014. 10 아사카와 다쿠미 묘 재정비
2015. 4. 2 아사카와 다쿠미 84주기 추모제
한국 : 홍림회(산림과학원 퇴직자 중심모임-김병윤 부회장). 서울시국제문화교류회(서울시공무원 모임). 기요사토 긴자쥬쿠[靑里銀河塾] 운영(2015년 12회 일본에서 운영. 하정웅 수림문화재단 이사장-홍릉 산림과학원 앞 리모델링 후 한국청리은하숙인 청리은하숙 세계시민학교 운영할 예정). 아사카와 다쿠미 현창회(고 조재명, 현 회장 조만제), 서울국제친선협회(회장 이순주). 망우리묘지공원 저명인사 탐구 및 답사반(교사 정종배), 중랑문화연구소(소장 남화창), 이수현의인문화재단설립위원회(노치환 기자, 회장 강지원 변호사)
일본측 : 아사카와 노리타카 다쿠미 형제 기리는 모임(시노부카아-아사카와형제들 고향사람들) 회보 발행. 후지모토 다쿠미 사진작가(화구상 아버지 바람, 김해 농촌 1970년대 인사동 거리)

2015. 4. 84주기 추모식 거행(정종배 청리은하숙 세계시민학교 숙장대행)으로 결정함.
2015. 8. 15. 광복 70주년 숨은 영웅 70인, 조선일보가 발표한 ‘한국을 빛낸 세계인 70인’에 아사카와 다쿠미 선정됨(광릉수목원을 조성하고 조선 문화의 독자성을 주장. 망우리공동묘지에 묻힘)
2015. 10. 4. <아사카와 노리타카 다쿠미 형제 기리는 모임>에서 감사장 수여(아사카와다쿠미 현창회장 조만제, 부회장 백조종, 감사 김병윤, 이사 박종균, 서울국제친선협회 회장 이순주 등)
2015. 10. 17과 10. 24. 제1기 청리은하숙 세계시민학교 개설(50여명)- 주최 수림문화재단 주관 중랑문화연구원, 일한국교정상화50주년기념 아사카와 노리타카 다쿠미 형제 추모회
2016. 4 아사카와 다쿠미 85주기 추모제 및 제2기 청리은하숙 세계시민학교 개학식(50여명)
2016. 6 일본 야마나시현 호쿠토시 기요사토 긴자쥬크(청리은하숙) 참가(청리은하숙 세계시민학교 학생 5 교사 4) ‘빨간 신호등도 함께 건너면 무섭지 않다’(일본인의 양면성). 묘지에서 만난 일본인 헌화 값 일본 추모제엔 참석하지 않음)
2016. 9 대향 이중섭 태경 김병기 화백 탄생 100주년 기념 사생대회 개최(80여명)
2016. 11 제2기 청리은하숙 세계시민학교 종업식
2017. 4 아사카와 다쿠미 86주기 추모식(서울친선협회, 아사카와 노리타카 다쿠미 형제 추모회) 및 제3기 청리은하숙 세계시민학교 개학식(50여명)
2017. 6 기요사토 긴자쥬크(청리은하숙) 청리은하숙 세계시민학교 참가(학생 5명 교사 5명)
2017. 9 재일한국인 영화감독 오충공 제노사이드 촬영(1923년 관동대진재 - 아사카와 다쿠미, 송석하, 조봉암, 유상규, 김영랑, 최신복, 장형두, 방정환 등)
2017. 11 제3기 청리은하숙 세계시민학교 종업식 및 윤동주시낭대회 개최
2017. 11 『친구가 된 일본인들』(이동식, 나눔사) 발간
2018. 2 시인 윤동주를 기념하는 릿교 모임(詩人尹東柱を記念する立?の?)'(대표 야나기하라) 제10회 시낭송회에 청리은하숙 세계시민학교 참석(교사 2, 학생 2)
2019. 4. 2. 코로나19로 꽃바구니 헌화(문화유산 국민신탁 김종규, 수림문화재단 유진룡, 형제추모회 등)

2023. 1. 포천시(시장 백영현)의 자매결연 도시인 일본 호쿠토시(시장, 카미무라 에이지) 방문단이 지난 12일 '자매결연 체결 20주년'을 맞아 국제교류 협력 방안 모색 및 우호 증진을 위하여 호쿠토시시장, 호쿠토시의회 의장 등 총 7명이 포천시를 방문한 뒤에, 망우역사문화공원 아사카와 다쿠미 묘지를 서울국제친선협회와 함께 참배함. 호쿠토시 아사카와 형제기념관 히나타 요시히코[比奈田善彦]관장이 다쿠미 생애를 얘기하는 만화가 호쿠토시 시내 초등학교 교재로 쓰인다고 알려주며 정종배 시인에게 한 권을 증정함.

2024. 4. 2. 아사카와 노리타카·다쿠미 형제 현창회(회장 이동식) 한·일 합동 93주기 추도식, 서울국제친선협회(회장 이순주)와 한일교류재단(회장 이희건) 주최 93주기 추모식을 치르고 중랑망우공간 망우미디어홀에서는 중랑구민 등이 참석한 가운데 영화 <백자의 사람 : 조선의 흙이 되다>가 상영됨.

2024. 7. 『한국을 사랑한 일본인』(부코, 2011)의 개정증보판 『한국의 흙이 된 일본인』 출간함.

맺은 말

정종배
(편저자)

아사카와 다쿠미 80주기를 맞이하여 『한국을 사랑한 일본인』(부코, 2011) 출간이 엊그제 같은데, 벌써 10여 년이 지났습니다. 아사카와 다쿠미 90주기에 맞춰 책을 발간코자 했으나 코로나 사태로 미루다가 이제야 원고를 마감합니다. 감회가 새롭습니다.

아사카와 다쿠미 선생을 기리는 책을 출간하는 동력은 100주기 때맞춰 한국과 일본 시민들이 손잡고 아사카와 다쿠미 선생의 뜻을 이어받아 실천하였으면 하는 바람입니다. 또한 10년 단위로 끊어 성찰하고 미래를 펼칠 수 있는 계기를 마련하기 위해서 어려운 가운데 출간을 합니다.

지난 10년 되돌아보면 눈부신 활동으로 의미가 컸습니다. 영화 <백자의 사람>이 제작되어 일본에서 상영하고 한국에서도 상영되었습니다.

망우역사문화공원 아사카와 다쿠미 선생의 유택이 둘레석으로 둘러싸 묘지가 커지고 자연재해에 영향을 받지 않게 되었습니다. 선생의 고향인 호쿠토시 의회에서 후원금 4천 3백만 원을 보내주어 가능한 일이었습니다.

2015년부터 2017년 3년 동안 (재)수림문화재단 후원과 (사)중랑문화연구소 주최로 '청리은하숙 세계시민학교'를 설립하고 운영하였습니다. 수림문화재단 김희수아트센터에서 다양한 특강을 실시하였습니다. 국립산림과학원 망우역사문화공원 한국외국어대학 등을 답사하여 대학입시와 진로 선택의 길을 공부를 하였습니다. 일본 호쿠토시 폴 러쉬 성료관에서 운영하는 청리은하숙에 2016~2017년 두 번에 걸쳐 학생들이 2박 3일 참가하였다. 학생들의 만족도는 매우 높았다. 또한 2018년 2월 릿교대학 대성당에서 거행한 '제10회 윤동주 추모회 및 시낭송회'에 참가하였다.

그동안 아사카와 다쿠미 현창회 조재명 회장이 급작스레 돌아가신 뒤 이어받아 고생하신 조만제 회장님도 코로나 사태를 이기지 못하고 별세하였다. 삼가 두 분의 명복을 빕니다.

2024년 4월 필자의 교직 및 생활의 멘토이고 아사카와 다쿠미 선생을 기리는데 발 벗고 나선 박상인 선생님이 병환으로 운명하였다. 선생님의 명복을 빕니다.

원고 청탁에 흔쾌히 응해주신 필진 여러분 고맙습니다. 중랑문화원에서 책을 발간하여 아사카와 다쿠미 선생이 추구하고 실천한 '인간의 가치' 그 의미가 더욱 깊고 확장되는 계기의 해이기도 하다.
앞으로 아사카와 다쿠미 선생의 100주기 때는 한국과 일본의 관계자를 비롯하여 뜻있는 시민들이 더불어 행사를 치르고 선생의 실천을 따르고 기리는 날이길 기대한다.
지난 10여 년간 아사카와 다쿠미 선생의 정신을 실천하신 귀한 분들 100주기 때 만날 것을 기대하며 이만 줄입니다. 고맙습니다.

2024. 6.

편집 후기

코로나 전부터 생각한 책 발간을 위해 이제야 마무릴 짓게 되어 다행이다. 겨울비가 봄비를 넘어서 장맛비 소리고 내리는 겨울밤이다. 100년 전 청량리 홍릉 수목원 관사 온돌방에서 아사카와 다쿠미 선생은 무엇을 하고 있었을까? 수목 관련 서적을 뒤적였을까? 전국을 답사하며 주워온 도자기 파편을 살폈을까? 아니면 <조선민족미술관> 건립을 위한 준비에 골몰하였을까? 아니면 부족한 조선말을 위해 발음 연습을 하였을까?

관동대지진 조선인 대학살에 트라우마에 시달린 조선을 위한 조선 민족을 위한 '인간의 가치'를 실현할 일을 정리하지 않았을까? 비록 일경에 식민지 관료 입장을 벗어난 행동으로 찍혀 곤란을 겪지 않을까? 주변 사람들의 걱정을 덜기 위해 정리하고 노력하였을까?

2000년 4월 첫째 주 토요일 오후 아사카와 다쿠미 선생의 묘지를 알고 난 뒤부터 제 인생은 바뀌었습니다. '인간의 가치'를 실현한 아사카와 다쿠미 선생으로 평가한다. 선생의 삶과 뜻을 들여다볼수록 휴머니즘을 바탕으로 조선인을 위해 태어난 사람인 듯 살다 한국의 흙이 되었다. 선생이 조선에서 17년 동안 활동한 사실을 되새기는 마니아를 넘어 학문으로 정립되길 바라면서 이 책을 편집하며 후학들의 사료가 되길 바라는 마음이 간절하다.

중랑문화원 중랑인문학 글쓰기반을 통해 망우역사문화공원의 인물열전과 중랑구 거주 작가의 삶과 작품을 탐구하고 답사하며 청소년과 주민들의 정체성이 확립되고 자존감이 높아지길 바랍니다.

아무튼 책을 내기 위해 원고 청탁을 흔쾌히 받아 옥고를 보내주신 분들 정말 고맙습니다. 건강 살피시어 100주기 때 함께 하길 다짐합니다. 고맙습니다.

중랑구청장 및 망우리공원과 과장과 <망우역사문화공원> 관련 일하시는 분들과 중랑문화원 관계자분들 고맙습니다. 중랑문화원 윤천중 원장님의 명복을 빕니다.

100주기 때 더 많은 이들의 사랑을 받는 아사카와 다쿠미 선생이길 바란다. 지난 23년 다져온 길을 성찰하며 선생에게 누가 되지 않은 삶을 다짐한다. 옥고를 보내주신 분들께 다시 한번 인사를 올립니다. 고맙습니다.

2024. 6. 백조종·정종배

Special thanks to

아사카와 다쿠미를 흠모하는 박경구 변호사 및
중랑문화원과 ㈜서광알미늄의 후원을 받아 출간합니다

151쪽
정가 11,200원

221쪽

정가 13,800원

ICO STO

스타트업 펀드레이징의 새로운 대안

암호화폐 발행해서

블록체인 사업하기

이제 필요한 돈은 벌지 말고,
직접 만들어서 쓰자. 남이 만든
암호화폐를 살 것이 아니라,
내가 만들어서 팔면 된다.
학생도 회사원도 법인도 누구나
화폐의 창조자가 될 수 있다.
여러분이 곧 사토시 나카모토 !!!

IR을 잘한다는 것

이 책은 주가 관리를 위해 기업 내부에서 어떤 일이 벌어지고 있는지에 대한 탁월한 증언이다.
증권 투자로 성공하려는 사람이라면 누구나 한번쯤은 읽어봐야 할 책이다.
대한민국 주식 시장에 상장되어 있는 상장 회사 CEO는 물론, IPO를 준비 하고 있는 회사라면 상장 전에 꼭 일독을 권한다.